Handbuch der Terrarienkunde

Paul Heinrich Stettler

Handbuch der Terrarienkunde

Terrarientypen, Tiere, Pflanzen, Futter

Bechtermünz

Genehmigte Lizenzausgabe für
Verlagsgruppe Weltbild GmbH, Augsburg

Umschlaggestaltung: Gestaltungsbüro Lehmacher, Friedberg (Bayern)
Umschlagmotive: Okapia, München
Fotos: K. Ammann (1); A. Calmonte (1); S. Eigstler (4);
W. Foersch (2); P. C. Hallauer (6); H.-G. Horn (2);
A. van den Nieuwenhuizen (81); F. J. Obst (1);
K. Weidmann (2); H. Hemker (2)
Zeichnungen und Illustrationen: S. Haag (37);
W. Weiss (2); F. J. Obst (1)
Gesamtherstellung: Offizin Andersen Nexö –
ein Betrieb der INTERDRUCK Graphischer Großbetrieb GmbH
Printed in Germany

ISBN 3-8289-1632-5

2004 2003 2002 2001
Die letzte Jahreszahl gibt die aktuelle Lizenzausgabe an.

Handbuch der Terrarienkunde

Vorwort

Wenn ich hiermit meinen Beitrag zur Terraristik vorlege, so geschieht es nicht, um die Zahl der verdienstvollen Handbücher noch zu vermehren, sondern um seiner besonderen Anlage willen. Wer in den terrarienkundlichen Büchern nachschlägt, findet verhältnismäßig wenig über die Klimaverhältnisse und die Vegetation im Lebensgebiet unserer Amphibien und Reptilien; die Tiere werden meist – von jeder wissenschaftlichen Anordnung absehend nach Gattungen oder Gruppen geordnet – in alphabetischer Reihenfolge besprochen, wobei empfehlenswerte, aber nicht angebotene Arten kaum erwähnt werden. Ich wählte grundsätzlich einen anderen Weg: Ich wage es, von der Biogeographie auszugehen, und biete eine beschränkte Auswahl von pflegenswerten Terrarienpflanzen und -tieren im Bestreben, dem Leser, anstelle einer beziehungslosen Sammelei, zu einer Auslese zu verhelfen.
Der Mängel meines Buches, vor allem solcher, die auf ungenügender Literaturkenntnis beruhen, bin ich mir bewußt. Ich gehe davon aus, daß ich als Terrarianer nur kleine Einzelergebnisse, Selbstgeschautes und Selbsterforschtes, vorbringen kann; meine Vorschläge weisen auf einzelne Möglichkeiten unter vielen. Sie sind aber auch gedacht als Aufforderung zu einem Gedankenaustausch auf freundschaftlicher Grundlage, und das ist vielleicht die schönste Seite unserer Beschäftigung mit Pflanzen, Amphibien und Reptilien, daß wir uns, zum Beispiel auf internationalen Kongressen, als Menschen mit gleichen Interessen freundschaftlich gegenüberstehen, einander persönlich kennenlernen, durch unsere Arbeit, unser Forschen, Beweisen und Wissen unsere Mitmenschen erfreuen. Freuen wir uns aber auch dankbar über das, was wir selbst besitzen und täglich erleben, anstatt betrübt zu sein über das, was uns fehlt!
Das Buch erhebt demnach auch keinen Anspruch darauf, umfassend zu sein; deshalb habe ich die schützenswerten einheimischen Amphibien und Reptilien grundsätzlich weggelassen, und aus demselben Grunde unterbleibt auch eine Aufzählung von Tieren,

- die zufolge ihrer Größe für die Zimmerterraristik nicht in Frage kommen (einige wenige Ausnahmen sollen die Regel bestätigen);
- deren extreme Lebensansprüche im Zimmerterrarium nicht zu erfüllen sind (*Rhinoderma, Draco* und andere);
- die sich ausschließlich von andern Amphibien oder Reptilien ernähren, oder deren Nahrungsansprüche unerfüllbar sind;
- deren übelriechende Exkremente eine Haltung im Zimmerterrarium ausschließen (*Egernia bungana,* gewisse Warane und andere).

Bei den Pflanzen verzichte ich absichtlich auf deutsche Namen, da es praktisch keine gibt; die wörtliche Übertragung der lateinischen Namen ins Deutsche würde meist zu unmöglichen, wenig einprägsamen Namensungetümen führen.
Auch bei den Tieren fände ich es vernünftig, die deutschen Namen wegzulassen; wenn ich trotzdem die gebräuchlichsten und prägnantesten verwende, so deshalb, um dem Anfänger die Übersicht zu erleichtern.
Einzelne Familien und Gattungen habe ich bevorzugt berücksichtigt, weil deren wirklich lohnende Pflege und Vermehrung mir zu wenig verbreitet erscheint.
Sollte es mir gelingen, mit meinen Hinweisen zur Terraristik die Anerkennung der Leser zu finden, so gehört sie zur Hauptsache meiner Frau und meinen Freunden, die mir mit Rat und Tat zur Seite standen. Vor allem bin ich dankbar den Herren Dr. Dr. Gerhard Benl, München, Dr. A. Kress, München, und Prof. Dr. Paul Müller, Saarbrücken, für Ratschläge und die Verifikation der rund 700 Artnamen. Dank schulde ich weiter meinem Freund Leo C. M. Wijffels, Bourdeaux, für wertvolle Hinweise und die kritische Durchsicht der Angaben über die Iguanidengattung *Anolis.* Die hier veröffentlichten Fotos und Zeichnungen verdanke ich meinem Freund Arend van den Nieuwenhuizen, der viele Tiere in meinen Terrarien fotografierte, ferner den Bildautoren Dr. Klaus Ammann, Anton Calmonte, Siegfried Eigstler, Dr. Walter Foersch, Sigrid Haag, Patrick C. Hallauer, Dr. H. Hemker, Dr. Hans-Georg Horn, Diplom-Biologe Fritz Jürgen Obst und Karl Weidmann.
Für bereichernde Hinweise danke ich Paul Bartholdi, Artur Baumgartner, T. Broodman, Gerhard Brünner, F. H. Ensinck, Professor Dr. Werner Frank, Severine Haas-Bachmann, Dr. Heinz Hemker, Elisabetta Imhof-Garoni, Jürg Kretz, Hansjörg Lüthi, Dr. Fritz Molle, Anton Nigg, Diplom-Biologe Fritz Jürgen Obst, Josef Oerter, Dr. Richard Oeser †, Herman Oostveen, Ernst Ramseier, René Roth, Hans Schweizer †, Walter Senfft †, Erich Sochurek, Othmar Stemmler, Dr. Heinz Wermuth und A. H. Whitaker.
Ich war bemüht, den zahlreichen Terrarienliebhabern – und hoffentlich dadurch vielen neuen – einige bewährte Behälter-Einrichtungen zu beschreiben, Erfahrungen aus dem Umgang mit Pflanzen und Tieren zu vermitteln und eine Auslese der schönsten Arten zu bieten; meine Anleitung ist nicht abgeschlossen, im Gegenteil, sie ist verbesserungs- und ausbaufähig. Der sorgsame Pfleger wird seine Liebe zu den Pflanzen, Amphibien und Reptilien vertiefen und seine Freizeit der Zwiesprache mit der Natur widmen.
Den Zweck meines Buches sehe ich keineswegs darin, nur Informationen zu vermitteln; vielmehr soll der Leser – in einer Art schöpferischer Zwiesprache – auf-

grund meiner Denkanstöße nicht nur neue und eigene Erkenntnisse erarbeiten, sondern, er soll auch zu einer neuen Einstellung zur Natur gelangen. Um so mitzuhelfen, der fortschreitenden Zerstörung ganzer Lebensräume endlich Einhalt zu gebieten, um zu versuchen, durch Solidarität und eine menschliche Kooperation die nahende ökologische Katastrophe abzuwenden. Ich sah und erlebte in den Regen- und Nebelwäldern auf Jamaica, in Costa Rica und in Venezuela die vom Menschen verursachten Zerstörungen vieler ursprünglicher Lebensräume.

Die 3. Auflage des Handbuches der Terrarienkunde erscheint in einer Zeit, in der die Lebensgrundlagen des Menschen zunehmend zerstört werden:
- Dort, wo die schützende, wasserspeichernde Pflanzendecke durch Schadstoffbelastungen und Rodungen vernichtet wird,
- dort, wo durch Entwässerung – zur Erschließung von Kultur- und Bauland – der Grundwasserspiegel verändert wird, und
- dort, wo die Luft, die Gewässer, der Boden, das Grundwasser und das Meer mit Schadstoffen belastet werden.

„Was hat das alles mit Terraristik zu tun?“ wird der Leser fragen. Sehr viel!

Wir pflegen nämlich unsere „Kulturgüter“, unsere Pflanzen, Lurche und Kriechtiere – nicht bloß zum schöner Wohnen, sondern es gehört zu den Anliegen eines jeden Pflanzen- und Tierfreundes, die Bedingungen zu erforschen, unter denen unsere Pflanzen und Tiere sich vermehren und erhalten lassen und Befürchtungen immer wieder auszusprechen ... ich denke dabei an den Arten- und den Umweltschutz. Damit diese nicht nur auf dem Papier bleiben, erachte ich es als dringend notwendig, endlich aus den eingefahrenen Denkgleisen auszubrechen, um die gegenwärtige Umweltschutzpolitik und die kontraproduktive Artenschutzadministration in Frage zu stellen (siehe u. a.: READ, R. W. and P. E. DESAUTELS, Smithsonian Institution (1983): „Convention on International Trade in Endangered Species of Wild Fauna and Flora (Cites 1973): Orchids as a Family Endangered by Legislation?“).

Wenn allein in der Schweiz in einem Jahr die Einfuhr von 242 251 ganzen Häuten (116 616 Warane und Tejus, 68 815 Panzerechsen, 56 820 Schlangen) und 85 750 Artikeln aus Reptilienhäuten durch die Artenschutzadministration zugelassen wird, darf ich feststellen, daß dieser Artenschutz völlig unwirksam zur Selbstbestätigung herabsinkt und Daten durch die Artenschutzmühle gedreht werden. Daß so nebenbei im gleichen Jahr noch 160 Tonnen zur menschlichen Ernährung bestimmte, durch das Artenschutzübereinkommen nicht geschützte Seefrösche und 138 Tonnen tischfertige Froschschenkel „registriert“ wurden, ist ein pikantes Detail dieser Administration. Noch pikanter wird es, wenn ich demselben Jahresbericht über den Vollzug des Washingtoner Artenschutzübereinkommens entnehme, daß demgegenüber *eine* für einen Terrarianer bestimmte Dornschwanzechse (Uromastyx) eingezogen, beschlagnahmt und in einem Zoo untergebracht wurde!

Wenn unsere Politiker weiterhin Schlafpillen abgeben, um das Gewissen dieser Gesellschaft zu beruhigen, wenn unsere Politiker den Umweltschutz für sich pachten und weiter ejakulieren, dann sollten wir – alle Pflanzen- und Tierfreunde – etwas *tun,* sonst werden wir nämlich ebenfalls zu Kosmetikern und zu Trittbrettfahrern auf einem Zug, der auch ohne uns ins Verderben rasen wird.

Das Eindrucksvolle, die Kraft und der teilweise noch intakte Rhythmus der Natur verdrängen die fortschreitende Zerstörung unserer Umwelt in den Köpfen der beziehungsgestörten und konsumhungrigen Menschen. Das bisherige Überdauern der Organismen gilt immer noch als Garant fürs weitere Überleben.

Zu dieser falschen Überlegung kommt der Mensch deshalb, weil er nichts gelernt hat aus den Folgen der einsichtslosen und weltweiten Zerstörung der Lebensgrundlagen durch den Menschen; glücklicherweise gibt es unberufen noch solche, die den Wert der Pflege ihrer natürlichen Umwelt erkannt haben.

Ich erinnere daran, daß von der Zivilisation unberührte Völker diesen Weg seit Jahrtausenden gehen. Hier sollten Pflanzen- und Tierfreunde aufhorchen!

Ich wäre glücklich, wenn die Leser erkennen,
- daß die lebenserhaltenden ökologischen Verflechtungen gesichert werden müssen,
- daß die Nutzung der Natur nach den elementaren Umweltgesetzen behütet werden muß,
- daß das quantitative Wachstum als Lebensstrategie aufgegeben werden muß zugunsten von Lebensqualität und Leistungsfähigkeit,
- daß wir den langfristig in Gang gesetzten Untergang unserer Gesellschaft endlich begreifen, und
- daß wir folgerichtig daran gehen, eine neue ethische Grundlage aufzubauen, die ein behutsames Nutzen unserer naturgegebenen Güter und ein schonendes Verwalten unserer Umwelt sichert, handle es sich nun um Lebensräume, Rohstoffe, Wasser, Luft oder um die Artenvielfalt von Pflanzen und Tieren.

Taten erreichen wir nicht durch schöne Worte und erbauliche Betrachtungen, sondern durch Engagement und durch Veränderung von uns selbst, indem wir versuchen,
- durch Solidarität und eine menschliche Kooperation zu einer neuen Einstellung der Natur gegenüber zu gelangen,
- die Bedingungen erforschen, unter denen Pflanzen und Tiere sich vermehren und erhalten lassen,
- eine biologische Haltung anzustreben, mit dem Ziel, eher wenige Arten möglichst lange Zeit zu pflegen,
- die Möglichkeiten zu einem freundschaftlichen Erfahrungsaustausch unter Liebhabern auszuschöpfen, an Tagungen, durch Publikationen und durch brieflichen Kontakt mit Pflanzen- und Tierfreunden aus aller Welt.

P. H. Stettler

Gesunde Pflanzen und Tiere

Wollen wir Pflanzen und wechselwarme Tiere in Terrarien gesund erhalten, so müssen wir ihnen geeignete Lebensbedingungen bieten. Da aber unsere Kenntnisse der heimatlichen Umweltverhältnisse lückenhaft sind, können viele Faktoren im Terrarium nur unvollkommen geboten werden. Man denke an Wind, Sonne, Regen, Nebel und Tau, aber auch an die natürliche Ernährung und den periodischen Wechsel der Klimafaktoren in der Natur: Sogar die meisten tropischen Pflanzen haben ihre ganz bestimmte Blütezeit und tropische Tiere oft ihre zeitlich begrenzte Fortpflanzungsperiode (viel Licht, höhere Temperatur, gesteigerte Feuchtigkeit).

Die vollkommene Nachahmung der Umweltverhältnisse unserer Pflanzen und Tiere, oder ganzer Lebensgemeinschaften, ist im Terrarium nicht möglich, aber auch nicht notwendig. Glücklicherweise sind viele Geschöpfe, die wir pflegen, derart anpassungsfähig, daß sie sich in einem biologisch sinnvoll eingerichteten Terrarium auch auf die Dauer wohl fühlen und gesund bleiben. Der Terrarienfreund wird deshalb, unter Ausnutzung der technischen Möglichkeiten, zunächst den Vorzugstemperaturen (am Tage und in der Nacht) seiner Pfleglinge Rechnung tragen; an zwei bis drei geeigneten Stellen im Behälter werden optimale Temperaturen (Umgebungswärme durch Boden- oder Luftheizung; Strahlungswärme durch Heizlampe) geboten, und die übrigen Klimafaktoren werden, unter Berücksichtigung der Abhängigkeit der Einzelfaktoren untereinander, entsprechend abgestimmt (siehe S. 30, Die Optimierung des Klimas im Terrarium). Die Optimierung der physikalischen und chemischen Faktoren allein bietet aber noch keine Gewähr zur Gesunderhaltung unserer Amphibien und Reptilien. Wir werden unsere Tiere gewissermaßen auch seelisch betreuen, ihnen ein Heim, ein Wohnareal und damit Geborgenheit bieten müssen (siehe S. 45, Die Raumgestaltung im Terrarium). Die Terraristik ist deshalb sicherlich derjenige Zweig der Vivarienkunde, der dem Pfleger am meisten Abwechslung und Möglichkeiten bietet. Der Terrarianer wird zum feinfühlenden Tierpfleger, aber gleichzeitig auch zum erfahrenen Gärtner. Terraristik ist schon fast Wissenschaft, mindestens aber eine kleine Kunst, die viel Einfühlungsvermögen verlangt. Klima und Biotop formen die Pflanze und das Tier, und der erfahrene Pfleger schließt aus deren Verhalten, Fortbewegung und Aussehen auf ihre Bedürfnisse.

Die Klimafaktoren

Eine wichtige Forderung bei der Pflege von Pflanzen und Tieren im Terrarium ist die Kenntnis ihrer Klima- und Bodenansprüche bzw. das Studium ihrer Lebenszonen. Das Klima ist die Gesamtheit der atmosphärischen Zustände. Pflanzen und wechselwarme Tiere sind besonders klima- und bodenabhängig. Für jede Art gibt es eine optimale Kombination der Klima- und Bodenverhältnisse; die Beurteilung dieser sogenannten Biotopverhältnisse ist nicht leicht, aber durchaus möglich. Der Terrarianer kann, parallel zu den eigenen Beobachtungen, aus dem Fundort (Höhenlage beachten!) anhand der beigegebenen Klima- und Vegetationskarten recht zuverlässige Rückschlüsse auf die Ökologie der Arten ziehen.

Die Luft

Nicht nur den Tieren, sondern auch den Pflanzen ist Frischluft ein Bedürfnis. Sie ist lebensnotwendig zur Gesunderhaltung von Pflanzen und Tieren. Der Stoffwechsel erfolgt durch die Luft; die Pflanzen entnehmen den für ihre Ernährung wichtigen Kohlenstoff dem Kohlendioxid der Luft, und für die Tiere ist eine sauerstoffreiche

Luft, der durch die Assimilation der Pflanzen ein Teil des Kohlendioxids entzogen wurde, besonders gesund. Je nach dem natürlichen Vorkommen der Pfleglinge sind die Ansprüche in bezug auf die Luftfeuchtigkeit und Temperatur verschieden. Es gehört zu unserer Aufgabe, die optimale Kombination von Luftfeuchtigkeit und Temperatur herauszufinden.

Unter Frischluft darf nicht Zugluft verstanden werden; Zugluft ist zu vermeiden, sie ist der Tod von Pflanzen und Tieren. Sie entsteht meist bei zu kalter Luftzufuhr von unten. Besonders zugluftempfindlich sind Schildkröten. Als Frischluft darf – unter normalen Umständen – die Luft in einer gut gelüfteten Wohnung bezeichnet werden. In schlecht gelüfteten oder verräucherten Räumen werden wir Luft von draußen mit einem Aquariendurchlüfter oder einem kleinen Ventilator (siehe Bezugsquellen), ins Terrarium befördern. In Industriegebieten, in staub-, gas- und rauchverseuchten Gegenden, kann Außenluft allerdings gesundheitsschädigend wirken.

Das Licht

Neben der Luft, der Temperatur und dem Wasser ist das Licht der wichtigste Faktor in der Terrarienpflege. Den Begriff Licht umfassend zu umschreiben und in Einzelheiten darzulegen, bleibt die Sache des Fachmannes. Ich kann hier nur über eigene Erfahrungen berichten.

Die Lichtintensität

In Zimmerterrarien dürften zu hohe Lichtintensitäten kaum vorkommen. Schäden, die durch eine zu hohe Lichtintensität verursacht worden wären, konnte ich bisher weder bei Pflanzen noch bei Tieren feststellen, wohl aber Verbrennungsschäden bei einigen Pflanzen (die Tiere konnten sich an einen kühleren Platz zurückziehen) infolge zu hoher Temperaturen bei Sonneneinstrahlung, mangelnder Lüftung und mangelnder Wasserzufuhr.

Folgendes gilt es zu beachten:

a. Bestimmte fortpflanzungsauslösende Stoffe (Keimfähigkeit) werden bei einigen Tieren nur bei ausreichender Lichtintensität gebildet (Paarungs-Stimulans).

b. Bei mangelnder Lichtintensität erweisen sich wechselwarme Tiere anfällig für Verdauungsstörungen, „Mundfäule“, Häutungsschwierigkeiten und Erkältungen; wir beobachten dann ebenfalls Bewegungs-, Freß- und Paarungsunlust.

c. Die Kohlensäureassimilation bei Pflanzen setzt erst bei einer gewissen Lichtstärke (etwa 2000 Lux) ein; wenn diese weiter absinkt, dann wachsen die Pflanzen nicht mehr weiter und zehren von ihrer Substanz.

d. Bei Lichtintensitäten knapp über dem Minimum wachsen zwar Pflanzen noch, verlieren aber ihre charakteristische Gestalt; sie vergeilen, die Internodien werden lang, die Farbigkeit der Blätter verliert sich, und eine Blütenbildung unterbleibt.

Man wird also in der Zimmer-Terraristik ohne künstliche Lichtquellen meist nicht auskommen (siehe S. 26, Die Beleuchtung).

Die Lichtfarbe

Die spektrale Zusammensetzung des Lichtes ist für die Tiere, aber auch für die Pflanzen von wesentlicher Bedeutung. Wir wissen, daß die unsichtbaren, infraroten Strahlen sehr wärmewirksam sind und verhältnismäßig tief in den Tierkörper eindringen. Der Spektralbereich im Dunkel- und Hellroten ist vor allem an der Bildung des Blattgrüns beteiligt und bewirkt das Längenwachstum der Pflanze. Dann ist wieder der Blaubereich besonders wirksam für die Stoffproduktion (Kohlensäureassimilation), vor allem aber für den harmonischen und gedrungenen Aufbau der Pflanze sowie die Farbigkeit der Blätter. Es folgen die unsichtbaren ultravioletten (kalten) Strahlen, deren Reizwirkung (Anregung des Stoffwechsels) allgemein bekannt ist. Nebenbei sei noch die bakterientötende und geruchtilgende Eigenschaft des Ultraviolett erwähnt.

Die Beleuchtungsdauer

Wir wissen, daß Pflanzen und Tiere auf die relative Tages- bzw. Nachtlänge, je nach Art und Vorkommen, verschieden „ansprechen“. Die Geschöpfe des Tropengürtels, zu denen ein Großteil unserer Pfleglinge gehört, benötigen eine durchschnittliche Beleuchtungsdauer von zwölf bis vierzehn Stunden. Der Kurztag begünstigt die Blütenbildung bei sehr vielen Tropenpflanzen; es muß aber darauf hingewiesen werden, daß dabei auch die Temperatur eine Rolle spielt. Es gibt Tropenpflanzen, die zur guten vegetativen Entwicklung zwölf und mehr Stunden, zur Blütenbildung jedoch weniger als zwölf Stunden benötigen. Über die Wirkung des Kurz- bzw. Langtages bei Tieren wissen wir praktisch nichts.

Die Temperatur

Die Temperatur ist für wechselwarme Geschöpfe sehr wichtig. Überschreitungen sowohl nach unten, als auch nach oben haben für Amphibien und Reptilien, aber auch für die Pflanzen nachteilige Folgen. Ich nenne nur die gefürchteten Darmerkrankungen und Erkältungen der Atmungswege sowie Atemnot und Hitzschlag. In Extremfällen ist dem Feuchtigkeitsgehalt der Luft Beachtung zu schenken, weil bei hohen Temperaturen und feuchter Luft Pflanzen und Tiere nicht genügend Wasser abgeben können. Umgekehrt wird bei zu trockener Luft gewissen Pflanzen, vielen Amphibien und Reptilien zuviel Feuchtigkeit entzogen; Reptilien haben dann Häutungsschwierigkeiten. Extrem hohe oder niedrige Temperaturen werden bei geringer Luftfeuchtigkeit kurzfristig besser vertragen als bei hoher Luftfeuchte.

Die Temperatur sollte nie gleichmäßig hoch gehalten werden. Ein dem Tag-Nacht-Rhythmus angepaßter Temperaturverlauf entspricht den Verhältnissen in der Natur. Als Richtmaß gilt im allgemeinen eine nächtliche Abkühlung auf etwa 16 °C (durchschnittliche Zimmertemperatur während der Nacht). Zu beachten ist die Verdunstungskälte (Kühlwirkung) an der Oberfläche feuchter Bodenfüllungen; für viele Bodenbewohner besteht dort Erkältungsgefahr.

Das Wasser/Die Feuchtigkeit

Geschöpfe immerfeuchter Regenwälder stehen jedem Feuchtigkeitsentzug machtlos gegenüber. Die Bewohner trockener Lebensräume dagegen verfügen über einen Verdunstungsschutz. Pflanzen und Tiere aus wechselfeuchten Gebieten – auch im Tropengürtel, sowohl in der Ebene als auch in der Höhe – verlangen eine jahreszeitlich bedingte Ruhe- bzw. Trockenperiode.

Störungen im Wasserhaushalt verursachen bei Pflanzen und Tieren Schäden. Steppen- und Wüstenbewohner brauchen oft viel mehr Flüssigkeit, als wir glauben. Die Pflanzen benötigen das Wasser für alle chemischen Vorgänge in den Zellen, zur Substanzproduktion und selbstverständlich als Lösungs- und Transportmittel. Die Tiere benötigen Wasser nicht nur als Baustoff, sondern ebenfalls als Lösungs- und Transportmittel. Erleiden Tiere einen großen Wasserverlust, zum Beispiel durch Erschrecken (Transport), so kommt es meistens gleichzeitig zu einem erheblichen Salzverlust des Körpers. In solchen Fällen genügt die Zufuhr reinen Wassers nicht mehr; wir müssen dem Körper Wasser und Kochsalz zuführen.

Die Wasseraufnahme ist den besonderen Bedürfnissen unserer Pfleglinge anzupassen:

Viele Pflanzen decken ihren Wasser- und Nährstofflösungs-Bedarf nicht nur durch die Wurzeln. Bromelien haben auf ihren Blättern besondere Saugschuppen oder Schuppenhaare entwickelt, durch die Feuchtigkeit und Nährstoffe aufgenommen werden. Wieder andere Epiphyten (Orchideen u. a.) sind in der Lage, durch die reichlich verzweigten, oft meterlang der Baumrinde anhaftenden, oder frei in dic Luft strebenden Luftwurzeln sehr rasch Wasser aufzunehmen und den Speicherorganen zuzuführen.

Selten trinken Reptilien aus einem aufgestellten Wassernapf. Den meisten Baum- und Wüstenbewohnern ist diese Art des Wassertrinkens völlig fremd. Wir müssen die Tiere oder deren Unterlage und Umgebung (Pflanzen, Kletteräste) mit Wasser besprühen, das sie dann auflecken oder aufsaugen. Wieder andere Reptilien, zum Beispiel Chamäleone, sind noch spezialisierter, indem sie manchmal nur bewegtes Wasser (Tropfenfall) als Wasserquelle annehmen.

Dornschwanzagamen und andere Steppenbewohner decken ihren Feuchtigkeitsbedarf – wie die Amphibien – durch die Haut; die Haut der Dornschwanzagamen wirkt wie Löschpapier.

Wir kennen weite Gebiete des Tropengürtels (Trockensavanne, Punaformation, Tola, Pampa), die als niederschlagsarm bezeichnet werden müssen; trotzdem finden wir dort ein reiches Pflanzen-, Amphibien- und Reptilienleben, weil während des ganzen Jahres die Luftfeuchtigkeit, vor allem nachts, relativ hoch ist, so daß es morgens zur Taubildung kommt. Wir finden demnach luftfeuchtigkeitsliebende Pflanzen und Tiere nicht nur in Regen- oder Nebelwäldern.

Die Ernährung der Amphibien und Reptilien

Bereits vor der Anschaffung eines Terrarientieres orientieren wir uns über dessen Futteransprüche. Über die Ernährung der Amphibien und Reptilien in ihren Heimatgebieten wissen wir nur wenig. Zu unserem Glück sind die meisten Terrarientiere nicht so spezialisiert, daß sie nur ein ganz bestimmtes, schwierig zu beschaffendes Futtertier (beispielsweise lebende Krabben) annehmen. Wir können uns also mit Futterpflanzen und -tieren helfen, die wir bei uns vorfinden oder, was noch besser ist, züchten können. Immer aber ist eine möglichst abwechslungsreiche Ernährung wichtig.

Wie in der Aquaristik, so gibt es auch in der Terraristik ein gutes, vitaminisiertes Trockenfutter: Es heißt Roswal (in der Schweiz) bzw. Dorswal (in der BRD) (siehe Bezugsquellen) und eignet sich vor allem als Alleindiät für aquatile Schildkröten; es wird aber auch von einigen Landschildkröten und anderen Reptilien, vorher angefeuchtet oder trocken, gerne genommen.

Gutes Ersatzfutter sind die überall erhältlichen, vitaminangereicherten Katzendiäten in Dosen (vor allem die aus Fleisch, Hühnerfleisch und Leber hergestellten); diese breiige Fertignahrung für Katzen wird von erstaunlich vielen Reptilien, Amphibien (und Aquarienfischen!) sehr gerne angenommen und bestens vertragen. Es läßt sich sparsam verfüttern und ist zudem sehr preiswert. In zerdrückter bzw. zerriebener Form ist es für die Aufzucht von Kaulquappen geradezu ideal. Weitere Ersatzfutter sind Fischfleisch (wird oft sogar von Baumschlangen genommen und gut vertragen) sowie Herzmuskel-Fleisch, das vor dem Verfüttern mit einem Kalkvitamingemisch bepudert wird.

Terrarientiere sind fast ausschließlich Klein- und Kleinsttierfresser; für die Terrarienpraxis sind Würmer, Insekten und Kleinsäuger (Zuchtmäuse) die wichtigsten Futtertiere. Aus Naturschutzgründen werden wir auf die Verfütterung von Amphibien und Reptilien verzichten.

Die Nahrungsaufnahme besteht nicht nur im „Einverleiben" von vegetabilischer und animalischer „Kost", sondern sie ist eng verknüpft einerseits mit der Anpassung an die Wechselbeziehungen in der Natur und anderseits mit den psychischen Eigenschaften des Pfleglings im Rahmen des sogenannten tierlichen Alltags.

Die Wechselbeziehungen in der Natur

Pflanzen und Tiere sind mit ihrer Umwelt eng verbunden. Dem Pfleger wird deshalb empfohlen, vor Anschaffung der Pflanzen und Tiere anhand von Klima- und Vegetationskarten sowie von Literatur deren Lebenszonen genau zu studieren. Danach richtet sich die Klimaregelung und Ausgestaltung des Terrariums; dabei sind unter anderem auch der Tag/Nacht-Rhythmus (nächtliche Abkühlung, je nach Biotop um etwa 3–12 °C und zugleich erhöhte Luftfeuchtigkeit), sowie die Wasser- und Feuchtigkeitsverhältnisse zu beachten (Bademöglichkeit, Trinkgefäß, Tropfen, Nebel- und Taubildung). Der Terrarienpfleger darf sich nicht dazu verleiten lassen, seinen Pflanzen und Tieren gleichbleibende Vorzugsbedingungen zu bieten. Mit dem nötigen Fingerspitzengefühl sollte er für wechselnde Verhältnisse sorgen, wie sie in der Natur auftreten. Nur der Wechsel in den Umweltverhältnissen wird die Pflanzen und Tiere im Terrarium auf die Dauer gesund erhalten und schließlich auch zur Blüte bzw. in Fortpflanzungsstimmung bringen; für Pfleglinge aus der subtropischen und der gemäßigten Zone ist das Einhalten einer Winter- oder Sommerruhe zu beachten.

Die psychischen Eigenschaften des Tieres

Im Rahmen der Wechselbeziehungen in der Natur verläuft der tierliche Alltag; der Betreuer sollte wissen, was sein Tier den ganzen Tag – oder die ganze Nacht – so treibt.

Hediger erwähnt sieben hauptsächlichste Beschäftigungs- und Ruhephasen:

1. Feindvermeidung

   Ich nenne die Flucht, das Warn- und Drohverhalten, das Schutzverhalten, zum Beispiel die Autotomie, die Täuschungs- und Ablenkungsmanöver, die Mimikry und die Mimese.

Die Warn- und Drohreaktionen der Reptilien hat MERTENS (1946) ausführlich dargestellt; er unterscheidet die folgenden Reaktionstypen:

A. Visible Reaktionen:
   a. Färbung,
   b. Veränderung der Form und
   c. Bewegungen;

B. Audible Reaktionen:
   a. Lautäußerungen vermittels des Atemapparates,
   b. Lautäußerungen vermittels des Darmkanals und
   c. Lautäußerungen vermittels Integumentbildungen (z. B. Schwanzrassel)

C. Chemorezeptile Reaktionen:
   a. Geruchsstoffe,
   b. Haut- und Mundsekrete,
   c. Giftspeien,
   d. Ausspritzen von Körperflüssigkeit,
   e. Entleeren von Darminhalt und
   f. Ausspritzen von Harn und Wasser;

D. Takto-rezeptible Reaktionen:
   a. Schleudern von Sandkörnern,
   b. unechte Kampfhandlungen und
   c. Kampfhandlungen.

Diese Feindvermeidung, die sich unter anderem in steter Fluchtbereitschaft äußert, überdeckt gewissermaßen alle anderen Beschäftigungs- und Ruhephasen, denn selbst während des Schlafes ist das freilebende Tier damit beschäftigt, sich vor Feinden in acht zu nehmen. Nach der alles dominierenden Feindvermeidung nennt HEDIGER noch die folgenden Phasen:

2. Nahrungserwerb einschließlich Nahrungsverarbeitung
3. Wohnarbeiten
4. Soziale Aktivität (Auseinandersetzungen mit Artgenossen)
5. Fortpflanzung und Brutpflege
6. Körperpflege und Komfortverhalten
7. Dösen und Schlafen

Uns interessiert hier der Nahrungserwerb im Zusammenhang mit den psychischen Eigenschaften des Tieres, wobei wir zunächst zwei große – allerdings durch Übergangsformen miteinander verbundene – Gruppen unterscheiden, nämlich die Pflanzenesser, sowie die sich von niederen Tieren, Insekten und Fleisch ernährenden (karnivoren) Amphibien und Reptilien. Unter den letztgenannten gibt es wieder zwei psychische Ausprägungen, nämlich einen passiven Typ (zum Beispiel die Grabfrösche, die Chamaeleonten, viele Schlangen), der so lange auf Beute lauert, bis sie in Reichweite gerät, sowie einen aktiven Typ, der sich durch lebhaftes Suchen und Jagen seiner Beute bemächtigt (zum Beispiel die Kröten, die Agamen, viele Schlangen).

Dem passiven Typ muß im Terrarium die Möglichkeit geboten werden, sich unsichtbar zu machen, sich zu tarnen, sich zu verstecken. Dieses Versteck muß dem Tier gleichzeitig auch die Möglichkeit lassen, die Umgebung zu überblikken. Als Versteckplätze kommen Felsspalten, Ast- oder Stammstücke, Baumhöhlen, Astgabeln, Blattscheiden, Sand, Wasser usw. in Frage, je nach der Lebensweise des Pfleglings.

Das Terrarium für den aktiven Typ muß vor allem genügend Raum bieten für eine ungehinderte Fortbewegung, wobei einer biotopgerechten Gliederung des Lebensraumes eine ebenso große Bedeutung zukommt wie der Inneneinrichtung des Terrariums für den passiven Typ. Dem Pflegling muß die Möglichkeit geboten werden, seine Beute zu erjagen. Selbstverständlich sollte der Terrarianer die Nahrungsaufnahme eines jeden Pfleglings kontrollieren und gegebenenfalls schwächere Tiere mit dem Futterdraht, dem Futterstab oder der Pinzette zufüttern.

Eine Selbstverständlichkeit sollte es sein, daß dämmerungs- und nachtaktive Tiere bei Dunkelheit, tagaktive bei großer Lichtintensität gefüttert werden und daß Wasser in der biotopgerechten Form (Trinkgefäß, Zisternen-Bromelien, Tropfen, Nebel- und Taubildung) zur Verfügung steht.

Zwei Punkte sollte der Terrarianer noch besonders beachten: Erstens sollte er bei der Auswahl die spätere mögliche Größe seiner Pfleglinge in Betracht ziehen. Oft sind es gerade die groß werdenden Arten, die verhältnismäßig viel Bewegung benötigen, die in einem herkömmlichen Zimmerterrarium einfach nicht geboten werden kann, und außerdem ist die Futterbeschaffung für große Pfleglinge meist kostspielig. Zweitens ist es erstrebenswert, je nach Art mehrere Tiere zu einer Zuchtgruppe zusammen zu bringen, was bei großwerdenden Arten doch nur in zoologischen Gärten und Instituten möglich ist. Größere und ganz groß werdende Arten gehören nicht ins Zimmerterrarium, auch Jungtiere dieser Arten sollte man nicht erwerben, weil man in wenigen Jahren, wenn sie groß und vielleicht bissig sind, die Tiere abgeben muß. Es ist dann nicht leicht, einen Abnehmer zu finden, der auch gleichzeitig die Gewähr für eine gute Pflege bietet; abgesehen davon ist es meist nicht möglich, großgewordene Einzeltiere einer bestehenden Zuchtgruppe beizugeben, weil sie nicht geduldet werden.

Die Futtertiere

Würmer
Regenwurm, *Enchytraeus, Tubifex*
Weichtiere
Wasserschnecken, kleine Gehäuseschnecken
Krebstiere
Daphnia und ähnliche, *Artemia,* Wasserassel, Bachflohkrebs, Garnele
Spinnentiere
Spinnen
Kerbtiere
Schmetterlinge und ihre Larven, Wachsmotten und ihre Larven, Käfer und ihre Larven, Drohnen, Stubenfliegen, Essigfliegen, Mückenlarven, Köcherfliegenlarven, Heuschrecken, Grillen, Schaben, Eintagsfliegen
Wirbeltiere
Fische, Küken, Mäuse (nestjung bis erwachsen)

Pflanzliches Futter

Pilze, Löwenzahn, Wegerich und andere Kräuter, Salate; Früchte wie Tomaten, Gurken, Bananen, Beeren, Steinfrüchte usw.

Leicht züchtbare Futtertiere

Regenwurm

Zur Aufnahme der Regenwurm-Zucht eignet sich eine größere Styroporkiste mit Deckel. Substrat: Feuchte Lauberde. Futter: Gequollene Haferflocken, pflanzliche Küchenabfälle (Salate usw.).

Grillen

Behälter: Etwa 30 cm hohes Gefäß aus Glas, Kunststoff mit Deckel (Luftzirkulation! – Verwendung von feiner Gaze). Dieses Zuchtgefäß

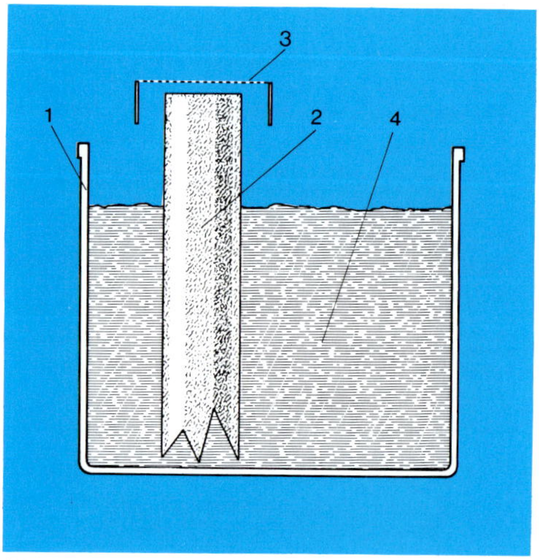

Bild 1. Eiablagegefäß für Grillen. **1** Kühlschrankschale, **2** Luftkamin aus einem Celluloidrohr, **3** Futtersieb (aus der Aquaristik), **4** Erdmischung (gleichmäßig feucht).

stellen wir auf eine warme Unterlage (Heizkabel 13–25 Watt, Vorschaltgerät zu Leuchtstoffröhre).
Inhalt: Futterschale; Trinkgelegenheit in Form eines Reagenzglases gefüllt mit Wasser, vorne verschlossen mit Wattebausch, der etwas vorsteht, damit die Grillen trinken können; Wellpapperollen oder feine Holzlamellen als Versteckplätze für die „kriegerischen" Männchen; Ei-Ablagegefäß: Dazu eignet sich am besten eine Kühlschrankschale. Wir füllen sie mit feuchter, torfiger Erde; günstig ist die Verwendung eines Luftkamins in Form eines Celluloid-Rohres, das unten v-förmige Ausschnitte besitzt und oben – damit die Heimchen oder Grillen nicht hereinfallen – mit einem Celluloid-Futtersieb abgedeckt wird.
Futter: Grünzeug, Karotten, Weizenkeime, Haferflocken und Hundevollnahrung mit Vitaminen oder Altromin-R (siehe Bezugsquellen), oder die folgende Mischung: 500 Gramm Kleie, 500 Gramm Vollmehl, 100 Gramm Milchpulver und 2 Löffel Trockenhefe (Faex sicc. Ph V in Apotheke oder Drogerie).
Wasser: Wie beschrieben.
Zur Zucht eignen sich die Hausgrille (Heimchen), *Gryllus domesticus* und die wenig kannibalische südeuropäische Art *Gryllus bimaculatus.*

Wanderheuschrecke, *Locusta migratoria migratorioides*

Allgemeines: Die Zucht der Wanderheuschrecke ist in einem geeigneten Behälter sehr ergiebig. Frisch geschlüpfte Nymphen können in dreieinhalb bis vier Wochen zum ausgewachsenen Tier heranwachsen.

Haltung: Temperatur: Die Durchschnittstemperatur soll 40 °C nicht übersteigen und 25 °C nicht unterschreiten. Temperaturschwankungen sind vorteilhaft, darüber hinaus sollten die Tiere kühlere und wärmere Stellen im Behälter vorfinden. Die besten Ergebnisse erzielt man bei einer Tagestemperatur von 32–35 °C und einer Nachttemperatur von 27–29 °C. Das Thermometer sollte weder an der Behälterwand noch in der Nähe der Heizquellen angebracht werden, sondern in der Mitte zwischen beiden. Feuchtigkeit: Am besten ist eine Luftfeuchtigkeit von etwa 70%. Eine höhere Feuchtigkeit begünstigt das Auftreten von Krankheiten, zu geringe Feuchtigkeit erhöht die Sterblichkeit. Ein in den Behälter eingebrachtes Wassergefäß sowie das als Futter verwendete Gras genügen zur Luftbefeuchtung; ein Zuviel an Luftfeuchtigkeit läßt sich durch die verstellbare Luftklappe leicht beseitigen.

Nahrung: Frisches Gras oder 10 bis 25 cm hohe grüne Weizenkeimlinge, die täglich gewechselt werden müssen, sind das einzig notwendige Futter. Zusätzlich können wir trockene Weizenkleie verabreichen. Die erforderliche Frischfuttermenge muß von Fall zu Fall ermittelt werden; ein Zuviel bewirkt den Verlust von Jungtieren, die sich zwischen dem nicht gefressenen Gras des Vortages aufhalten und leicht mit diesem zusammen entfernt werden, ein Zuwenig begünstigt den Kannibalismus.

Bild 2. Zuchtkasten für Wanderheuschrecken nach Hemker. **1** Bedienungsklappe, **2** Klappe zum Einschieben der Sandgefäße (etwa 20 × 12 × 16 cm), **3** Schieber in Höhe des Zwischenbodens, zum Einbringen des Futters und zum Herausfegen der Exkremente (feuchte Exkremente müssen täglich entfernt werden, trocken sind sie unschädlich, dann genügt eine monatliche Reinigung des Behälterbodens), **4** Glasschieber, für Hantierungen im Behälterinneren, **5** Ventilationsöffnung (mit Gaze vergittert) im abnehmbaren Dach mit Glasschieber, **6** herausnehmbarer Zwischenboden aus durchlöchertem Zinkblech, **7** elektrische Zuleitung, Schalter, **8** Eiablagegefäß 20 × 12 × 16 cm.

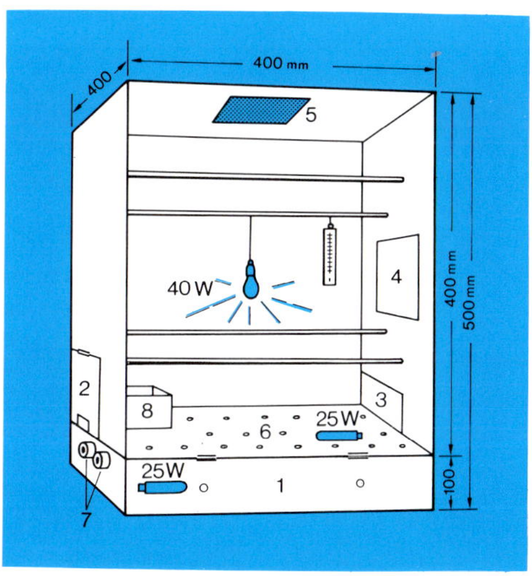

Zucht: Temperatur: Die Temperatur sollte etwas niedriger sein als bei der Haltung, 32 °C tagsüber und 27 °C nachts. Dauertemperaturen über 30 °C führen zu vorzeitiger Unfruchtbarkeit.

Feuchtigkeit: Luftfeuchtigkeit konstant 70%.

Nahrung: Wie beschrieben. Weizenkleie-Gaben sind empfehlenswert, Trinkwasser sollte nicht fehlen.

Kletterstäbe: Die Kletterstäbe können wir entweder waagrecht anbringen oder aufrecht in einen aus Maschendraht gebildeten Bogen stecken; sie ermöglichen den Nymphen eine einwandfreie Häutung, und man vermeidet außerdem zu starke Ansammlungen von Tieren auf dem Behälterboden.

Eiablage-Behälter: Die Heuschreckenweibchen benötigen zur Eiablage mit feuchtem Sand gefüllte Gefäße. Dem Sand wird etwa ein Zehntel seines Volumens Wasser zugesetzt. Die Behälter sollten etwa 10 cm tief sein.

Paarung und Eiablage: Nach der Kopulation legen die Weibchen ihre Eier frühestens 15 Tage nach der letzten Häutung ab. Bei schlecht gepflegten Tieren kann es fünf Wochen bis zur Eiablage dauern. Die Eier werden im Sand in einem 10 cm langen Kokon von 6 mm Durchmesser abgelegt. Der Kokon enthält 30–100 Eier. Ein Weibchen kann bis 17 Kokons legen, durchschnittlich werden etwa 7 abgelegt.

Ei-Zeitigung: Die mit Kokons beschickten Sandbehälter werden jeden zweiten oder dritten Tag durch einen neuen ersetzt. Wir können die mit Kokons belegten Sandbehälter im Zuchtbehälter lassen oder separat bebrüten; um einen Feuchtigkeitsverlust zu vermeiden, werden wir sie zweckmäßig abdecken. Bei einer Temperatur von 29–30 °C schlüpfen die Nymphen nach 15 Tagen.

Schaben

Es besteht immer die Gefahr, daß sich Schaben in Wohnküchen und -räumen, an warmen oft schwer zugänglichen Orten (Warmwasser-Aufbereitungsanlagen) ansiedeln, vermehren und dann außerordentlich lästig fallen. Die Vernichtung von Schaben ist in bewohnten Räumen immer eine nervenaufreibende Angelegenheit; die Radikalentfernung mit Gift würde ja auch eine Gefahr für unsere Terrarienpfleglinge bedeuten.

Schaben-Zuchtbehälter müssen deshalb absolut ausbruchsicher konstruiert werden. Am besten eignen sich verschließbare Kunststoffbehälter, deren Deckel mit feinstem Gitter bespannt sind; zusätzlich bestreichen wir den inneren oberen Rand dieser Behälter mit Vaseline oder Fliegenleim.

Von Vorteil ist es zudem, eine „lebendgebärende" Art für die Zucht zu wählen. Die Jungen solcher Arten haben bereits eine gewisse Größe, während die frischgeschlüpften Jungtiere der kleinen Deutschen Schabe beispielsweise noch durch Spalten von einem halben Millimeter entkommen können.

In wissenschaftlichen Instituten werden Schaben oft für Forschungszwecke (Krebsforschung) gezüchtet. Wenn es möglich ist, von dort hin und wieder überschüssige Tiere – am besten nehmen wir nur männliche Tiere, eine Vermehrung im Wohnbereich ist dann ausgeschlossen – zu bekommen, so können wir mit Vorteil auf die Zucht verzichten.

Zucht: Für die Zucht wählen wir am besten die „lebendgebärende" Art *Leucophaea maderae*.

Den Boden des oben beschriebenen Zuchtbehälters bedecken wir mit einer dünnen Schicht Sand. Als Versteckplätze bieten wir Wellpapperöhren. Den Zuchtbehälter stellen wir warm, 28 bis etwa 33 °C.

Schaben sind Allesfresser: Brot, Haferflocken, Altromin-Diätfutterwürfel, Karotten, Salat, Gemüse usw.

Trinkgelegenheit: Mit Wasser gefülltes, vorne mit Wattebausch verschlossenes Reagenzglas.

Verfütterung: Um ein Entkommen zu verhindern, werden die Schaben unter Kontrolle, am besten einzeln mit der Futterpinzette, an die Terrarienbewohner verfüttert.

Essigfliegen

Zuchtkasten: Um Essigfliegen in größeren Mengen zu züchten, lohnt sich die Herstellung eines Zuchtkastens nach NIGG. Aus gehobeltem Tannenholz von 15 mm Dicke basteln wir einen Kasten 61 × 35 × 14 cm. Unten im Rahmen werden drei Brettchen (11 cm hoch, 14 cm tief und 2 cm dick) in gleichmäßigen Abständen aufgeleimt, womit wir vier gleich große Fächer erhalten, in die die Futtergläser eingeschoben werden können; diese vier Fächer werden zweckmäßig mit einer Leiste (7 cm breit und 2 cm dick) auf der ganzen Länge abgedeckt, am Rücken des Kastens bündig. Jedes dieser vier Fächer wird für sich mit einem Deckel aus Sperrholz von 5 mm Dicke verschlossen. Als Verschluß dienen zwei Ringschrauben je Deckel, die etwas verschoben auf den Kistenrahmen bzw. die drei Abteilbrettchen geschraubt werden. Ein Eisenstäbchen schiebt man von einer Ringschraube zur andern, und mit einem Vierkant-Nagel als Keil werden die Sperrholz-Deckel fest angedrückt. Die Vorderseite der Kiste und die freie hintere Hälfte werden nun mit feinem Fliegengeflecht bespannt.

In den oberen Rahmen des Kastens sägt man ein Loch von 10 cm Durchmesser; darauf wird ein Haushaltstrichter aus Plexiglas, Hals nach oben, befestigt. An diesem Trichter sägt man den Hals bis auf 1 cm ab. Zur Verstärkung leimt man mit „Alleskleber" ein Stück passendes Celluloid-

Bild 3. *Drosophila*-Zuchtkasten nach Nigg.

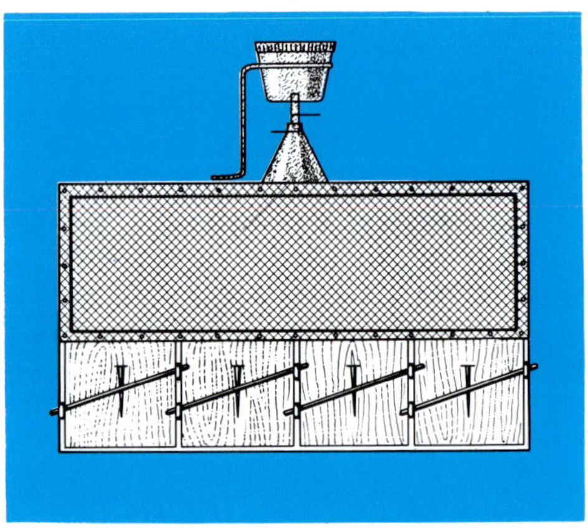

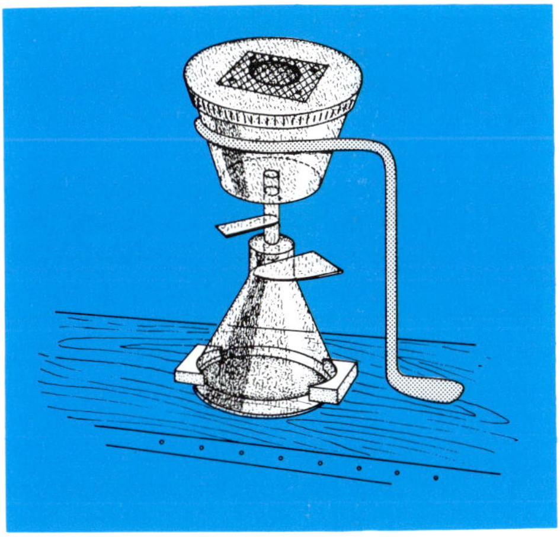

Bild 4. *Drosophila*-Entnahmevorrichtung nach Nigg.

rohr über den Trichterhals; mit einer Laubsäge 2/10 mm sägen wir einen Schnitt bis zur Mitte des Trichterhalses. Nun wird ein Celluloidplättchen in den Schnitt eingepaßt; dieses Plättchen dient als Schieber, damit die Fliegen nicht entweichen können.

Entnahme-Vorrichtung: Als Fangglas dient eine Kunststoff-Dose mit Deckel (Bajonettverschluß) von etwa 0,5 l Inhalt. In den Boden dieser Dose bohre man ein Loch von 9 mm Durchmesser, in das ein Celluloidrohr gleicher Dicke eingeführt wird, auf beiden Seiten 3 cm vorstehend. Über die beiden Enden leimen wir wiederum ein passendes Celluloidrohr zur Verstärkung, innen 3 cm lang, außen 2,5 cm lang; die unteren 0,5 cm müssen genau in die Öffnung des Trichters passen. Mit einer Laubsäge sägen wir einen feinen Schnitt in das Rohr und zwar 2 cm unterhalb des Dosenbodens, und auch hier wird ein Celluloid-Schieber entsprechend eingepaßt. In den Schraubendeckel der Kunststoff-Dose sägt man ein Loch von 4 cm Durchmesser; auf diesem befestigen wir mit vier Mutterschräubchen ein quadratisches Stück Fliegengeflecht, damit Luft in die Fangdose gelangen kann. Unterläßt man das, steigen nämlich die *Drosophila* nicht in die Fangdose auf. Die Dose wird durch einen Drahtbügel gehalten; sie läßt sich dadurch leicht aufstecken und wieder abnehmen.

Entnahme: Fangdose aufsetzen, beide Schieber öffnen, eine Lichtquelle (Lampe) etwa 50 cm über den Zuchtkasten bringen. Die dem Licht zustrebenden Essigfliegen gelangen so rasch in die Fangdose. Sobald genügend Fliegen in der Dose sind, ist der Schieber zu schließen.

Verfütterung der Essigfliegen: Im Terrarium stellt man die Fangdose auf den Deckel und öffnet den Schieber. Die Essigfliegen kommen nun nach und nach heraus und werden von den Tieren weggeschnappt.

Zucht: Nährsubstrat: 300 g Wasser mit 2 g Agar Agar kochen, 20 g Zucker und 40 g Maisgrieß beifügen, aufkochen lassen und in ein Einmachglas von 0,5 l Inhalt einfüllen; 10 g Bäckerhefe mit etwas Wasser auflösen und auf das Nährsubstrat gießen. Eine halbe Zitrone, oder eine andere Frucht, fördert die Zucht. Dieses Substrat ist nahezu geruchlos.

Wechsel der Gläser mit dem Nahrungsbrei: Wenn sehr viele Essigfliegen im Kasten sind, wechselt man die Substrat-Gläser am besten im Freien.

Im allgemeinen ersetzt man am besten alle zehn Tage das älteste Glas durch eines mit frischem Nahrungsbrei; auf die Sperrholzdeckel werden mit Bleistift die Erneuerungsdaten notiert, damit stets das richtige Glas ausgewechselt wird.

Tagesmenge: Haben wir erst mal einige Tausend *Drosophila* im Zuchtkasten, so können wir ohne Beeinträchtigung der Zucht täglich die Menge eines gehäuften Eßlöffels Essigfliegen zu Futterzwecken entnehmen.

Stubenfliegen

Allgemeines: Bartholdi hat unter Verwendung der Hinweise von Oeser und Thomas eine Methode ausgearbeitet, die die Zucht der Stubenfliege in Kleinbehältern – ohne die lästige Geruchsbildung – ermöglicht.

Zuchtbehälter: Die Zuchtbehälter (vorteilhaft zwei Stück) müssen vor allem wegen der großen Verschmutzung so gebaut sein, daß sie mit heißem Wasser gut zu reinigen sind. Man baut sie am besten aus Weißblech 0,5 mm. Die Blechteile, vorteilhaft von einem Spengler zugeschnitten und abgebogen, können mit einem elektrischen Lötkolben gut selber gelötet werden. Die Vorderfront besteht aus einer 1,8 mm-Scheibe, schiebbar in einem Messing-U-Profil, wie es für den Modelleisenbahnbau in größeren Spielwarengeschäften erhältlich ist. Das untere U-Profil, das auf dem Bodenblech aufgelötet ist, hat auf einer Seite eine Aussparung von etwa 4-5 cm. Ist nämlich

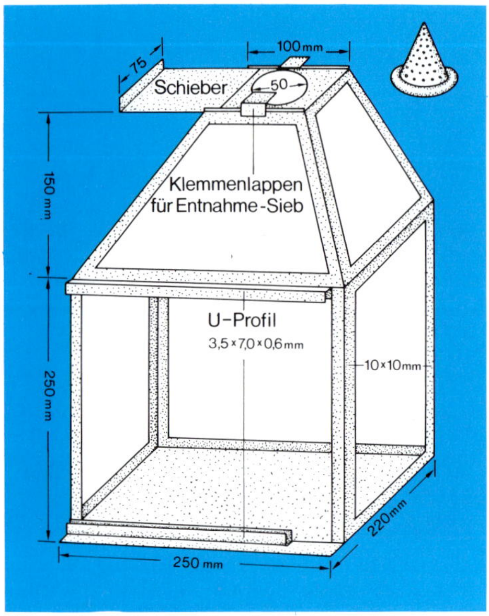

Bild 5. Stubenfliegen-Zuchtbehälter nach Bartholdi.

die Fliegenproduktion viel größer als der Bedarf, so werden allmählich tote Fliegen den Boden bedecken, die dann an dieser Stelle gut zu entfernen sind. Es ist günstig, ständig eine Reservescheibe zu besitzen, damit wir bei Glasbruch oder bei zu starker Verschmutzung durch die Fliegen die Scheibe jederzeit auswechseln können. In die übrigen Seitenteile wird verzinntes Drahtgeflecht von maximal 1 mm Maschenweite gelötet. Das Dachstück besteht wiederum aus Blech, oben mit einem Loch von etwa 5 cm Durchmesser (entsprechend dem Entnahmesieb). Der Rahmen kann nach Belieben mit einem Kunstharzlack-Anstrich verschönert werden. Muß man nun Futter oder Eiablagegefäße in den Behälter bringen oder tote Fliegen entfernen, so überdeckt man die Scheibe mit einem Tuch, schiebt sie vorsichtig etwas auf die Seite und bringt von unten her das Gewünschte in den Zuchtbehälter.

Fütterung der Fliegen: Im Zuchtbehälter befinden sich, außer den Fliegen, zur Fütterung noch je eine kleine Glasschale mit einem neuzeitlichen Kraftnährmittel in Pulverform (aus Malz, Milch, Ei, Hefe, Kakao) und Traubenzucker. Eine dritte, etwas größere Schale dient als Tränke; sie enthält Wasser mit 1-2 Tropfen eines Polyvitaminpräparates sowie ein Stück Naturschwamm.

Pflege und Fütterung der Fliegenmaden bzw. Puppen: Als Eiablagegefäße verwendet man Hartplastik-Kühlschrankdosen transparent in zwei Größen, etwa 10/10/8 cm und 10/20/8 cm. Das Eiablage-Substrat präpariert man so: Eine Kühlschrankdose wird zu etwa zwei Dritteln mit Kleie gefüllt. In ein separates Gefäß bringt man ein Stück Backhefe (nußgroß), 1 Eßlöffel Zucker, etwa 1 dl Wasser und 1 Kaffeelöffel Milchpulver (Dosierung für das kleine Gefäß; große Dose = doppelte Menge). Das Ganze wird aufgelöst, über die Kleie geschüttet und gut durcheinandergerührt.

Das leicht feuchte Substrat wird nun in den Behälter gebracht. Da frisch geschlüpfte Fliegen aber erst nach einigen Tagen ihre Eier ablegen, hat ein vorzeitiges Einbringen der Eiablagebehälter keinen Sinn. Je nach der Anzahl Fliegen, die sich im Behälter befinden, oder nach der Menge, die als Futter benötigt wird, läßt man das Substrat ein bis drei Tage zur Eiablage im Fliegenkäfig. Die obere Schicht des Gemisches darf nicht austrocknen. Um dies zu verhindern, besprüht man es während dieser Zeit – nach Bedarf – mit der Pflanzenspritze, was durch geringes Verschieben der Glasscheibe möglich ist. Nach der genannten Zeit wird das Eiablagegefäß entfernt, das Substrat nochmals leicht besprüht und dann mit einem luftdurchlässigen Stoff überspannt. Nach zwei bis drei Tagen sind bereits die kleinen Maden sichtbar. Je nach der Temperatur geht nun die Entwicklung mehr oder weniger rasch. Muß man die Zucht beschleunigen, so bringt man das Eiablagegefäß in die Nähe einer Wärmequelle (Vorschaltgerät für Leuchtstoffröhre, Boiler). Das Gemisch ist täglich zu kontrollieren und leicht zu besprühen. Nach weiteren zwei bis drei Tagen beginnt man die schnell wachsenden Maden zusätzlich durch Aufstreuen von Milchpulver zu füttern. Darüber legt man einen Papierstreifen in mehrfacher Lage und besprüht auch diesen tüchtig mit Wasser. Selbstverständlich wird jedesmal die Dose wieder mit Stoff zugedeckt. Wir füttern und besprühen nun immer häufiger, je nach Menge und Entwicklung der Maden zwei- bis dreimal täglich. Nach etwa zehn Tagen versuchen die Maden das Substrat zu verlassen, fressen kein Milchpulver mehr oder beginnen sich zu verpuppen. Auch jetzt sind noch tägliche Kontrolle und Besprühen notwendig, um ein Austrocknen des inzwischen dunkel gewordenen Gemisches zu verhindern. Je nach Temperatur beginnen bereits nach wenigen Tagen die ersten Fliegen zu schlüpfen.

Wechsel des Zuchtbehälters: Da der bis jetzt benutzte Behälter noch für einige Zeit Fliegen liefert, aber auch infolge der nahrhaften Fütterung zu verschmutzen beginnt und anschließend eine Reinigung nötig hat, bringt man die Dosen in den zweiten Behälter mit frisch gefüllten Futterschalen. Der Stoff wird nun von der Dose weggenommen, so daß die frisch geschlüpften Fliegen den Behälter als Flugraum benützen können. Innerhalb einer Woche haben sich sämtliche Puppen zu Fliegen entwickelt. Die Dose wird wieder aus dem Behälter entfernt, gereinigt und steht für einen neuen Ansatz zur Verfügung.

Entnahme der Fliegen: Wir entnehmen Fliegen entweder wie beim *Drosophila*-Zuchtkasten beschrieben, oder durch Aufsetzen eines Celluloid-Futtersiebes (wie für *Tubifex* im Aquarienhandel erhältlich) auf die durch den Schieber freigegebene Öffnung. Der Schieber wird dann geschlossen und das Futtersieb mit den Fliegen auf einen dünnen Karton geschoben. Damit kann die ganze „Beute" durch eine 2 cm-Bohrung an den Seiten oder im Dach in die Terrarien gebracht (geblasen) werden, ohne daß dabei eine Fliege entweichen kann.

Vorteile der Zuchtmethode Bartholdi: Die starke Ammoniakbildung, die bei den bisherigen Zuchtmethoden auftritt, macht sich bei der Methode BARTHOLDI kaum bemerkbar, da die Maden und Puppen nicht vom Substrat getrennt werden. Bei übermäßiger Besetzung mit Maden kann nach einigen Tagen der Ansatz in eine neue Dose mit frischem Substrat verteilt werden. Bei schwacher Besetzung beginnt das Gemisch zu faulen und verbreitet dann einen entsprechend unangenehmen Geruch; um diese Geruchsbildung zu verhindern, muß man also auf gutbesetzte Ansätze achten.

Selbstverständlich ist der leicht säuerliche Geruch, der bei der Gärung der Hefe binnen kurzer Zeit eintritt, nicht zu verhindern. Durch wärmeren oder kühleren Standort der Behälter kann die Entwicklung zeitlich reguliert werden. Je nach Fliegenbedarf zeigt die Erfahrung schnell, in welchen Abständen ein neuer Zuchtansatz erfolgen muß. Maden und Puppen sind in Sägemehl im Kühlschrank längere Zeit haltbar.

Besonderes: Selbstgezüchtete, mit einem Kraftnährmittel und Traubenzucker sowie vitaminisiertem Wasser gefütterte Stubenfliegen sind ein hervorragendes Futter für Amphibien und Reptilien. Ich habe meine australischen Wasseragamen, *Physignathus lesueurii*, ausschließlich mit selbstgezüchteten Stubenfliegen großgezogen; geschlechtsreif und meterlang, fressen diese Agamen – neben größeren Futtertieren (u. a. Mäuse) – auch jetzt noch gerne Stubenfliegen.

Mehlmotte, *Ephestia* (= *Anagasta*) *kuehniella*

Eine der am leichtesten züchtbaren Lebendfuttersorten, lebt sie doch in menschlichen Behausungen, wo sie unsere Nahrung teilt. Man hält sie in Plastikgefäßen, die entweder mit feinem Maschendraht (50 Einheiten) oder mit mehreren Lagen von Nylonstrumpfgewebe bedeckt werden. Erwachsene Motten fressen nichts, doch die Raupen ernähren sich von allerhand Getreideprodukten, wie Haferflocken, Schwarzbrot (aber nicht von Weißbrot!) oder ähnlichem. Die relative Luftfeuchtigkeit sollte man möglichst niedrig halten, die beste Temperatur sind etwa 25 °C, dann dauert eine Generation etwa 6 Wochen. Man erneuert die Kulturen, indem man frischgeschlüpfte Motten in ein frisches Kulturgefäß mit neuer Nahrung bringt. Man setze mindestens 10–12 Paare in eine Küchendose. Nicht Bedingung, aber von großem Vorteil ist eine Zugabe von Hefe als Vitamin-B-Lieferant (5% des Nährbodens). (Der Verfasser züchtet Mehlmotten erfolgreich in Plastikdosen mit ebensolchem Deckel, wie sie für Haushaltszwecke angeboten werden. Sie sind dicht genug, um den Raupen und Motten das Entweichen unmöglich zu machen, erlauben aber ein wenig Luftaustausch. Es ist bei dieser Methode unentbehrlich, die Zuchten vor der prallen Sonne zu schützen, aber nur damit sich kein „Schwitz"-(Kondens-)wasser bildet. Zum Antreiben kann man die Ansätze bei etwa 40 °C halten, die Entwicklungsdauer beträgt dann etwa 4 Wochen. Eine einigermaßen konstante Temperatur erreicht man durch Aufstellen des Glases nahe einem elektrischen Widerstand, z. B. dem Vorschaltgerät einer lange brennenden Leuchtstoffröhre. (Auf jeden Fall halte man eine zweite Kultur bei 25 °C, um immer Reserven zu haben.)

Kornmotte, *Sitotroga cerealella*

Ihre Zucht ist ähnlich der der Mehlmotte, doch sollte man völlig unbehandelte Weizenkörner als Nahrung anbieten. Die erwachsenen Motten kleben ihre Eier daran, die Raupe frißt und lebt im Inneren des Samenkorns, was das Verfüttern etwas schwieriger macht. Der Entwicklungsgang Ei-Larve-Motte dauert etwa 4–5 Wochen.

Mehlkäfer

Zuchtbehälter: Kunststoffdose mit Luftzutritt von oben.
Zuchtsubstrat: Eine Mischung von trockenem Birkenlaub mit Getreidekörnern oder Kleie.
Futter: Gemüse, auch Karotten, sowie Haferflocken und trockenes Brot.
Eiablage: Die Mehlkäfer-Weibchen legen ihre Eier gerne in Wellpappe.
Besonderes: Mehlkäferlarven sind – auf die Dauer – kein ideales Futter für Terrarientiere. Vorübergehend als Ersatzfutter sind sie dann sehr brauchbar, wenn die damit gefütterten Tiere unter optimalen Temperaturverhältnissen gehalten werden.

Wachsmotte

Zuchtbehälter: Die Zucht geschieht am besten in großen Marmeladedosen (Deckel zu etwa zwei Dritteln mit feinmaschiger Drahtgaze bespannt), die bei guter Zimmerwärme dunkel gestellt werden können. Gut besetzte Zuchten erzeugen viel Eigenwärme.
Bisheriges Futter: Als Futter dienten bisher alte, schon mehrfach bebrütete Bienenwaben, wobei von den Wachsmottenlarven nicht nur das Wachs allein, sondern auch die vitamin- und pollenhaltigen Exkremente der Bienen sowie die Häutungsrückstände der Bienenmaden gefressen wurden.
Nachteile: Die jeweilige Beschaffung von alten Bienenwaben gelingt nicht immer.
Es besteht die Gefahr, daß wir kleine Schlupfwespen einschleppen, die die ganze Zucht vernichten können.
Es besteht die Möglichkeit des Überhandnehmens der kleinen Wachsmotte, *Achroea grisella,* die die besonders erwünschte große Art, *Galleria mellonella,* weitgehend verdrängt.
Neues Futter: In England wurde ein künstliches Futter-Gemisch, das Haydak-Medium, entwickelt:

500 g Honig 500 g Glyzerin	} mischen*	} mischen
100 g Trockenhefe (Faex sicc. Ph V) 200 g Kleie 200 g Magermilch-Pulver 200 g Vollmehl 400 g Gries oder Mais	} mischen	

* = plus einige Tropfen eines wasserlöslichen Polyvitamin-Präparates

Die Mischung wird zu etwa nußgroßen Kugeln geformt; mehrere davon werden in Papier oder Wellpappe eingeschlagen und zu etwa drei Vierteln in den Zuchtbehälter geben. Wachsmotten ansetzen.
Vorteile: Die Beschaffung alter Bienenwaben entfällt.
Es besteht keine Gefahr der Einschleppung von Schlupfwespen oder der anderen Wachsmottenart.
Die Zucht kann sauber und übersichtlich gehalten werden.

Mäuse
Zuchttiere: Der sehr lästigen Geruchsbildung wegen verzichten wir besser auf die Zuchtformen unserer Hausmaus (*Mus musculus*) und pflegen die alle vier Wochen große Würfe (8-19 Junge) gebärende Afrikanische Vielzitzenmaus (*Mastomys coucha* A. SMITH, 1836), die bei reinlicher Haltung absolut keinen lästigen Geruch verbreitet.
Zuchtbehälter: Aus schlagfestem Kunststoff mit Futterraufe und Trinkflasche (siehe Bezugsquellen S. 198).
Substrat/Streu: Katzenstreu oder Hobelspäne; leere Kokosnußschale ($^3/_4$) oder ähnliches als Nest, Papierschnitzel als Nestmaterial.
Futter: Getreidekörner, Grünzeug, Zitrusfrüchte, Brot, Karotten usw. (Weiße Mäuse: Altromin-R, Alleindiät für Ratte und Maus, 14 mm-Würfel, Nr. B 0106 (BRD), Nr. 1314 (Schweiz), siehe Bezugsquellen.)
Besonderes: Die Verfütterung nestjunger Mäuse (Babymäuse) an kleinere Froschlurche und klei-

nere Reptilien ist viel zu wenig bekannt. Optimal ernährte Mäuse enthalten alle notwendigen Aufbau- und Ballaststoffe. – Es gibt viele baumlebende Reptilien und Amphibien (auch nachtaktive), die die Nester von Baummäusen oder Vögeln plündern.

Besondere Hinweise

Obwohl wir die verschiedensten Futtertiere leicht züchten können, wird der Terrarienfreund wohl niemals ganz auf frischgefangenes Futter verzichten; neben den Heuschrecken und Spinnen, die wir in der Wiese käschern, sind Fliegen die wichtigsten Futtertiere. Die Fangergebnisse mit den im Handel befindlichen Fliegenfallen sind aber oft völlig ungenügend. HEMKER hat eine Fliegenfalle entwickelt, die auch wirklich funktioniert. Bei geeignetem Wetter fangen wir damit täglich bis 800 und mehr Fliegen und Brummer. Sogar im Vorfrühling und Spätherbst bekommen wir mit dieser Falle noch ausreichende Mengen.

Köder: Der Köder wird auf einen Büchsendeckel o. ä. gelegt und täglich angefeuchtet. Die Falle wird so darübergestellt, daß der Köder genau unter das Sieb (2) zu stehen kommt und der Wind bzw. Luftzug durch die Windfänge (7) abgehalten wird.

Wenn nach einer gewissen Zeit der Köder übel „zu duften“ anfängt, ersetzt man ihn durch einen neuen. Als Köder eignet sich Lunge, Fischeingeweide usw.

Aufstellung: Die Falle wird am besten an windgeschützter, sonniger Südlage vor einer Hauswand (auf dem Balkon) aufgestellt.

Fangprinzip: Anlocken durch den Köder: Die Fliegen kriechen zwischen Unterlage und Bodenblech (1) durch das Dunkle auf den Köder. Da es über dem Köder, infolge der Lichtdurchlässigkeit des zudem noch als Reuse wirkenden Siebes (2) bedeutend heller ist als unter dem Bodenblech (1), gelangen die immer dem Licht zustrebenden Fliegen durch das Loch in die Falle. Damit die Fliegen nicht verdursten, darf man nicht vergessen, immer auch etliche Tropfen Wasser in die Falle zu geben.

Entnahme der Fliegen: Ein durch einen Gummipfropfen verschließbares Loch in der einen Deckscheiben-Hälfte ermöglicht es, kleinere Gefäße mit Fliegen zu beschicken und diese dann auf

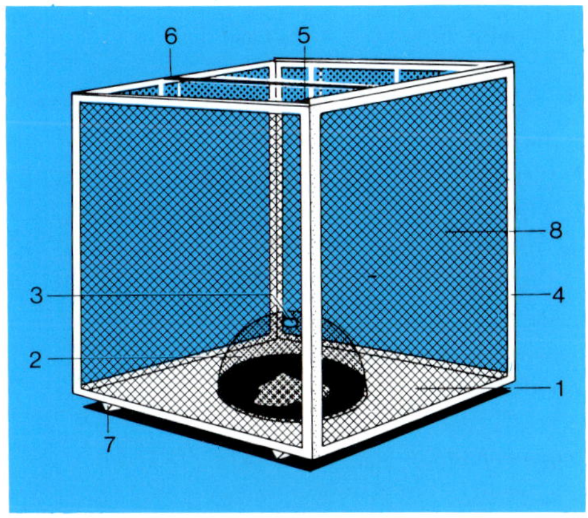

Bild 6. Fliegenfalle nach Hemker. **1** Boden aus Blech 25 × 25 cm mit kreisrundem Ausschnitt von 12,5 cm Durchmesser, auf dem ein (**2**) gewölbtes Sieb (Haushaltssieb ohne Stiel) von ebenfalls 12,5 cm Durchmesser und 6,5 cm Höhe fest aufgelötet ist. An der höchsten Stelle des Siebes liegt ein rundes Loch (**3**), von 1,2 cm Durchmesser. **4** Rahmen aus Blech. Oberer Rahmen mit dicht schließendem Falz (**5**) auf drei Seiten, zum Einschieben der zweigeteilten Deckscheibe (**6**, Zweiteilung zur besseren Entnahme der Fliegen). **7** Windfang aus Blech, zwei gegenüberliegende Seiten einnehmend, 1 cm hoch, auf dem die Falle steht. **8** Wandungen mit Fliegengaze bespannt und mit dem Rahmen verlötet.

verschiedene Terrarien zu verteilen (siehe auch unter Zucht der Essig- bzw. Stubenfliegen).

Wintervorrat: Wollen wir uns einen Wintervorrat an Fliegen anlegen, so beschicken wir die Falle im Herbst auf der einen Seite locker mit zerknülltem Papier. Die sich in der Falle aufhaltenden Fliegen sammeln sich dann in den oberen Ecken und im zerknüllten Papier, rücken ganz nah zueinander und verfallen, wenn wir die Falle an einen kalten Ort (Balkon) stellen, in eine Kältestarre. In die Wärme und ans Licht gebracht, erwachen sie bald und können verfüttert werden. Vorher allerdings sollten wir sie noch mit einem Kraftnährmittel in Pulverform, Traubenzucker und vitaminisiertem Wasser anfüttern.

Besonderes: Um Mißerfolge auszuschalten, empfehle ich, sich beim Bau der Fliegenfalle ganz genau an die Ausführung, Maße und Proportionen zu halten, da selbst geringfügige Änderungen das richtige Funktionieren der Falle in Frage stellen können.

Grillen und Heuschrecken werden wir in bepflanzten Terrarien sparsam verfüttern, da sie die zarten Triebe der Pflanzen benagen.

Zu beachten ist, daß gewisse Reptilien, zum Beispiel einige *Anolis*-Arten, ganz entgegen unserer Vermutung keine fliegende Insekten jagen; für andere Terrarientiere aber ist das Einbringen von Fliegen, Drohnen und Schmetterlingen nur vorteilhaft, weil wir sie so zur lebhaften Fortbewegung anregen.

Weitere Hinweise siehe S. 58. Die Hilfsmittel des Terrarienpflegers.

Futtertabelle nach Ensinck (verändert)

Nr.	Futter	Bezugsquelle	Bemerkungen
1	*Drosophila*	Zucht	s. S. 16
2	Stubenfliegen	Zucht	s. S. 17
3	andere Fliegen	Fang	s. S. 21 (Falle, Netz)
4	Schmeißfliegen	Fang	s. S. 21 (Falle, Netz)
5	Fleischfliegen	Fang/Kauf	s. S. 21 (Falle, Netz, Angelsport)
5a	deren Maden	Kauf	Angelsportgeschäft
6	Mücken	Fang	Netz
6a	deren Larven	Fang/Kauf	Netz, Zoofachhandel
6b	Rote Mückenlarven	Fang/Kauf	Netz, Zoofachhandel
7	„Wiesenplankton"	Fang	Netz
8	Blattläuse	Fang	auf Pflanzen
9	Wachsmotten	Zucht	s. S. 20
9a	deren Larven	Zucht/Kauf	s. S. 20 (Angelsportgeschäft)
10	Schmetterlinge	Zucht	Insektenbörse
10a	unbehaarte Raupen	Zucht/Kauf	Insektenbörse
11	Nachtfalter, Motten	Fang/Zucht	Netz, Zoofachhandel
11a	deren Larven	Zucht	Zoofachhandel
12	Käfer	Fang	Netz
12a	deren Larven	Fang	in Moderholz
13	Mehlkäfer	Zucht/Kauf	Zoofachhandel, s. S. 20
13a	deren Larven (Mehlwürmer)	Zucht/Kauf	Zoofachhandel, s. S. 20
14	Libellen	Fang	Netz
15	Grillen	Zucht/Kauf	s. S. 14 und S. 198
16	Heuschrecken	Fang	Netz
17	Wanderheuschrecken	Zucht/Kauf	s. S. 15 (Zoofachhandel) und S. 198
18	Stabheuschrecken	Zucht/Kauf	unproduktiv
19	Schaben	Zucht	Ausbrecher!
20	Spinnen*)	Fang	
21	Regenwürmer**)	Fang/Zucht/Kauf	auf Wiesen (Angelsportgeschäft)
22	Tauwürmer	Fang/Kauf	morgens, abends (Angelsport)
23	Tubifex	Kauf	Zoofachhandel
24	Enchyträen	Zucht/Kauf	Zoofachhandel
25	Nacktschnecken	Fang	unter Steinen und Polsterpflanzen
26	Gehäuseschnecken	Fang	
27	Wasserschnecken***)	Fang/Zucht/Kauf	Aquarium (Zoofachhandel)
28	Muscheln	Kauf	Feinkostgeschäft
29	Wasserflöhe	Fang	Netz
30	*Artemia*	Kauf (Eier)	Zoofachhandel
31	Asseln	Fang	unter Steinen und Polsterpflanzen
32	Wasserasseln, *Gammarus*	Fang	Netz
33	Garnelen	Kauf	Feinkostgeschäft
34	Infusorien	Zucht	
35	Fische	Zucht/Kauf	Feinkostgeschäft
36	Lurche	Zucht/Kauf	Geschützte Tiere, nicht fangen!
37	Kriechtiere	Zucht/Kauf	Geschützte Tiere, nicht fangen!
38	Jungvögel, Eintagsküken	Kauf	Zuchtbetrieb
39	Mäuse	Zucht/Kauf	s. S. 20 und S. 198
39a	Ratten, Kleinsäuger	Zucht/Kauf	s. S. 198
40	Pilze	Pflücken/Kauf	gut reinigen
41	Kräuter, Grünzeug	Pflücken/Kauf	gut reinigen
41a	Wasserpflanzen	Zucht/Kauf	Aquarium (Zoofachhandel)
42	Blüten, Früchte	Pflücken/Kauf	gut reinigen
43	Honig	Kauf	

*) Vorsicht, für gewisse Tiere gefährlich!
**) Nicht auf Misthaufen sammeln!
***) Parasitenträger, nicht fangen!

44	Fleisch (Herz ohne Fett)	Kauf	
45	Eier	Kauf	Taubenzucht usw.
46	Katzendiät in Dosen	Kauf	Zoofachhandel
47	Roswal (CH), Dorswal (BRD)	Kauf	s. S. 198
48	Zierfisch-Trockenfutter	Kauf	Zoofachhandel

Welches Tier ißt was?

k = klein
() = ausnahmsweise

Pflegling	Futter-Nummer
Aquatile Schwanzlurche, klein:	5a, 6a, 6b, 9a k, 23, 24, 25k, 27k, 29, 32k
Aquatile Schwanzlurche, groß:	5a, 6a, 6b, 9a, 16, 21, 22, (23), (24), 25, 27, 32, 35, (44), (46)
Terrestrische Schwanzlurche:	5a, (6b), 9a, 10a, 12, 12a, (13), (13a), 15, 16, 17k, 20, 21k, 22k, 23, 24, 25, 31, 39k, (44)
Larven von Schwanzlurchen:	zuerst: 29k, 30k, 34 später: 6a, 6b, 21k, 23, 24, 29, 30, 32k, (46)
Kleine Froschlurche:	1, 2, 3, (4), (5), 5a, 6, 7, (8), 9, 9a k, 10k, 10a k, 11k, 11a k, 12k, 12a k, (13a) k), 15k, 16k, 17k, 20k, 21k, 23, 24, 31, (44)
Atelopus, Dendrobates:	1, (2), 3k, 5a, 6, 7k, 8, 9k, 9a k, 10a k, 11k, 12k, 15k, 16k, 17k, 20k, (23), (24)
Aquatile Froschlurche:	5a, 6a, 6b, (9a), (13a), 15, 16k, 17k, 21, 23, 24, 29, 32, (35k), (44), (46)
Baumfrösche:	(1), 2, 3, 4, 5, 6, 7, 9, 9a, 10, 10a, 11, 11a, 12, 12a, (13), (13a), 14, 15, 16, 17k, (18), (19), 20, (39k), (44)
Große Froschlurche:	2, 3, 4, 5, 5a, 6, 7, 9, 9a, 10, 10a, 11, 11a, 12, 12a, (13), (13a), 14, 15, 16, 17, (18), 19, 20, 21, 25, 38k, 39k, 39a k, 44
Larven von Froschlurchen:	(6a), (6b), 23, 29, (44), (46), 48
Aquatile Schildkröten:	5a, 6a, 6b, 9a, 21, 22, (23), 27, (28), 29, 30, 32, 33, 35, 36, 39k, 39a k, (41), (41a), (42), (44), (46), 47
Landschildkröten:	9a, (12), (12a), (15), (16), (17), (20), 21, 22, 25, 26, (36), (38), 39k, 40, 41, 42, (44), (46), (47)
Panzerechsen:	(21), (22), (27), (33), 35, 36, 38, 39, 39a, (44)
Echsen, klein:	1, 2, 3, 4, 5, (5a), 6, 7, 8, 9, 9a, 10, 10a, 11, 11a, 12, 12a, (13), (13a), 14k, 15k, 16k, 17k, 19k, (24), (25), (26), (31), (41), (42), (43), (44), (46)
Echsen, mittelgroß:	2, 3, 4, 5, 5a, 7, 9, 9a, 10, 10a, 11, 11a, 12, 12a, (13), (13a), 14, 15, 16, 17k, (18), 19k, 20, (21), (22), (25), 31, (36), (37), 39k, (40), (41), (42), (43), (44), (46), (47)
Echsen, groß:	2, 3, 4, 5, 5a, 7, 9, 9a, 10, 10a, 11, 11a, 12, 12a, (13), (13a), 14, 15, 16, 17, (18), 19, 20, (21), (22), (26), (33), (35), (36), (37), (38k), 39k, 39a k, (41), (42), (43), (45), (46), (47)
Wurmessende Schlangen:	(9a), (10a), 21, 22, (24), (25)
Schneckenessende Schlangen:	(25), 26
Insektenessende Schlangen:	7, 9, 9a, 10, 10a, 11, 11a, 12, 12a, 15, 16, 17k, (18), 20, (31)
Eieressende Schlangen:	45
Übrige Schlangen:	je nach Art: (21), (22), (33), 35, 36, 37, 38, 39, 39a, (44)

Die Pflege der Amphibien und Reptilien

Die Fortpflanzung unserer Pfleglinge zeigt deutlicher als jede andere Lebensäußerung, daß wir sie biologisch richtig halten. Nur unsachgemäße Pflege und unnatürliche Umweltbedingungen vermögen die Fortpflanzung zu stören. Gleichbleibende Umweltbedingungen sind für Pflanzen und Tiere schädlich. Nur die wirklichkeitsnahe Übertragung der im Biotop herrschenden Wechselbeziehungen wird sie gesund erhalten. Wir werden uns deshalb auf ein bis drei zueinander passende Arten beschränken und kleine Zuchtgruppen zusammenstellen: Schon vorher aber versuchen wir, möglichst viel über die zu pflegende Art zu erfahren (Literaturstudium) und ihre Umweltbedingungen kennenzulernen.

Die Einfügung des Terrariums im Heim

Das Terrarium soll die Wohnlichkeit erhöhen und nicht verdrängen; es soll zum dekorativen Element in unserem Wohnraum werden, sich harmonisch dem Wohnraum einfügen.

Der Behälter

Der bekannte Terrarianer SENFFT hat einmal den Satz geprägt, ein Terrarium nicht so groß wie möglich, sondern so klein wie nötig zu bauen. Ich muß ihm, nach meinen Erfahrungen mit den verschiedenartigsten Behältern, Recht geben. In der Natur wird der Raumbedarf eines Tieres vor allem durch das Futterangebot bestimmt; im Terrarium wird das Tier gefüttert, unser Terrarium kann also wesentlich kleiner sein als das Territorium in der freien Natur. Viel wichtiger als die Behältergröße ist die Raumqualität, die Gliederung in Örtlichkeiten, die nicht nur den morphologischen und ökologischen Ansprüchen unserer Pfleglinge Rechnung tragen, sondern auch den psychischen. Die psychische Bindung an einen bestimmten Lebensraum ist bei vielen Amphibien und Reptilien stark ausgeprägt; bei falscher Gestaltung des Lebensraumes Terrarium werden Ausnahmereaktionen nicht ausbleiben. Die Schmuckbaumschlange fühlt sich auf dem Kletterast ohne Rankpflanzen nicht mehr geborgen; schon bei bloßer Annäherung eines Menschen an den Behälter beißt sie zu oder flieht unnatürlich in den Bodengrund. *Atheris* verankern sich mit ihrem Greifschwanz nicht mehr im Gezweig, wenn eine Deckung von oben – ein Blatt – fehlt. *Hyperolius* und auch andere Baumfrösche ruhen bevorzugt in einer Blattachsel oder unter einem Blatt.

Platysaurus und *Lygodactylus* brauchen Steinritzen und Spalten, um sich geborgen zu fühlen. Baumlebende Tiere und Zweigkletterer benötigen meist Strahlungswärme von oben. *Anolis* suchen zum Schlafen die Unterseite von Ästen oder schmale Blätter auf. Phelsumen bevorzugen dicke Stämme; in Ermangelung von Stämmen „sitzen" Phelsumen an den Terrarienscheiben, die sie dann auch regelmäßig mit ihrem Kot beschmutzen. Zur Deckung des Wasserbedarfs lecken Baumbewohner Tropfen, trinken aus Blattachseln oder aus Bromelientrichtern; bietet man diese nicht, so können diese Tiere glatt verdursten, weil sie nie lernen, aus einem bereitgestellten Wassergefäß zu trinken.

Selbstverständlich stellt sich mit der Bevorzugung des kleineren oder mittelgroßen Terrariums zugleich die Forderung nach kleinen Pflanzen und Tieren. Dies ist aber kein Nachteil. Das Normalterrarium bietet größte Erleichterung in der Wartung und Pflege und allseitige Erreichbarkeit der Pfleglinge. Der Lichteinfall stellt kein Problem dar, und wenn wir schließlich den hohen Schmuckwert auch eines kleinen Behälters in Betracht ziehen, nebst der leichteren Unterbringung in der Wohnung, so werden wir unbedingt dem Normalterrarium den Vorzug geben.

Der Zweck des Terrariums

Der Hauptzweck des Terrariums besteht nicht darin, unsere Tiere am Entweichen zu hindern. Vielmehr hat es den Lebensansprüchen der Pfleglinge weitgehendst Rechnung zu tragen und – bei Gifttieren – den Menschen zu schützen. Behälter für Gifttiere konstruieren wir mit von außen verschließ- und herausnehmbaren Schlupfkästen nach SCHWEIZER; durch den arretierbaren Glasdeckel kann der Pflegling gefahrlos betrachtet werden. Bei Bodenbewohnern wird der Schlupfkasten im Bodenteil, bei Baumtieren im Dach des Terrariums eingeschoben.

Der Schlupfkasten allein ist natürlich auch noch keine Versicherung gegen das Gebissenwerden. Amphibien und Reptilien sind keine Spielzeuge, und wir sollen sie möglichst nicht berühren, seien sie nun giftig (Hautsekret, Giftzahn) oder nicht.

Die Behältertypen

Grundsätzlich können wir vier Terrarien-Typen unterscheiden:

1. Das Normal-Terrarium ist eine vom Raumklima abgeschlossene Vitrine, die mit einem Aquarium (Aquaterrarium) kombiniert werden kann.
2. Das Fenster-Terrarium entspricht einem vom Wohnraum durch eine Glasscheibe abgetrennten Fenster. Der Ausbau eines bestehenden Fensters zum Fenster-Terrarium kommt allgemein nur in Räumen mit mindestens zwei Fenstern in Frage.
3. Das Gewächshaus-Terrarium ist im Prinzip nichts anderes als ein größer ausgebautes, begehbares Fenster-Terrarium (Veranda, Vorbau), das zudem noch mit einem Wasserbecken kombiniert werden kann. Das Gewächshaus-Terrarium darf als großzügigste und wohl auch schönste Lösung bezeichnet werden.
4. Die Spezial-Terrarien entsprechen in ihrem Aufbau genau dem Normal-Terrarium; wir

verwandeln gewissermaßen das Normal-Terrarium zu einem Element der Wohnraumgestaltung: Tisch-Terrarium, Wandterrarium, Servierboy-Terrarium.

Die Klimaregelung im Terrarium

Die klimatischen Bedingungen in unseren Wohnungen unterscheiden sich vom Außenklima nicht nur durch das Fehlen des jahreszeitlich bedingten Klimawechsels, sondern auch durch erheblich veränderte Strahlungs- (Licht-), Temperatur- und Luftverhältnisse. Ein Terrarium direkt am Fenster oder ein Fenster-Terrarium darf als gute, ein Gewächshaus-Terrarium mit Oberlicht als beste Lösung bezeichnet werden; die beiden letztgenannten Terrarientypen haben noch den Vorteil, daß sich hier der Einfluß der nächtlichen Abkühlung besser auswirken dürfte. Ein Fenster- oder Gewächshaus-Terrarium nach Süden müssen wir – je nach Jahreszeit und Sonnenstand – stark belüften und außen beschatten (hinter Glas werden die Sonnenstrahlen zum Teil in Wärme umgewandelt, so entsteht, wenn wir nicht gleichzeitig stark belüften, ein Wärmestau). In beiden Typen ist der Einbau von Leuchten sinnvoll, einmal wegen der günstigen Wirkung des Kunstlichtes im Winter, vor allem wird uns aber der Blick in das abendlich erleuchtete Terrarium immer wieder aufs neue fesseln.

Rauch und andere Luftverunreinigungen, Tabakrauch und stagnierende Luft wirken auf Amphibien und Reptilien (und den Menschen) gesundheitsschädigend. Die gute Durchlüftung des Wohnraumes ist wichtig. Gesundheitsschädigend ist auch eine gleichmäßig hohe Temperatur, ebenso eine plötzlich eintretende große Temperaturschwankung.

Lüftung

Um die so notwendige Frischluft-Zufuhr im Terrarium in ausreichendem Maße zu bewirken, muß die unten einströmende Frischluft imstande sein, die verbrauchte Terrarienluft durch die Luftklappen oben hinauszudrücken. Diesen Luftkreislauf erreichen wir nur dann ohne Ventilator, wenn die Frischluft auch tatsächlich ins Terrarium einströmen kann; dies wird dann der Fall sein, wenn die Frischluft erwärmt wird. Zweckmäßig lassen wir die hinten unten eintretende Luft über eine Wasserwanne streichen und erwärmen sie hierauf durch eine unter der Sichtscheibe auf der ganzen Länge der Vorderfront installierte Heizung (für kleinere Terrarien genügen 13-25 Watt). Die so behandelte und erwärmte Frischluft lassen wir nun auf der ganzen Länge der Vorderfront durch einen mit Fliegengitter bespannten Spalt, der Sichtscheibe entlang, in den Behälter einströmen. Nach meinen Erfahrungen kann man sogar ohne Heizung einen Luftaustausch erzielen, wenn die Luft im Behälter von oben her, beispielsweise durch einen Strahler oder die Leuchtstoffröhren, erwärmt wird, was übrigens den natürlichen Verhältnissen entspricht. Die erwärmte und verbrauchte Luft entweicht durch den Entlüftungsschlitz hinten oben und zieht die Frischluft von unten vorne an. Durch diese Anordnung der Luftzufuhr unterhalb der Sichtscheibe auf deren ganzen Länge erreicht man erstens eine ausreichende Zufuhr, und zweitens kann man die Sichtscheibe von dem lästigen Kondenswasser-Beschlag vollkommen freihalten.

Der Einbau eines Spezial-Ventilators zur Entlüftung und Luftumwälzung ist in jedem Fall vorteilhaft. Allein schon der niedrige Anschaffungspreis (um 20.-- DM/Fr.) für einen Klein-Ventilator (siehe Bezugsquellen) rechtfertigt den Einbau; durch Zwischenschalten eines Thermostaten können wir die Entlüftung automatisch steuern.

In großen Terrarien empfehle ich – neben der Zwangsentlüftung durch den Ventilator im Behälterdach – den Einbau eines zweiten Ventilators im Behälterinnern. Durch eine genügende Luftumwälzung können die Pflegebedingungen für Pflanzen und Tiere erheblich verbessert werden; bei den Pflanzen können Pilz- und Schädlingsbefall weitgehend verhindert werden und für die Tiere – vor allem für baumlebende Arten – ist die Luftbewegung geradezu lebensnotwendig. Nach meinen Erfahrungen ist es vorteilhaft, den Luftumwälzer dauernd laufen zu lassen; die Leistung des Geräts wird durch einen Drehzahlregler so eingestellt, daß sich die Blätter der Pflanzen in der Luft leicht bewegen. Ist jedoch durch die Zwangslüftung mittels Ventilator im Behälterdach bereits eine ausreichende Luftbewegung gewährleistet, so kann auf eine besondere Luftumwälzung verzichtet werden.

Ohne künstliche Lichtquelle wird man in der Zimmerterraristik nicht auskommen (bei Sonnenlicht messen wir in unseren Breiten in der Sonne 100 000 Lux, im Schatten etwa 10 000 Lux, am Zimmerfenster etwa 2 000 Lux und in etwa 2 m Entfernung vom Fenster nur noch 300 Lux Beleuchtungsstärke).
Im allgemeinen greifen wir zweckmäßigerweise zu Leuchtstoffröhren, deren Wirksamkeit wir mit einem Reflektor (z. B. Auskleidung mit Alufolie) erhöhen.
Es ist falsch, mit der Beleuchtung zu sparen. Für ein Normal-Terrarium 70×40×75 Zentimeter sind vier bis sechs Leuchtstoffröhren erforderlich. In Terrarien für sonnenliebende oder heliotrope (sich nach der Sonne zu [positiv] einstellende) Tiere verwende ich mit bestem Erfolg eine Quecksilberentladungslampe mit Innenverspiegelung und Rotkorrektur (80, 125 oder 250 Watt in 60 Zentimeter Abstand durch ein Metallgitter) oder besser noch fünf oder mehr in Serie geschaltete HALO STARS Niedervolt Halogen-Glühlampen mit „Silber"-Reflektor Nummer 4064 20 W 41900 Flood 12 V, in etwa 8 cm Abstand über dem Glasdach. Die Montage dieser winzigen, jedoch sehr lichtstarken Halogen-Glühlampen von OSRAM geschieht – mittels der dazugehörigen Fassungen – auf ein nicht brennbares Gerüst aus Alu-Stäben oder -Vorhangschienen.
Die Berechnung der Stromstärke für den Trafo – bei Schaltung in Serie – ergibt sich aus der Anzahl der Lampen × deren Watt (z. B. 5×20 W = 100 W) = Gesamt-Watt, diese geteilt durch die Anzahl Volt (also 100 W : 12 V = $8^1/_3$ Ampère) ergibt die Stromstärke für den Trafo, demnach 12 V / 8,5 A.
Die Lichtstärke dieser Halogen-Glühlampen beträgt ein Mehrfaches der Leuchtstoffröhrenbeleuchtung; bei den Pflanzen lösen sie die Assimilation aus, steigern den Wuchs und die Blühfreudigkeit, und die sonnenliebenden Tiere erhalten die ihnen zusagende Strahlung von oben. Neben der Lichtintensität dieser Niedervolt-Halogen-Glühlampen finde ich deren Wirkung von Licht und Schatten sehr natürlich, ebenfalls die Farbwiedergabe; im Gegensatz dazu wirkt das Leuchtstoffröhrenlicht diffus und unnatürlich.

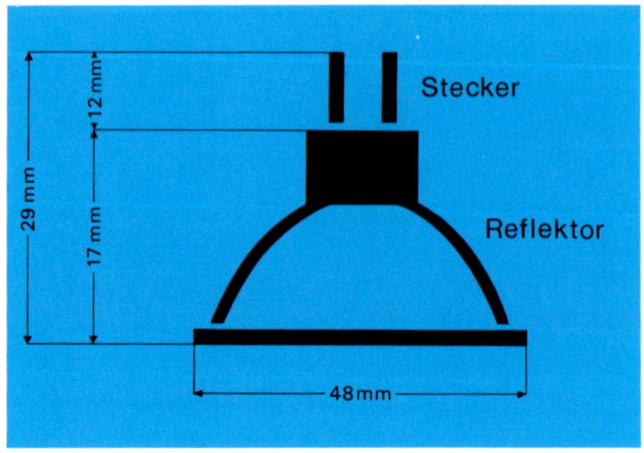

Halogen-Glühlampe HALO STAR

Wichtig ist eine ausreichende Lüftung des Behälters. Eine länger dauernde Wärmestauung ist zu verhindern durch den – über die Temperatur gesteuerten – Ventilator oder Querstromlüfter im Dach des Terrariums.
Einen fast als revolutionär zu bezeichnenden Lichtgewinn bringen uns die bereits kurz erwähnten Fluoreszenzlampen der neuen Lichtfarbengeneration PHILIPS der Reihe TL-H 80 (ich verwende mit allerbestem Erfolg PHILIPS TL-H 84 (weiß „de Luxe") und PHILIPS TL-H 86 (Tageslicht „de Luxe"); bei Umgebungstemperaturen von über 25 ° C beträgt dieser Lichtgewinn gegenüber den her-

5 in Serie geschaltete HALO STARS

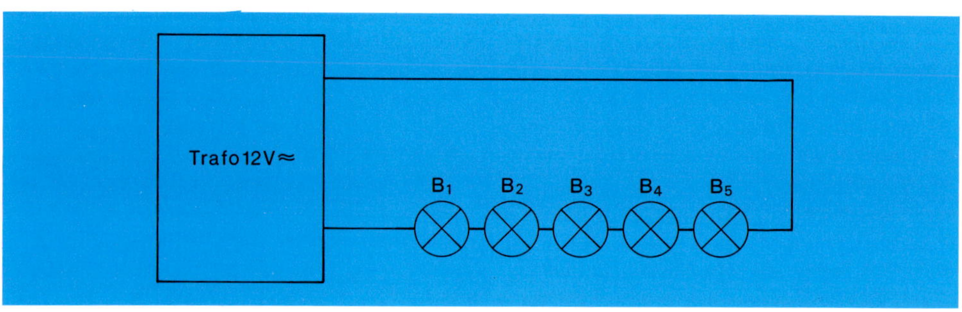

kömmlichen „de Luxe"-Lampen 65 bis 80 Prozent! Ich fasse kurz zusammen: Die Lichtausbeute der Fluoreszenzlampen PHILIPS der Reihe TL-H 80, das heißt der neuen Lichtfarbengeneration, beträgt 80 lm/Watt, also pro Watt = 80 Lumen, der Farbwiedergabeindex liegt mit 85 weit über demjenigen anderer Lampentypen (der ideale Index ist 100, und je näher der Farbwiedergabeindex einer Lampe an dieses Ideal kommt, desto besser ist die Farbwiedergabe), oder anders ausgedrückt, der neue Lampentyp PHILIPS der Reihe TL-H 80 ist derjenige, bei dem die aufgenommene Energie auf rationellste Weise in möglichst viel Licht umgewandelt wird.
Werden in Terrarien für sonnenliebende Bodentiere anstelle der Strahler nur Leuchtstoffröhren verwendet, so ist eine zusätzliche Erwärmung des Bodengrundes unerläßlich. Die Bestrahlung von oben ist biologisch zweifellos besser als die Bodenheizung allein. In der Vorbeugung gegen die bei Reptilien gefürchtete „Darmfäule" leistet ein Strahler unschätzbare Dienste.

Die Erwärmung

Als Wärmequellen habe ich Quecksilberentladungslampen, Infrarotstrahler und Halogen-Glühlampen bereits genannt. Zu erwähnen sind noch: Glühlampen mit versilbertem Grund (Spot- und Konzentra-Lampen) – ebenfalls mit Drahtgitter zu versehen, damit kein Tier auf die heiße Lampe gelangen kann.
Heizstäbe und Rippenheizer für Großbehälter – ebenfalls abzuschirmen. Dunkelstrahler für wärmeliebende Dämmerungs- und Nachttiere – abzuschirmen. Heizplatte 16–30 Watt zur Beheizung einer begrenzten Bodengrundfläche. Heizkabel: Bleikabel und Plastikheizkabel 20–50, eventuell 100 Watt.
KRETZ verwendet mit sehr gutem Erfolg die Floratherm-Plastikheizkabel. Gegenüber anderen Heizelementen haben sie den Vorteil, daß sich ihre Wärmeabgabe, den Verhältnissen im Terrarium entsprechend, sehr leicht verteilen läßt. Ob nun eine flächenhafte oder eine mehr konzentrierte Wärmequelle erforderlich ist, beides läßt sich mit den flexiblen Floratherm-Plastikheizkabeln leicht erreichen. Sie eignen sich sowohl für die Beheizung des Bodengrundes und Wasserbeckens als auch des Luftraumes.
Floratherm-Plastikheizkabel als Bodenheizung: Der Terrarienboden sollte verschiedene Temperaturbereiche aufweisen, von Zimmertemperatur bis etwa 30 °C, so daß die Terrarieninsassen die ihnen jeweils zusagende Temperatur aufsuchen können. Dies ist mit einem in entsprechend mehr oder weniger engen Windungen gelegten Heizkabel leicht zu erreichen. Beim Einlegen eines Heizkabels in den Bodengrund ist darauf zu achten, daß in wärmeisolierendem Material wie Torfmull und ähnlichem keine Hitzestauung entsteht und daß die Tiere es nicht freigraben können. Beides wird vermieden, wenn man das Kabel zwischen zwei dünnen Eternitplatten ausbreitet, was ein gleichmäßiges Abfließen der Wärme gewährleistet. 25 Watt genügen für eine Fläche von $^{1}/_{4}$ m^{2}.
Floratherm-Plastikheizkabel zur Beheizung des Wasserteils:
Die Beheizung eines Wasserbeckens ist einfach, da sich im Wasser die Wärme gut ausbreitet. Wir ziehen eine Schlinge des Bodenkabels durch das Wasserbecken.
Floratherm-Plastikheizkabel zur Erwärmung der Luft:
Wir lassen die Frischluft im oder unter dem Bodenteil durch einen Schacht, in dem sie durch ein in Windungen um ein Stahlrohr gewickeltes Heizkabel erwärmt wird, in den eigentlichen Terrarienraum einströmen. Zur Erhöhung der Luftfeuchtigkeit lassen wir die Frischluft vorher über einen möglichst großflächigen Wasserbehälter streichen, dessen Wasser z. B. mit einem Teil des Luftheizkabels zusätzlich temperiert werden kann.

Die Befeuchtung

Eine ausreichende Luftfeuchtigkeit, besonders auch in der Dämmerung und nachts – dann mit gleichzeitiger Temperaturabsenkung um einige Grade – ist die Voraussetzung für ein gesundes Wachstum der Pflanzen und die Gesunderhaltung von Amphibien und Reptilien. Geradezu lebensnotwendig ist eine hohe Luftfeuchtigkeit von 60–75 Prozent für die Bewohner der heißfeuchten, niederschlagsreichen, oft dampfgesättigten Regenwälder, für die Pfleglinge aus den immerfeuchten Nebelwäldern tropischer Gebirgszonen, ebenso für die Pflanzen und Tiere aus der regen- und nebelreichen, von kühlen Winden bestrichenen Parana-Region (zum Beispiel die Anden-Anolis der Gattung *Phenacosaurus*). Weniger bekannt ist, daß es in den sogenannten Nebelwüsten (zum Beispiel der Namib) wie auch in den

Küstenwüsten mit den Nebeloasen vor Tagesanbruch jeweils zur Taubildung kommt.
In einfachen Terrarien mit einer Wasserwanne zuunterst im Behälter und der Bodenfeuchtigkeit in den Pflanzeneinsätzen werden wir ohne gelegentliches Sprühen von lauwarmem, möglichst kalkfreiem Wasser (filtriertes Regenwasser) nicht auskommen. In Aquaterrarien und bei Erwärmung des Wassers in der Wasserwanne mit einem Heizkabel sind die Luftfeuchtigkeitsverhältnisse etwas besser. Bei der Beheizung des Wassers in der Wasserwanne verdunstet das Wasser sehr rasch; wir müssen also – wie auch in Aquaterrarien – regelmäßig Frischwasser nachgießen.

Einen großen Teil der Wartungs- und Pflegearbeiten können wir uns ersparen, wenn wir einen 48 Volt Ultraschallverdunster TDK Electronics Einheit NB-57S nach der von Sebeseri entwickelten Methode einsetzen. Sebeseri hat diesen kleindimensionierten Ultraschall-Modul unter ein aus 4 mm Plexiglas geklebtes Zweikammer-Verdunstergehäuse 80/110/100 mm montiert. Der Ultraschallverdunster erzeugt einen äußerst feinen, kühlen Nebel, der mit einem über dem Gehäuse angebrachten „Micronel" Kleinstventilator 12 Volt – durch vergitterte 14 mm Öffnungen unter dem Gehäusedach – ins Terrarium strömt; damit der kühle Dunst in Sekundenschnelle sich überall hin ergießen kann, wird das Verdunstergehäuse in einer oberen Behälterecke oder unter dem Terrariendach befestigt. Nach wenigen Betriebsminuten ist die Behälterluft mit Wasserdampf gesättigt. Durch die Erhöhung der Luftfeuchte tritt gleichzeitig eine Abkühlung ein, entsprechend den Verhältnissen in der Natur nach dem Regen (Befeuchtungskühlung). Wenn der Terrarianer z. B. wegen Abwesenheit die notwendige Betreuung nicht wahrnehmen kann, ist die Automatisierung anzustreben; dabei sollten wir uns auf sinnvolle Maßnahmen beschränken – also nicht automatisieren um jeden Preis. Im Falle der Befeuchtung ist die automatische Speisung gefilterten Regenwassers aus einem 20–30 l Bodentank – über ein schwimmerbetätigtes Ventil reguliert – sehr erwünscht, wobei der Wasserzulauf durch eine 12 Volt Autoscheibenwaschpumpe sichergestellt wird. Dem Regenwasser können wir mit Vorteil einen natürlichen Fermentationsdünger „Bio Trissol" oder einen stimulierenden Meeresalgenextrakt „Algan" (beide Bioprodukte Neudorff, D-3254 Emmerthal bzw. Stoeckler, CH-8132 Egg) beimischen. Eine automatische Steuerung über einen Hygrostaten ist durchaus möglich, jedoch nicht unbedingt notwendig; es genügt, die Zeiten der Befeuchtung über eine Schaltuhr fest einzustellen: Morgens eine Stunde vor dem Einschalten der Beleuchtung 3 Minuten, 12 Uhr und 15 Uhr je 3 Minuten, kurz vor dem Abschalten der Beleuchtung 6 Minuten und nach Mitternacht 3 Minuten. Diese Befeuchtungsintervalle haben sich bewährt. Durch einen Überbrückungsschalter sollten wir uns die Möglichkeit des Handbetriebs offenhalten. Zu beachten ist, daß das Gerät niemals trocken betrieben wird!
Die Befeuchtung mittels Ultraschallverdunster TDK NR-57S über ein Verdunstergehäuse mit automatischer Wasserspeisung nach Sebeseri bietet noch weitere Vorteile: Eine Bodentank-Füllung von 20–30 l Regenwasser reicht für die Befeuchtung während 3 und mehr Wochen.
- Die Anlage läuft praktisch geräuschlos, der Stromverbrauch ist gering.
- Das durchsichtige Plexiglas-Verdunstergehäuse ermöglicht die Funktionsüberwachung.
- Die Funktionssicherheit und die Ersatzteilbeschaffung sind gewährleistet.
- Die niedrige Spannung von 48 bzw. 12 Volt.
- Die Beschaffungskosten sind, mit Ausnahme des Preises für einen Präzisionshygrostaten, verhältnismäßig niedrig.

Bezugsquellen für den TDK Ultraschall-Modul NB-57S sind:
TDK Electronics Europe GmbH
Georg-Glock-Straße 14
D-4000 Düsseldorf 30
oder
Elbatex AG
Hardstraße 72
CH-5430 Wettingen

In Froschterrarien ist manchmal eine längerdauernde Befeuchtung notwendig, um den Laichansatz bei Fröschen zu fördern und um die Paarungsbereitschaft auszulösen. Bei Arten, die im Fließwasser laichen und bei solchen, deren Fortpflanzung durch das gurgelnde Geräusch fließenden Wassers in Gang kommt, ist die Befeuchtung allein oft nicht ausreichend. Notwendig wird dann zusätzlich fließendes Wasser durch Gestaltung eines Bachlaufes mit Ausbuchtungen und Wasserfällen im Kleinstformat, ein natürlich gestaltetes und bepflanztes Rinnsal also, das mit einer Filter- oder Kreiselpumpe betrieben wird.

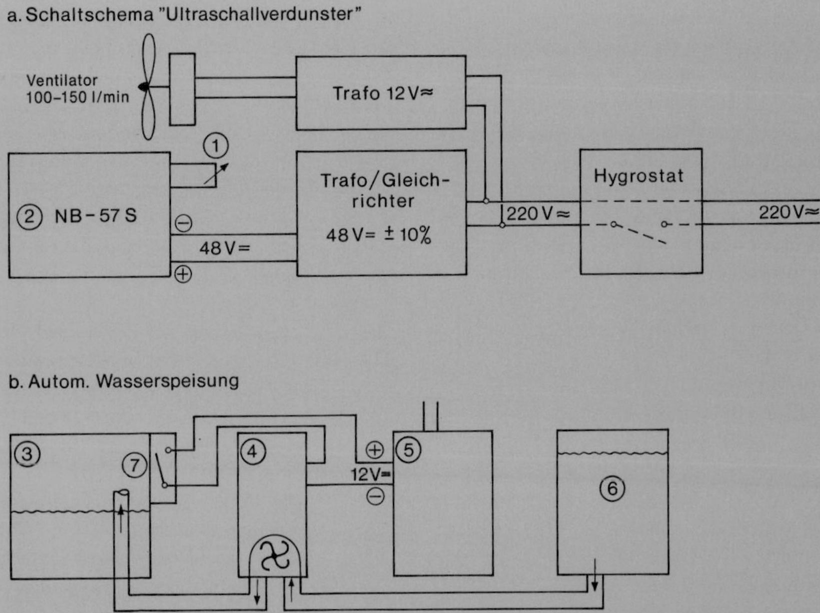

Bild 7 (oben). Ultraschallverdunster TDK Electronics Typ NB-57S mit Verdunstergehäuse und automatischer Wasserzufuhr nach SEBESERI.

① Regelwiderstand 1 kΩ
② 48 Volt Ultraschall-Modul NB-57S
③ Verdunstergehäuse
④ 12 Volt Autoscheibenwaschpumpe
⑤ Trafo/Gleichrichter
⑥ Wassertank 20–30 l
⑦ Schwimmschalter (-ventil)

Bild 8 (unten). Zweikammer-Verdunstergehäuse aus 4 mm Plexiglas nach SEBESERI zu NB-57S Ultraschallverdunster TDK Electronics.

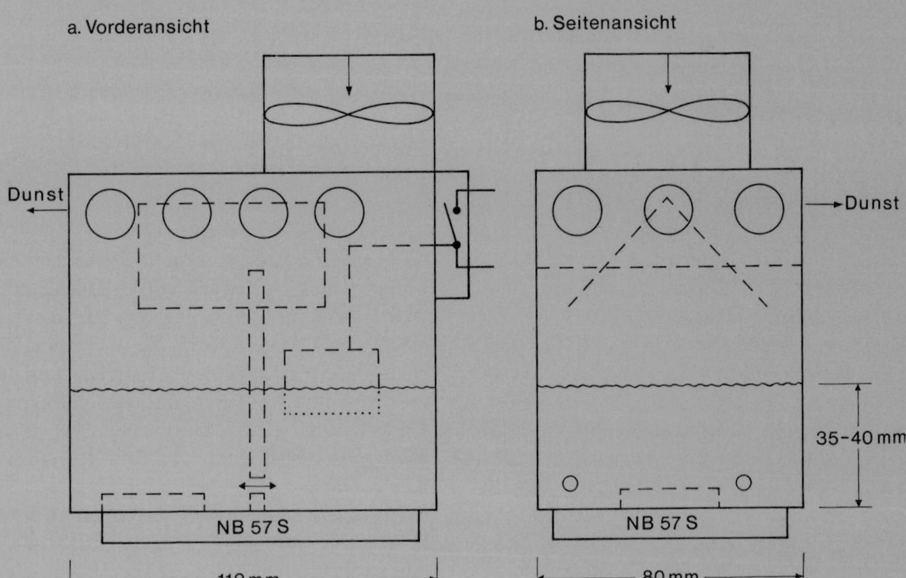

Die Optimierung des Klimas im Terrarium

Pflanzen und Tiere reagieren mit ganz bestimmten Lebensäußerungen auf die Einwirkung der verschiedenen Klimafaktoren. Der Terrarianer wird bestrebt sein, diese Lebensäußerungen richtig zu deuten, um so die spezifischen Ansprüche seiner Pfleglinge kennenzulernen.

Zweifellos stellen Pflanzen und Tiere aus dem gleichen Lebensraum sehr ähnliche, wenn nicht sogar völlig gleiche Ansprüche an das Klima, wobei es – entgegen der weit verbreiteten Meinung – schwieriger ist, den Pflanzen auf die Dauer zusagende Lebensbedingungen zu bieten, als den Amphibien und Reptilien. Bei vielen Arten ist die Anpassungsfähigkeit beträchtlich, und zudem sind sie in der Lage, den ihnen am besten zusagenden Bereich aufzusuchen, während die Pflanzen praktisch am gleichen Ort bleiben müssen; allein bei Kletterpflanzen und gewissen Epiphyten ist die Fortbewegung eine größere.

Der Terrarianer wird versuchen, in seinen Behäl-

Bild 9. Korrektur der Temperatur im Terrarium.
Farbige Linien von links nach rechts: Möglichkeiten zur Korrektur der Temperatur durch verschiedene Maßnahmen (Lüften, Heizen, Belichten, Wässern, Sprühen, Schattieren).
Dünne Linien von rechts nach links: Rückwirkungen auf die anderen Klimafaktoren.
Wollen wir eine zu niedrige Temperatur nur durch Heizen erhöhen, müssen wir also mit verschiedenen ungünstigen Reaktionen rechnen wie: zu starke Erwärmung, zu niedriger Sauerstoffgehalt, zu niedriger CO_2- Gehalt, zu wenig Licht, Verlust an Luft- und Bodenfeuchtigkeit. – Nur eine Kombination verschiedener Maßnahmen kann also ausgleichend wirken. Nach Stickler, verändert.

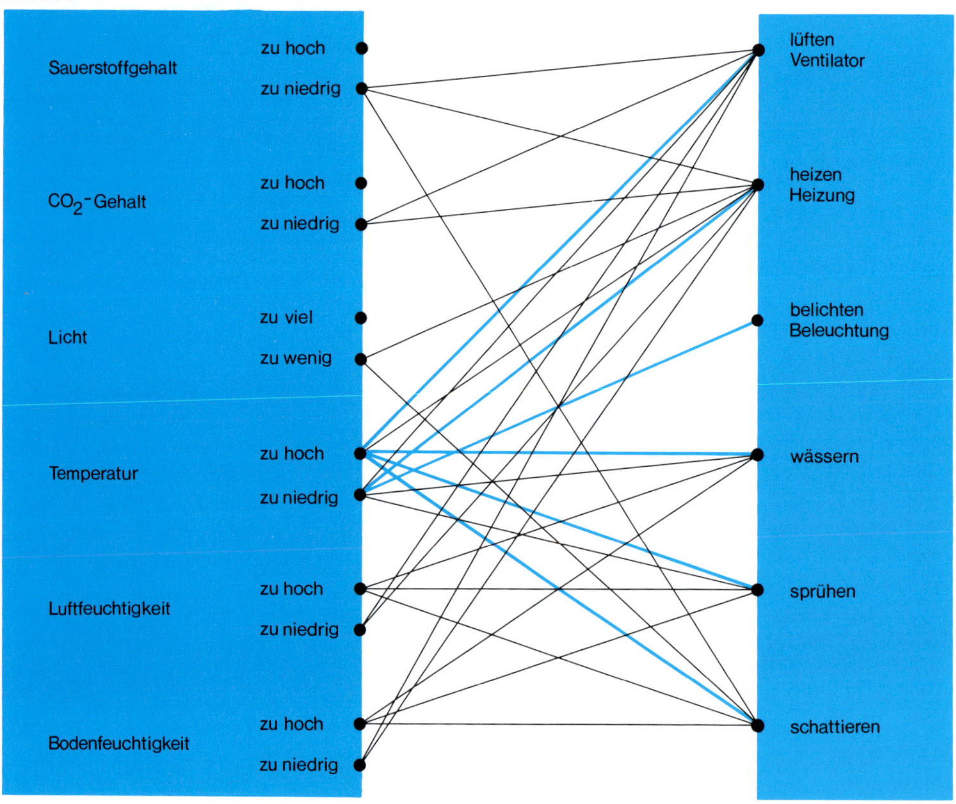

tern die den heimatlichen Lebensräumen entsprechenden Klimabedingungen zu schaffen und diese, je nach Jahreszeit, in einem bestimmten Ausmaß zu verändern. Er wird sich also über die am Heimatstandort herrschenden Vegetations- und Klimaverhältnisse informieren (siehe Biogeographische Übersicht, S. 91 ff.) und die Ansprüche seiner Pfleglinge zu erfüllen versuchen. In unseren Überlegungen und nach gemachten Erfahrungen werden wir bald erkennen, daß die verschiedenen Klimafaktoren in einer engen Wechselwirkung zueinander stehen und daß ein ungenügend erfüllter Faktor, zum Beispiel das Licht oder die relative Luftfeuchte, nicht durch zusätzliche Gaben eines anderen kompensiert werden kann. Besonders krass ausgedrückt: Lichtmangel können wir nicht durch ein erhöhtes Nahrungsangebot (bei den Pflanzen = Düngen; bei den Tieren = Füttern) ausgleichen, wobei auch hier wieder deutlich wird, daß die Tiere anpassungsfähiger sind als die Pflanzen. Bild 9 veranschaulicht deutlich die Möglichkeiten zur Korrektur der Wärme im Terrarium durch verschiedene Maßnahmen.

Der Bau des Terrariums

Terrarien kann man auch kaufen. Leider sind aber einige der im Handel erhältlichen Typen unzweckmäßig konstruiert. Da sie zudem recht teuer sind, wird der Terrarienfreund danach streben, sich seine Terrarien selbst zu bauen oder von einem ihm bekannten Bastler oder Handwerker bauen zu lassen. Als Baustoffe haben sich bewährt:

Pitchpine-Holz
Eisen, feuerverzinkt und patiniert, oder mit Kunststoffmantel
Aluminium (Leichtmetall), eloxiert
Kunststoff (zum Beispiel PVC)
Eternit (Asbestzement)

Besser als lange Beschreibungen dienen die nachstehenden Anleitungen und Anregungen für den Eigenbau:

Der Bau von Normal-Terrarien

Das Normal-Terrarium nach Roth/Stettler

Das Normal-Terrarium besteht aus zusammenschraubbaren Aluminiumprofilen (Baukastenprinzip), Bezugsquellen s. S. 195, Baustoffe und Zubehör für Terrarien. Um die Aluminiumprofile vor Korrosion zu schützen und um eine bessere Oberflächenhärte zu erreichen, sollten wir die Profilkonstruktion eloxieren lassen.

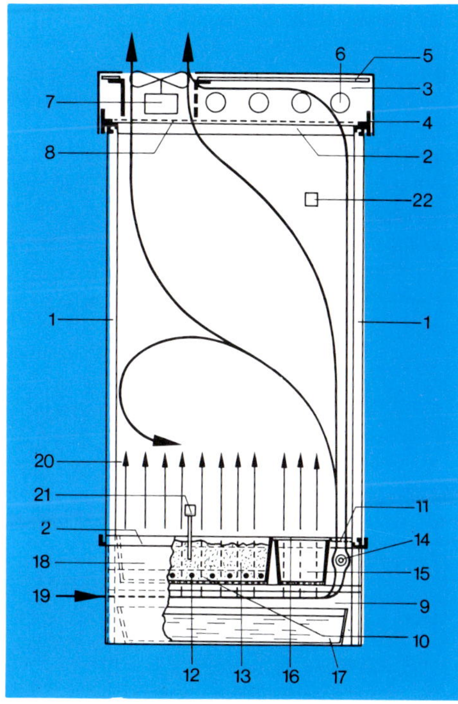

Bild 10. Normal-Terrarium nach Roth/Stettler. **1** vertikale Streben, **2** horizontale Streben, **3** Dachkonstruktion, **4** Auflagewinkel, **5** Träger der elektrischen Anlagen, **6** Leuchten, **7** Klein-Ventilator, **8** Nylon- oder Metallfliegengitter, **9** Doppelboden, **10** Drainage, **11** Luft-Eintrittsöffnung, **12** Heizkabel als Bodenheizung, **13** ein- und ausschiebbare Pflanzeinsätze, **14** Heizkabel als Raumheizung, **15** Schlupfkasten für bodenlebende Giftschlangen, **16** Plexiglasdeckel des Schlupfkastens, **17** ein- und ausschiebbare Wasserwanne, **18** Kunststoffabdeckung, **19** Lüftung, **20** Kleiner Luftkreislauf, **21** automatischer Bodentemperatur-Regler, **22** automatischer Raumtemperatur-Thermostat.

Die Vorteile dieser Konstruktion sind einfacher Aufbau, große Festigkeit, vielfältige Ausbau- und Kombinationsmöglichkeiten, geringes Gewicht, keine Korrosion.

Beschreibung: Imlok-Aluminiumprofile IM 801 dienen als vertikale Streben (*1*). Auf den horizontalen Streben IM 847 (*2*) befestigen wir Plastik-Gleiter für 3 mm-Glas (horizontale Streben für 6 mm-Glas = IM 845). Wenn wir in die Nuten PVC-Schweißstäbe legen, gleiten die Glasscheiben sehr leicht und geräuschlos.

Zum Zusammenschrauben der Profile dienen dreiarmige Eckstücke IM 90. Als Befestigungselemente für die Inneneinrichtung verwenden wir Gewindeblöcke IM 105. Dazu sind Schrauben bis 15 mm Länge erhältlich.

Die Dachkonstruktion (*3*) besteht aus rostfreiem Blech von 1,0 bis 1,2 mm Stärke, es kann mit Kunststoff beschichtet oder emailliert werden. Die Öffnung für den Ventilator hat einen Durchmesser von 100 mm. Das Dach liegt auf vier Auflagewinkeln 20 × 20 mm in den vier Ecken (*4*). Auf der Eternit- oder Novopanplatte (lackiert, *5*) werden die elektrischen Anlagen und Schalter (für Beleuchtung, Bodengrund- und Raumheizung sowie Ventilator), Vorschaltgeräte mit Startern, Leuchten (*6*) und der Ventilator befestigt. Den Kleinventilator (*7*), z. B. Spaltpolmotor EM-300-1C mit Achsiallüfterflügel A-95 ∅, ca. DM 15,- – 20,-, montieren wir auf einem Metallbügel.

Zwischen die Dachauflage und den Behälterrahmen wird ein mit Nylon- oder Metallfliegengitter bespannter Rahmen geklemmt (*8*). Nylongitter ist zwar lichtdurchlässiger als ein Metallgitter, darf aber nicht über 70 °C erwärmt werden. Verwenden wir einen Infrarotstrahler, müssen wir ein Metallgitter wählen.

Ein Doppelboden (*9*) dient zur Aufnahme der Bodengrund- und Raumheizung sowie der ausziehbaren Wasserwanne, der Boden- bzw. Pflanzeinsätze, der Schlupfkistchen oder/und der Wassergefäße.

Zur Dränage (*10*) verwenden wir Bims, Holzkohle oder Topfscherben, darüber kommt der entsprechende Bodengrund (*Osmunda*, Erdmischung, Kies, Steine). Die Lufteintrittsöffnung (*11*) wird mit Nylon- oder Metallfliegengitter bespannt. In die Dränageschicht betten wir ein Floratherm-Heizkabel 25 W (*12*) als Bodenheizung. Der Doppelboden nimmt die ein- und ausschiebbaren Pflanzeinsätze (*13*) aus Hart-PVC auf. Als Pflanzeinsätze eignen sich auch käufliche Kunststoffschalen bzw. Schubladen mit perforiertem Boden zur Durchlüftung des Bodengrundes. Im Frischluftschacht dient ein Floratherm-Plastikheizkabel (*14*) mit 13, 25 oder 50 Watt, das in Windungen um ein Metallrohr gewickelt wird, als Raumheizung.

Für die Haltung von Giftschlangen wird unbedingt ein ein- und ausschiebbarer Schlupfkasten (*15*) benötigt. Für baumlebende Giftschlangen muß man den Kasten entsprechend in der Dachkonstruktion unterbringen. Der Schlupfkasten muß mit einem von außen verschließbaren Plexiglasdeckel (*16*) versehen sein, damit die Tiere bei herausgezogenem Wasserbehälter nicht entweichen können. An Stelle des Schlupfkastens oder zusätzlich zu diesem kann der Wasserbehälter ein- und ausschiebbar untergebracht werden.

Die ausziehbare Wasserwanne (*17*) können wir, um die Wasserverdunstung zu beschleunigen, bis zum Wasserspiegel mit Blähton, Tonscherben, Schlacke oder Bimsstein füllen.

Mit einer abnehmbaren Kunststoffabdeckung (*18*) wird der Unterbau verkleidet.

Der Hauptstrom der von hinten unten eintretenden Frischluft (*19*) streicht über die Wasserwanne und wird im Zufuhrschacht vorne auf der ganzen Länge der Vorderfront durch ein in Windungen um ein Metallrohr gewickeltes Plastikheizkabel erwärmt. Die Frischluft drückt durch die mit Nylon- oder Metallfliegengitter bespannte Eintrittsöffnung in das Behälterinnere, hält dabei die Sichtscheibe von Kondenswasser frei und drängt, durch das Temperaturgefälle oder besser noch durch den Ventilator, die verbrauchte Luft hinten oben aus dem Terrarium hinaus. Ein Teil der Luft gelangt durch den kleinen Luftkreislauf (*20*)

Bild 11. Normal-Terrarium nach Roth/Stettler, kombiniert mit Aquarium (Aquaterrarium), **1** Normal-Terrarium ohne Wasserwanne, auf dem Aquarienrahmen aufliegend, **2** Rahmenaquarium, **3** Kombifilter mit Tauchkreiselpumpe, **4** Aquarienheizer, **5** wassergeschützte Leuchten, **6** Ein- und Ausstiegrampe für die Tiere (Korkrindenstück oder Eternit mit Korkrinde), **7** Wasserstand.

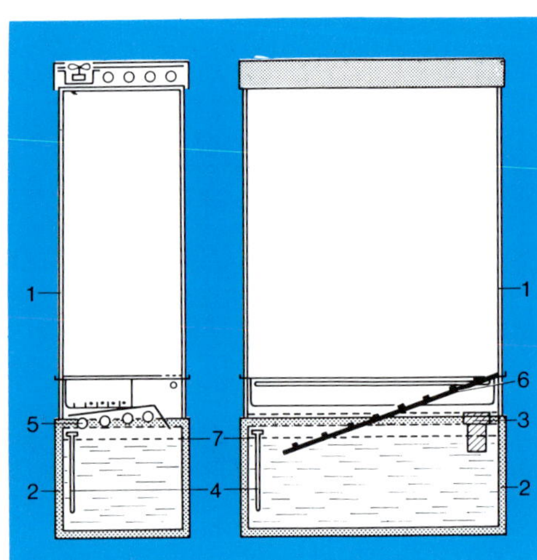

durch die gelochten Pflanzeinsätze und sorgt so für eine gute Bodendurchlüftung.
Ein automatischer Bodentemperatur-Regler (*21*) und ein automatischer Raumtemperatur-Thermostat (*22*) sorgen für optimale Temperaturen in unserem Terrarium.
Bild 11 zeigt das Normal-Terrarium nach ROTH/STETTLER kombiniert mit einem Aquarium (Aquaterrarium). Das Normal-Terrarium ohne Wasserwanne und Schlupfkasten bzw. Wassergefäß steht auf dem rostfreien Rahmenaquarium. Die Aquarienleuchten müssen an einer schrägstehenden (Tropfwasser!) Eternitplatte mit Lichtblende angebracht werden. Die Platte können wir z. B. mit Korkrinde verkleiden.
Hohe (schmale) Behälter sind im Wohnraum leichter unterzubringen als niedrige und breite; aber auch ästhetisch wirken hohe Terrarien, z. B. 72 × 150 × 42 cm, im Wohnraum sehr dekorativ.

Normal-Terrarium nach Broodman/van den Nieuwenhuizen

Dieses Terrarium ist 80 × 80 × 37 cm groß. Zum Bau wählen wir die Bodenscheibe weniger tief als die Seitenscheiben. Seitenscheiben und Hinterscheibe werden auf die Bodenscheibe geklebt. Zwischen die Seitenscheiben kleben wir einen schmalen Glasstreifen, ein zweiter Glasstreifen wird schräg gestellt (Belüftungsschlitz – Wasserbecken – Bodenteil). Das L-Profil (9) und das E-Profil (8) dienen zum Einbau der Vorderscheibe. Das E-Profil unten (in die hintere Rinne wird ein Glasstreifen geklebt) wird fest zwischen die Seitenscheiben geklebt, und zwar so, daß die vordere Rille genau mit den Seitenscheiben abschließt, wobei die Vorderscheibe dicht an den Seitenscheiben vorbeigeschoben werden kann. Zwischen die vorderen, gleich hohen Glasstreifen (zwischen den Seitenscheiben) kleben wir Gaze. Das Dach besteht aus einer Glasscheibe mit den gleichen Maßen wie die Bodenplatte, das Glas ist aber nur 5 mm dick. Diese Scheibe kleben wir so auf die Seitenscheiben, daß die Vorderkante genau mit den Stirnseiten der Seitenscheiben übereinstimmt. Dadurch entsteht hinten oben der Entlüftungsschlitz, den wir ebenfalls wie vorne unten mit Gaze bekleben. Das Aluminium-L-Profil wird vorne oben so auf die Dachscheibe geklebt, daß man die Vorderscheibe noch gut verschieben kann.

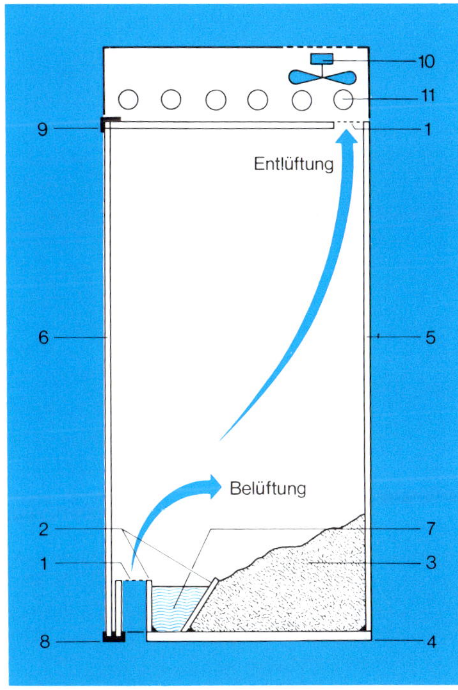

Bild 12. Normal-Terrarium nach Broodman/ van den Nieuwenhuizen, Seitenansicht. **1** Be- und Entlüftung durch Perlon- oder Bronzegaze, **2** Wasserbecken, Größe nach Belieben, **3** Bodengrund, **4** Bodenplatte (10 mm Kristallglas), **5** Rückwand, **6** verschiebbare Vorderscheibe, **7** Wasser, **8** Aluminium-E-Profil, **9** Aluminium-L-Profil, **10** Ventilator, **11** Beleuchtung.

Benötigtes Material: Kristallglasscheiben (Boden 10 mm, alle übrigen 5 mm dick), Aluminium-L-Profil, Aluminium-E-Profil oder Kunststoff-E-Profil, 2 Streifen Perlon- oder Bronzegaze, Kleinventilator, Silikonkautschuk, Einkomponentenkleber.

Klein-Terrarien aus käuflichen Asbestzement „Eternit“ – Pflanzengefäßen

Der eine oder andere Aquarienfreund hat vielleicht auch schon mal Lust gehabt, sich mit schönen exotischen Pflanzen und Terrarientieren zu beschäftigen. Aber, leider blieb es bei der guten Absicht, weil er sich alles viel zu kompliziert und kostspielig vorstellte.
Dabei können wir so leicht eine nette Pflanzengemeinschaft gestalten, und es gibt so viele schöne und interessante Kleintiere, die sich in einer

derartigen Umwelt wohlfühlen und die wir in einem Klein-Terrarium halten und sogar züchten können. Funktioniert einmal der erste Behälter, so kann der Liebhaber kaum mehr verstehen, weshalb er so lange auf ein Klein-Terrarium hat verzichten können.

Die Eternit- und Luwasa-Pflanzengefäße sind heute in verschiedenen Größen und Ausführungen schnell zu beschaffen (Bezugsquellen siehe auch S. 195, Baustoffe und Zubehör für Terrarien). Der Anwendungsbereich dieser Pflanzenbehälter für terraristische Zwecke ist vielfältig:

Flach-Terrarium für bodenlebende Tiere

Dieser Behälter eignet sich für solche Tiere, deren Beobachtung von oben durch die Deckscheibe weder die Tiere selbst noch den Pfleger stört. Wir stellen nämlich den Behälter auf den jeweils passenden, ebenfalls käuflichen Vierkant-Eisenunterbau, womit er – Oberkante/Deckscheibe gemessen – etwa 50 Zentimeter über den Fußboden zu stehen kommt.

In solchen Flach-Terrarien können wir bodenlebende Amphibien pflegen, ferner Schildkröten (wir werden dann auf eine Deckscheibe verzichten), Geckos, Eidechsen, Skinke, Krustenechsen; ferner, unter Beachtung der notwendigen Vorsichtsmaßnahmen kleine bodenlebende Giftschlangen wie *Bitis caudalis, Cerastes cerastes, Sistrurus,* um nur einige Beispiele zu nennen.

Mit einfachen Mitteln können die folgenden käuflichen Asbestzementgefäße in Flach-Terrarien umgebaut werden:

a. Viereck-Pflanzengefäß „automatic", Art. Nr. „Eternit" 3W 49 × 49 × 25 cm.
b. Luwasa-Pflanzengefäß „Juno"
   49 × 49 × 25 cm (Ausführung mit Randverstärkung und scharfen Kanten, inwendig mit säurebeständiger Kunststoffbeschichtung versehen).
c. Luwasa-Pflanzengefäß „Neptun"
   100 × 35 × 22 cm, Ausführung wie b.
d. Luwasa-Pflanzengefäß „Mars"
   98 × 98 × 24 cm, Ausführung wie b.

Zu den Gefäßen a bis d ist der jeweils passende Vierkant-Eisenunterbau, schwarz gespritzt matt, oder verchromt, 25 cm (für Modell „Mars" 14 cm) hoch, lieferbar.

e. Kaninchenstallschublade „Eternit" (Preisliste 14.8) 62 × 70 × 6 cm und 72 × 80 × 6 cm.

Zu dieser Schale können wir den Unterbau selbst herstellen oder durch einen Schlosser anfertigen lassen. Wir fertigen einen Rollschemel 33 × 60 cm, d. h. einen Winkeleisenrahmen mit kleinen, drehbaren Rollen; dieser ermöglicht ein Verschieben auf dem Fußboden.

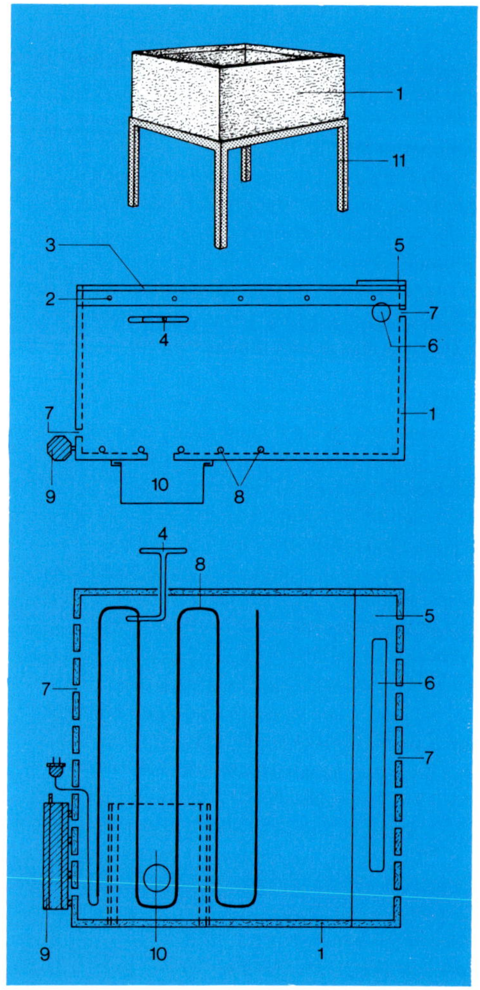

Bild 13. Flach-Terrarium aus käuflichem Asbestzementgefäß. **1** Pflanzengefäß „Eternit", **2** Flachband, **3** Deckscheibe, **4** Scheibenheber, **5** Reflektor, **6** Leuchte, **7** Lüftung, **8** Heizung, **9** Vorschaltgerät mit Starter und Schalter, **10** Schlupfkasten, **11** Eisenunterbau.

Da der Rand der Eternit-Schale nur 6 cm hoch ist, werden wir ihn mit Glasscheiben oder Plexiglas-Platten auf 25 bis 35 cm erhöhen. Wir können diese Seitenscheiben durch kleine Metallekken zusammenhalten. BAUMGARTNER macht es noch billiger: Er stellt einen Holzrahmen – aus Dachlatten genagelt –, der auf jeder Seite bis etwa 5 mm an die Innenwand reicht, in die Schale; in die 5 mm Zwischenräume können nun die Scheiben gestellt werden.

Bild 13 zeigt ein Flach-Terrarium aus einem Asbestgefäß.

Bemerkungen zum Bau: Ein 2 mm dickes, 30 mm breites Flachband (2) aus eloxiertem Leichtmetall wird – 10 mm über den oberen Rand vorstehend – rundherum mit Messingschrauben und Muttern (Muttern nach innen, vorstehende Schrauben absägen) am äußeren Behälterrand befestigt. Die Deckscheibe (3) ruht auf dem Gefäßrand und wird allseitig durch das Flachband gehalten. Je nach den Behälterinsassen wählen wir 4 – 8 mm dicke Scheiben. Um die Deckscheibe hochheben zu können, fertigen wir aus einem 5 mm dicken Eisenstab einen Heber (4), den wir durch ein Loch an der Behälterseite stecken. Eleganter und sicherer ist aber ein kleines Schloß. Als Reflektor (5) genügt ein 55 mm breiter Streifen Aluminiumfolie, den wir außen auf die Deckscheibe kleben. Als Leuchte (6) dient eine Leuchtstoffröhre 14 Watt (360 mm) oder 15 Watt (438 mm), wir plazieren sie vorne oben unter dem Reflektor. Die Entlüftungslöcher (7) liegen vorne oben im Bereich der Leuchte; die Belüftungslöcher liegen hinten unten. Als Bodenheizung (8) dient ein Floratherm-Plastikheizkabel 25 Watt in einer Hälfte des Bodengrundes. Die andere Hälfte des Terrariums bleibt unbeheizt. Das Vorschaltgerät (9) mit Starter und Schalter montieren wir am besten außen am Pflanzgefäß. Der Schlupfkasten (10) ist ein- und ausschiebbar und von außen mit einem Plastikdeckel zu verschließen.

Hoch-Terrarium für Klettertiere

Die käuflichen Asbestzementgefäße werden auf eine Schmalseite gestellt oder am oberen (Fuß) -Sockel der Rückwand bzw. des Bodens an der Zimmerwand aufgehängt, wobei die Öffnung nunmehr nach vorn, durch Einfügen einer oben und unten in U-Profilen aus Plastik oder Leichtmetall ruhenden Glasscheibe, verschlossen wird. Zum Hochheben und Herausnehmen der Scheibe aus der unteren Führungsnute muß das obere U-Profil etwa 3–5 mm langschenkeliger gewählt oder das untere U-Profil mit einer Einlage verse-

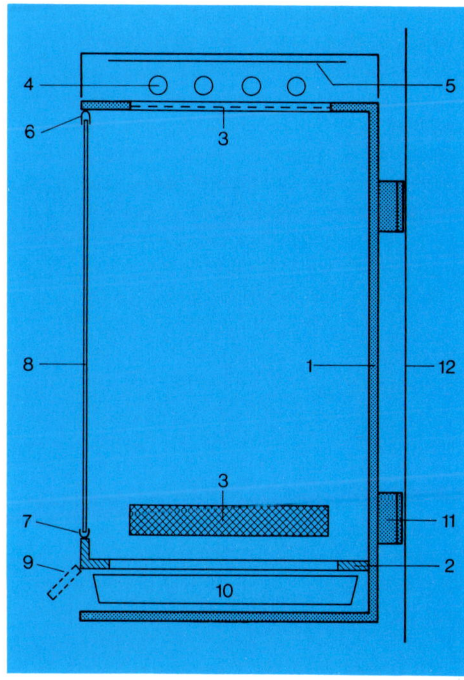

Bild 14. **a** (oben): Hoch-Terrarium aus Asbestzement-Gefäßen. **1** Pflanzengefäß „Eternit“, **2** Doppelboden, **3** Fliegengitter, **4** Leuchten, **5** Reflektor, **6** hohe Führungsschiene, **7** niedere Führungsschiene, **8** Sichtscheibe, **9** Klappdeckel, **10** Hohlraum für Heizung und Einsätze (Pflanzwanne, Wasserbehälter, Schlupfkasten zum Einschieben und Herausziehen), **11** Fußsockel, **12** Zimmerwand.
b (unten): Ansicht des Luwasa-Pflanzengefäßes „Neptun“ 100 × 35 × 22 cm (als Hochterrarium für nachtaktive Tiere). Pflanzengefäß, **2** Doppelboden, **10** Hohlraum für Heizung und Einsätze.

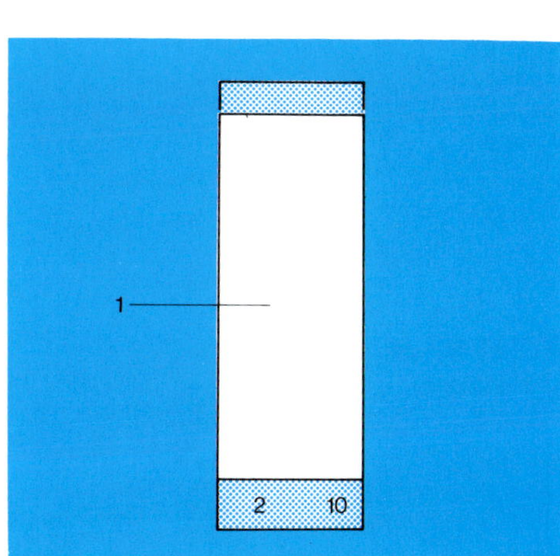

hen werden (Vitrinen-Verschluß). An der unteren Hälfte der einen Seite wird ein Rechteck ausgesägt und mit Fliegengaze bespannt (Belüftung); auf der Schmalseite oben – nunmehr Dach – wird auf der ganzen Länge ebenfalls ein Rechteck ausgesägt und mit Fliegengaze oder Gitter bespannt (Entlüftung). Die Lufterneuerung wird noch dadurch gesteigert, indem wir auf dem Dach – über

Bild 15. Hoch-Terrarium aus käuflichem Viereck-Pflanzengefäß „Automatic". **1** Pflanzengefäß „Eternit" 3W (49 × 49 × 25 cm). Das Gefäß kann auf einen Eisenunterbau gestellt werden. **2** Winkelrahmen aus Leichtmetall, **3** Niedere Führungsschiene (Einlage), **4** Hohe Führungsschiene, **5** Sichtscheibe zum Schieben und Herausnehmen, **6** Scheiben, **7** Lochblech/Fliegengitter, **8** Hohlraum für Wassergefäß, Pflanzwanne, Heizung, evtl. Schlupfkasten, **9** Leuchten, **10** Reflektor, **11** Lufteintrittsöffnung.

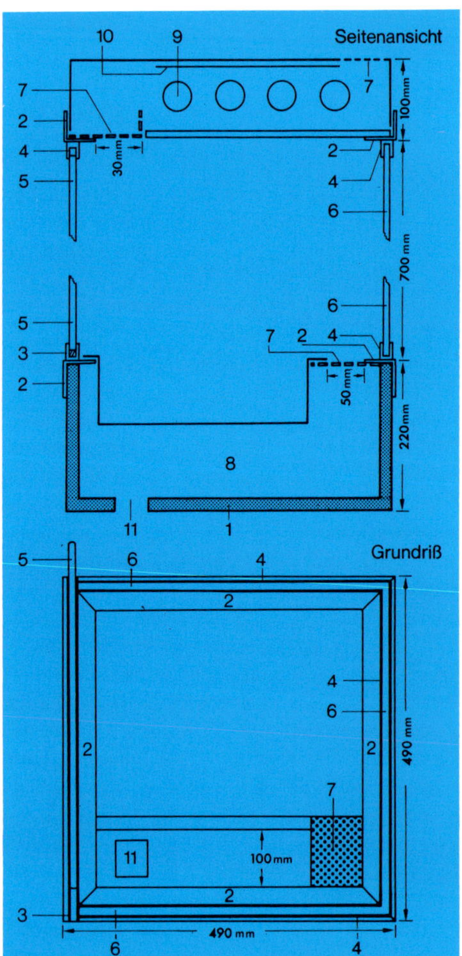

der Entlüftungsgaze – eine Beleuchtung anbringen. Den Bodenteil bekleben wir mit Plastikfolie, wodurch gegebenenfalls die ganze Grundfläche als Wasserbehälter dient. Die Floratherm-Heizkabel können wir abwechselnd durch den Wasser- oder Landteil ziehen.

Die elegantere, schönere und eher noch preisgünstigere Lösung erreichen wir durch die Verwendung des käuflichen Viereck-Pflanzengefäßes „Automatic" Art. Nr. „Eternit" 3W 49 × 49 × 25 cm, in dem Wassergefäß, Pflanzwanne, Heizung und gegebenenfalls ein Schlupfkistchen untergebracht werden. Dann werden zwischen dem auf dem Eternit-Behälter aufgesetzten Winkelrahmen und der Dachkonstruktion die Scheiben rahmenlos in die Führungsschienen eingepaßt.

Die folgenden Eternit-Pflanzengefäße können wir mit kleinem Aufwand in Hoch-Terrarien umbauen:

a. Viereck-Pflanzengefäß „automatic", Art. Nr. „Eternit" 3W 49 × 49 × 25 cm.
b. Luwasa-Pflanzengefäß „Juno" 49 × 49 × 25 cm (Ausführung mit Randverstärkung und scharfen Kanten, inwendig mit säurebeständiger Kunststoffbeschichtung versehen).
c. Luwasa-Pflanzengefäß „Neptun" 100 × 35 × 22 cm, Ausführung wie b, als Hoch-Terrarium für nachtaktive Tiere gut geeignet.

Die Bilder 14 und 15 zeigen Hoch-Terrarien aus käuflichen Asbestzementgefäßen.

Terrarium für amphibisch bzw. wasserlebende Tiere

Als Aqua-Terrarium wählen wir einen Behälter mit möglichst großer Grundfläche, z. B. das Luwasa-Pflanzgefäß „Mars" 98 × 98 × 24 cm mit passendem Eisenunterbau. Die Umgestaltung zum Aqua-Terrarium ist nicht schwierig: Je nach den Behälterinsassen erhöhen wir die Behälterseiten mit Eternit, Glasscheiben oder Plexiglasplatten. Zur Heizung dient ein Floratherm-Heizkabel 200 Watt mit Temperaturregler (biegsames Bleiheizkabel mit Schutzerdung). Als Filter dient ein Kombifilter mit Tauchkreiselpumpe (siehe S. 47, Die Filterung). Zur Bepflanzung des Wasserteils siehe S. 46, Die biologische Selbstreinigung. Um die Wurzeln der Pflanzen vor dem Abweiden

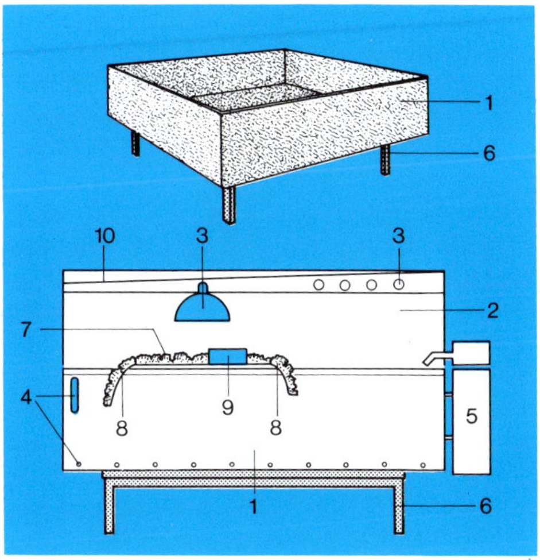

Bild 16. Terrarium aus Asbestzement- („Eternit"-) Pflanzengefäßen für amphibisch- bzw. wasserlebende Tiere. **1** Luwasapflanzengefäß „Mars" 98 × 98 × 24 cm, **2** Aufsatz, **3** Wärmelampe / Beleuchtung, (verschiebbar), **4** Heizung, **5** Filter, **6** Eisenunterbau 78 × 78 × 14 cm, **7** „Landteil" bzw. Eternitplatte mit Korkrinde belegt, **8** Ausstiegrampe, **9** Eiablagegefäß, **10** geneigte Deckscheibe.

durch die Tiere zu schützen, setzen wir sie in Gitterkästen, die bis auf den Bodengrund reichen.

Auf die Schmuckwirkung von Überwasserpflanzen brauchen wir nicht zu verzichten. Dazu passen wir dachrinnenförmige Korkrindenstücke derart auf den Behälterrand oder klemmen sie über der Wasseroberfläche zwischen zwei gegenüberliegende Seitenwände, daß die Tiere sie nicht erreichen können (nach JAHN). In solchen Korkrindenstücken lassen sich – in passender Pflanzstoffmischung – verschiedene Pflanzen, auch Epiphyten, ziehen. Vorteile: Beim Reinigen und Hantieren lassen sich die bepflanzten Korkrindenstücke mit einem Handgriff entfernen und nachher wieder befestigen.

Als Grundgerüst für den „Landteil" dient eine zwischen zwei gegenüberliegenden Seitenwänden befestigte Eternitplatte von etwa 40 cm Breite. Um den Tieren das Erklimmen des Landteiles zu ermöglichen, befestigen wir am Rand der Eternitplatte ein passendes, bis etwa 5 cm unter die Wasseroberfläche reichendes Korkrindenstück. Es hat sich als zweckmäßig erwiesen, die ganze Platte – unter Aussparung einer den Außenmaßen des Eiablagegefäßes entsprechenden Grundfläche – mit Korkrinde zu belegen; als Eiablagegefäß wählen wir eine Kunststoffschale oder eine Kühlschrankdose und füllen diese mit einem Sand/Torf/Laub-Gemisch. Diese Einrichtung bietet den großen Vorteil, daß die gesamte Wassermasse für die Tiere frei bleibt (die üblichen Steinaufbauten versperren viel Platz, in den Fugen sammelt sich viel Unrat, und der ganze Aufbau ist schwer); zudem fühlen sich die im Wasser befindlichen Tiere geborgen, da sie von oben über einen guten Sichtschutz verfügen. Die Reinigung der ganzen Einrichtung ist äußerst einfach und schnell zu bewerkstelligen.

Die Deckscheiben, passend in den lichten Ausschnitt des Aufsatzes, sollen geneigt eingesetzt werden, damit das Schwitzwasser gut abläuft; die Deckscheibenhalter – kleine Winkel aus Leichtmetall – werden am Rahmen des Aufsatzes angeschraubt.

Zusammenschraubbares Leichtterrarium nach Molle

Dieses Leichtterrarium können wir aus Pitchpine- oder Kiefernholz bauen. Länge, Breite und Höhe sind beliebig zu wählen, nur sollten wir bei 1 cm^2 Leistenquerschnitt eine Länge von 40 cm, eine Breite von 30 cm und eine Höhe von 50 cm nicht überschreiten. Die Querschnitte des Vorder- und Hinterrahmens sind quadratisch (1 cm), die Querschnitte der beiden Seitenrahmen 1 × 0,5 cm.

Wir verkleben die Rahmen mit Movicoll-Leim (weiß) oder „Uhu" und vernageln sie mit dünnen Drahtstiften. Die fertigen Vorder- und Hinterrahmen werden mit den Seitenrahmen mit Senkkopf- Messingschrauben und Muttern verschraubt (Muttern nach innen).

Der Unterrahmen des Daches paßt in den äußeren Maßen in die lichten Maße des Terrarienrahmens. Schwarz gezeichnet ist in der Abbildung die Aussparung der Leistenränder für die Drahtgaze-Einlage (vor dem Verleimen und Nageln aussparen). Erst wird der Unterrahmen gebaut, dann die Drahtgaze eingelegt. Die Tapetenleisten schneiden wir winkelrichtig zu, leimen sie auf den Unterrahmen und nageln sie anschließend. Der Bodenkasten wird aus 1 mm starkem Zinkblech zum Einhängen in den Rahmen gefertigt, so daß die Blechüberstände auf den unteren Querleisten aufliegen. Wir können den Kasten

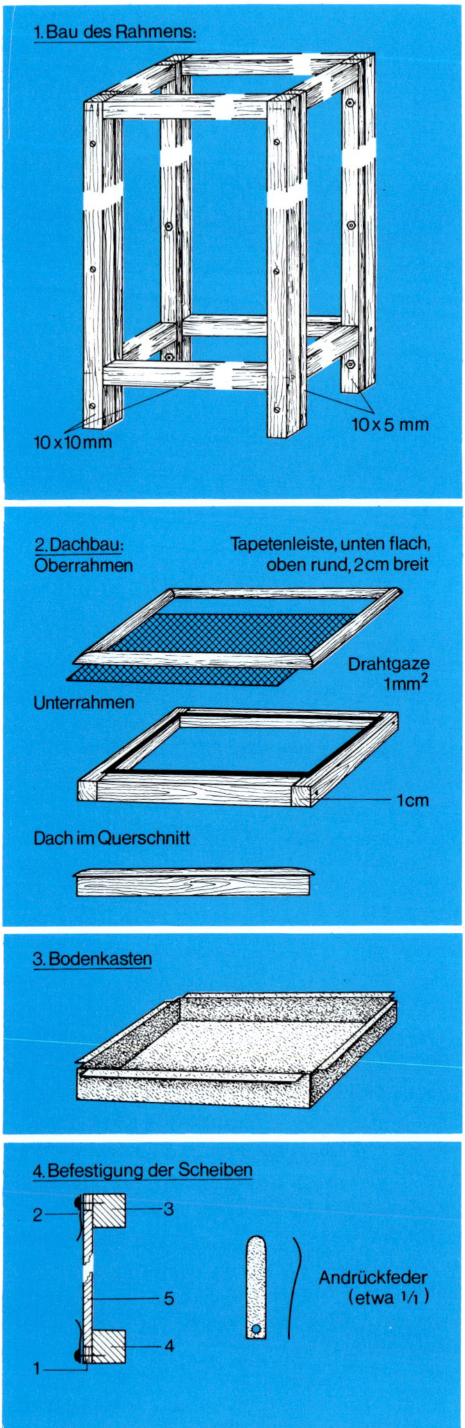

Bild 17. Zusammenschraubbares Leicht-Terrarium nach Molle. Erläuterung im Text. Befestigung der Scheiben: **1** dünne Zusatzleiste (3 × 5 mm), **2** Andruckfeder mit Unterlegscheiben, **3** Obere Querleiste 1 cm^2, **5** Glasscheibe, seitlich verschiebbar.

auch festschrauben, nur läßt er sich eingehängt leichter herausnehmen. Der Bodenkasten wird innen mit Chlorkautschucklack und außen z. B. mit Kunstharzlack gestrichen.

Die Scheiben (Vorderscheibe, evtl. die Seitenscheiben, falls der Rahmen hier nicht mit Drahtgaze bespannt wird) werden so befestigt wie auf der Abbildung angegeben.

Falls wir die Seitenwände aus Drahtgaze oder Kunststoffgaze herstellen, nageln wir sie vor dem Zusammenschrauben mit den Vorder- und Hinterrahmen mit dünnen Stiften auf die Seitenrahmen. Bei Kunststoffgaze legen wir vor dem Aufnageln dünne Blech- oder Hartpappestreifen auf die Gazeränder. Bei Verwendung von nichtrostender Drahtgaze müssen wir die Ränder 2–3 mm breit mit Tinol-Lötdraht zulöten und glattfeilen. Das sieht besser aus, und die Nagelstifte halten besser.

Die Rückwand aus 1 mm Aluminiumblech wird am Hinterrahmen passend von hinten angeschraubt und nach innen mit rückseitig glattgeschliffenen, flachen Zierkorken oder Borkenstükken beklebt. Nahtstellen tränken wir mit „Uhu", bestreuen sie mit Humuserde, Torf oder Orchideen-Pflanzstoff und drücken vorsichtig an. Das sieht sehr dekorativ aus und verträgt Wasser bzw. Feuchtigkeit.

Die Rahmenteile aus Holz streichen wir vor dem Zusammenbauen mit farblosem Bootslack oder farbig mit einem der handelsüblichen Kunstharzlacke. Die quadratischen oder rechteckigen Leisten bekommen wir im Bastlerbedarfsgeschäft, Tapetenleisten in Tapetengeschäften, Andrückfedern (stahlblau oder schwarz), Unterlegscheiben und Schrauben in der Eisenwarenhandlung. Die Unterlegscheiben und Schrauben sollten aus Messing oder vernickelt sein.

Bei einer Terrariengröße von 40 × 30 × 50 cm (L × B × H) sind mindestens zwei, besser aber drei oder vier Leuchtstoffröhren 14 Watt (360 mm) notwendig; wir montieren sie in ein Reflektorgehäuse (Luftzirkulation beachten!) passend auf das Terrariendach.

Rahmenloses Kunststoffterrarium nach Baumgartner/Stettler (1956)

Diese Tropicarien wirken sehr leicht, weil es keine störenden Seitenrahmen und Begrenzungen gibt. Die Verbindung zwischen Unterteil und Dach wird vielmehr durch vier Röhren gebildet, die ganz satt einerseits im Bodenteil, anderseits im Dach stecken. Um der ganzen Konstruktion einen unbedingt soliden Halt zu geben, wählte ich Röhren aus rostfreiem Stahl, die ihrerseits in einem Hart-PVC-Mantel stecken. Meine Annahme, diese vier Röhren würden sich beim fertig eingerichteten Behälter störend bemerkbar machen, stimmt nicht. Es ist vielmehr so, daß die auf den Behälterseiten ziemlich eingerückt angebrachten Röhren überhaupt nicht stören, jedenfalls weit weniger, als es Seitenrahmen – die ja zugleich die Außenkanten bildeten – tun würden. Die Konstruktion des rahmenlosen Kunststoffterrariums besteht aus Hart-PVC WOPAVIN Qualität 9350, maschinengrau, unpoliert (in der BRD möglicherweise unter einer anderen Bezeichnung im Handel). Dieser Kunststoff ist rostfrei, chemikalien- und korrosionsfest, und auch die mechanischen und elektrischen Eigenschaften dieses in der Schweiz von der Firma GURIT-WORBLA AG in CH 3063 Ittigen/Papiermühle hergestellten Kunststoffes sind sehr günstig. Er läßt sich sägen, stanzen, bohren, drehen, polieren, kleben und schweißen. Der Einfluß von Sonnenlicht, Säuren, Alkalien, Fetten und Alkoholen fällt außer Betracht. Die Korrosionsfestigkeit (Bodengrund), die Beständigkeit gegen Luftfeuchtigkeit, Säuren und Laugen (Urin und Exkremente), die Abriebfestigkeit, Farbechtheit und Formbeständigkeit sind weitere Vorzüge dieses Materials. Selbstverständlich gibt es keinen Kunststoff, der allen Ansprüchen gleichzeitig genügt; so kann Hart-PVC bei Temperaturen über 70 °C nicht mehr verwendet werden; für Terrarienzwecke fällt diese Einschränkung in den meisten Fällen wohl weg. Müssen vielleicht doch durch Einbau einer besonders starken Heizung bzw. eines Strahlers solche Wärmewerte erreicht werden, so wird dies im Anwendungsfalle keine Rolle spielen, weil man dann die durch die hohe Temperatur bedingte Schwächung des Materials durch entsprechende konstruktive Maßnahmen umgehen kann.

Sämtliche Scheiben ringsherum lassen sich in Se-

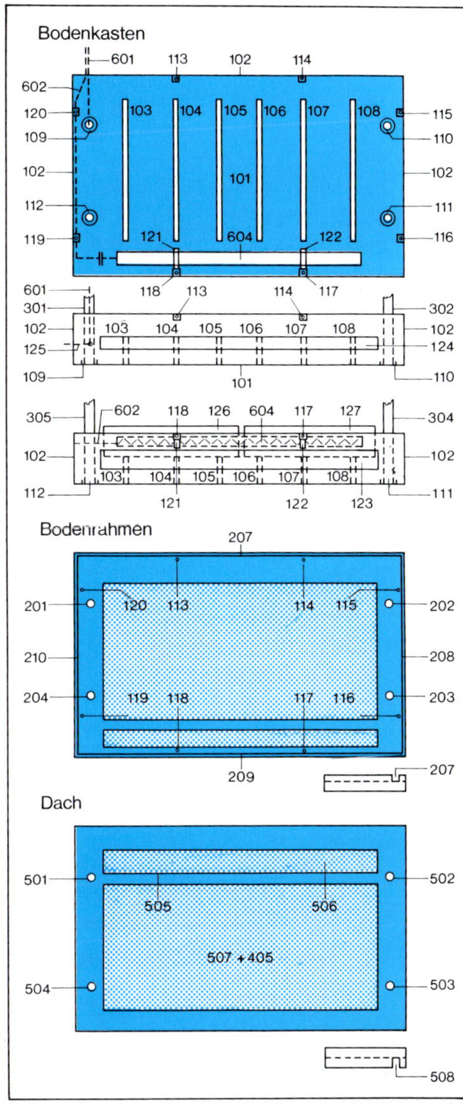

Bild 18. Rahmenloses Kunststoffterrarium nach Baumgartner/Stettler. Bodenkasten: *101* Boden, *102* Wandung, *103-108* Tragrost, *109-112* Ringmuffen, *113-120* Verbindungsstücke, *121/122* Bügelträger, *123* (Vordere) Schlitzöffnung (durch Klappe verschließbar), *124* (Hintere) Lufteintrittsöffnung, *125* Loch (für elektrische Zuleitungen), *126/127* Pflanzenwannen.
Bodenrahmen: *201-204* Löcher (für Verbindungsrohre), *205* Belüftungsschlitz, *206* Bronzegaze, *207-210* Nuten.
Verbindungsrohre: *301-304*.
Scheiben: *401-404* Sichtscheiben, *405* Scheibe auf Beleuchtungsöffnung.
Dach: *501-504* Löcher (für Verbindungsrohre), *505* Entlüftungsschlitz, *506* Bronzegaze, *507* Beleuchtungsöffnung (mit Glasscheibe abgedeckt), *508-511* Nuten.
Elektrische Anlage: *601* Zuleitung für Beleuchtung, *602* Zuleitung für Heizung, *603* Beleuchtung, *604* Heizung.

kundenschnelle sowohl herausnehmen (auswechseln) als auch schieben. Die Vorteile: Ich kann nach dem Herausnehmen der Scheiben ungehindert spritzen, und zwar ohne die gegenüberliegende Scheibe mit den Wasserspritzern zu treffen, womit das Reinigen der Innenseite dieser Scheibe entfällt. Dann kann ich bei heiklen Insassen die außen gereinigte Scheibe unverzüglich umgedreht wieder einsetzen, worauf ich bequem die beschmutzte Innenseite, die nun außen ist, reinigen kann, ohne die Tiere zu stören. Außerdem lassen sich die Scheiben durch Gitter ersetzen, so daß es möglich wird, Pflanzen und Tieren das natürliche Sonnenlicht zukommen zu lassen (nicht über die Mittagsstunden!). Die Scheiben laufen oben und unten in Nuten mit geringem Spielraum, um ein essigfliegendichtes Abschließen zu gewährleisten. Die obere Nute auf der Unterseite des Terrariendaches ist so bemessen, daß die Scheiben herausgehoben werden können wie die Scheiben einer Vitrine. An den vier Ecken berühren sich die Scheiben satt, sie stehen jeweils auf einer Seite über, und zwar im Uhrzeigersinn und schließen auf diese Weise dicht ab.

Das Dach besteht aus einer versenkt eingelassenen Glasscheibe (allenfalls Gittergeflecht, ganze Fläche oder nur zum Teil), über die die ebenfalls aus Hart-PVC gearbeitete Leuchte mit vier oder mehr Fluoreszenzlampen zu stehen kommt. Hinten ist der mit Bronzegaze versehene Entlüftungsstreifen. Auf der Unterseite des Daches sind die schon einmal erwähnten Nuten für die vier Scheiben eingelassen.

Der Bodenkasten ist 11 Zentimeter hoch; nach den gemachten Erfahrungen möchte ich heute empfehlen, ihn zur Hälfte höher oder fast doppelt so hoch zu wählen (größerer Wasservorrat, höherer und damit größerer Pflanzraum für Bodengewächse). Der Bodenkasten enthält das Wasser zur Luftbefeuchtung und die beiden Pflanzwannen. Diese Pflanzwannen werden noch zusätzlich durch einen Rost gestützt und sind einzeln herausnehmbar. Hinten liegen die Lufteintrittsöffnung und die Öffnung für die elektrischen Zuleitungen für Heizung, Beleuchtung usw. Vorne, durch eine Klappe zugänglich, ist die Heizung installiert, die mit einem einzigen Handgriff herausgenommen werden kann.

Mit dem Bodenkasten verbunden ist der sogenannte Bodenrahmen. Auf ihm sind die Nuten für die vier Scheiben, auf der ganzen Vorderlänge der ebenfalls mit Bronzegaze versehene Belüftungsstreifen, durch den die feuchtwarme Frischluft ins Terrarium einströmt. Der Bodenrahmen gestattet das schon erwähnte Herausheben der beiden Pflanzenwannen, die unabhängig voneinander herausgenommen werden können. An Stelle der Pflanzenwannen kann ich natürlich auch eine oder zwei Wasserwannen mit Ablaßhahn einbringen, womit der Behälter in ein Aquaterrarium verwandelt werden kann.

Die elektrischen Zuleitungen gehen, wie schon erwähnt, hinten unten in den Behälter; diejenige für die Beleuchtung und einen eventuell eingebauten Entlüfter führt dann völlig unsichtbar durch eine der Röhren auf das Behälterdach. Die elektrische Leitung zum Heizkörper ist ohnehin im Behälterinnern und damit nicht sichtbar.

Als Annehmlichkeit kommt hinzu, daß der ganze Behälter in wenigen Minuten in seine Einzelteile zerlegt und wieder zusammengestellt werden kann, sofern irgendeine Notwendigkeit dazu besteht. Um den Behälter zu zerlegen, ist es keineswegs erforderlich, die oft mühsam angelegte und nunmehr eingewachsene Bepflanzung auseinanderzureißen; vielmehr läßt sich beispielsweise der Epiphytenast samt seinen Epiphyten herausheben, ebenso verfahre ich mit den beiden Pflanzwannen, die mit Leichtigkeit samt den Pflanzen und dem Bodengrund herausgehoben werden können. Hierauf zerlegt man den Behälter innerhalb von wenigen Minuten in folgende Einzelteile: Scheiben; Beleuchtung; Dach; Verbindungsrohre; Bodenkasten mit Bodenrahmen und Heizung. Das ist alles! Keine einzige Schraube braucht dabei gelöst zu werden!

Beschreibung des Behälters: Bodenkasten: Der Bodenkasten, $67 \times 40 \times 10$ cm, (nach den gemachten Erfahrungen würde ich heute den Bodenkasten nicht nur 10 Zentimeter hoch, sondern 15 bis 18 Zentimeter hoch wählen (größerer Wasservorrat und höherer Pflanzraum für Bodengewächse, entsprechend höhere Pflanzenwannen!), besteht aus einer 3 bis 4 mm dicken Hart-PVC-Platte; er ist wasserdicht verschweißt. Auf dessen Boden (101) ist ein aus 6 Leisten, 28×5 cm, bestehender Tragrost (103/108) aufgeschweißt, und zwar derart, daß das im Bodenkasten der Luftbefeuchtung dienende Wasser kommuniziert; die Leisten sind aus 10 bis 12 mm dicken Hart-PVC-Abfallstücken gefertigt. Die 4 Ringmuffen (109/112), bestehend aus 10 bis 12 mm dickem

Hart-PVC, in die die Verbindungsrohre (301/304) ganz satt eingesteckt werden, sind ebenfalls mit dem Boden (101) fest verschweißt. Auf den Tragrost (103/108) kommen die beiden einzeln herausnehmbaren Pflanzenwannen (126/127), 23 × 28,5 × 6 cm, aus 3 bis 4 mm dickem Hart-PVC gearbeitet, perforiert mit 4 mm Lochung, zu liegen; sie werden durch den auf dem Bodenkasten befestigten Bodenrahmen festgehalten. Der Tragrost (103/108) gibt dem Bodenkasten zugleich ein festes Gefüge, das durch den an jeder Seite mit 2 Verbindungsstücken (113/120) verbundenen Bodenrahmen noch wesentlich erhöht wird. Die Verbindungsstücke (113/120) bestehen aus rostfreien Metall-Winkeln und -Schrauben. An der Vorderfront sind zusammen mit den 2 Verbindungsstücken (117/118) noch 2 Bügelträger (121/122) angeschraubt, auf die die Stabheizung (604) zu liegen kommt. Diese Heizung, 20 Watt, (604) kann – nach Entfernung der die Schlitzöffnung (123), 57 × 4 cm, schließenden Klappe – durch einfaches Hochheben und Abdrehen mit einem Handgriff herausgenommen werden. Hinten befindet sich die Lufteintrittsöffnung (124), 57 × 2 cm, unmittelbar daneben ein Loch (125) für den Zutritt der elektrischen Zuleitungen (601/602) für Beleuchtung (603) und Heizung (604). Erstere führt über der Wasseroberfläche durch dasselbe in das Verbindungsrohr (301), um durch ein Loch unsichtbar zu der auf dem Dach liegenden Beleuchtung (603) zu gelangen; unmittelbar beim Austritt aus dem Verbindungsrohr (301) endet die Leitung (601) mit einem Stecker, an den die Beleuchtung (603) angeschlossen werden kann. Die Zuleitung für die Heizung (602) führt der Wandung (102) des Bodenkastens entlang unsichtbar nach vorne zur Heizung (604), selbstverständlich ebenfalls über der Wasseroberfläche. Die Lufteintrittsöffnung (124), oder auch die Schlitzöffnung (123) nach Entfernung der Klappe, gestattet die Kontrolle des Wasserstandes im Bodenkasten, der meist auf etwa 1,5 cm gehalten wird.

Bodenrahmen: Der Bodenrahmen, 67 × 40 cm, besteht aus einer 10 bis 12 mm dicken Hart-PVC-Platte; er ist an jeder Seite durch je 2, insgesamt also durch 8 rostfreie Verbindungsstücke (113/120) mit dem Bodenkasten verschraubt. Auf beiden Schmalseiten des Bodenrahmens sind je 2 Löcher (201/204) für die Verbindungsrohre (301/304) angebracht. An der Stirnfront der Platte ist – 2 cm von der Vorderkante einwärts – der mit Bronzegaze (206) bespannte Belüftungsschlitz (205) ausgefräst; dieser hat 57 × 3 cm lichte Öffnung. Durch den Bodenrahmen – innere Maße 57 × 28 cm – werden die beiden Pflanzwannen (126/127) unverrückbar an ihrem Platz festgehalten. Auf der Oberseite des Bodenrahmens befinden sich 4 mm von der Außenkante einwärts, die Nuten (207/210) – 3,5 mm breit und 3 mm tief – für die 4 Scheiben (401/404); an den 4 Ecken kreuzen sich diese Nuten (207/210) und gestatten auf diese Weise ein Schieben der Sichtscheiben (401/404) nach der jeweils freien Seite.

Verbindungsrohre: Die Verbindungsrohre (301/304) sind aus rostfreiem Stahl; sie haben 2 cm Innendurchmesser und stecken in einem Hart-PVC-Mantel. Damit dieser Mantel fest aufsitzt, muß ganz genau gearbeitet werden.

Scheiben: Im allgemeinen wird beste Qualität Fensterglas, Kanten abgerundet, genügen.

Dach: Das Dach, 67 × 40 cm, ist aus einer 10 bis 12 mm dicken Hart-PVC-Platte gearbeitet. Es enthält an seinen beiden Schmalseiten – sinngemäß wie im Bodenrahmen – je 2 Löcher (501/504) für die Verbindungsrohre (301/304), die ganz satt und fest in diesen Löchern (501/504) stecken. Die vordere, größere Öffnung, 57 × 25 cm (507), ist mit einer in einem Falz versenkten Glasscheibe (405) abgedeckt; hierauf kommt die Leuchte (603) mit 2 bzw. 4 Leuchtstofflampen zu stehen. Die hintere, schlitzförmige Öffnung, 57 × 5 cm, (505) ist mit Bronzegaze (506) bespannt und dient der Entlüftung. Auf der Unterseite des Daches befinden sich, 4 mm von der Außenkante einwärts ausgefräst, die Nuten (508/511), 3,5 mm breit und 6,5 mm tief, für die 4 Sichtscheiben (401/404). Genau wie beim Bodenrahmen führen diese Nuten (508/511) bis an die Außenkanten, kreuzen sich also an den Ecken und gestatten das Schieben der Scheiben (401/404). Da die Nuten (508/511) 6,5 mm tief bzw. hoch sind, gestatten sie nicht nur das Schieben, sondern auch das Herausheben, wie das bei Vitrinen üblich ist, d. h., die Nuten (508/511) haben soviel Spielraum nach oben, daß die Sichtscheiben (401/404) um die Tiefe der Nuten (207/210) im Bodenrahmen – 3 mm – gehoben bzw. herausgehoben werden können.

Elektrische Anlage: Alles nähere ist der Behälterbeschreibung, dem Text und den Abbildungen zu entnehmen. Die Leuchte (603) ist aus 3 bis

4 mm dickem Hart-PVC angefertigt und enthält 4 bis 6 Leuchtstofflampen, die entsprechenden Geräte und Anschlüsse.

Der Bau von Fensterterrarien

Das Fensterterrarium darf für den Terrarianer in einer Mietwohnung als die beste und zugleich schönste Lösung bezeichnet werden. Der einzige Nachteil ist der, daß die Pflanzen ihr „Gesicht" dem Tageslicht zuwenden und eine Betrachtung der Pflanzen nur vom Wohnraum aus möglich ist. Wenn sich das Fensterterrarium allerdings im Erdgeschoß, oder noch besser in einem Balkonfenster befindet, kann der Behälter sowohl vom Wohnraum, als auch von außen her eingesehen und gegebenenfalls auch gepflegt werden.
Die Einrichtung eines Fensterrerrariums ist zweckmäßigerweise auch nur in Räumen mit mindestens zwei Fenstern ohne Nachteil gut zu verwirklichen; ein Fenster sollte doch der ausgiebigen Raumbelüftung vorbehalten bleiben.
Bei einem eventuellen Umzug läßt sich der ursprüngliche Zustand leicht wieder herstellen: Das

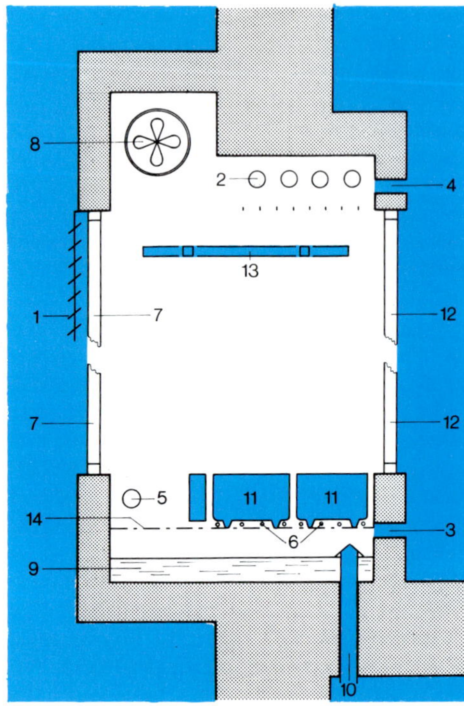

Bild 20. Festeingebautes Fenster-Terrarium. **1** Hebejalousie mit schwenkbaren Lamellen (außen), **2** Leuchtstoffröhren, **3** Belüftung (unten), **4** Entlüftung im Winter (oben), **5** Florathermatik-Raumheizung, **6** elektrisches Heizkabel, **7** Verglasung außen, evtl. zweifach, **8** Ventilator, **9** Wasserbasin, **10** Überlauf-Entwässerung, **11** Eternit-Pflanzgefäße, **12** Schiebefenster, **13** Gestell zur Befestigung eines Kletterbaumes bzw. Epiphytenstammes, **14** Rost für die Eternit-Pflanzgefäße.

Bild 19. Fenster-Terrarium, entstanden durch Herausnahme eines vorhandenen Fensters und Einsetzen der Konstruktion in die Fensteröffnung. **1** Belüftung (unten), **2** Entlüftung im Winter, **3** Entlüftung im Sommer (Ventilator), **4** Leuchtstoffröhren, **5** Verglasung außen, **6** elektrisches Heizkabel 100 Watt, evtl. mit Temperaturregler, **7** Luftaustausch/Temperaturausgleich, siehe 2 und 3, **8** Zentralheizungskörper im Zimmer, **9** Eternit-Pflanzgefäße, **10** Schiebescheiben, **11** Eternit, Leichtmetall oder kunststoffbeschichtete Spanplatten, **12** Wetterschutz aus Glas.

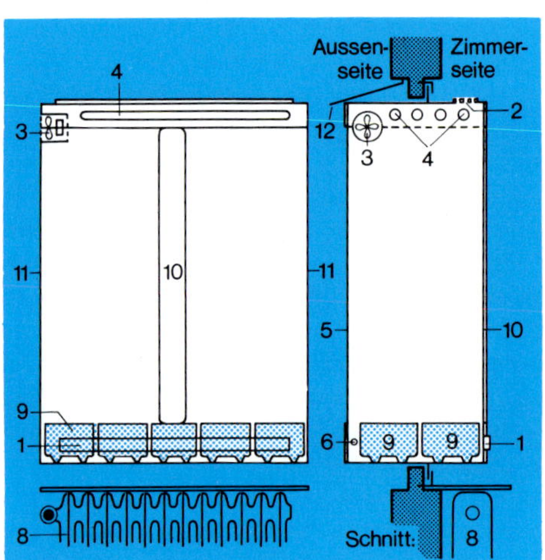

Fenster-Terrarium wird entfernt und das normale Fenster wieder eingesetzt.
Bild 19 zeigt ein Fensterterrarium, das durch Herausnahme eines vorhandenen Fensters und Einsetzen der Konstruktion in die Fensteröffnung geschaffen wurde. Die Rahmenkonstruktion läßt sich leicht aus Leichtmetall oder Pitchpine anfertigen.
Zur Beleuchtung dienen Leuchtstoffröhren unter einem Aluminiumblech als Reflektor. Als Pflanzwannen oder Wassergefäße kommen Eternit-Pflanzgefäße 22 × 22 × 13,5 cm in Frage (es sind natürlich auch andere Größen möglich).
Ein festeingebautes Fensterterrarium zeigt Bild 20. Zur Beschattung von außen dient eine Hebejalousie (1) mit schwenkbaren Lamellen. Beleuchtet wird mit vier Leuchtstoffröhren (2) Syl-

vania-Gro Lux 120 cm (40 Watt), die in einer weißgestrichenen Deckenaussparung oder in einem Aluminiumblechreflektor feuchtraumisoliert mit einer Lamellenblende montiert werden. Hier können wir auch eine Befestigungsmöglichkeit für Kletteräste oder Epiphytenstämme vorsehen. Zur Belüftung (3) und zur Entlüftung im Winter (4) dienen Öffnungen im Rahmen.

Als Heizung verwenden wir eine elektrische Floratherm-Raumheizung (5) mit Temperaturregler 400–500 Watt oder einen Konvektor, angeschlossen an die Warmwasserheizung. Ein wasserdichtes Heizkabel 100 Watt (6) mit Temperaturregler versorgt die Pflanzgefäße. Zum Luftaustausch bzw. Temperaturausgleich dient entweder ein kleiner Ventilator (8), der seitlich angebracht wird, oder die ganze obere Fensterbreite mit einem Leichtmetallschiebelüfter.

Das Wasserbassin (9) wird mit einem seitlich hochgezogenen, wasserfesten Anstrich versehen. Es sollte 12 cm hoch, mindestens 56 cm tief und mindestens 115 cm lang sein (Innenmaße). Ein Rohr (10) dient als Überlaufrohr. Zweimal fünf Eternit-Pflanzgefäße (11) 22 × 22 × 13,5 cm werden beweglich auf einem Rost (14) über der Wasseroberfläche und dem Heizkabel angeordnet.

Das untere Rahmenprofil für das Schiebefenster (12) muß mit einem Wasserablauf für Kondenswasser versehen werden.

Zum Befestigen eines Kletterbaumes oder eines Epiphytenstammes dient ein Gestell (13) aus senkrecht und waagerecht angebrachten Leichtmetall-Vierkantrohren mit seitlicher Führung (verschiebbar). Ersatzweise können wir für diesen Zweck auch seitlich angebrachte Haken verwenden, oder, wie oben beschrieben, die Lampenmontierung.

Ventilator oder Schiebelüfter wie auch die Hebejalousie müssen von innen bedienbar sein. Die Abmessungen dieses Fensterterrariums werden durch die Größe der Eternit-Pflanzgefäße (22 × 22 × 13,5 cm) und die Länge der Leuchtstoffröhren (120 cm + Fassungen) bestimmt. Eine Trennwand zwischen der Florathermatik-Raumheizung und den Eternit-Pflanzgefäßen, wie sie die Zeichnung zeigt, ist nicht unbedingt notwendig.

Die Konstruktion eines Dachfenster-Terrariums nach Brünner zeigt Bild 21

Bild 21. Dachfenster-Terrarium nach Brünner. **1** Bodenfläche in Höhe des Zimmerfußbodens, **2** Steinwände zum Zimmer und Dach, **3** Terrarien-Bodenfläche (zum Teil mit Heizkabel), **4** Träger der Bodenfläche, **5** Heizrohrrücklauf, **6** Heizkörper auf einem Wandträger, **7** Heizrohrzulauf, **8** seitliche Öffnung für Zugluft (durch Heizrohre vorgewärmt), **9** Schutzkante zur Schiebetür, **10** Schiebetür, rollengelagert, **11** Mattglasscheiben, **12** Glaspfannen (Glasziegel), **13** normale Steindachziegel, **14** Raum der seitlichen Abluftklappe, **15** Glaswollisolierungen zu Behälterdach und Seiten, **16** Leuchtstoffröhren (Zuleitungen von außen).

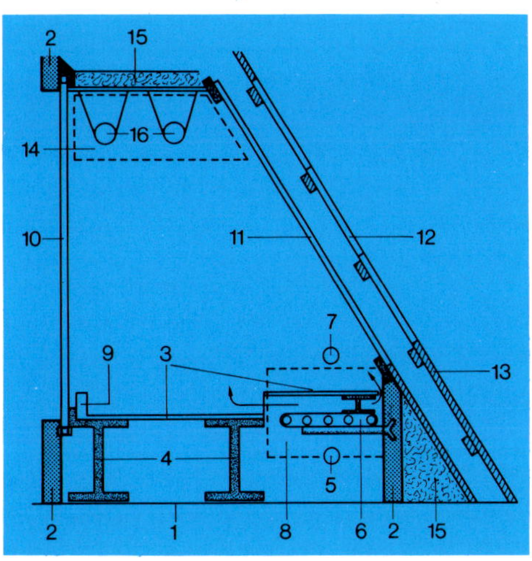

Der Bau eines Gewächshaus-Terrariums

Mit dem Gewächshaus-Terrarium schaffen wir den in unserem Wohnbereich schönsten und für die Pflege von Pflanzen und Tieren wohl idealsten Ort. Ein Gewächshaus-Terrarium kann in den Wohnraum miteinbezogen werden und der Pfleger, aber auch seine Familie, steht mit den Pflanzen und Tieren in unmittelbarer Verbindung.

Ein Gewächshaus-Terrarium braucht nicht unbedingt schon beim Hausbau mit eingeplant zu werden. Es kann meist noch nachträglich angebaut werden.

Licht: Sprossen-Dach mit Schattiervorrichtung (Lättchenrost oder Lamellen). Außen-Stehwand verglast mit Schattiervorrichtung außen. Leuchtstoffröhren für den Abend (vom Wohnraum aus unsichtbar).

Luft: Lüftungsflügel (Öffnungen vergittert) an den Außen-Stehwänden und eventuell im Dach; zusätzlich Ventilator (Öffnung vergittert).

Temperatur: Anschluß an die bestehende Zentralheizung. Nach außen eventuell Doppelverglasung. Luftaustausch/Temperaturausgleich mit dem Ventilator.

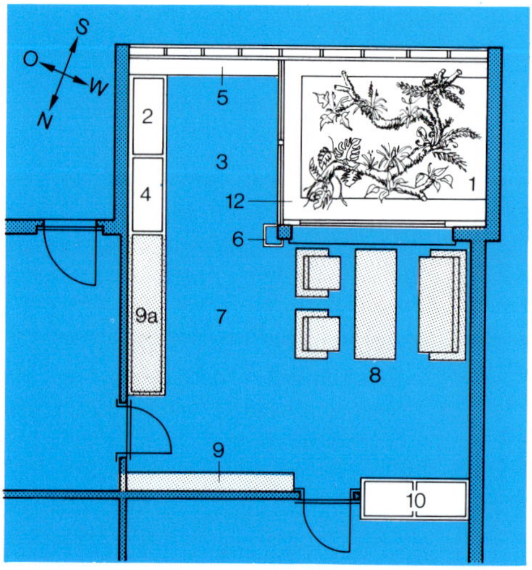

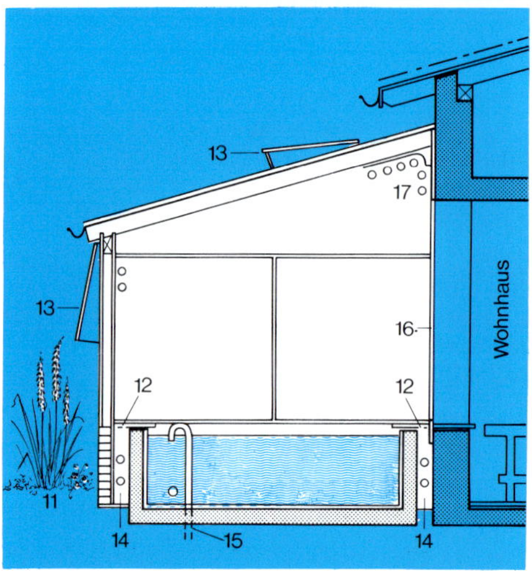

Bild 22. Gewächshaus-Terrarium nach Hemker. Oben: Grundriß des Wohnraums mit der Anlage. – Unten: Querschnitt und Ansicht vom „Wintergarten" her. **1** Gewächshaus-Terrarium 4 × 5 m, glasüberdacht mit 5000 l-Wasserbecken 3,3 × 2,3 × 0,8 m, **2** Aquarium, **3** „Wintergarten", glasüberdacht, **4** Aquaterrarium, **5** Tillandsien-Fenster, **6** Papageienkletterstangen, **7** Fußboden (Steinplatten), **8** Sitzgruppe, **9** Bibliothek, **9a** Schrank, **10** eingebaute Käfige für Flughörnchen und Zwerggalago, **11** Garten, **12** Gehweg mit gelochtem Eisenblech über 14, **13** Lüftungsflügel / Schattiervorrichtung, **14** Heizungsschacht mit Zentralheizungsanschluß, **15** Beckenüberlauf, **16** Schaufensterscheibe, **17** Leuchtstoffröhren (vom Wohnraum aus nicht sichtbar).

Bild 23 (rechts oben). Sicht vom glasüberdachten „Wintergarten" durch die Fenster- und Einstiegöffnung in das Gewächshausterrarium von Bild 22 vor der Bepflanzung. Aufnahme H. Hemker

Bild 24 (rechts unten). Sicht in das Gewächshausterrarium von der Sitzgruppe aus. Aufnahme H. Hemker

Feuchtigkeit: Wasserbassin mit Überlauf. Die Anwendung einer elektrisch betriebenen Gewächshauspumpe empfiehlt sich sehr; der Saugkorb kann im Wasserbassin eingehängt bleiben, wodurch die Pumpe immer einsatzbereit ist. Möglich ist natürlich auch eine automatische Luftbefeuchtungsanlage, wie sie z. B. auf S. 29 beschrieben wird.

Der Bau eines Spezialterrariums

Als Beispiel für ein Spezialterrarium sei hier die Konstruktion eines Tischterrariums gezeigt (Bild 25). Dieses Tischterrarium dient gleichzeitig als Couchtisch; aus spritzverzinktem, schwarz patiniertem Eisen gearbeitet, bildet er das Zentrum einer eleganten Sitzgruppe.

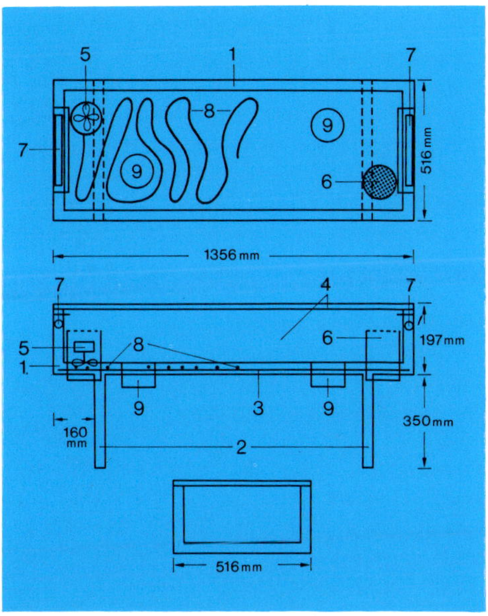

Bild 25. Tisch-Terrarium. **2** Winkeleisen, 35-mm-Schenkel, **2** Vierkantrohr 35 × 35 mm (U-Füße), **3** Eternitplatte (Bodenplatte), **4** Glas (4 Seiten- und 1 Deckscheibe), **5** Ventilator in einem PVC-Rohr 11 cm (Entlüftung), **6** PVC-Rohr 11 cm, oben mit Fliegengitter bespannt (Luftzufuhr), **7** Leuchtstoffröhren mit Reflektoren, **8** Floratherm-Heizkabel 25 Watt, **9** Pflanzeinsatz oder/und Wassergefäß oder/und Schlupfkistchen.

Die Raumgestaltung im Terrarium

In der Haltung von Amphibien und Reptilien werden wir nur dann Erfolge verzeichnen, wenn wir unseren Tieren auch Geborgenheit bieten. Dazu ist nicht so sehr die Größe eines Behälters wichtig, sondern die richtige Gestaltung des Lebensraumes. Durch geschickte und überlegte Gliederung sowie Aufteilung der Inneneinrichtung und Bepflanzung schaffen wir unseren Tieren einen optimalen Lebensraum. Jede Tierart verlangt, schon ihrer Gestalt entsprechend, vielmehr aber noch in bezug auf ihre Beschäftigungen (Schlafen, Ruhen, Fortbewegung, Nahrungserwerb, Fortpflanzung, Brutpflege, Feindabwehr), ihren ganz bestimmten Wohnraum; fehlt etwas in diesem „Wohn-Inventar", so wird sich das Tier nicht geborgen fühlen. Ich nannte schon das Beispiel mit der Schmuckbaumschlange, *Chrysopelea ornata* (siehe S. 24, Der Behälter); es gibt aber auch Amphibien, deren Bindung an einen bestimmten Lebensraum stark ausgeprägt ist. Der Goldlaubfrosch, *Hyla aurea,* wird im „nackten" Terrarium beim geringsten Anlaß gegen die Behälterwände springen, sich die Schnauze wundstoßen und dann kaum mehr zur Nahrungsaufnahme zu bewegen sein. Trägt der Pfleger aber seinem Naturell Rechnung, so wird er ihn jahrelang pflegen können.

Selbstverständlich lassen sich gewisse Tierarten vergesellschaften, sofern die Ansprüche der verschiedenen Arten sich im selben Behälter gleichzeitig erfüllen lassen. Die Arten sollten dann größenmäßig zueinander passen, verhaltensmäßig aber voneinander abweichen: Baum- und Bodenbewohner; tag- und nachtaktiv).

Dringend abraten muß ich von einem Kunterbunt an Pflanzen und Tieren in einem Terrarium. Man sammelt nicht Pflanzen und Tiere, wie man Briefmarken sammelt, sondern wird sie in ihren Lebensäußerungen mindestens aufmerksam beobachten. Sie alle können wir nur im Zusammenhang mit der ihnen zugehörigen Umwelt richtig verstehen, so daß die Forderung, den uns anvertrauten Pfleglingen möglichst natürliche Verhältnisse zu bieten, für uns selbstverständlich sein sollte. Es ist einleuchtend, daß Pflanzen und Tiere aus demselben Biotop sich zufolge gleichartiger oder ähnlicher Umweltansprüche im Terrarium wohler fühlen als Pfleglinge mit verschiedenartigen Ansprüchen.

Gleichartige Umweltbedingungen lassen sich erfahrungsgemäß am leichtesten verwirklichen, wenn wir uns bemühen, unsere Anlagen nach geographischen Gesichtspunkten zu gestalten.

Amphibien und Reptilien können in der Gefangenschaft, wie andere Tiere auch, mit einem Minimum an natürlichen Bedingungen auskommen. Im Terrarium können wir ohne weiteres auf das „natürliche" Milieu und damit auf jeden Pflanzenwuchs verzichten, sofern wir die übrigen lebenswichtigen Erfordernisse erfüllen. Wenn wir

aber schon eine biologisch richtige Haltung unserer Tiere fordern müssen, ist nicht einzusehen, weshalb wir auf Pflanzen und damit auf eine Freude mehr, verzichten sollen.
Sicher ist es einer asiatischen Baumschlange völlig gleichgültig, ob sie sich im Stengel- oder Blättergewirr asiatischer, afrikanischer oder amerikanischer Pflanzen tarnen kann. Aber, warum sollen wir der asiatischen Baumschlange ausgerechnet eine amerikanische Kletterpflanze bieten, wenn uns genügend asiatische Arten, dazu noch aus dem Lebensgebiet unserer Schlange, zur Verfügung stehen?
Bedenken wir immerhin, daß es Amphibien und Reptilien mit einer ausgeprägten Bindung an gewisse Pflanzenformen gibt. Es gibt Amphibien (*Aparasphenodon brunoi*) und Reptilien (*Sibynomorphus turgidus*), die die regenwassergefüllten Trichterbromelien besiedeln. „PICADO konnte in den Zisternen von Bromelien allein von Costa Rica nicht weniger als 250 Tierarten feststellen, von denen einige ganz auf Bromelien spezialisiert sind. RAUH beobachtete in den Zisternen neben Kleintieren auch Baumschlangen, Molche und zahlreiche, z. T. auffallend gefärbte Laubfrösche."
Die Gestaltung des Terrariums nach geographischen Gesichtspunkten ist nicht ohne gewisse Beschränkungen zu verwirklichen. Auf die Dauer gesehen lohnt es aber immer, zugunsten eines lebenswahren und harmonischen „Natur-Ausschnittes" Einschränkungen in bezug auf die Arten und die Anzahl in Kauf zu nehmen. Wir wählen möglichst wenige Pflanzenarten, nur zwei oder drei; von jeder Art nehmen wir aber schöne Schauexemplare oder setzen mehrere kleine zusammen. Zwei, höchstens drei Tierarten in einem Terrarium genügen vollkommen. Wir werden mit einem solchen Terrarium bestimmt viel Freude erleben. Freilich bleibt es jedem Terrarienbesitzer überlassen, dies selbst auszuprobieren, oder es eben nicht zu tun. Der Sinn meiner Ausführungen ist nicht etwa der, die persönlichen Ansichten anderer Terrarianer, soweit sie nicht mit meiner Auffassung und meinen Erfahrungen übereinstimmen, als unmöglich und unbrauchbar abzutun. Ich weiß, das eigene Gestalten spendet Freude; diese Freude noch zu vertiefen, sie zu einer dauerhaften Freude entwickeln zu lassen und Anregungen zu vermitteln, das ist hier mein besonderes Anliegen!

Die räumliche Begrenztheit des Terrariums setzt gewisse Kenntnisse von Pflanzen und Tieren voraus. Vor allem muß das mögliche Ausmaß einer Pflanzenart in einem richtigen Verhältnis zur Behältergröße stehen (wir erwerben meist Jungpflanzen), ebenso kommen großwerdende Tiere oder solche, die einen weiten „Auslauf" benötigen, für die Zimmerterraristik nicht in Betracht. Ich habe darum absichtlich nur bewährte, für Zimmerterrarien geeignete Pflanzen, Amphibien und Reptilien in die Biogeographische Übersicht aufgenommen.
Wenn wir schon unser Terrarium inhaltlich nicht überfordern dürfen, so wollen wir es um so konsequenter und raffinierter gestalten: Zum Wohle unserer Amphibien und Reptilien werden wir dem Wasser, dem Bodengrund, dem Stein, dem Stamm und der Pflanze Funktionen übertragen.

Das Wasser im Terrarium

Der Terrarianer wird nicht nur zum feinfühlenden Tierpfleger und erfahrenen Gärtner, sondern unter Umständen auch zum Aquarianer. Da die Ausscheidungen der meisten amphibisch oder aquatil lebenden Terrarientiere das Wasser sehr schnell verunreinigen, müssen wir der Wasserpflege ganz besondere Beachtung schenken. Hier gibt es verschiedene Wege.

Der regelmäßige Wasserwechsel

Der öftere totale Wasserwechsel ist nur bei relativ kleinen Wasserbehältern denkbar. In Terrarien mit Gifttieren muß das Wassergefäß von außen – ohne den Behälter öffnen zu müssen – eingeschoben und wieder herausgezogen werden können (Schlupfkasten-Prinzip nach SCHWEIZER); damit die Tiere bei herausgezogenem Wasserbehälter nicht in den Bodenkasten des Terrariums entweichen, wird vorher ein Blech- oder Kunststoffschieber eingezogen. Auch in kleinen Wasserbekken ist das Einbringen von Wassermoos (*Vesicularia*) oder Wasserschlauch (*Utricularia*) empfehlenswert; wir können auf diese Weise das Ertrinken von eingebrachten Futtertieren vermeiden.

Die biologische Selbstreinigung

Die biologische Selbstreinigung ist nur möglich, wenn wir den Wasserteil bepflanzen, und zwar indem wir solche Pflanzen auswählen, die – teils unter, teils über Wasser gedeihend – ihre Nahrung aus dem Wasserteil beziehen und das Wasser dadurch von einem Überangebot an Nährstoffen befreien. Diese Pflanzen wachsen dann sehr stark. Der Wasseranteil muß sich also nicht nur an der tiefsten, sondern vor allem auch an der hellsten Stelle des Behälters befinden. In Aquaterrarien werden wir deshalb den Wasserteil noch zusätzlich beleuchten. Für die Bepflanzung des Wasserteils eignen sich unter anderen die folgenden Arten: *Vesicularia dubyana* (Malaya, Sundainseln), *Selaginella uliginosa* (Australien), *Blechnum patersonii* (Australien), *Ceratopteris thalictroides* (Pantropisch), *Marsilea hirsuta* (Australien), *Pandanus* (Australien, Sundainseln, Mascarenen), *Stenotaphrum secundatum* (Pantropisch), *Lasia spinosa* (Malaya), *Cryptocoryne* (Südostasien), *Ophiopogon japonicus* (Japan, Korea), *Ficus* (Australien, Orientalregion, Paläarktische Region, Äthiopische Region), *Neptunia oleracea* (Pantropisch), *Norantea guianensis* (Nördliches Südamerika), *Utricularia gibba* (Pantropisch), *Hygrophila salicifolia* (Australien bis Südostasien), *Hygrophila polysperma* (Tropen), *Nomaphila stricta* (Südostasien). Die sich üppig im Wasser ausbreitenden Wurzeln dieser Pflanzen sehen nicht nur dekorativ aus, sondern bieten verschiedenen Tieren willkommene Versteckmöglichkeiten. Allerdings werden einige Tiere, zum Beispiel gewisse aquatile Schildkröten, die Wurzeln abweiden.

Nach meinen Erfahrungen wird es nur in besonders günstig gelagerten Fällen gelingen, z. B. in Fenster- oder Gewächshaus-Terrarien, vielleicht auch in Terrarien, die in Glashäusern aufgestellt sind, überlastete Wasserbecken biologisch zu reinigen. In den weitaus meisten Fällen empfiehlt sich eine wirksame Aquarienfiltermethode.

Die Filterung

Für die Sauberhaltung des Wassers in Aquaterrarien ist eine Filter-Wasseraufbereitungsanlage, gegebenenfalls mit Wasserklärer (UV-Lampe), eine wertvolle Hilfe; es handelt sich um die bekannten Saugfilter mit Kreiselpumpe sowie um die Kombifilter mit Tauchkreiselpumpe, die mechanisch schnellfiltern und mit einem UV-Gerät kombiniert werden können. Die UV-Geräte wirken indirekt: Die im Wasser gelösten Ausscheidungen (Eiweißprodukte) gerinnen und bleiben dann in der nachfolgenden Filtermasse (Perlonwatte, bei mir hat sich auch gewöhnlicher Torfmull bestens bewährt) hängen. Die Filtermasse läßt sich bei den neuesten Modellen einfach und schnell auswechseln. Für die Filtermasse gibt es bei einigen Geräten sogar Säcke oder eigene Gefäße, die sich mit einem Griff herausheben lassen; nach Erneuerung der Filtermasse kann man sie wieder langsam in das Wasser der Filterkammer einsinken lassen, und die Anlage ist wieder betriebsbereit. Es gibt Spezial-Filtermassen (Kunstharze, Aktivkohle usw.), doch auch Torfmull oder -fasern sind – wie schon erwähnt – ein sehr gutes Medium; wichtig ist dabei, daß das Filtergefäß nur zur Hälfte bis höchstens drei Vierteln mit durchnäßtem Torf angefüllt wird. Außerdem ist darauf zu achten, daß der Torf keine Luftblasen enthält. Sowohl Saugfilter als auch Kombifilter arbeiten praktisch geräuschlos und wartungsfrei, bei beiden ergibt sich durch die starke Wasserbewegung eine höchst willkommene Sauerstoffanreicherung des Beckenwassers. Die Vor- und Nachteile beider Systeme heben sich praktisch auf: Der Saugfilter – durch Schlauchleitungen mit dem Wasserbecken verbunden – kann unter oder neben dem Aquaterrarium versteckt werden, der Kombifilter ist durch den Fortfall jeglicher Schlauchleitung bequemer, läßt sich aber weniger gut tarnen.

Auch bei der besten Filterung können wir auf einen gelegentlichen Totalwasserwechsel nicht verzichten. Wir werden dann sehen, daß aquatile Schildkröten und Frösche auf einen massiven Wasserwechsel mit größerer Lebhaftigkeit, Balz, Paarung reagieren, eine Tatsache, die dem Aquarianer bei Fischen schon sehr lange bekannt ist. HEMKER hatte seine unwahrscheinlichen Zuchterfolge mit *Hyla pulchella* (als *Hyla raddiana* im Handel; BOKERMANN (1963) hat den Frosch als *Hyla pulchella* erkannt) und *Pseudis mantidactyla* zur Hauptsache dem Frischwasser zu verdanken.

Der Bodengrund im Terrarium

Kleine Wasserbecken (Kühlschrankdosen oder Schalen aus Glas oder glashellem Kunststoff) senken wir in den Bodengrund ein, rundherum legen wir *Osmunda*-Farnwurzeln, Farnstamm-Stücke oder flache Steine entsprechend der Inneneinrichtung und kaschieren mit Pflanzen (an

Wasseransammlungen findet man fast immer Pflanzen).
In Terrarien für Gifttiere muß das Wassergefäß von außen gefahrlos in den Unterteil eingeschoben und herausgezogen werden können (siehe S. 46. Der regelmäßige Wasserwechsel).
Über Bodenfüllung, -dränage, -lüftung und -erwärmung ist schon sehr viel geschrieben worden. Ich rate davon ab, komplizierte Erdmischungen als Bodengrund zu verwenden. Für alle Terrarien empfehle ich grundsätzlich einen selbsttragenden Bodeneinsatz, auch Pflanzwanne genannt, der herausnehmbar (bei größeren Behältern in zwei oder mehr Teilen) über die zu unterst liegende Wasserwanne zu stehen kommt. Bei Wüsten- und Steppenterrarien, bei denen unter Umständen auf die Wasserwanne verzichtet werden kann, braucht der Bodeneinsatz nicht perforiert zu sein; pflegen wir dagegen entsprechende Pflanzen, so ist es vorteilhaft, den mit Pflanzen besetzten Teil des Einsatzes mit Löchern von etwa 3 mm Durchmesser zu versehen. Als Material für diese Einsätze eignet sich am besten Hart-PVC, auch käufliche Kunststoffschalen oder -schubladen (die Behälter-Grundfläche muß dann auf die Maße dieser Schubladen berechnet werden), womit jede Korrosion vermieden werden kann. Auf den perforierten Pflanz-Einsatz bringt man vorerst eine Lage brockigen Bims oder Holzkohle; Topfscherben erfüllen denselben Zweck; in Terrarien mit zeitweise hoher Luftfeuchtigkeit lege man zusätzlich eine Schicht *Osmunda*-Wurzeln. Wir können auf diese Dränageschicht sogleich die Bodenpflanzen einbetten und mit Grobfasertorf, vermischt mit krümeliger Lehmerde und Rindenstückchen, zufüllen. Beim Wüsten- und Steppenterrarium nehmen wir rundgekörnten, feinen oder groben Kies, durchmischt mit rundgeschliffenen, verschieden großen Steinen.
Gewisse Bodenpflanzen wachsen besser, wenn wir sie im Topf belassen und diesen samt Pflanze in den Einsatz stellen. Dazu erweitern wir unten im Topf das Abzugsloch, zudem wählen wir einen möglichst kleinen, niedrigen, porösen Topf, damit er oben ohne Schwierigkeiten verdeckt werden kann; zu hohe Töpfe können wir mit einer Zange einkürzen. Unter solchen Bedingungen wachsen Bodenpflanzen sehr gut; es dauert oft gar nicht lange, bis die Wurzeln einzelner Arten durch die Abzugslöcher in den Töpfen und auch durch die Löcher im Pflanzeinsatz hindurchwachsen und in die Wasserwanne gelangen. Wir haben dann nichts anderes als die bewährte Wasserkultur im Terrarium. Eine zusätzliche Düngung ist meist nur in größeren Zeitabständen notwendig, weil das durch den Bodengrund ablaufende Spritzwasser vielfach genügend Nähr- und Wirkstoffe löst, um ein üppiges und gesundes Pflanzenwachstum zu erzielen.
Auch das Problem der Bodenlüftung ist bei dieser Einrichtung auf vollkommene Art und Weise gelöst, ebenso ist der bakterielle Abbau der organischen Substanzen im Bodengrund gewährleistet. Schließlich können wir den Feuchtigkeitshaushalt im Terrarium sehr leicht regulieren. Die Bodenwärme – viele Pflanzen wachsen mit warmem Fuß und kühlem Kopf besser – erreichen wir durch Beheizung mit einem in die unterste Dränage-Schicht eingebetteten Heizkabel, das zweckmäßig mit einem Temperaturregler verbunden wird.

Fels und Stein im Terrarium

Die Gestaltung eines Felsen-Terrariums verlangt viel Fingerspitzengefühl. Warnen möchte ich vor Bruchstücken, zu kleinen Steinen oder einer Mischung verschiedener Gesteinsarten. Für das Gelingen unserer Fels-Szenerie ist vielmehr eine möglichst naturnahe Gruppierung einiger weniger, aufeinander abgestimmter Steine maßgebend, die zudem mit dem eingebrachten Bodengrund harmonieren. In Form und Struktur dieser „Felsen" richten wir uns nach den Tieren; sie sollen sich ihrer Natur gemäß bewegen, klettern, sich sonnen, aber auch in geschickt verteilten Ritzen verstecken können. Bewohner senkrechter Felsen werden sich auf horizontalen Felsplatten niemals wohl fühlen; solche Tiere setzen wir ins Wandterrarium. Des Gewichtes wegen müssen wir allerdings auf das Einbringen von Felsplatten verzichten. Wir fertigen einen künstlichen Felsen nach KÄSTLE aus Fliegendrahtgitter, das wir möglichst naturnah (Ritzen nicht vergessen!) modellieren; darüber kleben wir mit wasserfestem Alleskleber Zeitungspapier und schließlich Sand, womit das Ganze eine recht natürliche Oberfläche erhält. Wählen wir als Rückwand des Behälters eine herausziehbare Glasscheibe, so können wir mühelos die hinter der „Felswand" versteckten Tiere kontrollieren oder allenfalls herausfangen.

Der Baumknorren im Terrarium

Auf dem feuchten Waldboden des Tropen- oder Bergwaldes finden wir zwischen der Laubmasse und der Schatten-Vegetation (Hypnaceae, Selaginellaceae, Psilotaceae, Lomariopsidaceae, Cycadaceae, Marantaceae, Piperaceae, Urticaceae, Begoniaceae, Melastomataceae, Acanthaceae) abgebrochene modernde Stammstücke oder Baumäste, in denen die verschiedensten Tierarten ihre Schlupfwinkel haben. Wir wählen einen einzigen, nicht zu kleinen, zu der übrigen Einrichtung passenden Baumknorren oder hohlen Ast, den wir nötigenfalls noch etwas zurechtmachen. Funktionell würden Tonröhren den gleichen Zweck erfüllen.

Der Kletterbaum oder Epiphytenstamm im Terrarium

Die räumliche Begrenztheit des Terrariums verbietet ein maßloses Spiel mit naturalistischen Elementen. Der Kletter- oder Epiphytenstamm soll in erster Linie den Tieren Geborgenheit, Kletter-, Versteck- und Ruhegelegenheit bieten und günstige Pflanzmöglichkeiten schaffen. Wollen wir mehrere Äste verwenden, so müssen wir solche derselben Art wählen.

Als Kletteräste eignen sich solche von Birn- und Apfelbäumen, Kiefern, Flieder (*Syringa*) und Wacholder; diese Hölzer eignen sich gleichzeitig auch als Epiphytenstamm zum Befestigen von entsprechenden Pflanzen. Ausgezeichnet eignet sich als Epiphytenstamm die Borke der Korkeiche. Wir können sowohl die dünneren Korkeichen-Röhren verwenden, als auch lange, etwa 3 bis 5 cm dicke Streifen, die wir bündeln (zwei oder drei Korkrindenstreifen dürften genügen) und untereinander festbinden. Ein Kletterbaum-Epiphytenstamm aus Korkeichenborke bietet die folgenden Vorteile:

1. Er hält sehr lange.
2. Die rissige Borkenoberfläche bietet gute Kletter- und Ruhemöglichkeiten für Amphibien und Reptilien und gewährleistet ein erstaunlich gutes Mikroklima im Wurzelbereich der Epiphytenpflanzen, die wir am besten nackt, ohne jedes Substrat, mit einem Nylonband festbinden, mit einem Eisenstift oder einer Agraffe festnageln oder mit wasserfestem Alleskleber festkleben. (Aus einem alten Perlonstrumpf werden etwa 3 – 4 cm breite Ringe abgeschnitten, gestreckt und durchgeschnitten; so erhalten wir ein elastisches Band zum Festbinden der Epiphyten. Die atmosphärischen Arten werden wir mit einem Eisenstift oder einer Agraffe, die wir mit einem winzigen Wisch Langfasertorf polstern und verstecken, einfach festnageln oder mit wasserfestem Kleber auf dem Ast festkleben; die Pflanzen wachsen ausgezeichnet weiter.)
3. Wir können den Kletterbaum oder Epiphytenstamm im Behälter so anordnen, daß wir den Bewohnern die entsprechenden Lichtansprüche bieten können.
4. Die meisten Epiphyten lieben einen kühlen Fuß. In ihrer Heimat wachsen sie zumeist auf lebenden Bäumen, deren Oberfläche sich durch den Wasserhaushalt des Wirtsbaumes immer wieder abkühlt, während totes Holz, wie wir es in unseren Behältern verwenden, sich erwärmt. Das dürfte mit ein Grund sein, weshalb an umgestürzten, toten Bäumen die Epiphyten bald absterben. In den Hohlräumen unserer Korkrinden-Konstruktion entsteht besonders nach dem Spritzen oder Gießen eine erhöhte Luftfeuchtigkeit und damit eine gewisse Verdunstungskälte und Luftbewegung, die für die erfolgreiche Kultur von Epiphyten von großer Bedeutung sind.
   Damit die Tiere nicht in die Hohlräume unserer Epiphytenstamm-Konstruktion schlüpfen und sich damit unserer Kontrolle entziehen, stopfen wir in diese gereinigte und feuchtgemachte *Osmunda*-Wurzeln, denen wir ab und zu etwas Langfasertorf beimischen; auch die Öffnungen und Ritzen verstopfen wir mit dieser Mischung.

Eine sehr dauerhafte Lösung ergibt sich aus der Verwendung von Baumfarn-Pfählen (5 × 5 × 60 Zentimeter). Trotz der streng geometrischen Anordnung im Behälter wirkt unser Kletterbaum oder Epiphytenstamm nicht etwa gekünstelt, im Gegenteil: Er wirkt gewissermaßen als Raumbildner, bietet den Tieren beste Kletter- und Ruhemöglichkeiten, und die darauf kultivierten Pflanzen kommen sehr schön zur Geltung. Sie überwachsen die Vierkantpfähle mit der Zeit derart, daß ein völlig natürliches Bild entsteht. Während die Kultur von Kletterpflanzen an Baumfarnpfählen nicht schwieriger ist als an anderem Material, verlangt die Kultur von

Epiphyten auf Baumfarnstücken schon mehr Einfühlungsvermögen. Weil das Material porös und die Wasseraufnahme gut ist, so ist auch die Wasserverdunstung entsprechend intensiv; das gute Wasserhaltevermögen bei gleichzeitig guter Durchlüftung wird sich deshalb nur in stark luftfeuchten Behältern bewähren.
HEMKER erzielt eine enorme Wurzelbildung, große Blühfreudigkeit und Blütenreichtum bei solchen Epiphyten, die er auf dem sehr haltbaren *Philadelphus* (Falscher Jasmin) kultiviert. Wir verwenden mindestens daumendicke Zweige von *Philadelphus,* die im Herbst vom Gärtner geschnitten wurden, und montieren die Epiphyten ohne Pflanzstoff mit dem bereits erwähnten Nylonband oder kleben sie direkt auf den Zweig.
Als Kletterbaum oder Epiphytenstamm eignen sich noch mindestens armdicke Robinienäste sowie Zweige und Äste von Zypressen.
Die in der Fachliteratur empfohlenen Weinknorren (Rebholz), Eichen-, Buchen- und Eibenstämme sind in luftfeuchten Behältern wenig dauerhaft, sie werden an den Kontaktstellen nach etwa drei Jahren morsch und brechen dann wie Zunder.

Die Pflanzen im Terrarium

Sollten Sie den Abschnitt „Die Raumgestaltung im Terrarium" übersprungen haben, dann sollten Sie ihn jetzt lesen.

Bodengewächse, Kletterpflanzen und Humusepiphyten

Diese Pflanzen können wir in ihren Töpfen (auf kleine und niedrige Töpfe achten) in den Bodengrund einfüttern oder ohne Topf frei auspflanzen. Jedes Umpflanzen hat eine Wurzelstörung und damit eine Wachstumsstockung zur Folge, so daß für den Anfänger die Weiterkultur im Topf empfehlenswerter ist. Im allgemeinen verwachsen sich die im Topf belassenen Pflanzen rasch, und wir bekommen den Eindruck einer natürlich gewachsenen Bodenvegetation. Deshalb pflanzen wir auch in Gruppen, zwei, höchstens drei Arten. Wünschen wir möglichst buschige, vielverzweigte Blattpflanzen, so werden wir sie frühzeitig zurückschneiden; sie werden dadurch auch zu gesteigertem Wachstum angeregt. Mit einer gesunden, dichten Bodenvegetation schaffen wir Versteckplätze für die Tiere und verbessern gleichzeitig das Mikroklima im Terrarium.

Epiphyten

Gute Wurzelbildung ist Voraussetzung für freudiges Wachstum und gute Blütenbildung der Epiphytenpflanzen. Die Wurzeln der Epiphyten bleiben dann funktionstüchtig, wenn sie – ohne Pflanzstoff – fest auf der Oberfläche des Epiphytenstammes haften und/oder nach allen Seiten frei in die Luft streben. Nur so sind die Wurzeln in der Lage, beim Sprühen oder sogar aus der feuchten Luft sofort genügend Feuchtigkeit und Nahrung (CO_2) aufzunehmen. Das in vielen Terrarienbüchern immer wieder empfohlene Umwickeln der Epiphytenwurzeln mit Farnwurzeln (Orchideenpflanzstoff) und Moos bringt die atmosphärischen Epiphyten unweigerlich zum Kümmern; sind diese Pflanzstoff-„Pakete" einmal ausgetrocknet, lassen sie sich nicht wieder benetzen, ja, sie wirken sogar wasserabstoßend, wodurch die Bildung weiterer Wurzeln unterbunden wird; die Pflanzen sterben dann ab. Wir befestigen deshalb die atmosphärischen Epiphyten in der schon beschriebenen Weise ohne jeden Pflanzstoff (siehe S. 49, Der Kletterbaum oder Epiphytenstamm im Terrarium) möglichst in Gruppen auf dem Stamm oder an den Zweigen. Bei Verwendung der vielleicht störend wirkenden Metallstifte bzw. Nylonbänder können wir diese mit einem winzigen Wisch Grobfasertorf, oder mit *Certraria,* Isländisch Moos (in Blumenbindereien käuflich), oder *Usnea,* Bartflechte, kaschieren.
Die nicht atmosphärischen Epiphyten fordern etwas mehr Aufmerksamkeit. Es empfiehlt sich hier, etwa die Hälfte der meist spärlichen Wurzeln mit einem kleinen Büschel Grobfasertorf oder *Polypodium* zu bedecken, das Ganze festzumachen und hernach dieses Büschel locker zu zupfen, damit es immer gut benetzbar bleibt. Besonders bei diesen Pflanzen leistet die Kletterbaum/Epiphytenstamm-Konstruktion aus Korkeichenborke ganz vorzügliche Dienste.

Die Ernährung der Pflanzen

Der Unterschied in der Ernährung am heimatlichen Standort und im Terrarium ist recht bedeutend. Viele Faktoren sind noch ungeklärt. Als

sicher darf angenommen werden, daß rasch oder stark wachsende Pflanzen einen höheren Nährstoffbedarf haben als schwach wachsende und daß die meisten Epiphyten sehr salzempfindlich sind (Gießen bzw. Spritzen mit filtriertem Regenwasser oder teilentsalztem Wasser); außerdem zeigt sich, daß eine zusätzliche flüssige Düngung erforderlich ist. Bewährt hat sich die Anwendung einer schwach konzentrierten Düngerlösung (0,02 bis 0,25 % = 2 bis 25 ml auf 10 l Wasser) mit möglichst wenig Stickstoff (N), viel Phosphor (P) und viel Kali (K), da wir nicht mastige Pflanzen heranziehen wollen, sondern kompakt wachsende sowie gut und reichlich blühende Pflanzen. Die genannte Zusammensetzung haben die Flüssigdünger „Orchid Quick Plus" (N-P-K = 8-15-20 % plus Spurenelemente und Bioregulatoren) und „Hortal" Blühkonzentrat (N-P-K = 6-20-30 %) sowie der Naturdünger „Peru Guano" (N-P-K = 5-12-2 %). Siehe S. 196, Pflanzen und Kulturbedarf.
Das Versprühen oder Gießen einer zu stark konzentrierten Nährlösung (über 0,5 % = 50 ml auf 10 l sauberes Regenwasser oder teilentsalztes Wasser) führt unweigerlich zu Mißerfolgen, weil durch eine solche Überdüngung die Wasser- und Nährstoffversorgungsorgane (Wurzeln, Blätter) geschädigt werden. Die meisten Epiphyten verfügen über besondere Einrichtungen, um atmosphärische Feuchtigkeit in Form von Nebel oder Tau – und damit die im Wasser gelösten lebensnotwendigen Mineralsalze – sowie gasförmige Nährstoffe aufzunehmen. Am Tage bei Sonnenschein bzw. hoher Wärme schließen sich die Spaltöffnungen, die Pflanze schützt sich vor Wasserverlust, und es wäre sinnlos, jetzt Epiphytenpflanzen düngen zu wollen. Gedüngt wird deshalb bei Absinken der Temperatur vor Dämmerungseinbruch gegen Abend, oder frühmorgens, wobei darauf zu achten ist, daß kein Wasser in die Neutriebe oder Herzblätter empfindlicher Pflanzenarten gelangt.
Pflanzen nehmen, im Gegensatz zu den Tieren, Kohlendioxid (CO_2) auf und geben Sauerstoff ab, ein Vorgang, der nur unter dem Einfluß von Licht (Photosynthese) vor sich gehen kann. Bei einer Beleuchtungsstärke von 1000 Lux kann keine Assimilation mehr stattfinden; die Pflanzen benötigen, um CO_2 in ausreichender Menge aufnehmen zu können, eine Beleuchtungsstärke von etwa 4000 Lux und mehr (siehe S. 26, Die Beleuchtung). Aber nicht nur die Beleuchtungsintensität ist wichtig zur CO_2-Versorgung der Pflanze, sondern daneben die Lichtfarbe (Spektrum, rotes Licht bewirkt Zellstreckung, blaues und ultraviolettes Licht fördern dagegen Zellteilung und kompakten Wuchs), die der Art entsprechende Temperatur und vor allem auch die ausreichende Wasserversorgung durch Feuchthalten der Luft und Begießen der Wurzeln (siehe S. 28, Die Befeuchtung). Unter solchen Bedingungen können auch gasförmige Nährstoffe mit aufgenommen werden. Wirkungsvoll sind in dieser Beziehung bereits die Exkremente von Futtertieren wie Fliegen, was allerdings ästhetisch nicht ganz befriedigt. Bewährt hat sich das Verrottenlassen eines etwa haselnußgroßen Stückes getrockneten Kuhdungs in einiger Entfernung (nicht etwa im unmittelbaren Bereich) der zu düngenden Pflanze; das Stückchen Kuhdung befestigen wir mit einem „Tupfer" Alleskleber in etwa 12 cm Entfernung von der Pflanze auf der Unterlage oder legen es auf den Bodengrund. Eine ähnlich gute Wirkung ist mit Grillendünger (Exkremente von Grillen aus einer Grillenzucht) zu erreichen; aber auch dieser Dünger wirkt besser in einiger Entfernung als im unmittelbaren Bereich der Pflanze, einc Tatsache, auf die schon OESER vor Jahren aufmerksam gemacht hat.

Die Krankheiten der Amphibien und Reptilien

Vorbeugung ist der beste Schutz vor Krankheiten. Die Pflege ist den natürlichen Bedingungen der Heimatgebiete anzugleichen, wir achten auf peinliche Sauberkeit (periodische Behälterreinigung, Desinfektion der Hände und Gerätschaften nach dem Umgang mit Tieren und jeder Reinigung, auch zur Verhinderung der Übertragung von Keimen in andere Behälter) und eine abwechslungsreiche Ernährung. Wir vermeiden brüske Bewegungen vor dem Terrarium und fassen die Tiere nicht unnötig an. Auch Amphibien und Reptilien sind „Gewohnheitstiere", die die Inneneinrichtung ihres Territoriums genau kennenlernen. Nach Umstellungen sind solche Tiere oft verängstigt. Andere Tiere finden sich ziemlich rasch wieder zurecht, und bei Schlangen kann sich eine Milieuänderung auch positiv auswirken: Sie beginnen wieder zu fressen und zeigen plötzlich wieder ein normales Verhalten. Tieren, die immer wieder erfolglos versuchen, sich durchs Gitter oder durch Spalten zu drängen, fehlt etwas; wir müssen uns überlegen, was ihnen fehlen könnte. Amphibien und Reptilien haben ihre Feinde, zum Beispiel Vögel, die sie von oben fassen. Sie bedürfen deshalb einer Deckung von oben, oft genügen eine Blattachsel, zwei teilweise übereinander liegende Äste, ein Wurzelknorren am Boden, einige Pflanzenblätter über dem bevorzugten Ruheplatz, senkrechte dünne Pflanzenstengel (zum Beispiel *Bambusa*). Bewohner von Spalten und Ritzen benötigen unbedingt diesen Kontakt von unten und oben, weil sie von Natur aus darauf eingestellt sind. Wieder andere Tiere stürzen sich bei Gefahr ins Wasser (*Physignathus, Calotes calotes, Lygosoma [Sphenomorphus] quoyii* u. v. a.) und tauchen unter, bis die Gefahr vorüber ist. Daß in solchen Fällen der übliche Wassernapf völlig unzureichend ist, braucht nicht betont zu werden. Für viele Tiere sind Gras, Gestrüpp und dünne Zweige zu ihrem Wohlbefinden unerläßlich, wieder andere „sitzen“ unter loser Borke, in Genist oder Fallaub.

Medikamente zur Behandlung von Tieren sollten wir nicht ohne ärztliche Weisung verabreichen. Leider wissen nur wenige Tierärzte über Amphibien- und Reptilienkrankheiten Bescheid.
Es gibt einige Krankheitserreger bei Amphibien und Reptilien, die möglicherweise auf den Menschen übertragbar sind. Eine ärztliche Untersuchung ist deshalb auch aus diesem Grunde angezeigt und wertvoll. Die Deutsche Gesellschaft für Herpetologie und Terrarienkunde, DGHT (Adresse siehe S. 199, Vereinigungen) hat für ihre Mitglieder Untersuchungsstellen geschaffen, an die kranke, todkranke oder tote Tiere gesandt werden können. Der Einsender erhält den Untersuchungsbefund und Ratschläge für eine Heilbehandlung erkrankter Tiere.
Nachstehend folgt eine Liste über die Möglichkeiten einer Heilbehandlung erkrankter Amphibien und Reptilien (größtenteils nach Frank „Amphibien-Reptilien“ aus Zootierkrankheiten 1976, Verlag Paul Parey, Berlin und Hamburg):

Bakterien, z. B. *Pseudomonas, Aeromonas, Necromonas*	Sulmet (6,5 g/l im Trinkwasser), gleichzeitig Aureomycin (220 mg/kg Kgw oral) oder Chloromycetin (50 mg/kg Kgw oral).
Stomatitis ulcerosa (Maulfäule)	Terramycin-Depot (25-50 mg/kg Kgw i.m. an 3 aufeinanderfolgenden Tagen gleichzeitig mit Vitamin A und C).
Salmonella	40-60% der Reptilien sind Salmonellen-Träger und -Ausscheider, eine Übertragung auf den Pfleger konnte bisher nur in wenigen Einzelfällen nachgewiesen werden. Eine Heilbehandlung führt selten zum Erfolg; empfohlen werden Terramycin und Ledermycin.
Bakterielle und pilzliche Erkrankungen der Haut und Schleimhaut	Salvizol nach ärztlicher Anordnung, Versuche mit Jadit, Asterol u. ä. Salufit bei aquatilen Schildkröten.
Streptokokken, Lungenentzündung, Abszeß	Ledermycin auf ärztliche Anordnung.
Rachitis	Vitamin-D3-Injektionen, Überdosierung vermeiden! Futterumstellung, gute Mineralstoffversorgung.
Schilddrüsenstörung (Kropfbildung)	Kaliumjodid-Zugabe im Trinkwasser.
Fettleber	Keine Behandlung bekannt, möglicherweise ist insektizidverseuchtes Futter eine der Ursachen (Insektizidrückstände in Fettlebern wurden nachgewiesen!).

Viscerale Gicht	Ursachen sind vermutlich Frischluftmangel, ständig zu hohe Umgebungstemperatur bei zu geringer Luftfeuchtigkeit, sowie Mangel an Luftbewegung.
Häutungsschwierigkeiten	Hydrocortison-Salbe.
„Flechten- und ekzemartige" Hauterkrankungen	Locacorten c. Neomycin, Phyllalumid-(Sulfamid)-Puder.
„Augenentzündung"	Irgamid-Augensalbe, mit Vitamin A-Gaben kombiniert.
Calcit Kalzan Kalzan DW Kalzan vit Calcipot Osspulvit (flüssig)	Als Futterzugabe im Dauergebrauch, vor allem die vitaminisierten Kalkpräparate prophylaktisch (Kalk- und Vitaminmangel).
Vitamine:	
Vitamin A, Antixerophthalmisches Vitamin: Axerol, Arovit, Davitamon A, Senton.	Mangelerscheinungen: Augenstörung, Empfindlichkeit für Infektionen, Erkrankung des Epithels der Atmungs- und Harnwege; Hautkrankheiten.
Vitamin B-Komplex, Antineuritisches Vitamin: Polybion, Davitamon B, Polyvital, Benutrex.	Mangelerscheinungen: Apathie, Verdauungsstörungen.
Vitamin C, Antiskorbut-Vitamin: Davitamon C, Cedoxon, Senton.	Mangelerscheinungen: Empfindlichkeit für Infektionen.
Vitamin D, Antirachitisches Vitamin: Vi-Dé 3, Davitamon A-D.	Mangelerscheinungen: Rachitis. Überdosierung führt zu Hypervitaminose.
Vitamin E: Evion, Senton.	Mangelerscheinungen: Bei weiblichen Tieren Unfruchtbarkeit, bei männlichen Tieren neben Unfruchtbarkeit eine Schädigung der Hoden.
Vitamin F: in ungesättigten Fettsäuren enthalten.	Mangelerscheinungen: Hauterkrankungen.
Polyvitamin: Protovit, Multibionta, Senton.	Nach der Eiablage; zusätzlich noch kreislaufstützende Medikamente.
Zecken	Manuelle Entfernung, vorherige Abtötung mit Äther oder mit Isopropylalkohol oder mit Öl.
Milben (*Ophionyssus natricis*) Blutmilben der Terrarianer	Vapona-Strip, Aufhängen im Terrarium (Futterinsekten und Spinnentiere werden ebenfalls getötet); in luftfeuchten Terrarien ist die Wirkung deutlich vermindert. (Die Ursache des wiederholten Milbenbefalls sind meist Haltungsfehler!) Einreibungen mit Malathion 0,5% Lsg. Nachbehandlung mit Vitamin A-Salbe. Neguvon 0,2% als Bad mit Vorsicht! besonders bei baumlebenden Tieren. Desinfektion des unbesetzten Behälters mit Neguvon 1,5%, für die meisten Pflanzen völlig unschädlich.

Über die Möglichkeiten der Bekämpfung von Parasiten bei Amphibien und Reptilien gibt FRANK in „Amphibien-Reptilien" aus Zootierkrankheiten 1976 von KLÖS/LANG, Verlag Paul Parey, Berlin und Hamburg, die folgende tabellarische Übersicht:

Tabelle: Dosierung von Antiparasitika* nach Prof. Dr. WERNER FRANK

Parasitenart oder -gruppe	Präparat	Dosis pro kg/Kgw. und Anzahl der Behandlungen	Applikations-art	Autor (O = eigene Erfahrung)	Bemerkungen
Rhabdiasida u. a. (Lungen-nematoden)	Citarin® (10%ige Lösung)	0,5 ml (= 50 mg), 1 ×	s.c.	O, 981, 1239	wirkt auch gegen andere Nematoden, Dosierung bezieht sich nicht auf Citarin L
			i.p.	1715	diese Applikationsart ist bei Schildkröten erprobt. Gute Wirkung gegen viele Nematoden
Nematoden des Magen-Darmtraktes	Telmin®	100 mg, 1-3 ×	oral	O, 1239	Wiederholung nur bei positiver Kotkontrolle notwendig. Wirkt schlecht gegen Oxyuren
	Fenbendazol®	30-50 mg, 1 ×	oral	O	Wirkt praktisch gegen alle Magen-Darm-Nematoden, einschließlich Askariden, Oxyuren und Spiruriden. In hartnäckigen Fällen kann die Dosis gefahrlos um das Mehrfache erhöht werden. Bei *Capillaria*-Befall ist eine mehrmalige Wiederholung notwendig
	Concurat®	100-300 mg, 1 ×	oral	O, 981, 1239	Tiere unter 100 g Kgw. = 300 mg/Kgw. Tiere von 1 kg = 150 mg/Kgw. Tiere über 10 kg/Kgw. = 100 mg/Kgw. (1239). Gleicher Wirkstoff wie Citarin

* Bei oraler Verabreichung können Präparate in einem Futtertier oder besser mit der Schlauchsonde in den Magen eingegeben werden.

	Citarin®	1 ml (= 100 mg), 1 ×	oral	O	
	Dekelmin®	200 mg, 1 ×	i.m.	1712	bei *Iguana iguana* getestet, 10fach mit Wasser verdünnt!
Nematoden des Magen-Darmtraktes	Dekelmin®	0,2 ml, 1 ×	s.c. oder oral	1239	5-10fach mit Wasser verdünnt, bei der s.c.-Injektion ist exakte Dosierung notwendig
	Ripercol®	5 mg, 1 ×	i.m.	1712	bei *Iguana iguana* getestet, 8fach mit Wasser verdünnt
	Dichlorovos®	12,5 mg, 2 ×	oral	1600	an 2 aufeinanderfolgenden Tagen
Ascariden	Piperazincitrat	100 mg, 1 ×	oral	545	wird leicht erbrochen, z. B. Warane
Strongyliden	Phenothiazin * Piperazin	100 mg, 1 ×	oral	545	wird leicht erbrochen, z. B. Warane
Strongyliden (*Kalicephalus*)	Telmin®	100 mg, 1-3 ×	oral	O, 1239	Wiederholung nur bei positiver Kotkontrolle notwendig
	Thibenzole®	100-200 mg, 2 ×	oral	O	Verabreichung im Abstand 1 Woche; wird leicht erbrochen
Oxyuren	Minzolum®	100-200 mg, 2 ×	oral	O	Verabreichung im Abstand 1 Woche; wird leicht erbrochen
	Molevac®	0,5-1 ml, 1 ×	oral	O, 1239	
	Telmin®	100 mg, 1 ×	oral	1239	wirkt nur bei bestimmten Oxyuren-Arten (O)
Spiruriden	Fenbendazol®	50-100 mg, 1 ×	oral	O	die Dosis kann gefahrlos erhöht werden; auch bei Waranen gut verträglich

Parasitenart oder -gruppe	Präparat	Dosis pro kg/Kgw. und Anzahl der Behandlungen	Applikations-art	Autor (O = eigene Erfahrung)	Bemerkungen
Filarien	Hetrazan®	5fache Humandosis	oral	O	versuchsweise; wirkt nur auf die Mikrofilarien
Acanthocephalen	Di-n-butylzinnoxid	35 mg, 1 ×	oral	1600	
Acanthocephalen	Mansonil®	150-200 mg, 2 ×	oral	983	Zufallsbeobachtung bei *Rana ridibunda*. Wahrscheinlich wäre auch das besser verträgliche Yomesan wirksam
	Citarin®	100 mg, 1 ×	oral	?	Autor nicht bekannt
Cestoden	Yomesan®	150-200 mg, 1 × (bei Bothridium 2 ×)	oral	O, 983	gut verträglich. Wirkt gegen die meisten Arten. Das Präparat sollte direkt mit Wasser angerührt und mit der Schlauchsonde eingegeben werden
	Mansonil®	150-200 mg, 1 ×	oral	O, 983	weniger gut verträglich, darf nicht zusammen mit Citarin gegeben werden
	Dichlorophen®	200 mg, 1 ×	oral	545	sollte nur versucht werden, wenn Yomesan versagt
	Di-n-butylzinnoxid	35 mg, 1 ×	oral	1600	
Trematoden	Resochin®	30-50 mg, 2 ×	oral oder i.m.	O	versuchsweise bei anderen Präparaten ist wegen der Leberempfindlichkeit der Tiere Vorsicht geboten
Entamöben	Clont®	3fache Humandosis (bis 5fach)	oral und kloakal	O	zugleich Verabreichung von Terramycin oder Aureomycin, eventuell auch als Klistier

	Clont	62,5 mg, 7×	oral	747	Wiederholung der Kur nach 2 Wochen Pause
	Resochin®	0,5-1 ml, 3× pro Woche für 2-3 Wochen, 2× pro Woche für weitere 2 Wochen	i.m.	O	das Präparat kann auch oral gegeben werden; die gleichzeitige Verabreichung von Terramycin und (oder) Clont oral ist vorteilhaft. Diese Präparate können zugleich auch als Klistier gegeben werden
	Emetin®	40 mg mehrmals	i.m.	1600	gleichzeitige Klistiere mit Dijodhydroxychinolin (G. D. Searle Comp./Chicago) unterstützen die Behandlung
	Humatin®	250-750 mg, 4×	oral	1404	die Behandlungen erfolgen im Abstand von einer Woche
Darmflagellaten	Clont®	wie Amöben	oral	O	versuchsweise
Kokziden	Bayrena®	80 mg, 1× * 40 mg, 4×	i.m.	982	an 5 Tagen
	Durenat®	ohne Angaben	oral	982	enthält den gleichen Wirkstoff wie Bayrena
	Sulmet®	6,5 g pro l Wasser für 10 Tage	oral	1600	im Trinkwasser. – Bei direkter Eingabe von 50 mg/Kgw. an 3 Tagen Heilung von *Chamaeleo jacksonii* (O)
	Socatyl®	40-60 mg, 4×	oral	O	

LÜTHI warnt vor der Anwendung solcher Markenmedikamente, deren Wirkung bei Amphibien bzw. Reptilien noch nicht erprobt wurde. In der Schweiz beispielsweise wird anstelle des bewährten Clont das französische Produkt Flagyl, das dieselben Wirkstoffe wie Clont enthält, jedoch andere Stabilisatoren, verkauft. Bei Schlangen ist die Anwendung von Flagyl, wegen der schädlichen Nebenwirkung auf die Sinnesorgane, absolut kontraindiziert, weshalb die Anwendung bei andern Reptilien nicht ratsam erscheint.

Zu bedenken ist: Die beste Vitamin- und Mineralstoffversorgung ist die möglichst abwechslungsreiche Ernährung mit Freilandfutter oder optimal gezüchteten Futtertieren.

Die Hilfsmittel des Terrarienpflegers

Zu den wichtigsten Geräten des Terrarienpflegers gehören:

1. Thermometer: Wir verwenden möglichst zwei Thermometer, eines dicht über dem Bodengrund und das zweite im oberen Bereich. Gegebenenfalls ist auch eine Kontrolle der Bodengrundtemperatur notwendig.

Bild 26. Wichtige Geräte für den Pfleger von Terrarientieren. Nach Cogger, 1975.

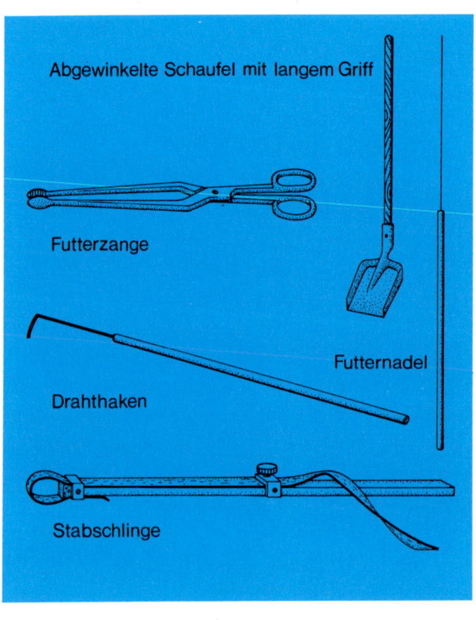

2. Hygrometer: Die meisten Präzisions-Hygrometer sind leider relativ groß und teuer. Der erfahrene Pfleger kann sich schließlich auf sein Feingefühl verlassen und wird ohne Hygrometer auskommen; für genaue Beobachtungen ist aber ein Hygrometer unerläßlich.
3. Regenwasserklappe: Mit Hilfe dieser Klappe können wir das anfallende Regenwasser (zuerst das Dach zwei bis drei Stunden sauberregnen lassen) in ein bereitgestelltes Gefäß ableiten.
4. Filter: Zur Filterung des aufgefangenen Regenwassers.
5. Pflanzenspritze: Es lohnt sich, von Anfang an eine Qualitätsspritze von mindestens 2 l Inhalt anzuschaffen. Sehr handlich sind die Kolbenspritzen mit langem, gebogenem oder abgewinkeltem Spritzrohr oder die doppelt wirkenden Kolbenpumpen, die sich durch leichten Gang und ununterbrochene feinste Zerstäubung auszeichnen. Äußerst praktisch sind die aufladbaren Akku-Spritzer, z. B. Mesto Favorit; eine Aufladung genügt zum Versprühen von 15 l Gießwasser (siehe Bezugsquellen, S. 197).
6. Gießkanne: Zum Nachfüllen von Wasserbehältern usw.
7. Schlauch: etwa 10–15 mm zum Abziehen von Mulm bzw. Wasser in Aquaterrarien.
8. Pinzetten: Eine kleine und eine langschenkelige (Scherenpinzette) zur Fütterung oder speziellen Zwecken.
9. Futternadel: Die Futternadel, auf einem dünnen Stöckchen von 30–60 cm Länge montiert, eignet sich bestens zur Darreichung von Lebendfutter: Man spießt ein Futtertier auf die Nadel, hält es dem Terrarientier vor und geht langsam zurück.
10. Futterdraht: Der Futterdraht, am besten aus rostfreiem Stahldraht, eignet sich bei scheuen Terrarientieren besser als die Futternadel, weil er federt und das Futtertier in einer fast natürlichen Bewegung angeboten werden kann. Mit dem Draht dargebotene, vorher präparierte (vitaminisierte und kalkbepuderte) Fleischstückchen werden manchmal gierig genommen von Insektenfressern, die dasselbe Futter von der Pinzette verweigern.
11. Futterzange: Zur Fütterung von Schlangen.
12. Pipette oder Injektionsspritze (ohne Nadel):

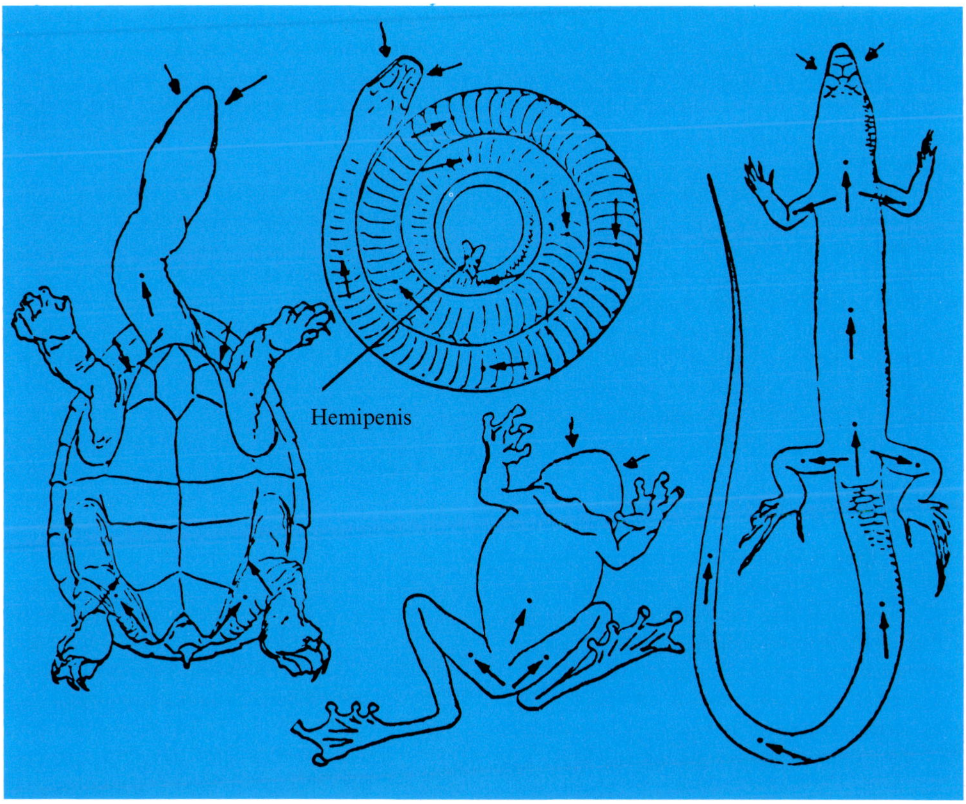

Bild 27. Einstichpunkte zur Fixierung von Schildkröte, Schlange, Frosch und Eidechse und Darstellung der endgültigen Position des Präparates zur späteren Untersuchung. (Bei männlichen Schlangen wird nach der Injektion in die Schwanzbasis der Hemipenis sichtbar.) Nach Cogger, 1975.

Zur Zwangsfütterung oder Verabreichung von Vitaminen.

13. Schere oder Messer: Zur Zerkleinerung von Futter, Entfernung abgestorbener Blätter usw.
14. Abgewinkelte Schaufel mit langem Griff: Zum Entfernen von Kot usw.
15. Fangnetz: Zum Fang von aquatilen Amphibien und Reptilien.
16. Drahthaken: Zum Hantieren mit Schlangen.
17. Stabschlinge: Für das Festhalten von Giftschlangen.
18. Leinensäckchen: Für den Transport von Amphibien und Reptilien. Das Säckchen sollte tief genug sein, um ein Herausschnellen des Tieres zu verhindern.
19. Pinsel
20. Kunststoffdosen
21. Lupe (siehe Baustoffe und Zubehör für Terrarien, S. 195).
22. Gläser mit 80%igen Alkohol zur Aufnahme gestorbener Pfleglinge. Mit einer Injektionsspritze (dünne Nadel) spritzen wir 80%igen Alkohol in das Leibesinnere (durch die Kloakenöffnung), in den Kopf, die Gliedmaßen und in den Schwanz, und zwar eben soviel, daß die Leiche die Proportionen eines normal ernährten Tieres aufweist. Die Alkoholinjektion in den Kopf ist für die spätere Stellung der Augen besonders wichtig; unterbleibt sie, so fallen die Augen in den Schädel und sind dann nicht mehr sichtbar.

Die Freihaltung von Amphibien und Reptilien im Wohnraum

Es gibt einige wenige Tierarten, die sich mit geringem Aufwand eher besser frei im Wohnraum pflegen lassen, als in einem Terrarium. An dieser Stelle beschränke ich mich auf Kurzangaben:

Bufo marinus, Agakröte

Als Tagesversteck dient eine unter einem Zentralheizungskörper (Deckung von oben) stehende zweigeteilte größere Eternit- oder Kunststoff-Schale. Die eine Hälfte der Schale nimmt ein Badegefäß ein, in das dann regelmäßig exkrementiert wird (unsere Riesenkröten sind also stubenrein), die andere Hälfte wird mit gewaschenem Rollkies gefüllt. Abends kommen die Tiere aus ihrem Versteckplatz, stellen sich vor dem Pfleger auf und holen sich ihr Futter (Regenwürmer, Spinnen, Wachsmottenlarven, Mehlkäfer und seine Larven, Heuschrecken, Grillen, Schaben und vor allem kleine Mäuse). Agas sind recht possierliche Stubengenossen.
Bei gleicher Haltung würden sich vermutlich auch *Bufo paracnemis* A. LUTZ, 1925 und *Bufo regularis* REUSS, 1834, wohlfühlen.

Hyla (Litoria) caerulea, Korallenfinger

Der australische Korallenfinger läßt sich mühelos ans Haus gewöhnen. Nach meinen Erfahrungen gibt es unter den Terrarientieren kaum idealere Zimmergenossen. Der einmal gewählte Ruheplatz (bei mir zum Beispiel auf Regalen, auf der Leuchte über den Orchideen, im Hals der regenwassergefüllten Bodenvase, in der Schublade des Aquarienunterbaues usw.) wird bei Tagesanbruch wieder eingenommen; selten wechselt ein Frosch seinen meist in den oberen Regionen der Zimmereinrichtung liegenden Schlafplatz.
Bei Eintritt der Dämmerung (Lichterlöschen) werden die Korallenfinger munter. Sie betreiben die Lauerjagd vom Ansitz aus, d. h. sie warten in günstiger Position, bis ein Beutetier in ihre Nähe kommt, um dann mit kleinem oder größerem Sprung flink zuzuschnappen. Gelegentlich können wir auch eine richtige Suchkletterei beobachten. Der gering entwickelte Fluchttrieb vor dem Menschen läßt den Frosch nach vorgehaltenen Beutetieren schnappen, er betrachtet den Pfleger als Nahrungsquelle. Futter: Regenwürmer, kleine Gehäuseschnecken, Käfer, Heuschrecken, Grillen, Schaben, Mäuse.
Mit untrüglicher Sicherheit findet *Hyla caerulea* die Wasserstelle, um ihren Feuchtigkeitsbedarf zu decken. Meine frei im Wohnraum gehaltenen Tiere pflegen die Wasserkulturgefäße der Zimmerpflanzen aufzusuchen.

Phelsuma madagascariensis, Taggecko

Die Pflege des auf grünem Grund rotgefleckten madagassischen Taggeckos ist leicht. Im Sommer besteht die Gefahr des Entweichens, zumal er gerne die Sonne aufsucht. An sonnenlosen Tagen werden wir ihm eine Wärmelampe (60 Watt genügen) bieten, mit der wir eine schräge oder senkrechte Fläche, zum Beispiel ein Stück Eternit 30 × 50 cm, anstrahlen; nachts kann die Lampe ausgeschaltet werden, Phelsumen sind ja tagaktive Tiere. Wir füttern deshalb auch am Tage, jeden zweiten oder dritten Tag bieten wir Wachsmotten und ihre Larven, Käfer, Drohnen, Stubenfliegen, Heuschrecken, Grillen, aber auch ein Schälchen mit Fruchtsaft oder Honigwasser und hin und wieder etwas Kalk, den sie gerne lecken.

Gekko gecko, Tokee

Die Pflege des dämmerungs- und nachtaktiven Tokees ist ebenso leicht wie die von *Phelsuma;* die Temperaturansprüche sind bescheidener, wenngleich wir auch ihm einen warmen Versteckplatz – vielleicht hinter Büchern in der Bücherwand – bieten müssen. Hier können wir mit Vorteil einen Infrarot-Dunkelstrahler verwenden oder auch eine Wärmeplatte von 23–28 °C. Als Futter bieten wir dasselbe wie bei *Phelsuma,* einzelne Tiere nehmen auch gerne kleine Mäuse, sie lernen es sogar, sich diese von der Pinzette zu holen. Die Mäuse werden, auch wenn diese tot gereicht werden, kräftig hin und her geschüttelt und gegen die Wand gedrückt, also „nochmals getötet".
Tokees sind in der Lage, ein lautes Quaken, das sich wie „tokee" anhört und einige Male wiederholt wird, sowie bei Behelligung ein kurzes Kekkern, hervorzubringen. Erstaunlich ist die Fortbewegung des Geckos, die Haftfähigkeit der Füße, die ihn zum Lauf an senkrechten Wänden und an der Zimmerdecke befähigen. Tokees ge-

hören zu den amüsantesten Untermietern, in ihrem Beuteerwerb sind sie die Katzen unter den Reptilien.

Acanthosaura crucigera, Nackenstachler

Die Haltung dieser kleinen, abenteuerlich aussehenden Agamide aus Hinterindien (Thailand, Indochina) bereitet sehr viel Freude. Die Anspruchslosigkeit in bezug auf Besonnung (sie meidet die direkte Sonnenbestrahlung), Temperatur und Ernährung erleichtert die Pflege. Oft äugt sie stundenlang, auf einem Kletterast, einem Blattstiel oder in einem Blätterschopf „sitzend", nach einem Beutetier (Regenwürmer, Wachsmottenlarven, Käfer, Heuschrecken, Grillen), um dieses nach weitem Sprung und kurzem Lauf zielsicher zu ergreifen. Meine Nackenstachler hielten sich gerne im Blätterschopf einer kleinen Schraubenpalme, *Pandanus*, auf; dessen senkrechte Stelzwurzeln erkletterten sie mit affenartiger Behendigkeit. Trotz ihrer braunen Färbung – die selteneren Männchen sind eher graubraun – sind die 21 cm langen Agamiden im grünen Blättergewirr schwierig zu entdecken. Die Zucht erscheint möglich; trächtige Weibchen verfolgen die sich nähernden Männchen. Die Nackenstachler kennen den Menschen nicht als Feind, den hingestreckten Arm erklettern sie ohne Scheu.
Die Winkelkopfagame meidet den Fußboden; unerläßlich ist deshalb eine Klettermöglichkeit, beispielsweise in Form von starken, bis zum Fußboden herabreichenden Trieben eines großen Exemplars *Scindapsus aureus* (LIND. ET ANDRÉ); diese Pflanze ist absolut zimmerhart. Sehr geeignet sind auch die kleinwüchsigen Schraubenpalmen, *Pandanus pacificus* VEITCH, *Pandanus pygmaeus* THOUARS, *Pandanus stenophyllus* KURZ, *Pandanus graminifolius* KURZ; ferner die als harte Zimmerhelden viel zu wenig bekannten *Euphorbia tirucalli* L. und *Jasminum officinale* L., um nur ganz wenige Beispiele zu nennen.

Polychrus acutirostris, Spitzkopfleguan

Der Spitzkopfleguan ist Zweigkletterer und vermag sich im Bereich einer Gruppe von Zimmerpflanzen sehr wohl zu fühlen. Der seitlich zusammengedrückte Körper, die Funktion der Finger und Zehen, der Greifschwanz und die spitzen Krallen sowie der Bau der Augenlider sind Anpassungen an das Baumleben. Das Hin- und Herschaukeln auf den Gliedmaßen, das seitliche Zusammendrücken des Rumpfes, das Spreizen des Kehlsackes und vor allem den intensiven Farbwechsel hat er mit den Chamäleons gemein. Die voneinander unabhängig beweglichen Augen sind von den kegelförmigen Lidern umschlossen; auch hier wieder eine große Ähnlichkeit mit dem Chamäleon. Die Grundfärbung kann von Dunkelbraun bis Hellgrau und Weiß variieren, ebenso die schrägen Querbinden an den Seiten von Grau bis Dunkelbraun oder Hellbraun bis Rot; rotgezeichnete Tiere sind besonders hübsch. Bei starker Erregung, grellem Licht und hoher Temperatur werden die Tiere ganz hell. Kämpfende Männchen öffnen ihre Kiefer, wobei die dunkelblauen Mundschleimhäute sichtbar werden.
Die anfänglich scheuen Tiere (Futterdraht!) erkennen schon bald den Pfleger als Nahrungsquelle und holen sich ihr Futter: Wachsmottenlarven, Mehlkäfer, seine Puppen und Larven, Engerlinge, Raupen und Mäuse. Bei mir fraß *Polychrus* sehr gerne kleine Baumfrösche (*Phyllomedusa*), und zwar wurden auch ruhig schlafende Frösche als Beute erkannt und überwältigt.
Die Gefahr des Entweichens ist sehr groß, die Freihaltung ist deshalb nur im geschlossenen Zimmer möglich (Fenster mit Nylon-Gaze vergittert).

Lacerta lepida, Perleidechse

Eingewöhnte Perleidechsen sind sehr standorttreu. Die Tiere von HAAS kehrten nach dem Sonnenbad auf der Balkonbrüstung regelmäßig von selbst wieder in die Wohnung zurück. In der Wohnung war die erwärmte Aquarienleuchte – eine Korkrindenröhre ermöglichte den Aufstieg – der bevorzugte Aufenthaltsort. Den Trieb, in die Höhe zu klettern, muß man also berücksichtigen, sonst laufen die Perleidechsen weg.
Lacerta lepida sind Allesfresser; wir bieten Würmer, kleine Gehäuseschnecken, Spinnen, Schmetterlinge, Wachsmotten, Käfer, Heuschrecken, Grillen und besonders kleine Mäuse, ferner Herzmuskelfleisch (mit einem Kalkvitamingemisch bepudert) sowie süße Früchte, Pudding und Kompott.

Die Zucht und Aufzucht von Amphibien und Reptilien

Voraussetzung für Zucht und Aufzucht sind optimale Pflege (Annäherung an die heimatlichen Umweltbedingungen) sowie ein Studium der Fortpflanzungsbiologie und des Verhaltens. Vor allem sind auch die jahreszeitlichen Veränderungen der Umwelteinflüsse (Futterangebot, Klimawechsel, Frischwasser) zu beachten, die meist erst die Auslösung der Paarung bewirken; manchmal wirkt eine Neugliederung der Inneneinrichtung (Behälterwechsel) Wunder, besonders aber eine Steigerung der Lichtintensität sowie der Frischluftzufuhr (Ventilator!).

HAAS züchtete die australische Bartagame, *Amphibolurus barbatus* (CUVIER, 1829), bei Freihaltung im Wohnzimmer; 13 Wochen nach der Eiablage schlüpften 8 Jungtiere, die mit Calcit-bepuderten Wachsmotten-Larven, Heuschrecken und Grillen großgezogen wurden. RENÉ E. HONEGGER, Zoo Zürich, hat beste Haltungs- und Zuchterfolge (*Cnemidophorus, Uromastyx* usw.) bei Einsatz von Blacklite (Schwarzlicht-)Fluoreszenzlampen, beispielsweise Sylvania F 40 T 12 – Bl ohne Filter, mit Reflektor unter Einhaltung von etwa 35 cm Abstand; Dauerbestrahlung während 8 bis 12 Stunden am Tag. Vielen anderen Terrarienfreunden ist die Zucht von Amphibien und Reptilien gelungen, aber noch gibt es eine große Zahl kleinbleibender, haltbarer Arten, die ihr Fortpflanzungsgeheimnis noch nicht preisgegeben haben.

Wichtig sind aber nicht nur die Umwelteinflüsse und die Gliederung des Lebensraumes, sondern auch die Tiere selbst; der Pfleger wird versuchen, kleine Zuchtgruppen, also mehrere Individuen einer bestimmten Art, zusammenzustellen. Dabei ist darauf zu achten, daß bei vielen Amphibien und Reptilien mit wenig auffälliger Revierbildung die Männchen sich ebenfalls – wie wir es von den Schildkröten oder *Anolis* beispielsweise kennen – gegenseitig stören; und zwar nicht nur während der hormonalen Situation der Paarungszeit, sondern dauernd, wegen der räumlichen Begrenztheit des Behälters. In freier Natur würde das unterlegene Männchen das Feld räumen. Im Terrarium ist dies nicht möglich, und es kommt, wie KRETZ es beispielsweise bei verschiedenen Vipernarten beobachten konnte, bei zusammen gehaltenen Männchen zu einer eigentlichen Streßsituation, manchmal ohne daß dies für den Beobachter anhand eines besonderen Verhaltens deutlich wird. Die gestreßten Tiere essen schlecht oder nicht, magern ab und gehen schließlich ein. Ich empfehle deshalb, Männchen allenfalls einzeln zu halten oder mit einer Gruppe von Weibchen, bei heiklen Arten zusammen mit einem Weibchen.

Aquatile Schildkröten legen ihre Eier anstatt auf dem Lande (Eiablagegefäß) oft ins Wasser ab. LÜTHI hält deshalb die Weibchen, die kurz vor der Eiablage stehen, in einem Terrarium ohne Wasser, bis sie ihre Eier im Grund abgelegt haben. Diese Weibchen sind täglich zu baden und werden dabei wie üblich gefüttert.

Bild 28. Einfacher Brutkasten zum Zeitigen von Reptilieneiern. **1** großer Blumentopf, **2** Eier, **3** Fliegengitter, **4** Glasplatte, **5** Heizkabel, **6** Korkstücke, **7** Quarzkies, **8** Schaumgummi oder Schaumstoff, **9** Untersetzer oder Plastikschale, **10** Wasser.

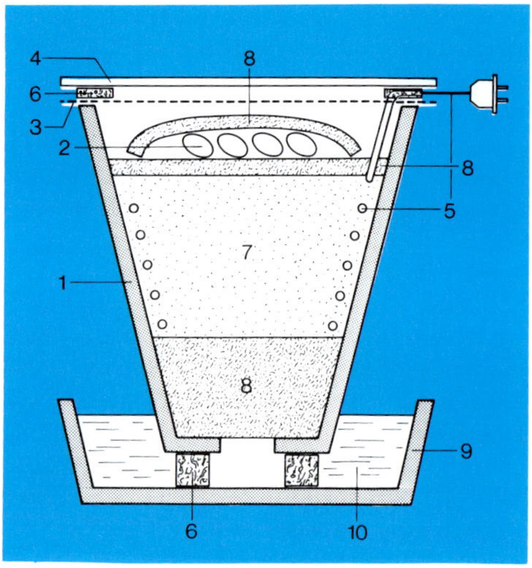

Das Zeitigen von Reptilieneiern geschieht am besten in einem einfachen Brutapparat: Wir nehmen einen großen Blumentopf, den wir zu einem Fünftel mit Schaumstoff belegen; darüber kommt eine dikke Schicht von ausgewaschenem Quarzkies feiner Körnung. In diese Quarzkiesschicht legen wir ein 13 Watt-Floratherm-Heizkabel. Auf die Kiesschicht geben wir eine dünne Lage Schaumstoff, darauf kommen die zu bebrütenden Eier, und das Ganze decken wir mit einer weiteren, dünnen Lage Schaumstoff ab. Den Blumentopf verschließen wir mit einem Nylon-Fliegengitter, und darauf kommt, etwa 3 mm abgehoben, eine Glasscheibe. Diesen „Brutapparat" stellen wir nun in eine wassergefüllte Schale, in der wir das Wasser – je nach Verdunstung – von Zeit zu Zeit wieder auffüllen.

Die Beschaffung von Amphibien, Reptilien und Terrarienpflanzen

Das Washingtoner Artenschutzübereinkommen

Die Washingtoner Konvention (Convention on International Trade in Endangered Species of Wild Fauna and Flora) vom 3. März 1973 bietet den Unterzeichnerstaaten die Möglichkeit, wenigstens im Handel durch entsprechende Aus- und Einfuhrbeschränkungen zum Schutze gefährdeter Arten beizutragen. Für den Terrarianer bedeutet dies, daß ausrottungsgefährdete Arten gemäß Liste I des Übereinkommens nur ganz ausnahmsweise und nur in einzelnen oder wenigen Exemplaren (Paare) unter bestimmten Voraussetzungen importiert werden dürfen:

1. Bescheinigung einer wissenschaftlichen Institution des Ausfuhrstaates, daß die Ausfuhr nicht zur Ausrottung der Art beiträgt bzw. das Überleben der Art nicht gefährdet.
2. Bestätigung einer Vollzugsbehörde des Ausfuhrstaates über die rechtmäßige Beschaffung (Fang oder Nachzucht), den Gesundheitszustand, die ordnungsgemäße Verpackung und die rechtmäßige Ausfuhr.
3. Einfuhrgenehmigung des einführenden Staates.
4. Bescheinigung des amtlichen Veterinärdienstes betreffend die Einhaltung der Vorschriften über Tierseuchen und Transportverhältnisse.

Für die Arten gemäß Liste II des Übereinkommens gelten die folgenden Vorschriften:

1. Ausfuhrgenehmigung des ausführenden Staates.
2. Bescheinigung des amtlichen Veterinärdienstes betreffend die Einhaltung der Vorschriften über Tierseuchen und Transportverhältnisse.
3. Passierschein des einführenden Staates (ist eine Formalität, wird aufgrund der Bescheinigung des amtlichen Veterinärdienstes erteilt).

Für die Einhaltung der Vorschriften des Washingtoner Artenschutzübereinkommens sind verantwortlich:

In der Bundesrepublik Deutschland:

Bundesamt für Ernährung und Forstwirtschaft
D 6000 Frankfurt am Main

In der Schweiz:
Eidgenössisches Veterinäramt
Thunstrasse 17
CH 3005 Bern

Ausführende Organe sind in beiden Staaten der Zolldienst und der amtliche Veterinärdienst.
Es bleibt dem Leser unbenommen, sich über die Wirksamkeit der Vorschriften der Washingtoner-Konvention für die gefährdeten Arten freilebender Tiere und Pflanzen seine eigenen Gedanken zu machen. Ich denke: Der Lebensraum ist entscheidend für die Arterhaltung; ohne Erhaltung dieses Lebensraumes kann eine Art nicht überleben!

Die Verantwortung des Terrarien- und Pflanzenfreundes

Der Pflanzen- und Terrarienliebhaber muß wissen, daß durch seine Nachfrage – und den nicht geringen „Bedarf" von Zoos, Museen und wissenschaftlichen Instituten – die Sammelstellen in den Ursprungsländern zur wilden Sammelei und zum Fang von Pflanzen und Tieren in großen Mengen veranlaßt werden. Es wird rücksichtslos alles gesammelt und gefangen; über neun Zehntel der meisten Tiere verenden bereits in den Bottichen und Käfigen dieser Sammelstellen. Unsere Verantwortung verpflichtet uns zu einer biologischen Heimtierhaltung und Pflanzenkultur mit dem Ziel, wenige Arten möglichst lange Zeit zu pflegen und über mehrere Generationen zur Fortpflanzung zu bringen.
Viele ernsthafte und kenntnisreiche Pflanzen- und Terrarienliebhaber haben mit neuen Haltungs- und Zuchtmöglichkeiten die wissenschaftliche Forschung bereichert, und zu deren Entlastung muß an dieser Stelle festgehalten werden, daß sie sich seit langem des Wildpflanzen- und Tiertausches aus Liebhabernachzuchten bedienen; die Nachzucht- und Tauschlisten der Pflanzen- und Terrariengesellschaften in aller Welt zeugen davon.

Der Handel mit lebenden Wildtieren

Mit der stets und stark anwachsenden Zahl der Terrarianer wird naturgemäß auch der Bedarf an Amphibien und Reptilien größer. Die erzielten

Nachzuchten reichen niemals aus, um diesen Bedarf decken zu können. Der Terrarianer ist deshalb auf den Tierhandel angewiesen. Ich empfehle, Tiere nicht irgendwo zu erwerben, sondern beim Fachmann, der ausgewählte Tiere von einem Gewährsmann bezieht. Solche Tiere sind etwas teurer, aber die Mehrausgabe lohnt in mehrfacher Hinsicht (Krankheiten, Parasiten).
Nachdem das Washingtoner Artenschutzübereinkommen versucht, durch entsprechende Bestimmungen über den Handel mit Wildtieren zum Schutz gefährdeter Arten beizutragen, wundere ich mich über eines: Daß in Europa offenbar jedermann einen Tierhandel aufziehen und sich dann Zoofachhändler nennen kann. Der Handel mit Wildtieren sollte nur von charakterlich einwandfreien und fachlich geschulten Personen betrieben werden dürfen, und diese Voraussetzungen müßten, ebenso wie die Ein- und Ausfuhr von Wildtieren, überprüft werden. Und warum unternehmen die Naturschutzbehörden, die zuständigen Amtsstellen für die Durchführung des Washingtoner Artenschutzübereinkommens, der WWF und der Internationale Verband von Direktoren Zoologischer Gärten, um nur einige Organisationen zu erwähnen, nichts, um die von vielen gewerblichen Tierhändlern geübten grausamen Fang-, Sammel-, Betreuungs-, Verpakkungs-, Transport- und Unterbringungspraktiken – vor allem in den Ursprungsländern – zum Verschwinden zu bringen? Und warum liefert beispielsweise ein Tierhändler in Kolumbien nur dann, wenn sich der „Zoofachhändler" in Europa zur Abnahme von mindestens 400 „Stück" Leguanen verpflichtet? Ich möchte beim Auspacken dieser Leguane nicht mit dabei sein!

Der Handel mit Wildpflanzen

Die Grüngürtel oder Vegetationszonen, die sich in Übereinstimmung mit den Klimazonen rund um die Erde spannen, weisen Hunderte verschiedener Pflanzen- und Tiergemeinschaften auf, in jeder Hemisphäre, auf jedem Kontinent und je nach Höhenlage in anderer Zusammensetzung; es lassen sich beachtliche regionale Unterschiede feststellen. Die Zerstörung dieser Grüngürtel schreitet weiter voran; erstaunlicherweise hat der Mensch nichts gelernt aus den Folgen der Waldzerstörungen in Asien, im Vorderen Orient, im Mittelmeerraum, in Afrika und Amerika, aus der Versteppung und Verkarstung sowie aus dem Verlust vieler Rohstoffquellen. Vor allem sind jetzt die tropischen Regenwälder an der Reihe; die profitgierige Holzindustrie versteht es ausgezeichnet, mit verlockenden Angeboten die bedrängten Entwicklungsländer für die Waldrodung zu gewinnen, die Bevölkerungszunahme und die Erschließung neuer Anbauflächen tun ein übriges. Mit dem Kahlschlag, der Brandrodung zur Gewinnung neuer Anbauflächen und dem Straßenbau werden mit beängstigender Schnelligkeit ganze Lebensgemeinschaften vernichtet; der Wasserhaushalt bricht zusammen, das gesamte klimatische Gleichgewicht wird zerstört, und es entstehen Schäden, die sich nie wieder gutmachen lassen. Dadurch wird nicht nur den Tieren die Lebensgrundlage genommen, sondern auch vielen Pflanzenarten.
In bezug auf den Schutz gefährdeter Wildpflanzen wurden glücklicherweise lange Zeit vor dem Inkrafttreten des Washingtoner Artenschutzübereinkommens sehr wirkungsvolle Maßnahmen ergriffen und zwar sowohl von wissenschaftlichen Institutionen als auch von Fachhändlern und von Pflanzenzüchtern. Eine Zusammenfassung über diese Maßnahmen, Leistungen und Pläne findet der interessierte Leser in Band 1, Series I: Ecology „Conservation of Threatened Plants" (1976), Edited by J.B. SIMMONS, R.I. BEYER, P.E. BRANDHAM, G. LI. LUCAS, and V.T.H. PARRY, Royal Botanic Gardens, Kew, England.
Wegen der Beschaffung von Terrarienpflanzen (siehe S. 195, Bezugsquellen bzw. S. 196, Pflanzen und Kulturbedarf) kann sich der Terrarianer bedenkenlos und vertrauensvoll an den Erwerbsgärtner und Pflanzenzüchter in Europa und in den USA wenden.

Die Eingewöhnung von Pflanzen und Terrarientieren

Allgemeines

Größe und Gestalt eines Lebewesens – beim Tier noch die Fortbewegung – bestimmen seinen Raumbedarf. Diese Einschränkung mag dem Uneingeweihten als Nachteil erscheinen. In der Stadt- und Siedlungswohnung brachte mir diese Begrenztheit jedoch nur Vorteile. Zudem ist der

Schmuckwert kleinbleibender Pfleglinge, wie die Bilder zeigen, keineswegs geringer als derjenige großer Arten. Ich wählte kleinere bis mittelgroße Tropicarien vor allem höheren Formats, weil diese viel ebenmäßiger mit der übrigen Zimmereinrichtung zusammenwirken als zu große, längliche Behälter.
Anstelle einer großen Vitrine mit einem Sammelsurium verschiedener Pfleglinge aus den verschiedensten Regionen bietet mein Konzept viele faszinierende Möglichkeiten, nämlich die Schaffung mehrerer lebensnaher und echt wirkender Naturausschnitte; für jedes Terrarium wähle ich Pflanzen und Tiere aus demselben Lebensraum – also nach geographischen Gesichtspunkten – und erreiche damit neben der ästhetischen Wirkung verschiedene Vorteile. Meist haben Pflanzen und Tiere aus demselben Areal, wenn sie nicht ausgerechnet eine spezielle ökologische Nische bewohnen, gleichartige oder ähnliche Klimaansprüche, was sich in Wartung und Pflege erleichternd und zeitsparend auswirkt. Jedes meiner Tropicarien habe ich auf die Umweltansprüche seiner Bewohner durch eine besondere Klimaregelung abgestimmt; die Pfleglinge gedeihen besser, bleiben stark und gesund. Auf längere Sicht lohnt es bestimmt, zugunsten lebensechter und funktionell guter Naturausschnitte einige Einschränkungen in bezug auf Arten und Anzahl in Kauf zu nehmen.
Es ist deshalb besonders wichtig, daß wir uns bereits vor dem Erwerb von Pflanzen und Terrarientieren über ihre Lebensansprüche – anhand der Fachliteratur, durch den Besuch botanischer und zoologischer Gärten, durch den Erfahrungsaustausch und die Mitgliedschaft in Fachvereinigungen – informieren. Denn unsere Schützlinge sind Lebewesen mit eigener Geschichte, eigenem Gepräge und charakteristischer Lebensart. Leben bedeutet Anpassung an die Wechselbeziehungen in der Natur. Es wurde mir bald klar, weshalb Pflanzen oder Tiere, dauernd unter gleichbleibenden Vorzugsbedingungen in zentralgeheizten Wohnräumen gehalten, kümmern müssen. Die Blütenpflanzen wachsen zwar, bringen jedoch keine Blüten, die Tiere überleben dank ihrer Anpassungsfähigkeit, werden sich allerdings niemals fortpflanzen. Aus diesen Gründen werden die Tropicarien bereits vor dem Kauf der Schützlinge so ausgestattet, daß eine möglichst wirklichkeitsnahe Übertragung der am natürlichen Standort (Biotop) herrschenden Wechselbeziehungen möglich wird: Gute Frischluftzufuhr, ausreichende Lichtintensität, Berücksichtigung der jahreszeitlichen Tages- bzw. Nachtlänge, eine dem Tag-Nacht-Rhythmus angeglichene Schwankung von Temperatur und Luftfeuchtigkeit und, wenn möglich, die Berücksichtigung der jahreszyklischen Klimaschwankungen.
Ich empfehle, jede erworbene Pflanze und jedes Tier zu registrieren. Bei Pflanzen beschränke ich mich im allgemeinen auf die Etiketten, die von den Pflanzen schnell überwachsen werden; darauf notiere ich außer dem wissenschaftlichen Namen und dem Namen des beschreibenden Autors gegebenenfalls die Funddaten, die Verbreitung, das Datum des Erwerbs, den Namen des Sammlers oder Verkäufers und allenfalls den Kaufpreis. Jedes Tier erhält eine Karteikarte mit den für die Pflanzen bereits erwähnten Eintragungen. Es bleibt dem Terrarianer unbenommen, jedem Tier noch eine Nummer der eigenen „Sammlung" zu geben. Später werden Angaben über die Blütezeit, Befruchtung, Samenentwicklung usw., die Paarung, Eiablage oder Geburt auf die Karteikarte übertragen.

Die Eingewöhnung von Pflanzen

Zunächst werden die Pflanzen kontrolliert; dabei werden beschädigte und unansehnliche Blätter entfernt, faule und teilweise gefaulte Wurzeln bis zur gesunden Stelle zurückgeschnitten. Gesunde Wurzeln fühlen sich fest an, der Wurzelmantel ist frisch und funktionstüchtig; bei einer faulen Wurzel dagegen läßt sich der Wurzelmantel mit zwei Fingern abstreifen. Sind die Pflanzen getopft, so müssen die Pflanzen aus den Töpfen genommen und die Wurzeln im Innern der Topfballen untersucht werden. Importpflanzen werden während ein bis zwei Wochen luftig und um einige Grade kühler gehalten und kaum oder spärlich gegossen oder besprüht; das Herz oder der Neutrieb der Pflanze darf absolut kein Wasser bekommen, weil die Pflanze sonst ausfault! Die Hälfte einer Plastiktüte oder eine halbe Eierschale über den Neutrieb gestülpt, schützt ihn gut vor Spritzwasser.
Bei der Unterbringung der Pflanzen im Tropicarium richten wir uns nach deren Lebensansprüchen. Wichtig für alle Arten ist die Fixierung der Pflanze; nur fest auf ihrer Unterlage oder

im Bodengrund fixierte Pflanzen können sich orientieren und zurechtfinden und beginnen mit kräftigem Wachstum; „stehen" sie zu locker, so werden sie unweigerlich kümmern. Solche Pfleglinge mit „Rückwärtsgang" werden von Jahr zu Jahr kleiner. Die Wurzeln der epiphytischen und atmosphärischen Pflanzen sollen frei in die Luft streben oder sich der Unterlage anheften. Sowohl die Wurzeln wie die Unterlage müssen immer gut benetzbar bleiben. Ein ungestörtes Wachstum fördert die Bildung neuer Wurzeln. Die meisten Pflanzen gedeihen bei gegenseitiger Berührung meist wesentlich besser, als wenn man sie einzeln pflanzt. Bei Topfkultur wähle man immer die kleinstmögliche Größe. Anstelle der bisher üblichen Tontöpfe haben sich für viele Arten die runden oder eckigen Ampeln aus schwarzem Kunststoff sehr bewährt (siehe „Pflanzen und Kulturbedarf", S. 196).). Diese Ampeln lassen sich aufhängen (in jeder Gefäßseite ist oben ein Loch), mit einer Schraube oder einem Nagel befestigen und sind zufolge ihrer schwarzen Farbe fast unsichtbar; außerdem werden sie von den Pflanzen sehr schnell überwachsen, so daß sie dann nicht mehr sichtbar sind, den Tieren aber zusätzliche Versteck- und Eiablagemöglichkeiten bieten. Verwendet man die schwarzen Ampeln für Bodenpflanzen, so legt man zuerst, um sie standfester zu machen, einige größere Kieselsteine hinein; im übrigen kann man die Ampeln ebenfalls im Bodengrund einsenken. Besonders beachten müssen wir, daß viele Epiphyten in der Heimat nicht aufrecht, sondern überhängend und sogar senkrecht nach unten hängend (also an der Unterseite von Ästen und Zweigen!) wachsen; würde man diese im Tropicarium in aufrechter Lage kultivieren, so würden sie nach kurzer Zeit ausfaulen.

Die Eingewöhnung von Terrarientieren

Neu erworbene Tiere kommen, nach Arten getrennt oder einzeln, mindestens während acht Wochen in vorher bereitgestellte Quarantäneterrarien, wobei für jeden Behälter eigene Hilfsmittel und Geräte zu verwenden sind, um ein Verschleppen von Krankheitskeimen zu vermeiden. Ebenso wichtig ist das Waschen bzw. die Desinfektion der Hände und der Geräte nach jedem Umgang mit Amphibien oder Reptilien, wie überhaupt der Hygiene die allergrößte Beachtung geschenkt werden muß. Peinliche Sauberkeit im Quarantänebehälter ist oberstes Gebot; Kot ist unverzüglich zu entfernen bzw. auf Parasitenbefall untersuchen zu lassen. Die Tiere werden auf Verletzungen, Außenparasiten und äußere krankhafte Veränderungen hin untersucht,und als erstes wird der Wasserhaushalt kontrolliert. Das frisch erworbene Tier ist meist sehr durstig; trinkt es dann Wasser, so geht es – am Verlust von Elektrolyten, d.h. an einer Verdünnung der Körperflüssigkeiten – rasch ein. Um dies zu verhindern, ist, anstelle von Wasser, physiologische Kochsalzlösung einzugeben oder eine Meeressalzlösung: Ein Teelöffel Meeressalz wird in einem Liter Wasser aufgelöst. Ausgetrocknete Amphibien werden in der physiologischen Kochsalzlösung zwangsgebadet. Nach zwei Salzwassergaben – die zweite mit halber Konzentration – kann man meist auf normales Trinkwasser übergehen. Frisch erworbene Tiere sind meist deshalb durstig, weil sie – infolge Erschreckens beim Fang oder auf dem Transport – ihren Wasservorrat in den Analsäcken oder ihren Darminhalt entleeren und aufgenommene Nahrung auswürgen. KRETZ berichtet, daß der Wasserhaushalt eines einmal ausgedursteten *Trimeresurus wagleri* kaum mehr wieder in Ordnung gebracht werden kann.

Erst nach Ablauf einiger Tage wird das Quarantäneterrarium entsprechend den Wärmeansprüchen der betreffenden Tierart beheizt, und nun beginnt man mit der Fütterung. Zunächst reiche man eher zu wenig als zu viel und in möglichst kleinen Portionen jeweils während der Aktivitätsperiode (dämmerungs- bzw. nachtaktive Tiere essen eben bei Eintritt der Dämmerung bzw. während der Dunkelheit). Wird freilich keine Nahrung aufgenommen, so lassen wir das Tier durch einen Arzt untersuchen (siehe S. 51, Die Krankheiten der Amphibien und Reptilien) und beginnen mit der vorsichtigen Zwangsfütterung. Auch im Quarantäneterrarium ist den psychischen Ansprüchen des Pfleglings Rechnung zu tragen (siehe S. 24, Der Behälter und S. 45, Die Raumgestaltung im Terrarium).

Die Haltung von Gifttieren

Wenn in der nachstehenden biogeographischen Übersicht (S. 71) einige sehr leicht zu pflegende und wenig Platz beanspruchende Gifttiere genannt werden, so geschieht dies absichtlich, weil ich aus jahrelanger Erfahrung weiß, daß Anfänger sich Giftschlangen zuwenden, auch wenn andere Autoren oder ich davon abraten. Es wäre deshalb verantwortungslos, in diesem Buch nicht auf die oft katastrophalen Folgen eines Bisses durch giftzahntragende Schlangen hingewiesen zu haben.

Die Voraussetzungen zur Pflege von Giftschlangen

1. Es ist unbedingt notwendig, daß sich der Terrarienfreund – bereits vor der Anschaffung von Giftschlangen – mit einem sehr erfahrenen und gewissenhaften Giftschlangenpfleger in Verbindung setzt und seine Ratschläge strikt befolgt (siehe S. 199, Terrarienkundliche Vereinigungen).
2. Die Beschaffung des entsprechenden Serums, möglichst schon vor der Anschaffung der Tiere, ist dringend notwendig.
3. Der Giftschlangenpfleger orientiere sich über die möglichen Folgen eines Bisses.
4. Wenn immer möglich wird jede Art gesondert in einem sehr soliden, dicht verschließbaren Spezialterrarium mit Schlupfkiste (unten bei bodenlebenden, bzw. oben bei baumlebenden Arten) untergebracht.
   Der Giftschlangenbehälter wird nur dann geöffnet und es wird nur dann darin hantiert, wenn sich die Tiere in den von außen verschließbaren Schlupfkistchen befinden.
6. Kopf und Hände weg von Giftschlangen! Immer bediene man sich der Hilfsmittel: Futterzange, abgewinkelte Schaufel mit langem Griff, Drahthaken, Stabschlinge (siehe S. 58, Die Hilfsmittel des Terrarienpflegers).
7. Giftschlangen werden – selbst nach jahrelanger Haltung – nie mit dem Pfleger vertraut; sie bleiben unberechenbar und sind immer gefährlich.
8. Wärme- und Lichtquellen (brennende Rauchwaren, Taschenlampen u. ä.) von Giftschlangen (Grubenottern) fernhalten! (Mit dem sogenannten Grubenorgan – zwischen Auge und Nasenloch – können die Crotalinae die Anwesenheit und Entfernung einer Wärmequelle, also eines warmblütigen Beutetieres, wahrnehmen. Dieser thermische Detektor oder Wärmespürer ermöglicht der Otter vor allem bei völliger Dunkelheit das Abschätzen von Richtung und Entfernung für das Anbringen des todbringenden Bisses.) Eine brennende Zigarette oder Taschenlampe vermag – selbst durch die Terrarienscheibe hindurch – eine Otter zu erregen und zu heftigen Beißausfällen zu veranlassen, gegen das Gesicht des rauchenden Pflegers oder gegen die Hand, in der der Pfleger die brennende Zigarette oder Taschenlampe hält.

Die Auswirkungen des Schlangengiftes

Nach einer Zusammenfassung von Bellairs über die Eigenschaften und Wirkungsweise des Schlangengiftes ergibt sich die folgende stark vereinfachte Darstellung der wichtigsten Auswirkungen auf Wirbeltiere nach einem Giftschlangenbiß:

1. Neurotoxische Auswirkungen auf das Gehirn, das Rückenmark, die Nervenendigungen und anderes.
2. Auswirkungen auf das Herz und/oder das Atmungssystem.
3. Zerstörungen an den Blutgefäßwänden, die hämorrhagische (zu Blutungen führend) Erscheinungen hervorrufen, das heißt, das Blut austreten lassen.
4. Gerinnen des Blutes in den Gefäßen.
5. Aufheben der Blutgerinnung. Diese Reaktion bewirkt das Gegenteil der vorigen. Beide Auswirkungen können alternativ von verschiedenen Schlangengiften hervorgerufen werden oder auch von einem und demselben Gift unter verschiedenen Umständen.
6. Hämolyse oder Zerstörung der roten Blutkörperchen.
7. Allgemeine Schädigung der Zellen und Gewebe.
8. Bei gewissen Schlangengiften Zerstörung der zwischen dem Zellengewebe gelegenen Substanz (Matrix intercellularis) und damit sehr rasche Ausbreitung des Giftes.

Die Erscheinungen beim Menschen nach einem Giftschlangenbiß fasse ich wie folgt zusammen.

Bisse von Giftnattern und Seeschlangen:

zu 1 und 2 Heftige Schmerzen an der Bißstelle. Einige Zeit danach Schlappwerden, die Muskeln der Augen, des Gesichtes, der Zunge und des Kehlkopfes werden gelähmt, Sprache und Schluckbewegung sind herabgesetzt. Übelkeit, Speichelfluß oder Erbrechen, Lähmungen der Gliedmaßen und der Halsmuskeln. Aussetzen der Atemtätigkeit, Absinken des Blutdruckes, Ausfall der Herztätigkeit, was den Tod eintreten läßt, wenn der Gebissene nicht am Aussetzen der Atmung stirbt. (Beim Aussetzen der Atemtätigkeit steht nicht fest, ob dies durch Zerstörung des Atemzentrums im Kleinhirn, durch unmittelbare Einwirkung auf die Endigungen der motorischen Nerven, oder durch beides zusammen geschieht.)

Bei Vergiftungen durch Seeschlangen: Schlappwerden, Muskelschmerzen und Verkrampfen der Kiefermuskulatur, Zerstörungen an den willkürlichen Muskeln. Schädigung der Nieren, die noch dann andauert, wenn sich der Gebissene von den sonstigen Folgen erholt hat. Tod durch Ausfall der Atmungs- oder Nierentätigkeit.

Bisse von Vipern und Grubenottern

zu 3 bis 8 Heftige Schmerzen und Schwellungen in der Umgebung der Bißstelle. Schädigung der Blutgefäße, Austritt von blutgefärbtem Serum sowohl in die subkutanen Gewebe als auch aus der Bißwunde. Blutergüsse in den inneren Organen, zum Beispiel in den Lungen oder im Darm.

Wenn das Gift jedoch in größerer Menge ins Blut gelangt, überwiegt die gerinnende Wirkung, dies führt zur Blutgerinnung in den Gefäßen. Ein solches Blutgerinnsel zum Beispiel in den Lungengefäßen, im Gehirn, in den Nieren und im Darm führt meist zum Tod; Aussetzen der Herztätigkeit.

Zerstörung großer Gewebepartien, Brandigwerden und Abfaulen von Gewebeteilen.

(Die neurotoxischen Wirkungen des Giftes der meisten Vipern scheinen verhältnismäßig schwach zu sein. Eine Ausnahme bildet das Gift der tropischen Schreckens-Klapperschlange, *Crotalus durissus terrificus*, deren Bisse Blindheit, Muskellähmungen und Erliegen der Atemtätigkeit zur Folge haben.)

Bisse von Trugnattern

zu 3 bis 8 Über die Auswirkungen des Giftes von Trugnattern ist in der Literatur wenig zu finden. Die Krankheitserscheinungen nach dem Biß von Trugnattern sind nur ausnahmsweise schwerwiegender Natur. Solche tragische Ausnahmen waren der erst vor wenigen Jahren erfolgte Tod der weltberühmten Herpetologen KARL PATTERSON SCHMIDT und ROBERT MERTENS an den Folgen eines Trugnatterbisses (*Dispholidus typus bzw. Thelotornis kirtlandii*). Die Symptome wurden wie folgt beschrieben: Übelkeit, Blutaustritt aus dem Mund, aus der Blase und aus dem Enddarm, als Folge der hämorrhagischen Eigenschaften des *Dispholidus*-Giftes, sowie Blutgerinnsel in den Gefäßen als eigentliche Todesursache, wie die danach durchgeführte Sektion im Falle von SCHMIDT ergab. MERTENS war viele Tage vor seinem Tod bewußtlos. Gegen das Gift von Trugnattern wurden bisher meines Wissens keine Antisera hergestellt!

Die Wirkungskraft der Schlangengifte

Es erscheint mir wenig sinnvoll, die Daten verschiedener Autoren über die Wirkungskraft der Gifte einzelner Schlangen zusammenzustellen. Diese Wirkungskraft ist von zu vielen Faktoren abhängig; ich nenne die Empfindlichkeit des Gebissenen, die Toxizität des Giftes, die Giftmenge, die Stelle und die Art des Bisses, die Wirksamkeit der Giftzähne, die Klimaverhältnisse, das Alter und der Gesundheitszustand des Gebissenen und schließlich das Alter der Schlange. Für den Schlangenpfleger ist wichtig zu wissen, daß die Giftwirkung bei Jungschlangen erheblich größer sein kann als bei den erwachsenen Tieren. „Die am stärksten toxische Probe vom Gift junger Klapperschlangen wirkte 26mal stärker als das Gift des Muttertieres" schreibt BELLAIRS in seinem Buch „Die Reptilien" (1969/1972), Editions Rencontre, Lausanne.

Die geschilderten Folgen eines Giftschlangenbisses beim Menschen sind ernst zu nehmen; gerade dieser Ernst der Gefahr zwingt mich, vor einer leidenschaftlichen Übertreibung und Dramatisierung – wie sie sogar von Wissenschaftlern betrieben werden – zu warnen. Solche Übertreibungen bewirken nämlich das Gegenteil, sie reizen abenteuerliche, teilweise auch charakterlich schwache Menschen – die sich damit dann brüsten – geradezu zur Giftschlangenhaltung. Die tatsächliche Gefahr, an den Folgen eines Giftschlangenbisses zu sterben, ist wesentlich kleiner als die Gefahr, in einen Verkehrsunfall verwickelt zu werden und an solchen Unfallfolgen zu sterben!

Schlangengifte werden in der Medizin zu Heilzwecken verwendet (Bekämpfung von epileptischen Anfällen, Verhinderung von Gerinnseln nach Operationen, krampfartigen Zuständen usw.).

Ratschläge zur Behandlung von Schlangenbissen

A. Die Anschaffung des VENOM EX Instrumenten-Sets (Patente angemeldet) bestehend aus Schießapparat mit Spezialmesserkopf, Vakuuminstrument mit 3 Saugglocken verschiedener Größen, Stauband, Desinfektionsmittel und Glasröhrchen zur Kontrolle des Blutserums. Beschaffung von Cortison (zum Beispiel: Kenacort A Solubile) und Antihistaminikum (Calcium SANDOSTEN); zusätzlich noch SQUIBB Kenacort A-Kristallsuspension. Die Anschaffung des Antiserums, möglichst schon vor der Anschaffung der Schlangen, bei weit verbreiteten Arten unter Berücksichtigung der geographischen Rasse; Aufbewahrung im Kühlschrank.	Vertrieb durch: ALFONS BIRCHMEIER, Zürcherstraße 8, CH 8952 Schlieren-Zürich Die Zusammensetzung des Giftes einzelner geographischer Rassen gewisser Schlangenarten ist oft so verschieden, daß nur das monovalente Antiserum lebensrettend wirksam ist. Die Antiseren anderer Herkünfte – hergestellt aus dem Gift anderer Rassen – können den Zustand des Gebissenen erheblich verschlechtern.
B. Psychische Betreuung des Gebissenen	Angstschock vermeiden, überlegtes beruhigendes Zureden.
C. Weiteres Vorgehen	Der Gebissene ist in sitzende Stellung zu bringen und warmzuhalten. Herzwärts der Bißverletzung Ligatur anbringen. Das Stauband soll stark angezogen werden, aber nicht so fest, daß die arterielle Versorgung der Bißstelle unterbunden wird. Desinfektion der Bißstelle.
D. Öffnung der Haut im Bereich der Bißwunde im Rastersystem und Entfernung des gifthaltigen Gewebesaftes aus der Wundregion.	Einsatz des VENOM EX-Schießapparates nach mitgelieferter Anleitung und Absaugen des gifthaltigen Gewebesaftes mittels des mitgelieferten Vakuuminstrumentes. Anschließend Desinfektion und Abdecken der Wunde.

E. Transport ins Krankenhaus oder zum Arzt.

F. Ärztliche Behandlung

Kreislauftherapie: Injektion von Cortison, z. B. Kenacort A Solubile, i.v. 100 bis maximal 300 mg; Injektion von Calcium SANDOSTEN maximal 10 ml 3 Min. i.v. (Vorsicht bei Diabetes mellitus!). Cortison-Injektion bei Kindern maximal 100 mg. Bei Erwachsenen kann zusätzlich 1 Ampulle Kristallsuspension SQUIBB Kenacort A 40 mg/ml nach Vorschrift injiziert werden.

Die VENOM EX-Therapie hat sich bereits in vielen und schweren Fällen bestens bewährt. Die Netz-Perforation der Haut (die Tiefe der Längsschnitte ist einstellbar) durch den Schießapparat verursacht keine Schmerzen und ein allfällig vorhandener (meist unerträglicher) sogenannter Biß-Schmerz verschwindet. Vor allem aber kann mit der VENOM EX-Therapie das Brandigwerden und Abfaulen von Gewebeteilen nach Vipern- und Grubenottern-Bissen vermieden werden. Alle bisherigen VENOM EX-therapierten Schlangenbiß-Patienten konnten, selbst nach schweren Vergiftungen, spätestens nach drei Tagen – ohne die Anwendung von Antiserum – als geheilt erklärt werden.

Wenn das VENOM EX Instrumenten-Set nicht zur Verfügung steht:
Die angegebene Menge des Antiserums i.v. injizieren; sofort eine größere Menge zu spritzen ist besser als das Nachspritzen.
SOCHUREK empfiehlt ausreichende Fibrinogen-Gaben bei der Behandlung von *Echis*-Bissen.

Die Voraussetzungen zur Pflege von Froschlurchen

1. Wir vermeiden das unnötige Anfassen von Froschlurchen.
2. Nach jedem direkten Kontakt mit Froschlurchen sind die Kontaktstellen (z. B. Hände) sofort – bevor man unbedacht die Augen reibt oder seine Lippen berührt – mit Seife oder einem Desinfektionsmittel zu waschen.

(Das Hautgift mancher Froschlurche dient der Verteidigung. Ein Angreifer, der einen solchen Lurch als Beute verschluckt, wird diesen zufolge der unangenehmen neurotoxischen Giftwirkung sofort wieder ausspucken. Das Opfer wird also überleben; hatte es zudem grelle Warnfarben, so wird diese „unerfreuliche" Beute dank ihrer auffälligen Abschreckungstracht im Gedächtnis des Angreifers haften bleiben und künftig von ihm gemieden.)

Biogeographische Übersicht

Bild 29. Terrarien in der Wohnung des Verfassers. Der Eingang zum Wohnbereich. Im Vordergrund rechts das Aquaterrarium 163 × 75 × 183 cm in Glas-Eternit-Leichtmetall-Ausführung. In dem 33 cm hohen Sockel sind die Installationen und die elektrische Steuerung untergebracht. Das Tropicarium ist in einen Landteil 47 × 75 × 13 cm, einen Sumpfteil 15 × 75 × 40 cm und einen Wasserteil 101 × 75 × 40 cm gegliedert. Über dem Wasserteil wachsen an einem Epiphytenstamm Orchideen und Begleitpflanzen aus der südostasiatischen Region und bilden mit Lurchen und Kriechtieren eine harmonische Gemeinschaft. Im Wasser leben Krebse, Fische und Schildkröten zwischen Wasser- und Sumpfpflanzen.
Das Aquaterrarium ist rundum zugänglich, sowohl die beiden Stirnscheiben als auch die schiebbaren Scheiben an den Längsseiten sind heraushebbar. Das ist nicht nur für die Reinigung der Scheiben, sondern auch zur Pflege von Pflanzen und Tieren äußerst praktisch. Die Frischluft strömt unsichtbar unter den Profilen hindurch über die Wasseroberfläche; die verbrauchte Luft wird oben an den Stirnseiten durch einen Querstromlüfter hinausbefördert, wobei gleichzeitig eine Abkühlung der neun Fluoreszenzlampen (je 65 Watt) erreicht wird. Ein Großfilter sorgt für kristallklares Wasser und für die mit dem Tag- und Nachtrhythmus wechselnde Luftfeuchtigkeit.
Ein Tischterrarium 137 × 50 × 50 × 20 bzw. 55 cm, zur Sitzgruppe passend, beherbergt ausgefallene Sukkulenten aus Südwestafrika und Zwergpuffottern aus demselben Biotop. – Der Fensterfront entlang ist noch ein Teil der Hydrokulturanlage zu sehen, die – trotz Fensternähe – noch zusätzlich mit Quecksilberentladungslampen von je 125 Watt beleuchtet wird.

Die Angaben aus den beigegebenen Klima- und Vegetationskarten vermitteln einen Überblick über die für das Leben von Pflanzen und Tieren so wichtigen Umweltfaktoren. Es wird aber nicht möglich sein, die klimatischen Lebensansprüche einer bestimmten Art aus den Karten einfach herauszulesen, das Studium des geographischen Vorkommens anhand der Karten wird aber die Ermittlung und Beurteilung der Kleinklimafaktoren (Wasser, Wasseroberfläche, Bodengrund, Bodenoberfläche, Vegetation) erleichtern. Das Klima ist unter Berücksichtigung der geographischen Verbreitung und Höhenlage zu beurteilen, wobei die jahreszyklischen Schwankungen in bezug auf Wind, Temperatur, Feuchtigkeit und Futter zu beachten sind, ebenso die Bindungen unserer Pflanzen, Amphibien und Reptilien zur Bodenbeschaffenheit und Großvegetation. Auch in den Tropen gibt es im Berg- oder Nebelwald oder in der immergrünen Hochgebirgssteppe, aber auch in einer Höhle der Niederungen, ein feuchtkühles Mikroklima, das in völligem Gegensatz zum Großklima steht.

Die Klima- und Vegetationszonierung auf den Karten ist vereinfacht dargestellt, weil es nicht möglich ist, die unfaßbare Mannigfaltigkeit und unzähligen Übergänge aufzuzeichnen. Die Karten wurden gezeichnet von Sigrid Haag in Anlehnung an die Weltklimakarten von C. Troll und K.H. Paffen (Heidelberger Akademie der Wissenschaften) und die Vegetationskarten aus dem achten Band des Großen Duden-Lexikons von J. Schmithüsen.

Leser, die sich über die Klima- und Vegetationsverhältnisse eingehender informieren möchten, finden im Literaturverzeichnis einige ausgezeichnete biogeographische Werke.

Verwendete Zeichen, die vor dem Namen stehen:

✶	Anfängerpflegling, Haltung unproblematisch
!	heikel in der Pflege
☠	giftig (Hautsekret, giftzahntragend)
K	Pflege in Kleinterrarien möglich
G	Pflege nur im Großterrarium
ꝏ	Pflege in der Sommerfrische möglich (Terrarium geschützt auf dem Balkon, 2 Scheiben durch Drahtgitter ersetzen)
—	terrestrisch, terricol – bodenlebend, erdbewohnend
△	saxicol, rupicol, petricol – felsbewohnend, steinbewohnend
〰	amphibisch – wechselnd wasser- und landlebend (Sumpf)
≋	aquatil, submers – wasserlebend, untergetaucht
⌇	Kletterpflanze, Klettertier
⌇	Hängepflanze, Ampelpflanze
⌇	epiphytisch, arboricol – baumlebend, baumbewohnend
〰→	kriechend

Weitere Angaben:

40 + 100	Kopf-Rumpf- (KR) + Schwanzlänge in mm (KRS)
KR 40	Kopf-Rumpflänge in mm
VT	Vorzugstemperatur (zuträglichstes Temperaturoptimum)
○	volle Besonnung (Strahlungswärme) – Hinweis für Tiere
◐	Halbschatten (wechselnd Schatten und Sonne) – Hinweis für Tiere und Pflanzen
●	Schatten – Hinweis für Tiere und Pflanzen
amphibisch	wechselnd wasser- und landlebend
aquatil	wasserlebend
arboricol	baumbewohnend
calciphil	kalkliebend
cavernicol	höhlenbewohnend
corticol	rindenbewohnend
edaphisch	unterirdischlebend
epiphytisch	baum- bzw. rindenlebend
heliophil	sonnenliebend
heliotrop	sich nach der Sonne zu (positiv) einstellend
herbicol	kräuterbewohnend
hygrophil	feuchtigkeitsliebend
lignicol	holzbewohnend
limnicol	schlammbewohnend
limnophil	stehende Gewässer liebend
nidicol	vogelnestbewohnend
petricol	felsbewohnend, steinbewohnend
psammophil	sandliebend

rheophil	strömendes Wasser liebend
ripicol	uferbewohnend
rupicol	felsbewohnend
saxicol	felsbewohnend
silvicol	waldbewohnend
sphagnicol	torfmoosbewohnend
submers	untergetaucht
terrestrisch	bodenlebend
terricol	erdbewohnend
thermophil	wärmeliebend
umbraphil	schattenliebend
xerophil	trockenheitsliebend
xerophytisch	trockenheitslebend

Australische Region

Neuseeland

Pflanzen

△ **Pteridaceae** (Flügelfarngewächse)
Pellaea falcata (R. Br.) Fée
Pellaea rotundifolia (Forst.) Hooker

Polypodiaceae (Tüpfelfarngewächse)
Microsorium pustulatum (G. Forst.) Copel.
Microsorium scandens (G. Forst.) Tindale

Orchidaceae (Orchideengewächse)
Dendrobium cunninghamii Lindl.

Polygonaceae (Knöterichgewächse)
Muehlenbeckia axillaris (Hook. f.) Walp.
Muehlenbeckia complexa (A. Cunn.) Meissn.

Saxifragaceae (Steinbrechgewächse)
Corokia cotoneaster Raoul.

Rosaceae (Rosengewächse)
Acaena buchananii Hook. f.
Acaena microphylla Hook. f.
Acaena novae-zealandiae Kirk.

Myrtaceae (Myrtengewächse)
Leptospermum ericoides A. Rich.
Leptospermum scoparium G. Forst.

– **Onagraceae** (Nachtkerzengewächse)
Epilobium hectori Haussk.
Epilobium nummularifolum R. Cunn.
Epilobium purpuratum Hook. f.

Compositae (Korbblütler)
Olearia insignis Hook. f.
Olearia nummularifilia Hook. f.
Raoulia australis Hook. f.
Raoulia tenuicaulis Hook. f.

Reptilien

Gekkonidae (Geckos)
Heteropholis gemmeus Mc Cann, 1955
Verbreitung: Canterbury und Otago (Südinsel). Größe: Bis 15 cm. Färbung: Hellgrün mit weißen, gelben oder hellbraunen Zeichen. Tagaktiver Waldbewohner. Milde Sonne.

Heteropholis stellatus (Hutton, 1872)
Verbreitung: Nelson (Südinsel). Größe bis

Bild 30. Mit breitgestellten Beinen und einrollbarem Greifschwanz klettert *Naultinus elegans* mit katzenhafter Beweglichkeit im Terrarium des Verfassers. Mit seiner langen, pflaumenfarbenen Zunge reinigt der tagaktive, lebendgebärende (zwei 70 mm lange Junge) Zweigkletterer seinen goldfarbenen Augapfel, wobei die kobaltblaue Mundschleimhaut sichtbar wird. Beim Drohen reißt der Gecko seine Kiefer weit auf und imponiert dem Gegner mit seinem leuchtend kobaltblau gefärbten Rachen. Aufnahme A. van den Nieuwenhuizen.

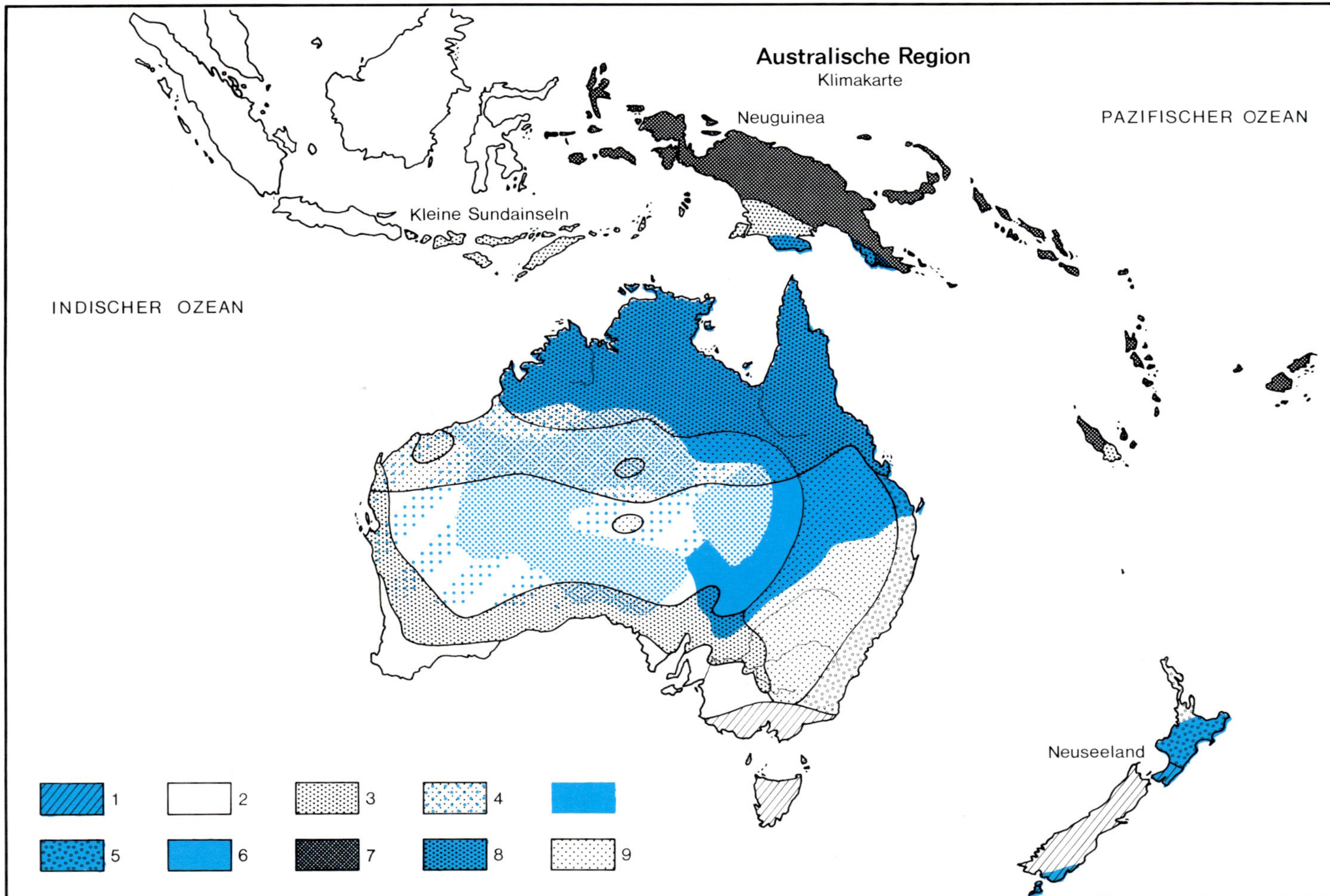
Australische Region
Klimakarte
Neuguinea
PAZIFISCHER OZEAN
Kleine Sundainseln
INDISCHER OZEAN
Neuseeland
1
2
3
4
5
6
7
8
9

Bild 31. Australische Region, Klimakarte.
Neuseeland, Nordinsel
Süden: *Kühlgemäßigte Zonen:*
1 Ozeanische Klimate
Kühler Sommer, wärmster Monat < 20 °C; Jahresschwankungen 10–16 °C; hohe Niederschläge im Winter auf der Westseite (Steigungsregen) zwischen 65 und 125 cm, im südlichen Westland bis 750 cm!
Norden: *Warmgemäßigte Subtropenzonen:*
5 Ständigfeuchte sommerwarme Klimate
Norden: Tropische Regenklimate
Zentrum: Ständigfeuchte sommerwarme Klimate
z. B. 46 m üM: 2–32 °C, 112 cm Regen

Neuseeland, Südinsel
Kühlgemäßigte Zonen:
1 Ozeanische Klimate (siehe Nordinsel, 1)

Australien
Kühlgemäßigte Zonen:
1 Ozeanische Klimate
Kühler Sommer, wärmster Monat < 20 °C; Jahresschwankungen 10–16 °C; hohe Niederschläge im Winter.
Warmgemäßigte Subtropenzonen
2 Winterfeucht-sommertrockene Mediterranklimate
dürre Sommer mit Passatzirkulation, winterl. Zyklonalregen.
3 Winterfeucht-sommerdürre Steppenklimate
lange dürre Sommer, kurze winterliche Regenzeit.
4 Sommerfeucht-wintertrockene Graslandklimate
5 Ständigfeuchte sommerheiße Klimate
z. B. 42 m üM: 2–43 °C, 114 cm Regen.
6 Halbwüsten- und Wüstenklimate.
Tropenzonen
7 Tropische Regenklimate
z. B. 39 m üM: 20–37 °C, 304 cm Regen.
8 Wechselfeuchte Tropenklimate
z. B. 75 m üM: 10–42 °C, 84 cm Regen.
Trockensavannen mit längerer Trockenzeit (5-7 aride Monate), Übergang zum semiariden Tropenklima (Dornbuschsavannen).
9 Tropische Halbwüsten- und Wüstenklimate
kurz dauernde Sommerregenzeit.

Neuguinea, Melanesien, Kleine Sundainseln
Tropenzonen
7 Tropische Regenklimate
Die Temperatur in den Ebenen schwankt zwischen 25 und 27 °C. Die Regenmengen erreichen teils im Januar mit 45 cm, teils im Juli bis August mit 48 bzw. 47 cm ihren Höhepunkt. Während der Trockenzeit erreicht die Regenmenge 7 cm im August bzw. 7 cm im Januar. In den Bergen steigt die Temperatur bei 1000 m üM selten über 23 °C und fällt in der Nacht auf 14 °C. Der Regen fällt in diesen, nur selten nebelfreien Höhen reichlich (über 700 cm im Jahr!). In Höhen von 1800 bis 3000 m üM regnet es täglich, selten scheint die Sonne und in der Nacht sinkt die Temperatur auf 7 °C.
8 Wechselfeuchte Tropenklimate
Die Temperaturen erreichen von November bis Februar ihren Höhepunkt mit 28–32 °C; in den Monaten Juni bis Juli stehen sie mit 19–23 °C am tiefsten. Der Regen setzt mit der warmen Periode stärker ein und steigt von November bis Januar von 13 bis 40 cm, um im April wieder auf 11 cm zu fallen. Die Monate Mai bis Oktober sind trockener (Regenmengen zwischen 1 und 5 cm).

15 cm. Färbung: Grün in geringer Seehöhe, in Höhenlagen braun, mit weißen und grünen Sternflecken. Tagaktiver Baumbewohner. Milde Sonne.

Hoplodactylus duvaucelii (Duméril & Bibron, 1836)
Verbreitung: Cook-Street auf Küsteninseln an der NO-Küste der Nordinsel. Größe bis 30 cm. Färbung: Variabel olivbraun mit hellen Querbändern. Nachtaktiver Baum- und Felskletterer.

Hoplodactylus granulatus (Gray, 1845)
Verbreitung/Biotop: Neuseeland, im *Nothofagus*- und Buschwald. Größe bis 18 cm. Färbung: Grau über gelb und braun bis dunkelbraun (physiologischer Farbwechsel). Nachtaktiver Baumbewohner, der tagsüber in den Zweigen ruht.

Hoplodactylus pacificus (Gray, 1842)
Verbreitung: Neuseeland. Größe bis 14 cm. Färbung: Braun mit heller oder dunkler Musterung oder Längsstreifung.

Naultinus elegans Gray, 1842
Verbreitung/Biotop: Nordinsel, im *Leptospermum*-Busch. Größe bis 18 cm. Färbung: Leuchtend grün, oft mit weißen oder gelben Streifen an den Rückenseiten; eine zitronengelbe Form ist verhältnismäßig häufig. Mundschleimhaut kobaltblau, Zunge purpurn. Einer der schönsten Geckos überhaupt. Futter: Insekten, vor allem Fliegen, zusätzlich Nektar (vitaminisiertes Honigwasser mit Kalkzusatz). Tagaktiver Zweigkletterer mit Wickelschwanz. Milde Sonne.

Australien

Pflanzen

Ricciaceae (Sternlebermoose)
Riccia fluitans L.

Lycopodiaceae (Bärlappgewächse)
Huperzia squarrosa (G. Forst.) Rothm.

Selaginellaceae (Moosfarngewächse)
Selaginella uliginosa (Labill.) Spring

Psilotaceae (Psilotumgewächse)
Psilotum triquetrum Swartz

Schizaeaceae (Schizaeagewächse)
Lygodium flexuosum (L.) Swartz

Pteridaceae (Flügelfarngewächse)
Pellaea falcata (R. Br.) Fée
Pellaea rotundifolia (Forst.) Hocker

Grammitidaceae
Grammitis billardieri Willd.

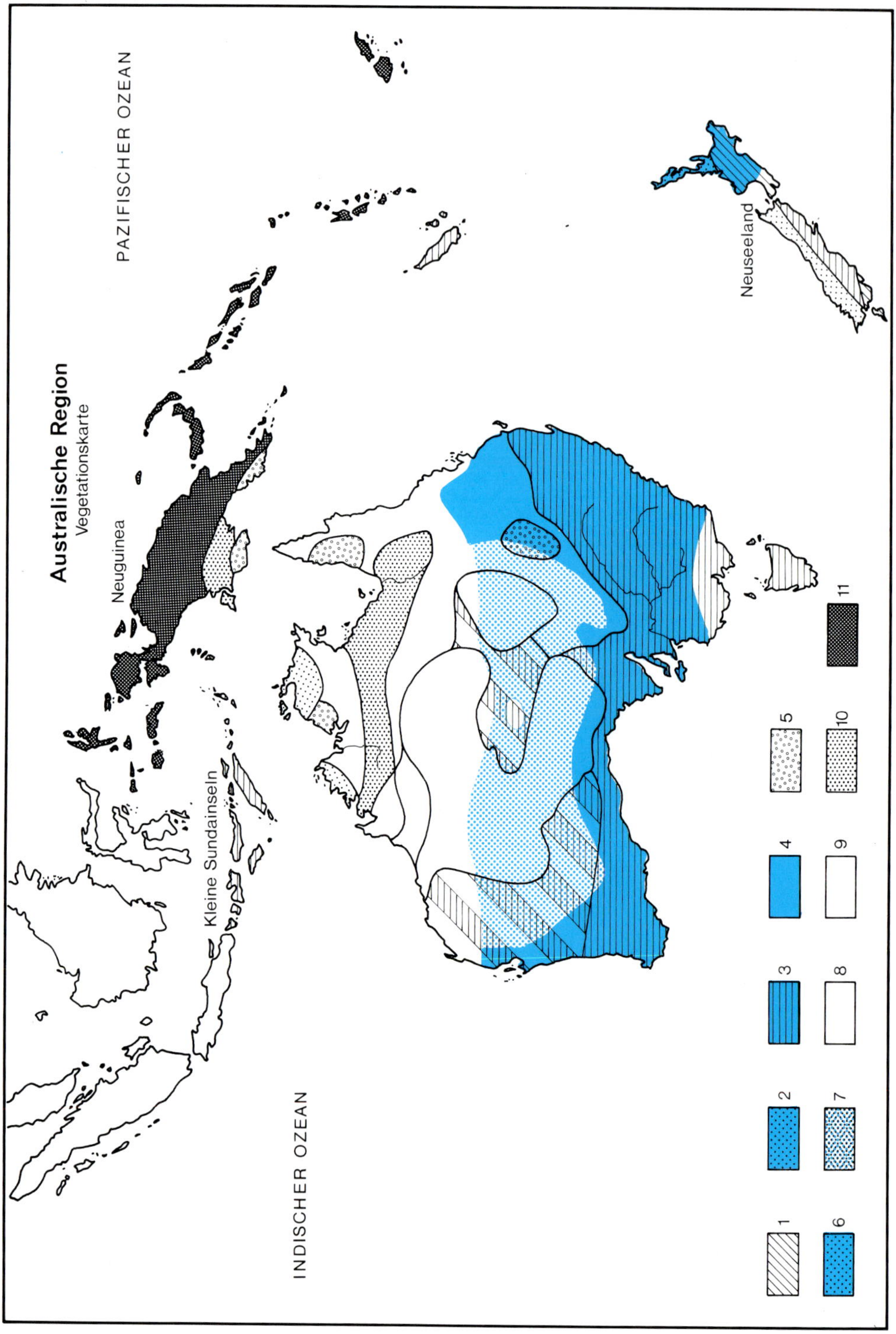

Australische Region
Vegetationskarte
PAZIFISCHER OZEAN
Neuguinea
Kleine Sundainseln
Neuseeland
INDISCHER OZEAN
1
2
3
4
5
6
7
8
9
10
11

Bild 32. Australische Region, Vegetationskarte. **1** Boreale Wälder, **2** Temporäre Laubwälder, **3** Hartlaub- und Strauchformationen, **4** Zwergstrauch-Halbwüsten, **5** Savannen, **6** Eukalyptuswälder, **7** Trockenwälder, **8** Wüsten, **9** offene, immergrüne Gehölze, **10** Moorwälder, Überschwemmungssümpfe, **11** Tropischer Regenwald.

ʌʌʌ **Marsileaceae** (Kleefarngewächse)
Marsilea hirsuta R. BR.

Cycadaceae (Palmfarngewächse)
Macrozamia pauli-guilelmii HILL ET F. V. MUELL.

Bild 33. Northern Territory, Katherine River, Lebensgebiet vieler Baumfrösche, des Großen Wasserwarans (*Varanus mertensi*) des besonders interessanten Kleinen Wasserwarans (*Varanus mitchelli*) und der schönen, in einzelnen Stücken himmelblau gefärbten *Dendrelaphis punctulatus* sowie verschiedener anderer Reptilien. Aufnahme H. G. Horn.

§ **Polypodiaceae** (Tüpfelfarngewächse)
Dictymia brownii COPEL.
Microsorium pustulatum (G. FORST.) COPEL.
Microsorium scandens (G. FORST.) TINDALE

§ **Davalliaceae** (Davalliengewächse)
Davallia pyxidata CAV.
Humata heterophylla (E. SMITH) DESV.

ʌʌʌ **Blechnaceae** (Rippenfarngewächse)
Blechnum patersonii (R. BR.) METT.

ʌʌʌ **Gramineae** (Süßgräser)
— *Bambusa multiplex* RAEUSCH.
Cyperus gracilis R. BR.

§ △ **Orchidaceae** (Orchideengewächse)
Bulbophyllum bracteatum F. M. BAILEY
Bulbophyllum exiguum F. MUELL.
Bulbophyllum macphersonii H. M. R. RUPP
Bulbophyllum minutissimum F. MUELL.
Bulbophyllum weinthalii R. S. ROGERS
Cryptostylis leptochila F. MUELL. EX BENTH.

Dendrobium aemulum R. BR.
Dendrobium bairdianum F. M. BAILEY
Dendrobium bigibbum LINDL.
Dendrobium canaliculatum R. BR.
Dendrobium cucumerianum MAC LEAY EX LINDL.
Dendrobium dicuphum F. MUELL.
Dendrobium kingianum BIDW. EX LINDL.
Dendrobium linguiforme SWARTZ
Dendrobium pugioniforme A. CUNN.
Dendrobium striolatum REICHB. F.
Dendrobium tetragonum A. CUNN.
Oberonia palmicola F. MUELL.
Parasarcochilus spathulatus (R. S. ROGERS) A. W. DOCKRILL
Parasarcochilus weinthalii (F. M. BAILEY) A. W. DOCKRILL
Phalaenopsis amabilis BLUME var. *papuana* SCHLECHTER
Plectorrhiza tridentata (LINDL.) A. W. DOCKRILL
Rhinerrhiza divitiflora (F. MUELL. EX BENTH.) H. M. R. RUPP
Sarcochilus australis (LINDL.) REICHENB. F.
Sarcochilus ceciliae F. MUELL.
Sarcochilus falcatus R. BR.
Sarcochilus fitzgeraldii F. MUELL.
Sarcochilus hartmannii F. MUELL.
Sarcochilus hillii (F. MUELL.) F. MUELL.
Sarcochilus olivaceus LINDL.
Schistotylus purpuratus (H. M. RUPP) A. W. DOCKRILL

Pandanaceae (Schraubenbaumgewächse)
Pandanus amaryllifolius ROXB.
Pandanus pedunculatus R. BR.

◐ ⌇ **Ranunculaceae** (Hahnenfußgewächse)
Clematis microphylla DC.

⌇ **Piperaceae** (Pfeffergewächse)
Piper tetraphyllum VELL.

Moraceae (Maulbeergewächse)
Ficus pumila L. (cv. *minima* und cv. *serpyllifolia*)
Ficus rubiginosa VENT.

Leguminosae (Hülsenfrüchtler)
⌇ *Biophytum sensitivum* (L.) DC
〰 *Neptunia oleracea* LOUR.

Myrtaceae (Myrtengewächse)
Eucalyptus maculata HOOK. var. *citriodora* (HOOK.), BAILEY
Leptospermum scoparium G. FORST.
Melaleuca hypericifolia (SALISB.) E. SMITH

〰 ⌇ **Vitaceae** (Rebengewächse)
◐ *Cissus antarctica* VENT.

Asclepiadaceae (Seidenpflanzen)
⌇ *Dischidia nummularia* R. BR.
⌇ *Dischidia rafflesiana* WALLICH
⌇ *Hoya australis* R. BR. EX TRAILL
⌇ *Hoya carnosa* (L.) R. BR.

⌇ **Rubiaceae** (Krappgewächse)
Myrmecodia antoinii BECC.

〰 **Scrophulariaceae** (Braunwurzgewächse)
Bacopa monniera (L.) WETTSTEIN

〰 **Lentibulariaceae** (Wasserschlauchgewächse)
Utricularia gibba L.

◐ **Labiatae** (Lippenblütler)
Plectranthus parviflorus WILLD.

Einige Jahre nach der Abfassung des Manuskriptes wurden viele australische Amphibien und Reptilien auf die Listen I und II des Washingtoner Artenschutzübereinkommens (s. S. 63) gesetzt. – Bei gefährdeten Arten sollten Erhaltungszuchten versucht werden.

Amphibien

∞ ● **Leptodactylidae** (Pfeiffrösche)
Adelotus brevis (GÜNTHER, 1863)
Verbreitung/Biotop: SO-Queensland, New South Wales in Wasserläufen, Tümpeln und Sümpfen, verborgen unter Felsen, Baumstümpfen und in Löchern, Größe bis 4 cm, die Weibchen bleiben etwas kleiner. Färbung oliv bis braun mit bunter Zeichnung, Hinterseite der Oberschenkel rot.
Cyclorana alboguttata (GÜNTHER, 1867)
Verbreitung: Vereinzelte Fundorte von Cape York, Queensland bis New South Wales.

✶ 〰 *Limnodynastes peronii* (DUMÉRIL & BIBRON, 1841)
Verbreitung/Biotop: Ostküste von Cairns bis Melbourne und Tasmanien. In Bächen, Tümpeln und Sümpfen. Größe bis 6 cm, die Weibchen bleiben kleiner.

✶ 〰 *Limnodynastes tasmaniensis* GÜNTHER, 1858
Verbreitung: O- und SO-Australien.
Mixophyes fasciolatus GÜNTHER, 1864

Verbreitung: O-Queensland und Küste von New South Wales.

! *Notaden bennetti* GÜNTHER, 1873
Verbreitung/Biotop: S-Queensland, New South Wales im Bodengrund. Größe bis 6 cm. Färbung gelb bis grün, schwarzwarzig, mit weißen, roten und gelben Tupfen und dunkler Kreuz-Zeichnung.

K *Pseudophryne australis* (GRAY, 1835)
Verbreitung/Biotop: Zentralöstliches New South Wales. In Sandsteinritzen in Wassernähe, auch im Wurzelgeflecht von Sträuchern. Größe bis 25 mm. Färbung braun mit feinen roten Tupfen, auf dem Kopf eine rote Triangelzeichnung.

K *Pseudophryne bibronii* GÜNTHER, 1858
Verbreitung: Queensland, New South Wales, Victoria, Tasmanien.

K *Pseudophryne coriacea* KEFERSTEIN, 1868
Verbreitung: S-Queensland, zentrales New South Wales.

K *Pseudophryne corroboree* MOORE, 1953
Verbreitung/Biotop: New South Wales, ausschließlich in Höhenlagen von 1500 m und darüber, auf wasserfallreichen Berghängen in *Sphagnum*-Sümpfen. Größe bis 35 mm, die Männchen bleiben etwas kleiner. Färbung ein scharf abgesetztes Streifenmuster in Schwarz und leuchtendem Gelb, Grüngelb oder Orange; der Bauch ist gelb-blau-schwarz marmoriert. Futter: Kleine Grillen, Stubenfliegen, Wachsmotten und deren Raupen; Wiesen-Plankton.

◐ **Hylidae** (Laubfrösche)

G ∞ *Hyla (Litoria) aurea* (LESSON, 1830) – Goldlaubfrosch
Verbreitung/Biotop: New South Wales, Victoria, Tasmanien, in Teichen, Seen, Flüssen und Sümpfen. Größe bis 95 mm, die Männchen bleiben kleiner. Färbung hell bis dunkelgrün, manchmal braun gefleckt, mit goldfarbenen Tupfen. Innenseite des Ober- und Unterschenkels sowie Flanken blau. Ein goldfarbenes Längsband vom Auge bis zum Rumpfende ist nicht immer sichtbar. Haltung am besten im gut gegliederten Aqua-Terrarium mit Versteckplätzen, von denen aus die Frösche ihr Wohnareal überblicken und sich dem Pfleger gegenüber unbeobachtet fühlen können. Sie lernen dann auch, Beutetiere (Insekten, Spinnen, Schnecken, Fische) vom langen Futterdraht zu schnappen. Tagaktiv.

✱ G ∞ *Hyla (Litoria) caerulea* (WHITE, 1790) – Korallenfinger

Bild 34. Goldlaubfrosch (*Hyla (Litoria) aurea*). Aufnahme A. van der Nieuwenhuizen.

Verbreitung/Biotop: Australien, mit Ausnahme des Südwestens und Südens, S-Neuguinea und Batanta. In Eucalyptushainen und Zypressenwäldern, in der Savanne und in Bergländern in der Nähe von Wasser; häufig in der Nähe menschlicher Ansiedelungen in Ritzen von Häusern, auf Toiletten und in öffentlichen Anlagen. Größe 8–12 cm. Färbung blattgrün, manchmal lindgrün oder gelbgrün. Kleine weiße oder gelbliche Flecken an den Flanken, auf dem Oberarm und auf dem Rükken sind meist schwarz umrandet. Iris goldfarben. Zimmerhaltung (siehe S. 60) möglich. Dämmerungs- und nachtaktiv.

Hyla (Litoria) chloris BOULENGER, 1893
Verbreitung: N-Queensland bis NO-New South Wales.

Hyla (Litoria) citropa (TSCHUDI, 1839)
Verbreitung: O-New South Wales.

! *Hyla (Litoria) eucnemis* LÖNNBERG, 1900
Verbreitung: N-Queensland und Neuguinea. Größe 65 mm. Färbung: Braun in verschiedenen Helligkeitsstufen und Zeichnungsmustern. Die untere Hälfte der Iris bronzefarben, die obere Hälfte sowie die Unterseite der Haftscheiben und Hökker leuchten meergrün. Fransensäume am Unterarm und Tarsus. Nachtaktiv, versteckt sich tagsüber gern in Baumhöhlen.

Hyla (Litoria) freycineti (TSCHUDI, 1839)
Verbreitung: SO-Queensland bis O-New South Wales.

G *Hyla (Litoria) infrafrenata* GÜNTHER, 1867
Verbreitung: N-Australien und Neuguinea.

Hyla (Litoria) nasuta (GRAY, 1842)
Verbreitung: Northern Territory, Queensland bis zentralöstliches New South Wales.

★ *Hyla (Litoria) peroni* (TSCHUDI, 1839)
Verbreitung: Northern Territory, Queensland, New South Wales. Größe bis 6 cm. Färbung sehr veränderlich, meist graubraun mit winzigen blaugrünen Punkten;

Bild 35. *Hyla (Litoria) peroni* Aufnahme A. van der Nieuwenhuizen.

Bild 36. Schlangenhalsschildkröte (*Chelodina longicollis*) Aufnahme A. van den Nieuwenhuizen.

Oberarm, Oberschenkel und Leisten gelb und schwarz quergestreift. Nachtaktiv.

✱ K *Hyla (Litoria) rubella* GRAY, 1842
ꝏ Verbreitung: Zentral-Australien, New South Wales.

Reptilien

≈ ○ **Chelidae** (Schlangenhals-Schildkröten)

G ꝏ *Chelodina longicollis* (SHAW, 1802) – Schlangenhalsschildkröte
Verbreitung/Biotop: SO-Australien, in Gewässern aller Art. Größe 25–30 cm. Färbung braun bis dunkelbraun und schwärzlich. Futter: Insekten, Regenwürmer, Wasserschnecken, Herzmuskel-Fleisch mit einem Kalkvitamingemisch bepudert.

G *Chelodina novaeguineae* BOULENGER, 1888
Verbreitung: N-Australien, Neuguinea.

G *Chelodina steindachneri* SIEBENROCK, 1914
Verbreitung: W-Australien.

G *Emydura macquarrii* (GRAY, 1831)
Verbreitung: Australien, Neuguinea.

Pseudemydura umbrina SIEBENROCK, 1901
Verbreitung: SW-Australien. Gefährdet!

● **Gekkonidae** (Geckos)

✱ *Gehyra australis* GRAY, 1845
Verbreitung: N-Australien.

✱ *Gehyra variegata* (DUMÉRIL & BIBRON, 1836)
Verbreitung: Australien, Neuguinea, Ozeanien. Größe 10 cm. Färbung grau mit dunkler Marmorierung. Futter: Insekten, Spinnen, kleinste Gehäuseschnecken. Nachtaktiv.

✱ *Gymnodactylus milii* (BORY, 1825)
Verbreitung: S- und O-Australien.

Gymnodactylus pelagicus (GIRARD, 1858)
Verbreitung: N-Australien, indoaustralischer Archipel, Ozeanien.

Nephrurus asper GÜNTHER, 1876
Verbreitung: Queensland bis W-Australien.

✶ *Oedura lesueurii* (Duméril & Bibron, 1836)
Verbreitung: O- und S-Australien.

✶ ≀ *Oedura monilis* De Vis 1888
Verbreitung: S-Queensland bis zentrales New South Wales.

✶ ≀ *Oedura robusta* Boulenger, 1885
Verbreitung/Biotop: S-Queensland bis nördliches New South Wales, in Eucalyptushainen und Zypressenwäldern. Nachtaktiver Baumgecko.

Phyllodactylus marmoratus (Gray, 1844)
Verbreitung: S-Australien, Norfolk-I., Neue Hebriden.

! ≀ *Phyllurus cornutus* (Ogilby, 1892) – Blattschwanzgecko
Verbreitung/Biotop: Queensland bis N-New South Wales, in Regenwäldern. Größe bis 26 cm. Färbung: Rindenfarbig. Nachtaktiver Baumbewohner.

Phyllurus platurus (Shaw, 1790)
Verbreitung/Biotop: S-Queensland bis New South Wales in Sandsteinritzen und im Wurzelgeflecht von Bäumen und Sträuchern.

● **Pygopodidae** (Flossenfüße)

Aprasia pulchella Gray, 1839
Verbreitung: W- und S-Australien.

Delma fraseri Gray, 1831
Verbreitung: Australien.

Pygopus lepidopus (Lacépède, 1804): – Flossenfuß
Verbreitung: Australien.

Pygopus nigriceps (Fischer, 1882)
Verbreitung: Zentrales Queensland und New South Wales bis W-Australien. Größe bis 44 cm. Futter: Insekten und Termiten. Nachtaktiv.

G **Agamidae** (Agamen)

⚭ ○ *Amphibolurus barbatus* (Cuvier, 1829) – Bartagame
Verbreitung: Australien. Größe bis 60 cm. Färbung: Steingrau, Kehlbart schwarz; physiologischer Farbwechsel. Futter: Gehäuseschnecken, Spinnen, Kerbtiere; Blu-

Bild 37. Blattschwanzgecko (*Phyllurus cornutus*) im Terrarium des Verfassers. Aufnahme S. Eigstler.

men, Beeren und Steinfrüchte. Holt sich das Futter von der Hand des Pflegers. Semi-arboreal, heliotherm. Zimmerhaltung (siehe S. 62) möglich.

○ *Amphibolurus muricatus* (SHAW, 1790)
Verbreitung: O-Australien.

● *Gonocephalus spinipes* (DUMÉRIL 1851)
Verbreitung/Biotop: Queensland bis Gosford, in Regenwäldern.

○ *Physignathus gilberti* (GRAY, 1842)
Verbreitung: N-Australien.

○ *Physignathus lesueurii* (GRAY, 1831) – Wasseragame
Verbreitung/Biotop: Queensland bis S-New South Wales, Victoria und Neuguinea in Creeks und an Gewässern auf überhängenden Bäumen und Zweigen. Größe bis 85 cm. Haltung in großem Aqua-Terrarium. Arboreal, heliotherm, schwimmt und taucht vorzüglich. Siehe auch S. 19!

○ *Physignathus longirostris* (BOULENGER, 1883)
Verbreitung: Zentrales Australien bis W-Australien.

✱ **Scincidae** (Skinke)

△ ○ *Egernia cunninghami* (GRAY, 1832) – Stachelskink
Verbreitung/Biotop: S-Queensland, O- und S-New South Wales, Victoria, South Australia und S-Western Australia in Felsritzen und Steinhaufen. Größe bis 36 cm. Färbung: Braun, mit schwarzen Flecken und weißen Punkten; Weibchen manchmal rotbraun. Futter: Würmer, Schnecken, Spinnen, Insekten, kleine Wirbeltiere; Beeren, Steinfrüchte, ferner Muskelfleisch, Haferbrei, Pudding sowie Blumen und Blätter (Salat, Triebspitzen). Fortpflanzung: Es werden bis drei lebende Junge geboren.

○ *Egernia depressa* (GÜNTHER, 1875) – Plattschwänzchen
Verbreitung/Biotop: SW-Australien (Swan River), an Bäumen. Größe bis 17 cm. Arboreal, heliotherm.

○ *Egernia striolata* (PETERS, 1870)
Verbreitung/Biotop: Queensland, New South Wales, Victoria, an Bäumen und Stümpfen. Größe bis 22 cm. Arboreal.

✱ *Egernia whitii* LACÉPÈDE, 1804
○ Verbreitung/Biotop: S-Australien, an Felsküsten.

○ *Emoia cyanogaster* (LESSON, 1830)
Verbreitung/Biotop: N-Australien und Neuguinea, an Bäumen. Größe bis 30 cm. Färbung: Bronzefarben, metallischgrün glänzend. Arboreal, heliotherm.

○ *Lygosoma (Leiolopisma) fuscum* DUMÉRIL & BIBRON, 1839
Verbreitung: N-Queensland, N-Northern Territory und Neuguinea.

✱ ○ *Lygosoma (Sphenomorphus) quoyii* DUMÉRIL & BIBRON, 1839 – Wasserskink
Verbreitung/Biotop: Queensland, New South Wales, Victoria an Gewässern. Größe bis 30 cm. Färbung: Kupferglänzend, dunkel und hell gepunktet, manchmal mit cremegelben Rückenstreifen. Allesfresser. Unverträglich, trotzdem ist die Haltung im gut gegliederten Aqua-Terrarium sehr empfehlenswert. Arboreal, he-

Bild 38. Bartagame (*Amphibolurus barbatus*) freilebend in der Wohnung von Frau S. Haas. Aufnahme A. van den Nieuwenhuizen.

liotherm, schwimmt und taucht vorzüglich.

Riopa albofasciolata (GÜNTHER, 1872)
Verbreitung: N-Australien, Neuguinea, Pazifik-Inseln.

– ● *Riopa rufescens* (SHAW, 1802)
Verbreitung: N-Australien.

● *Tiliqua gerrardii* (GRAY, 1845)
Verbreitung/Biotop: NO-Australien bis New South Wales, in Regenwäldern.

✱ ♾ ◐ *Tiliqua nigrolutea* (QUOY & GAIMARD, 1824)
Verbreitung: Great Dividing Range, Victoria, South Australia, Tasmanien und Bass Strait Insel.

✱ ♾ ◐ *Trachydosaurus rugosus* (GRAY, 1827)
Tannenzapfenechse
Verbreitung/Biotop: Australien, auf Sanddünen, im Dornbusch, Gestrüpp und Gras. Größe bis 36 cm. Färbung: Grau über braun bis schwarz mit gelben oder fleischfarbenen Makeln. Geschlechtsunterschiede: Weibchen mit kurzem und breitem Schwanz, beim Männchen ist der Schwanz länger und schmäler. Allesfresser, wie *Tiliqua scincoides*. Fortpflanzung: Es werden meist zwei lebende Junge geboren.

♾ ○ **Varanidae** (Warane)

Bild 39. *Lygosoma (Sphenomorphus) quoyii* im Aquaterrarium des Verfassers. Der Wasserskink gehört wegen seines mattgoldenen Rückenstreifens und der Tüpfelung der Flanken zu den schönsten und wegen seiner universellen Bewegungsaktivitäten zu den anmutigsten Skinken überhaupt. Er ist ein ausgezeichneter Kletterer, ein guter Springer und Läufer und – ökologisch bemerkenswert – ein ausgezeichneter Schwimmer. Bei Gefahr taucht er unter, um am Grunde des Gewässers, im Genist von flutenden Blättern und Zweigen, zwischen Wurzeln und Steinen Schutz zu suchen. Aufnahme A. van den Nieuwenhuizen.

✱ ♾ ◐ *Tiliqua scincoides* (SHAW, 1790) – Blauzungenskink
Verbreitung: Australien, Torres Strait Insel, Tasmanien. Größe bis 55 cm. Färbung: Grau bis Braun mit dunklen Querbändern. Futter wie *Egernia cunninghami*. Fortpflanzung: Es werden sechs bis zwanzig lebende Junge geboren.

Varanus acanthurus BOULENGER, 1885 – Stachelschwanzwaran
Verbreitung: Western Australia, Northern Territory, Queensland (Zentralaustralien). Größe bis 80 cm.

Varanus brevicauda BOULENGER, 1898
Verbreitung: Western Australia. Größe bis 20 cm.

Bild 40. Stachelschwanzwaran (*Varanus acanthurus*). Aufnahme A. van den Nieuwenhuizen.

Varanus caudolineatus BOULENGER, 1885
Verbreitung: Western Australia. Größe bis 26 cm.

Varanus gilleni (LUCAS & FROST, 1895)
Verbreitung/Biotop: Zentrales Australien, an Bäumen. Größe bis 35 cm. Arboreal, heliotherm.

G *Varanus glauerti* MERTENS, 1957
Verbreitung: Western Australia. Größe bis 70 cm. Echsenfresser! Ungeeignet.

G *Varanus glebopalma* MITCHELL, 1955
Verbreitung: Western Australia, Northern Territory. Größe bis 110 cm. Echsenfresser! Ungeeignet.

G *Varanus mitchelli* MERTENS, 1958
Verbreitung: N-Northern Territory. Größe bis 68 cm. Färbung: Braun mit roter und blauer Ozellenzeichnung. Futter: Fische, Krabben, kleine Mäuse sowie Insekten. Arboreal, heliotherm, schwimmt und taucht vorzüglich.

G *Varanus semiremex* PETERS, 1869
Verbreitung/Biotop: N-Australien, in Mangrovesümpfen auf Bäumen und Mangroven. Größe bis 70 cm. Färbung: Bläulichgrau mit zahlreichen schwarzen Punkten, Kehle und Brust rostrot, Schwanzoberseite schwarz, Oberseite der Beine schwarz mit leuchtend

Bild 41. Die Regenwaldform von *Varanus timorensis similis* ist mit ihrer ozellen- oder leopardähnlichen, kontrastreichen Zeichnung eine der schönsten Waranarten. Die Echse erreicht nur etwa 60 cm Gesamtlänge und läßt sich deshalb auch noch in einem mittelgroßen Spezialterrarium unterbringen, sofern man die Inneneinrichtung geschickt gestaltet. Aufnahme H. G. Horn.

hellen Flecken. Futter: Krabben und Fische, in Gefangenschaft kleine Mäuse, Insekten und Muskelfleisch in Streifen mit einem Kalkvitamingemisch bepudert. Baum- und Zweigkletterer, versteckt sich gerne in Baumhöhlen und Astnischen; heliotherm, schwimmt und taucht vorzüglich.

G *Varanus spenceri* LUCAS & FROST, 1903
Verbreitung: Northern Territory. Größe bis 150 cm. Ungeeignet; empfehlenswerter *Varanus gouldii* (GRAY, 1838) mit zwei Unterarten: *flavirufus* MERTENS, 1958, und *rosenbergi* MERTENS, 1957.

Varanus storri MERTENS, 1966
Verbreitung: Charters Towers. Größe bis 44 cm. Färbung: Graubraun mit vielen dunkelbraunen oder schwarzen Flecken. Die Exkremente werden überall verstreut abgesetzt und verbreiten einen sehr üblen Geruch.

G *Varanus timorensis similis* MERTENS, 1958
Verbreitung: N-Australien. Größe bis 60 cm. Die Nominatform, *Varanus timorensis timorensis* (GRAY, 1831), von den Inseln Timor, Samaoe, Savu und Rotti bis Neuguinea verbreitet, ist der am häufigsten nach Europa eingeführte Kleinwaran. Haltenswert!

Varanus tristis (SCHLEGEL, 1839)
Verbreitung: Northern Territory, Queensland, Western Australia. Größe bis 90 cm. Arboreal, heliotherm.

● **Boidae** (Riesenschlangen)

G *Chondropython viridis* (SCHLEGEL, 1872)
Verbreitung: Northern Cape York Peninsula und Neuguinea. Länge 150 bis 170 cm. Färbung: Smaragdgrün mit weißer und blauer Rückenzeichnung. Bauch zitronengelb. Futter: Mäuse, Arboreal.

G *Liasis childreni* GRAY, 1842
Verbreitung/Biotop: NW-Australien, am steinigen Ufer von Gewässern. Länge: 120–140 cm. Futter: Vögel, Mäuse. Versteckt sich gerne in Felsritzen.

! *Liasis perthensis* STULL, 1932
Verbreitung/Biotop: Perth und Umgebung, in und auf Termitenhügeln. Länge bis 70 cm.

Acrochordidae (Warzenschlangen)

Chersydrus (*Acrochordus*) *granulatus* (SCHNEIDER, 1799)
Verbreitung/Biotop: Cape York Peninsula, Salomonen, Südostasien, Philippinen bis Ceylon, in Flußmündungen. Länge 90–110 cm. Färbung: Schwarz mit hellen Querbinden. Futter: Fische. Aquatil; Haltung im Aquarium oder Aqua-Terrarium.

◐ **Colubridae** (Nattern)

Dendrelaphis punctulatus (GRAY, 1827)
Verbreitung/Biotop: N- und O-Australien,

auf Büschen, Schraubenpalmen und Bäumen. Länge: 120–210 cm. Färbung: Grün, blaugrün, es gibt aber auch blaue, schwarze, rote oder gelbe Tiere. Futter: Fische. Semiarboreal, in manchen Lebensräumen terrestrisch oder Felsbewohner.

Enhydris punctata (GRAY, 1849)
Verbreitung/Biotop: Cape York, an Flußmündungen und Küsten. Länge bis 50 cm. Futter: Fische.

– **Elapidae** (Giftnattern)

● *Acanthophis antarcticus* (SHAW, 1794) – Todesotter

Verbreitung/Biotop: Australien, Neuguinea, Ceram und Amboina, im luftfeuchten aber auch trockenerem Buschland und Eucalyptuswäldern, auf dem Sand zwischen Graspolstern und Kräutern. Länge: 60 cm, selten bis 90 cm. Färbung: Grau oder Rotbraun mit hell-dunkel gefaßten dunkel rotbraunen oder schwarzen Querstreifen. Futter: Mäuse, Vögel. Der

Bild 42. Männchen der Todesotter (*Acanthophis antarcticus*) im Terrarium des Verfassers. Aufnahme P. C. Hallauer.

schnurartige, gelb gefärbte Schwanzfortsatz dient als Köderfalle; durch kringelnde Bewegungen werden die Beutetiere angelockt und von der blitzschnell und sehr zielsicher vorschnellenden Schlange gebissen und zugleich festgehalten. Bei Störungen maximal extremes dorsoventrales Abflachen. Fortpflanzung: Ovovivipar, es werden bis fünfzehn lebende Junge von 14-15 cm Länge abgesetzt.

Neuguinea, Melanesien, Kleine Sundainseln

Pflanzen

Lycopodiaceae (Bärlappgewächse)
Huperzia squarrosa (G. Forst.) Rothm.
Lycopodium phlegmaria L.

Selaginellaceae (Moosfarngewächse)
Selaginella willdenovii (Desv.) Baker

Psilotaceae (Psilotumgewächse)
Psilotum triquetrum Swartz

Schizaeaceae (Schizaeagewächse)
Lygodium flexuosum (L.) Swartz

Pteridaceae (Flügelfarngewächse)
Hemionitis arifolia (Burm.) Moore

Parkeriaceae (Parkeriengewächse)
Ceratopteris thalictroides (L.) Brong.

Polypodiaceae (Tüpfelfarngewächse)
Platycerium willinckii Moore forma *pygmaeum* hort.
Pteropsis piloselloides (L.) Desv.

Davalliaceae (Davalliengewächse)
Davallia pentaphylla Blume
Humata heterophylla (E. Smith) Desv.
Humata repens (L.f.) Diels

Hydrocharitaceae (Froschbißgewächse)
Blyxa japonica (Miquel) Maximowicz ex Ascherson et Gürke
Vallisneria spiralis L.

Gramineae (Süßgräser)
Bambusa multiplex Raeusch.
Oplismenus hirtellus (L.). P. Beauv.

Cyperaceae (Riedgräser)
Cyperus gracilis R. Br.
Cyperus haspan L.

Orchidaceae (Orchideengewächse)
Dendrobium atroviolaceum Rolfe
Dendrobium phalaenopsis Fitzg.
Dendrobium superbum Reichb. f.
Phalaenopsis amabilis Blume
Rhynchostylis retusa Blume
Vanilla aphylla Blume

Araceae (Aronstabgewächse)

Aglaonema simplex BLUME
Pothos loureirii HOOK. ET. ARN.

Pandanaceae (Schraubenbaumgewächse)
Pandanus amaryllifolius ROXB.

Piperaceae (Pfeffergewächse)
Piper betle L.
Piper ornatum N.E. BROWN
Piper tetraphyllum VELL.

Moraceae (Maulbeergewächse)
Ficus pumila L. (cv.*minima* und cv. *serpyllifolia*)

Amaranthaceae (Fuchsschwanzgewächse)
Alternanthera sessilis (L.) DECANDOLLE

Euphorbiaceae (Wolfsmilchgewächse)
Breynia nivosa (BULL) PAX ET K. HOFFM.

Leguminosae (Hülsenfrüchtler)
Biophytum sensitivum (L.) DC
Neptunia oleracea LOUR.

Oleaceae (Ölbaumgewächse)
Jasminum gracillimum HOOK. F.

Asclepiadaceae (Seidenpflanzen)
Dischidia nummularia R. BR.
Dischidia rafflesiana WALLICH

Rubiaceae (Krappgewächse)
Hydnophytum formicarum JACK
Myrmecodia antoinii BECC.
Myrmecodia platytraea BECC.

Scrophulariaceae (Braunwurzgewächse)
Bacopa monniera (L.) WETTSTEIN

Lentibulariaceae (Wasserschlauchgewächse)
Utricularia gibba L.

Gesneriaceae (Gesneriengewächse)
Aeschynanthus longiflora BLUME

Acanthaceae (Bärenklaugewächse)
Hemigraphis alternata (BURM. F.) T. ANDERSON
Hygrophila polysperma (ROSB.) T. ANDERSON
Hygrophila salicifolia (VAHL) NEES

Bild 43. Korallenfinger (*Hyla (Litoria) caerulea*) im Terrarium des Verfassers. Aufnahme S. Eigstler.

Bild 44. *Hyla (Litoria) eucnemis* im Terrarium des Verfassers. Aufnahme A. van den Nieuwenhuizen.

Labiatae (Lippenblütler)
— *Coleus acuminatus* BENTH.

Amphibien

◐ **Hylidae** (Laubfrösche)
✱ G *Hyla (Litoria) caerulea* (WHITE, 1790) – Korallenfinger
Verbreitung: Australien, mit Ausnahme des SW und S, S-Neuguinea und Batanta. Siehe S. 79.
Hyla (Litoria) eucnemis LÖNNBERG, 1900
Verbreitung: N-Queensland und Neuguinea. Siehe S. 80.
G *Hyla (Litoria) infrafrenata* GÜNTHER, 1867
Verbreitung: N-Australien und Neuguinea. Größe bis 12 cm.

Reptilien

○ **Chelidae** (Schlangenhals-Schildkröten)
G *Chelodina novaeguineae* BOULENGER, 1888
Verbreitung/Biotop: N-Australien und Neuguinea in Gewässern aller Art.
G *Chelodina siebenrocki* WERNER, 1901
Verbreitung: NO-Neuguinea.
Elseya novaeguineae (MEYER, 1874), Syn. *Emydura schultzei* (VOGT, 1911)
Verbreitung: Neuguinea. Größe bis 15 cm.
Emydura albertisii BOULENGER, 1888
Verbreitung: Neuguinea. Größe bis 16 cm.
G *Emydura macquarrii* (GRAY, 1831)
Verbreitung: Australien und Neuguinea. Größe bis 27 cm.

● **Gekkonidae** (Geckos)
✱ *Gehyra variegata* (DUMÉRIL & BIBRON, 1836)
Verbreitung: Australien, Neuguinea, Ozeanien. Siehe S. 81.
Gekko monarchus (DUMÉRIL & BIBRON, 1836)
Verbreitung: Neuguinea, Indoaustrali-

scher Archipel, Philippinen, Sunda-Inseln, Malaya, Hinterindien.

Gymnodactylus marmoratus (GRAY, 1831)
Verbreitung: Neuguinea, Indoaustralischer Archipel, Sunda-Inseln, Malaya, Hinterindien.

Gymnodactylus pelagicus (GIRARD, 1858)
Verbreitung/Biotop: N-Australien, Neuguinea, Indoaustralischer Archipel, Ozeanien, Rindenbewohner auf Bäumen. Größe bis 12 cm. Färbung: Graubraun mit dunklen, weißgesäumten Querbinden. Futter: Spinnen, Insekten. Arboreal, nachtaktiv.

Hemidactylus frenatus DUMÉRIL & BIBRON, 1836
Verbreitung: Ozeanien, Indoaustralischer Archipel, Formosa, Malaya, Südchina, Hinterindien, Japan, Nepal, Madagaskar.

Phyllodactylus marmoratus (GRAY, 1844)
Verbreitung: S-Australien, Norfolk-Insel, Neue Hebriden.

Ptychozoon kuhli STEJNEGER, 1902 - Faltengecko
Verbreitung/Biotop: Indoaustralischer Archipel, Sunda-Inseln, Malaya, Hinterindien, Nicobaren, Rindenbewohner auf Bäumen. Größe bis 20 cm.

Bild 45. Weibchen der Wasseragame *Physignathus lesueurii* im Aquaterrarium des Verfassers. Aufnahme A. van den Nieuwenhuizen.

G *Rhacodactylus leachianus* (CUVIER, 1829)
Verbreitung: Neukaledonien. Größe bis 35 cm.

G **Agamidae** (Agamen)

● *Gonocephalus modestus* MEYER, 1874
Verbreitung/Biotop: Neuguinea und Ozeanien, auf Bäumen und Baumstümpfen. Größe bis 35 cm, wobei 25 cm auf den Schwanz entfallen. Färbung: Braun mit dunkler Rückenzeichnung und gelbem Längsband von der Schnauze bis zur Schwanzwurzel. Futter: Spinnen, Insekten, gerne Grillen, Fliegen und Wachsmotten sowie deren Larven. Arboreal.

○ *Physignathus lesueurii* (GRAY, 1831) - Wasseragame
Verbreitung: Australien und Neuguinea. Siehe S. 83.

Scincidae (Skinke)

○ *Emoia cyanogaster* (LESSON, 1830)
Verbreitung: N-Australien und Neuguinea. Siehe S. 83.

○ *Lygosoma (Leiolopisma) fuscum* DUMÉRIL & BIBRON, 1839
Verbreitung: N-Queensland, N-Northern Territory und Neuguinea.

Riopa albofasciolata (GÜNTHER, 1872)
Verbreitung: N-Australien, Neuguinea, Pazifik-Inseln.

Varanidae (Warne)

G ○ *Varanus prasinus* (SCHLEGEL, 1839) - Smaragdwaran
Verbreitung/Biotop: Neuguinea und benachbarte Inseln, auf Bäumen in den Zweigen, auf Palmen und Pandanus. Größe bis 90 cm, wobei 60 cm auf den Schwanz entfallen. Färbung: Laub- bis smaragdgrün mit mehr oder weniger hervortretenden dunklen Querbändern auf dem Rücken. Stamm- und Zweigkletterer, heliotherm.

Boidae (Riesenschlangen)

G ● *Chondropython viridis* (SCHLEGEL, 1872)
Verbreitung: Northern Cape York Peninsula und Neuguinea. Siehe S. 86.

Acrochordidae (Warzenschlangen)

Chersydrus (*Acrochordus*) *granulatus* (SCHNEIDER, 1799)
Verbreitung: Cape York Peninsula, Salomonen, Südostasien, Philippinen bis Ceylon. Siehe S. 86.

Elapidae (Giftnattern)
Acanthophis antarcticus (SHAW, 1794) - Todesotter
Verbreitung: Australien, Neuguinea, Ceram und Amboina. Siehe S. 86.

Orientalregion

Philippinen, Formosa Große Sundainseln, Malaya

Pflanzen

Ricciaceae (Sternlebermoose)
Riccia fluitans L.

Hypnaceae (Schlafmoosgewächse)
Vesicularia dubyana (C. MÜLLER) BROTHERUS

Lycopodiaceae (Bärlappgewächse)
Huperzia squarrosa (G. FORST) ROTHM.

Selaginellaceae (Moosfarngewächse)
Selaginella biformis A. BRAUN EX KUHN
Selaginella uncinata (DESV.) SPRING
Selaginella willdenovii (DESV.) BAKER

Psilotaceae (Psilotumgewächse)
Psilotum triquetrum SWARTZ

Schizaeaceae (Schizaeagewächse)
Lygodium flexuosum (L.) SWARTZ

Adiantaceae (Frauenhaarfarne)
Adiantum caudatum L.

Pteridaceae (Flügelfarngewächse)
Doryopteris ludens (WALL.) J. SM.
Hemionitis arifolia (BURM.) MOORE

Parkeriaceae (Parkeriengewächse)
Ceratopteris thalictroides (L.) BRONG.

Polypodiaceae (Tüpfelfarngewächse)
Microsorium pteropus (BLUME) CHING
Platycerium willinckii MOORE forma *pygmaeum* hort.
Pteropsis piloselloides (L.) DESV.

Davalliaceae (Davalliengewächse)
Davallia bullata WALL.
Davallia pentaphylla BLUME
Humata heterophylla (E. SMITH) DESV.
Humata repens (L.F.) DIELS

Blechnaceae (Rippenfarngewächse)
Blechnum patersonii (R.BR.) METT.

Hydrocharitaceae (Froschbißgewächse)
Blyxa japonica (MIQUEL) MAXIMOWICZ EX ASCHERSON ET GÜRKE
Vallisneria spiralis L.

Liliaceae (Liliengewächse)
Ophiopogon japonicus KER-GAWL.

Gramineae (Süßgräser)
Bambusa multiplex RAEUSCH.
Oplismenus hirtellus (L.) P. BEAUV.

Cyperaceae (Riedgräser)
Cyperus haspan L.

Orchidaceae (Orchideengewächse)
Aerides jarckianum SCHLECHTER
Aerides odoratum LOUR.
Anoectochilus setaceus BLUME
Bulbophyllum lobbii LINDL.
Bulbophyllum virescens J.J. SMITH
Coelogyne cumingii LINDL.
Coelogyne sparsa REICHB. F.
Coelogyne speciosa LINDL.
Dendrobium loddigesii ROLFE
Dendrobium secundum LINDL.
Dendrobium superbum REICHB. F.
Dendrobium triflorum LINDL.
Dendrochilum filiforme LINDL.
Dendrochilum uncatum REICHB. F.
Haemaria discolor (KER) LINDL.
Ornithochilus fuscus WALLICH
Paphiopedilum argus (REICHB. F.) PFITZ.
Paphiopedilum glaucophyllum J.J. SMITH
Phalaenopsis amabilis BLUME
Phalaenopsis amabilis BLUME var. *moluccana* SCHLECHTER
Phalaenopsis amboinensis J.J. SMITH
Phalaenopsis aphrodite REICHB. F.
Phalaenopsis cornu-cervi (BREDA) BLUME & REICHB. F.
Phalaenopsis equestris (SCHAUER) REICHB. F.

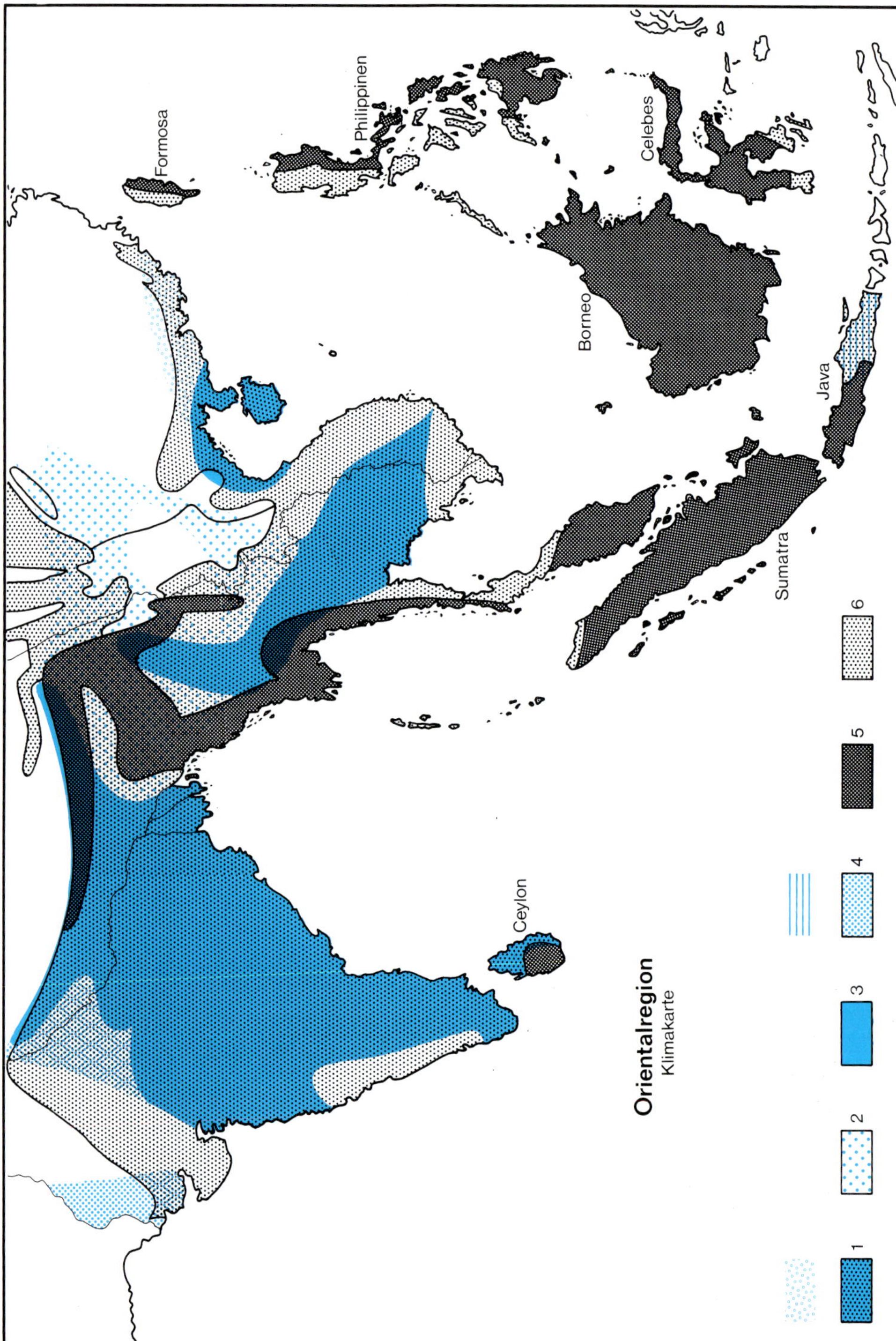
Orientalregion
Klimakarte
Formosa
Philippinen
Celebes
Borneo
Java
Sumatra
Ceylon
1
2
3
4
5
6

Bild 46. Orientalregion, Klimakarte.
Philippinen, Formosa, Große Sundainseln, Malaya
Tropenzonen
3 Wechselfeuchte Tropenklimate
In den Niederungen erreichen die Regenmengen auf den Philippinen etwa 40 cm im Juli und August, im Februar mit 1 cm ihren niedrigsten Stand; in 1450 m üM betragen die Regenmengen 86 bzw. 1 cm im August bzw. Februar. Malaya wird noch vom Südost-Monsun beeinflußt und hat zwei Regenzeiten, eine im Mai und eine von Oktober bis Februar.
5 Tropische Regenklimate
Die Temperaturen schwanken in Küstennähe zwischen 25 und 28 °C; in einer Höhe von 1450 m üM betragen die Temperaturmittel 16 °C im Februar und 19 °C im Mai, bzw. 8 °C im Minimum und 25 °C im Maximum.
Der im tageszeitlichen Rhythmus wehende Aufwind an Gebirgshängen genügt zur ganzjährigen Niederschlagsbildung über einem bestimmten Kondensationsniveau. Bei 1000 m üM sind die Regenmengen beträchtlich, nämlich 450–700 cm im Jahresmittel (Temperatur am Tage selten über 24 °C, nachts sinkt sie auf 15–16 °C), so daß bereits in dieser Höhe der durch seinen Reichtum an Epiphyten charakterisierte Nebelwald beginnt.

Südchina, Hinterindien
Kühlgemäßigte Zonen
2 Winterkalte, sommerfeuchte Steppenklimate
Warmgemäßigte Subtropenzonen
1 Ständig feuchte, sommerheiße Klimate
Niederschlagsmaximum im Sommer; die Kälte des Winters bestimmt das Naturgeschehen.
3 Sommerfeucht-wintertrockene Monsunwaldklimate
Urgesteinsland mit Gras, Stauden, Busch und Einzelbäumen; subtropischer Montanwald (Mischwald, Bambuswald).
Tropenzonen
5 Tropische Regenklimate
Das gebirgige Hinterindien ist ungleich großen Temperaturschwankungen unterworfen. Bei etwa 250 m üM schwankt die Temperatur zwischen 15 °C im Januar und 35 °C im Juni. Vom Januar bis Juni, bei steigender Temperatur, erhöht sich die Regenmenge. z. B. 15 m üM: 15–35 °C, 203 cm Regen.
6 Wechselfeuchte Tropenklimate
z. B. 11 m üM: 15–40 °C, 173 cm Regen. Feuchtsavannen und trockenkahle Savannenwälder mit Übergängen in den Trockensavannengürtel.

Vorderindien, Ceylon
Kühlgemäßigte Zonen
2 Winterkalte, sommerfeuchte Steppenklimate
Tropenzonen
5 Tropische Regenklimate
6 Tropische Trockenklimate, wechselfeuchte Tropenklimate und tropisch-sommerhumide Feuchtklimate
Die kältesten Monate sind Januar bis Februar, in denen in den Ebenen eine Durchschnittstemperatur von 24–26 °C herrscht, in der Höhe etwa 13 °C. Von April bis Juli steigt die Temperatur in den Niederungen auf 28–30 °C, in der Höhe bis auf 16 °C. Der Durchschnittsregenfall im April bis Oktober beträgt 23–37 cm. Die Trockenzeit von November bis März ist ausgeprägt.

Phalaenopsis fimbriata J.J. Smith
Phalaenopsis x intermedia Lindl.
Phalaenopsis x leucorrhoda Reichb. f.
Phalaenopsis lueddemanniana Reichb. f.
Phalaenopsis mariae Burbidge
Phalaenopsis pulchra (Reichb. f.) Sweet
Phalaenopsis sanderiana Reichb. f.
Phalaenopsis schilleriana Reichb. f.
Phalaenopsis stuartiana Reichb. f.
Phalaenopsis sumatrana Korth. & Reichb. f.
Phalaenopsis x valentini Reichb. f.
Phalaenopsis x veitchiana Reichb. f.
Phalaenopsis violacea Witte
Renanthera matutina (Blume) Lindl.
Renanthera monachica Reichb. f.
Rhynchostylis retusa Blume
Vanda concolor Blume
Vanda lamellata Lindl.
Vanda limbata Blume
Vanda roeblingiana Rolfe
§ *Vanilla aphylla* Blume

— ● **Araceae** (Aronstabgewäche)
bis ◐ *Aglaonema costatum* N.E. Brown
— ∿ *Aglaonema modestum* Schott
— ∿ *Aglaonema simplex* Blume
∿ *Lasia spinosa* (L.) Thwaites
§ *Pothos loureirii* Hook. et Arn.
§ *Pothos scandens* L.

Pandanaceae (Schraubenbaumgewächse)
Pandanus stenophyllus Kurz

Cruciferae (Brassicaceae) (Kreuzblütler)
∿ *Cardamine lyrata* Bunge

§ **Piperaceae** (Pfeffergewächse)
Piper betle L.
Piper ornatum N.E. Brown

Moraceae (Maulbeergewächse)
Ficus diversifolia Blume
∿ *Ficus pumila* L. (cv. *minima* und cv. *serpyllifolia*)
Ficus quercifolia Roxb.

Amaranthaceae (Fuchsschwanzgewächse)
∿ *Alternanthera sessilis* (L.) Decandolle

Leguminosae (Hülsenfrüchtler)
§ *Biophytum sensitivum* (L.) DC
∿ *Neptunia oleracea* Lour.

Melastomataceae (Schwarzmundgewächse)
◐ *Sonerila margaritacea* Lindl.

Rutaceae (Rautengewächse)
Citrus taitensis Risso

§ **Vitaceae** (Rebengewächse)
Cissus discolor Blume

§ **Oleaceae** (Ölbaumgewächse)
Jasminum gracillimum Hook. f.

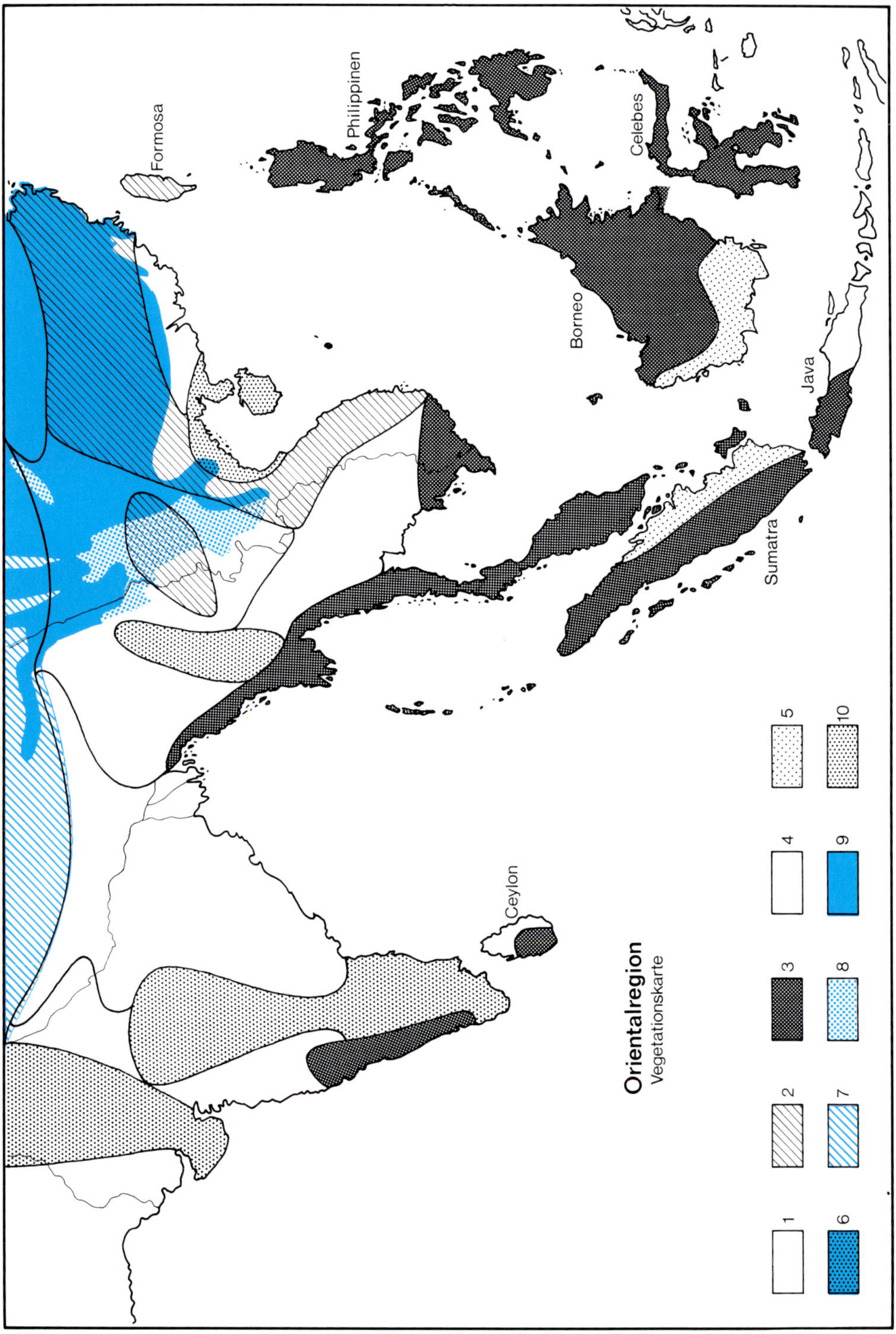
Orientalregion
Vegetationskarte
Formosa
Philippinen
Celebes
Borneo
Java
Sumatra
Ceylon
1
2
3
4
5
6
7
8
9
10

Bild 47. Orientalregion, Vegetationskarte. **1** Subtropische Wälder, **2** Lorbeerwälder, **3** Tropischer Regenwald, **4** Hartlaub- und Strauchformationen, **5** Moorwälder, Überschwemmungssümpfe, **6** Savannen, **7** Boreale Wälder, **8** Monsunwälder, **9** Wüsten, **10** Tropische regengrüne Trockenwälder.

Asclepiadaceae (Seidenpflanzen)
Dischidia bengalensis COLEBR.
Dischidia hirsuta DECNE.
Dischidia lanceolata DECNE.
Dischidia nummularia R. BR.
Dischidia pectenoides H.H.W. PEARSON
Dischidia purpurea MERRILL
Dischidia rafflesiana WALLICH
Dischidia rhombifolia BLUME
Dischidia sagittata DECNE.
Hoya bella HOOK.
Hoya multiflora BLUME

Rubiaceae (Krappgewächse)
Hydnophytum formicarum JACK
Myrmecodia echinata MIQ.

Scrophulariaceae (Braunwurzgewächse)
Bacopa monniera (L.) WETTSTEIN

Lentibulariaceae (Wasserschlauchgewächse)
Utricularia gibba L.

bis
Gesneriaceae (Gesneriengewächse)
Aeschynanthus longiflora BLUME
Aeschynanthus marmorata F. MOORE
Aeschynanthus pulchra G. DON
Aeschynanthus tricolor HOOK.

○ **Acanthaceae** (Bärenklaugewächse)
Hemigraphis alternata (BURM. F.) T. ANDERSON
Hygrophila polysperma (ROB.) T. ANDERSON
Hygrophila salicifolia (VAHL) NEES
Nomaphila stricta (VAHL) NEES
Synnema triflorum (ROXB. EX NEES) O. KUNTZE

Labiatae (Lippenblütler)
– *Coleus acuminatus* BENTH.

Amphibien

Pelobatidae (Krötenfrösche)
Megophrys nasuta (SCHLEGEL, 1837) – Zipfelfrosch
Verbreitung/Biotop: Malaya, Nördliches Borneo, Thailand, auf dem trockenen Bergwaldboden im Unterholz in Wassernähe. Größe etwa 8 cm. Beutetiere sind Würmer, Schnecken, Spinnen und kleine Frösche. Dämmerungsaktiv.

Bufonidae (Kröten)
Nectophryne hosii (GÜNTHER, 1875)
Verbreitung/Biotop: Malaya, Sundainseln, auf herumliegenden Baumästen und trockenen Tonböden. Futter: Waldameisen, Bienen; Heuschrecken.

● **Ranidae** (Echte Frösche)
✱ G *Rhacophorus dennysii* BOULENGER, 1898 –
△ Grüner Kletterfrosch
Verbreitung/Biotop: Südchina, an der besonnten Seite felsiger und vegetationsreicher Bachränder in 500–1000 Meter Höhe. Während der Tagesruhe in Felsspalten, Baumhöhlen und Astgewirr, in der Dämmerung und Nacht aktiv auf Bäumen, Ästen und Zweigen. Größe bis 110 mm. Färbung ein wunderschönes Lackgrün mit kettenartig aneinandergereihten weißen Flecken an den Flanken, die manchmal schwarz gesäumt erscheinen; bei Unbehagen erfolgt eine Umfärbung in Grau bis Graublau. Iris goldigocker. Einer der schönsten Frösche, der rasch futterzahm wird und sich an den Umgang mit Menschen gewöhnt. Futter: Insekten, Spinnen, Babymäuse; Herzmuskel-Fleisch mit einem Kalkvitamingemisch bepudert. Fortpflanzung: Ablage der Eier außerhalb des Wassers an überhängende Busch- oder Baumblätter etwa 100–250 cm über dem Wasserspiegel des Baches, wobei die gallertartigen Eihüllen zu einem zweifäuste-großen Schaumnest „geschlagen“ werden; die Kaulquappen schlüpfen je nach Temperatur am zweiten oder dritten Tag und ernähren sich danach etwa fünf Tage von ihrem Dottersack und schwimmen rücklings in einer Flüssigkeit im Innern des Schaumnestes. Beim ersten starken Regenguß zerfällt das Nest, und die Kaulquappen werden in das sauerstoffreiche Wasser des Baches gespült, wo sie sich wie andere Kaulquappen weiter entwickeln. S. 220.

✶ *Rhacophorus leucomystax* (GRAVENHORST, 1829) – Bambus-Kletterfrosch, Weißbart-Ruderfrosch
Verbreitung: Himalaja bis Philippinen.
Rhacophorus otilophus (GRAVENHORST, 1829) – Panzerkopf-Ruderfrosch
Verbreitung: Sunda-Inseln.
Rhacophorus reinwardtii BOULENGER, 1898 – Java-Flugfrosch
Verbreitung: Sunda-Inseln, Malaya.
Spinnen, sehr gerne Käfer bis Maikäfergröße.
Microhyla ornata (DUMÉRIL & BIBIRON, 1841)
Verbreitung und Biotop: Südchina, Formosa, Hainan, auf Grashängen in Genist und im Gezweig von Büschen. Größe: 30 mm.
Microhyla pulchra (HALLOWELL, 1858) – Orangeschenkel

Bild 48. *Rhacophorus leucomystax*, der Bambus-Kletterfrosch oder Weißbart-Ruderfrosch. Aufnahme A. van den Nieuwenhuizen.

● **Microhylidae** (Engmaulfrösche)

✶ – *Kaloula pulchra* GRAY 1831 – Ochsenfrosch
Verbreitung/Biotop: Südchina, Hainan, Sunda-Inseln, auch Thailand und Malaya; auf dem Lateritboden in Löchern und Genist, auch in Gärten, an und in Tümpeln. Kulturfolger; laicht auch in temporären Pfützen. Nachtaktiv. Größe bis 9 cm. Färbung sehr variabel, Rotbraun über Ziegelrot bis Himbeerrot mit Dunkelbraun oder Ockergelb, manchmal grausilbrig. Futter: Insekten, Verbreitung: Südchina, SO-Asien, auch Indien, Ceylon, Indochina, Thailand und Malaya in der Nähe von Flüssen.

Reptilien

✶ G **Emydidae** (Sumpfschildkröten)
○ *Cuora amboinensis* (DAUDIN, 1798)
Verbreitung: Hinterindien, Sunda-Archipel und Philippinen. Panzerlänge 20 cm, meist kleiner. Wasserstand das $1^1/_2$fache der Panzerbreite (in tiefem Wasser besteht Ertrinkungsgefahr).

Bild 49. *Cuora amboinensis* im Aquaterrarium des Verfassers. Aufnahme A. van den Nieuwenhuizen.

Bild 50. Zacken-Erdschildkröte (*Geoemyda spengleri spengleri*). Aufnahme A. van den Nieuwenhuizen.

✱ G ○ ≋ *Cuora trifasciata* (BELL, 1825) – Gelbköpfchen
Verbreitung: Nördliches Indochina, Südchina, Hainan, Panzerlänge 20 cm. Siehe S. 106.

G ◐ ≋ *Cyclemys dentata* (GRAY, 1831)
Verbreitung: Hinterindien, Sunda-Archipel, Philippinen. Panzerlänge 24 cm.

! ∞ ● *Geoemyda spengleri japonica* FAN, 1931
Verbreitung: Riu-Kiu-Inseln. Panzerlänge 13 cm.

! ∞ ● *Geoemyda spengleri spengleri* (GMELIN, 1789) – Zacken-Erdschildkröte
Verbreitung/Biotop: Südchina, südöstliches Hinterindien (Vietnam), Batu, Sumatra und Borneo in nebelreichen, kühlfeuchten Gebirgswäldern mit relativ großen Temperaturunterschieden (800–1200 Höhe), vor allem im Fallaub des Waldbodens. Lichtscheu (schwache Terrarienbeleuchtung abends für einige Stunden), niedriges Wasserbecken. Futter: Babymäuse, Heimchen, Grillen, Regenwürmer und Schnecken, Jungschildkröten erhalten vitaminisierte Enchyträen; ständiger Wechsel des Futterangebots erforderlich, etwa jeden zweiten Tag. Panzerlänge 12 cm (ideale Terrariengröße). Färbung: Rotbrauner Panzer, Unterseite schwarz mit gelbem Rand. Iris grell weißgelb. Fortpflanzung: Eiablage (in der Regel jeweils 2 Stück) etwa 4 Monate nach der letzten Kopula auf ein Moospolster (LÜTHI); Inkubationszeit 74–110 Tage, Jungtiere 30 mm/8 Gramm. Die Jungtiere sind in der Futterannahme wenig wählerisch, im Alter von 4 Monaten (50 mm/21 Gramm) werden bereits Babymäuse verzehrt. Gesunde Männchen sehr paarungshungrig, das Weibchen muß die Möglichkeit haben, sich in feuchtem Laub und Moos zu vergraben. Geschlechtsunterschied: Schwanz des Männchens länger und dikker, Kloakenöffnung etwa 3 cm vom Hinterrand des Bauchpanzers entfernt; Weibchen Kloakenöffnung etwa 1 1/2 cm vom Bauchpanzerrand entfernt.

Bild 51. Tokee (*Gekko gecko*) freilebend in der Wohnung des Verfassers. Aufnahme A. van den Nieuwenhuizen.

! G ≋ *Malayemys subtrijuga* (SCHLEGEL & S. MÜLLER, 1844)
Verbreitung: Hinterindien, Java. Panzerlänge 20 cm. Nahrungsspezialist (Schnekken); an Kunstfutter gewöhnen.

Ocadia sinensis (GRAY, 1834)
Verbreitung: Indochina, Südchina, Hainan und Formosa.

● **Gekkonidae** (Geckos)

✱ *Gekko gecko* (LINNAEUS, 1758) – Tokee
Verbreitung: Südostasien, Malaya, Zimmerhaltung siehe S. 60.

Gekko monarchus (DUMÉRIL & BIBRON, 1836)
Verbreitung: Hinterindien, Sundainseln, Indoaustralischer Archipel, Philippinen.

Gymnodactylus marmoratus (GRAY, 1831)
Verbreitung: Neuguinea, Indoaustralischer Archipel, Sundainseln, Malaya, Hinterindien.

⌇ *Gymnodactylus pulchellus* (GRAY, 1828)
Verbreitung: Hinterindien, Sundainseln und Vorderindien, im Regenwald auf Bäumen.

✱ *Hemidactylus flaviviridis* RÜPPEL, 1835
Verbreitung: Abessinien bis Bengalen.

✱ *Hemidactylus frenatus* DUMÉRIL & BIBRON, 1836 – Tschitschak
Verbreitung: Südostasien (Pazifischer Raum) und Madagaskar.

⌇ *Ptychozoon kuhli* STEJNEGER, 1902 – Faltengecko
Verbreitung/Biotop: Hinterindien, Ma-

laya, Nikobaren, Sundainseln, auf Bäumen. Rindenbewohner

Agamidae (Agamen)

Calotes cristatellus (KUHL, 1820)
Verbreitung: Sundainseln bis Neuguinea, auch S-Thailand und Malaya. Zweigkletterer auf Büschen in Wassernähe.

Calotes jubatus (DUMÉRIL & BIBRON, 1837)
Verbreitung: Sundainseln.

Scincidae (Skinke)

Lygosoma vittatum DUMÉRIL & BIBRON, 1839
Verbreitung: Borneo, auf Bäumen im Regenwald und dessen Randzonen.

Mabuya multifasciata (KUHL, 1887)
Verbreitung: Südostasien.

Tropidophorus brookei (GRAY, 1845) – Wasserskink
Verbreitung/Biotop: Südostasien, in der Ufervegetation, aber auch auf Felsen und Steinen in Ufernähe. Schwimmt und taucht. Futter neben Insekten auch Kleinkrebse.

Anguidae (Schleichen)

Ophisaurus harti BOULENGER, 1899
Verbreitung/Biotop: Südchina, Formosa, unter Genist, Wurzelstubben auf trockenem und feuchtem Boden. Größe: 25 + 40 cm. Färbung: Lehmfarben mit leuchtend blauen Seitenflecken. Futter: Babymäuse, Schnekken, Würmer, Insekten.

Acrochordidae (Warzenschlangen)

Chersydrus (Acrochordus) granulatus (SCHNEIDER, 1799)
Verbreitung: Cape York Peninsula, Salomonen, Philippinen, Südostasien bis Ceylon. Siehe S. 86.

Colubridae (Nattern)

Chrysopelea ornata (SHAW, 1802) – Schmuckbaumnatter
Verbreitung: Malaya bis Perak. Zweigkletterer. Futter: In der Natur Echsen, in Gefangenschaft kann sie an kleine Mäuse umgewöhnt werden.

Chrysopelea paradisi BOIE, 1827 – Paradies-Schmuckbaumnatter.
1827 – Paradies-Schmuckbaumnatter
Verbreitung: Malaya, Sundainseln bis Philippinen. Auf dem Rücken rote Kleeblattzeichnung.

Bild 52. *Chrysopelea ornata lankavae*, DERANIYGALA 1954, die Fliegende Schlange, im Terrarium des Verfassers vor einer Blattorchidee (*Haemaria discolor* var. *dawsoniana*). Aufnahme A. van den Nieuwenhuizen.

Haplopeltura boa (BOIE, 1828)
Verbreitung/Biotop: Sundainseln bis Philippinen und Malaya, auf Zweigen von Büschen. Nahrungsspezialist. Futter: Schnecken und Würmer.

Pareas carinatus BOULENGER, 1888 – Schnekkennatter
Verbreitung: Malaya bis Thailand. Futter: Schnecken.

Natrix stolata (BOIE, 1827)
Verbreitung: Ceylon, Vorderindien, Hinterindien, Südchina, Andamanen, S. 112.

Crotalidae (Grubenottern)

Trimeresurus albolabris GRAY, 1842 – Bambusotter
Verbreitung / Biotop: Vorderindien, Nepal, Südchina, Formosa, Hainan, Hinter-

Bild 53. *Trimeresurus stejnegeri formosensis* im Terrarium des Verfassers. Aufnahme A. van den Nieuwenhuizen.

indien, Indoaustralischer Archipel auf Büschen und Bäumen, auch in dünnem Gezweig. Länge: 60–90 cm. Färbung: Grün, Bauch meist gelb, Schwanz rotbraun. Futter: Mäuse, Vögel, auch Frösche. Fortpflanzung: Ovovivipar. Wenn Deckungsmöglichkeiten (entsprechende Bepflanzung!) fehlen, sehr beißlustig. Bißfälle jedoch mit gutartigem Verlauf. Nachtaktiv.

Trimeresurus popeorum SMITH, 1937
Verbreitung: Thailand, Malaya, Borneo bis Sumatra.

♀ △ *Trimeresurus purpureomaculatus* (GRAY & HARDWICKE, 1832)
Verbreitung: Bengalen, Assam, Andamanen, Nikobaren, Sumatra und Malaya, im Küstengebiet. Färbung sehr variabel, es gibt wunderschön rotgefleckte, aber auch unscheinbare Tiere. Sehr beißlustig, greifen auch nach oben an; im gutbepflanzten Terrarium mit abgedeckten Liegeästen fühlen sich die Tiere geborgen und sind dann kaum angriffslustig. Nachtaktiv.

Trimeresurus stejnegeri formosensis MAKI, 1931
Verbreitung: Formosa, Tiefland. Länge: 65–70 cm, Nachzuchttiere bis 105 cm. Färbung: Grün, Zwischenhäute blau, die unterste Dorsalschuppenreihe bei den Weibchen weiß, bei den Männchen weiß und rot längsgestreift. Schwanz rotbraun, Augen rot bis rotbraun, Bauchseite grün. Dämmerungs- und nachtaktiv. Futter: Mäuse, sogar auch Streifen vitaminisierten Herzmuskelfleisches. Fortpflanzung: Ovovivipar, 3–8 Junge von 215–253 mm Länge, die mit Babymäusen leicht aufzuziehen sind. Verfasser züchtet die Art bereits in 3. Generation. Wenn Deckungsmöglichkeiten fehlen, sehr beißlustig.

Trimeresurus stejnegeri kodairai MAKI, 1931
Verbreitung: Formosa, Hochland.

Trimeresurus wagleri (BOIE, 1827) – Waglers Baumotter
Verbreitung/Biotop: Malayische Niederungen, Sumatra, Borneo, Celebes (auf Java fehlend!), südlicher Teil der Philippi-

nen, im Dschungel auf Bäumen und Sträuchern, auch in der Mangrove. GL 95–102 cm. Bunteste baumlebende *Trimeresurus*-Art, Jungtiere grün mit rot und weißen Flankenstrichen. Aktivität: Ausgeprägt nachtaktiv, aber selbst dann sehr ruhig, meist bewegungslos. Futter: Jungtiere fressen Frösche, später Mäuse, ausgewachsene Tiere, die sehr dick werden, auch Ratten, vermutlich auch Eier.
KRETZ erwähnt, daß der Wasserhaushalt von einmal ausgedursteten Tieren nicht mehr in Ordnung zu bringen ist. Haltung bei sehr hoher Luftfeuchtigkeit bei 22–25 °C und guter Zufuhr von feuchter Frischluft. Nach KRETZ trinkt *T. wagleri* fast nur nach dem Sprühen, indem die Wassertropfen von den Blättern der möglichst dichten Bepflanzung aufgesaugt werden; zusätzlich werden möglichst flache Wassergefäße im Geäst angebracht.

Südchina, Hinterindien

Pflanzen

Ricciaceae (Sternlebermoose)
Riccia fluitans L.

Lycopodiaceae (Bärlappgewächse)
Huperzia squarrosa (G. FORST.) ROTHM.

Selaginellaceae (Moosfarngewächse)
Selaginella biformis A. BRAUN EX KUHN
Selaginella uncinata (DESV.) SPRING
Selaginella willdenovii (DESV.) BAKER

Psilotaceae (Psilotumgewächse)
Psilotum triquetrum SWARTZ

Schizaeaceae (Schizaeagewächse)
Lygodium flexuosum (L.) SWARTZ

Adiantaceae (Frauenhaarfarne)
Adiantum caudatum L.

Pteridaceae (Flügelhaarfarne)
Doryopteris ludens (WALL.) J. SM.
Hemionitis arifolia (BURM.) MOORE

Parkeriaceae (Parkeriengewächse)
Ceratopteris thalictroides (L.) BRONG.

Bild 54. Waglers Baumotter (*Trimeresurus wagleri*) im Terrarium von Jürg Kretz. Aufnahme P. C. Hallauer.

Polypodiaceae (Tüpfelfarngewächse)
Microsorium pteropus (Blume) Ching
Pteropsis piloselloides (L.) Desv.
Pyrrosia lingua (Thunb.) Farwell

Davalliaceae (Davalliengewächse)
Davallia bullata Wall.
Humata repens (L.f.) Diels

Hydrocharitaceae (Froschbißgewächse)
Blyxa japonica (Miquel) Maximowicz ex Ascherson et Gürke
Vallisneria spiralis L.

Liliaceae (Liliengewächse)
◐ *Dracaena reflexa* Lam. forma *gracilis* hort.
Ophiopogon japonicus Ker-Gawl.

Gramineae (Süßgräser)
Bambusa multiplex Raeusch.
Oplismenus hirtellus (L.) P. Beauv.

Cyperaceae (Riedgräser)
Cyperus haspan L.

Orchidaceae (Orchideengewächse)
Aerides mitratum Reichb. f.
Aerides odoratum Lour.
Ascocentrum ampullaceum Schlechter
Ascocentrum curvifolium (Lindl.) Schlechter
Bulbophyllum lobbii Lindl.
Bulbophyllum virescens J.J. Smith
Cirrhopetalum ornatissimum Reichb. f.
Coelogyne fimbriata Lindl.
Dendrobium arachnites Reichb. f.
Dendrobium devonianum Lindl.
Dendrobium falconeri Hook.
Dendrobium hildebrandtii Rolfe
Dendrobium infundibulum Lindl.
Dendrobium loddigesii Rolfe
Dendrobium parishi Reichb. f.
Dendrobium secundum Lindl.
Doritis pulcherrima Lindl.
Gastrochilus bellinus (Reichb. f.) O. Kuntze
Gastrochilus dasypognon (Lindl.) O. Kuntze
Habenaria rhodocheila Hance
Haemaria discolor (Ker) Lindl.
Oberonia siamensis Schlechter
Ornithochilus fuscus Wallich
Paphiopedilum sukhakulii Schoser & Senghas
Phalaenopsis cornu-cervi (Breda) Blume & Reichb. f.
Phalaenopsis mannii Reichb. f.
Phalaenopsis parishii Reichb. f.
Phalaenopsis sumatrana Korth. & Reichb. f.
Renanthera imschootiana Rolfe
Renanthera matutina (Blume) Lindl.
Rhynchostylis retusa Blume
Vanda cristata Lindl.
Vanda kimballiana Reichb. f.
Vanda tesselata Hook.
Vandopsis parishii Schlechter
Vanilla aphylla Blume

Araceae (Aronstabgewächse)
Aglaonema modestum Schott
Aglaonema simplex Blume
Cryptocoryne spiralis (Retzius) Fischer ex Wydler
Cryptocoryne wendtii de Wit
Lasia spinosa (L.) Thwaites
Pothos loureirii Hook. et Arn.
Pothos scandens L.

Pandanaceae (Schraubenbaumgewächse)
Pandanus stenophyllus Kurz

Cruciferae (Kreuzblütler)
Cardamine lyrata Bunge

Piperaceae (Pfeffergewächse)
Piper betle L.
Piper geniculatum Swartz

Moraceae (Maulbeergewächse)
Ficus diversifolia Blume
Ficus pumila L. (cv. *minima* und cv. *serpyllifolia*)
Ficus quercifolia Roxb.

◐ **Urticaceae** (Brennesselgewächse)
Pellionia daveauana N.E. Brown
Pellionia pulchra N.E. Brown

Amaranthaceae (Fuchsschwanzgewächse)
Alternanthera sessilis (L.) Decandolle

Euphorbiaceae (Wolfsmilchgewächse)
Euphorbia tirucalli L.

Leguminosae (Hülsenfrüchtler)
Biophytum sensitivum (L.) DC
Neptunia oleracea Lour.

Melastomataceae (Schwarzmundgewächse)
Sonerila margaritacea Lindl.

Rutaceae (Rautengewächse)
Citrus taitensis Risso

Celastraceae (Spindelbaumgewächse)
Euonymus fortunei (Turcz.) Hand.-Mazz. var. *radicans* (Miq.) Rehd.
Euonymus fortunei (Turcz.) Hand.-Mazz. var. *vegetus* Rehd.

Vitaceae (Rebengewächse)
Cissus quadrangularis L.

Oleaceae (Ölbaumgewächse)
Jasminum gracillimum Hook. f.
Jasminum officinale L.
Jasminum rex Dunn

Asclepiadaceae (Seidenpflanzen)
Ceropegia elegans Wallich
Dischidia bengalensis Colebr.
Dischidia hirsuta Decne.
Dischidia nummularia R. Br.
Dischidia rafflesiana Wallich
Hoya bella Hook.
Hoya carnosa (L.) R. Br.
Hoya longifolia Wallich
Hoya parasitica Wall. ex. Traill

Rubiaceae (Krappgewächse)
Hydnophytum formicarum Jack
Myrmecodia echinata Miq.

Caprifoliaceae (Geißblattgewächse)
Abelia grandiflora (André) Rehd.
Abelia uniflora R. Br.

Scrophulariaceae (Braunwurzgewächse)
Bacopa monniera (L.) Wettstein

Bild 55. Immergrüner tropischer Regenwald, reichliche Luftwurzelbildung eines *Ficus* und üppige Ufervegetation bei Batu Merah – Bagan Serai (Südostasien). Laichbiotop von *Rhacophorus* (Schaumnester an den Luftwurzeln und Zweigen über dem Wasserspiegel) und *Kaloula pulchra*, Lebensraum vieler Schildkröten, Echsen und Schlangen. Aufnahme A. van den Nieuwenhuizen.

Gesneriaceae (Gesneriengewächse)
Aeschynanthus marmorata F. MOORE

Acanthaceae (Bärenklaugewächse)
Hemigraphis alternata (BURM. F.) T. ANDERSON
Hygrophila polysperma (ROXB.) T. ANDERSON
Hygrophila salicifolia (VAHL) NEES
Nomaphila stricta (VAHL) NEES
Synnema triflorum (ROXB. EX NEES) O. KUNTZE

Labiatae (Lippenblütler)
Coleus acuminatus BENTH.

Amphibien

Salamandridae (Echte Salamander)
Cynops chinensis GRAY, 1827 – Chinesischer Zwergmolch
Verbreitung: Südchina (Hongkong), Anhwei und Chekiang. Versteckplätze an und im Boden, geht nur für kurze Zeit ins Wasser (Badebecken genügt). Dämmerungsaktiv. Futter: Wachsmotten und deren Larven, Mückenlarven, Asseln, Schnecken, Tubifex.

Pelobatidae (Krötenfrösche)
Megophrys nasuta (SCHLEGEL, 1837) – Zipfelfrosch
Verbreitung: Malaya, N-Borneo, Thailand. Siehe S. 95.

Discoglossidae (Scheibenzüngler)
Bombina maxima (BOULENGER, 1905)
Verbreitung: Südchina.

Ranidae (Echte Frösche)
Rhacophorus dennysii BOULENGER, 1898 – Grüner Kletterfrosch
Verbreitung: Südchina, Malaya. S. 95.
Rhacophorus leucomystax (GRAVENHORST, 1829) – Bambus-Kletterfrosch, Weißbart-Ruderfrosch
Verbreitung: Himalaja bis Philippinen.

Bild 56. Zipfelfrosch (*Megophrys nasuta*). Aufnahme A. van den Nieuwenhuizen.

Bild 57. *Cuora trifasciata*, das Gelbköpfchen. Aufnahme A. van den Nieuwenhuizen.

Microhylidae (Engmaulfrösche)

Glyphoglossus molossus GÜNTHER, 1868 – Mopskopffrosch
Verbreitung: Burma, Thailand.

K – *Kalophrynus pleurostigma* TSCHUDI, 1838 – Klebkröte
Verbreitung: Südchina. Größe 28 mm.

✱ – *Kaloula pulchra* GRAY, 1831 – Ochsenfrosch
Verbreitung: Südchina, Hainan, Sunda-Inseln. Siehe S. 96.

Microhyla ornata (DUMÉRIL & BIBRON, 1841)
Verbreitung: Südchina, Formosa, Hainan. Siehe S. 96.

Microhyla pulchra (HALLOWELL, 1858) – Orangeschenkel
Verbreitung: Südchina, Formosa, Hainan.
Auffällig rotbraun bis braun, dreieckige Rückenzeichnung. Lauert im kurzen Gras auf fliegende Insekten.

Reptilien

Platysternidae (Großkopfschildkröten)

Platysternon m. megacephalum GRAY, 1831 – Großkopfschildkröte
Verbreitung/Biotop: Südchina, in kühlen, steinigen Bergbächen. Panzerlänge 18 cm. Dämmerungs- und nachtaktiv. Futter: Schnecken, Regenwürmer, Kleinkrebse; Herzmuskel-Fleisch mit einem Kalkvitaminpräparat bepudert.

Platysternon megacephalum peguense GRAY, 1870
Verbreitung: Burma, Thailand und Indochina.

Platysternon megacephalum vogeli WERMUTH, 1969
Verbreitung: Nord-Thailand.

Emydidae (Sumpfschildkröten)

Chinemys kwangtungensis (POPE, 1934) – Rothalsschildkröte

Bild 58. *Acanthosaura crucigera*, drohendes Weibchen im Terrarium des Verfassers. Aufnahme A. van den Nieuwenhuizen.

Verbreitung: Südchina, nördliches Indochina. Panzerlänge 15 cm.

≋ *Chinemys reevesii* (Gray, 1831)
Verbreitung: China und Japan, in Südchina eingeschleppt? Panzerlänge 17 cm.

✱ G ○ ≋ *Cuora amboinensis* (Daudin, 1798)
Verbreitung: Hinterindien, Sunda-Archipel und Philippinen. Siehe S. 96.

✱ G ○ ≋ *Cuora trifasciata* (Bell, 1825) – Gelbköpfchen
Verbreitung: Nördliches Indochina, Südchina, Hainan. Panzerlänge 20 cm. Futter: Mäuse, Würmer, Muskelfleisch, Früchte (Tomaten, Bananen, Trauben usw.), sowie Grünzeug sowohl unter Wasser als auch auf dem Lande.

G ≋ ◐ *Cyclemys dentata* (Gray, 1831)
Verbreitung: Hinterindien, Sunda-Archipel, Philippinen.

! ꝏ ● *Geoemyda spengleri spengleri* (Gmelin, 1789) – Zacken-Erdschildkröte
Verbreitung: Südchina, südöstliches Hinterindien (Vietnam), Batu, Sumatra, Borneo. Siehe S. 98.

≋ *Kachuga tecta tecta* (Gray, 1831)
Verbreitung: West-Pakistan, nördliches Vorder- und Hinterindien.

! G ≋ *Malayemys subtrijuga* (Schlegel & S. Müller, 1844)
Verbreitung: Hinterindien, Java. S. 98.

≋ *Mauremys bealei* (Gray, 1831) – Pfauenaugen-Wasserschildkröte
Verbreitung: Östliches Hinterindien, Südchina. Panzerlänge 15 cm. Ausgeprägter Geschlechtsdimorphismus: Weibchen hell, Ozellen am Hinterkopf; Männchen dunkel, rote Augenwinkel, Hals rotgestreift.

≋ *Mauremys nigricans* (Gray, 1834)
Verbreitung: Nordöstliches Hinterindien, Südchina. Panzerlänge 18 cm.

Morenia ocellata (Duméril & Bibron, 1835)
Verbreitung: Hinterindien.

≋ *Ocadia sinensis* (Gray, 1834)
Verbreitung: Indochina, Südchina, Hainan und Formosa.

Bild 59. *Leiolepis belliana*, die Schmetterlingsagame. Aufnahme A. van den Nieuwenhuizen.

● **Gekkonidae** (Geckos)

✱ *Gekko gecko* (Linnaeus, 1758) – Tokee
Verbreitung: Südostasien. Zimmerhaltung siehe S. 60.

Gekko monarchus (Duméril & Bibron, 1836)
Verbreitung: Hinterindien, Sundainseln, Indoaustralischer Archipel, Philippinen.

Gymnodactylus marmoratus (Gray, 1831)

Verbreitung: Neuguinea, Indoaustralischer Archipel, Sundainseln, Malaya, Hinterindien.

Gymnodactylus pulchellus (GRAY, 1828)
Verbreitung: Hinterindien, Sundainseln und Vorderindien, im Regenwald auf Bäumen.

✶ *Hemidactylus flaviviridis* RÜPPEL, 1835
Verbreitung: Abessinien bis Bengalen.

✶ *Hemidactylus frenatus* DUMÉRIL & BIBRON 1836 – Tschitschak

Verbreitung: Südostasien (Pazifischer Raum) und Madagaskar.

Ptychozoon kuhli STEINEGER, 1902 – Faltengecko
Verbreitung: Hinterindien, Malaya, Nikobaren, Sundainseln.

Agamidae (Agamen)

● *Acanthosaura armata* (HARDWICKE & GRAY, 1827)
Verbreitung: S-Thailand, Malaya, Sumatra.

● *Acanthosaura crucigera* BOULENGER, 1885
Verbreitung: Thailand, Indochina. Zimmerhaltung siehe S. 61.

○ *Acanthosaura lepidogaster* (CUVIER, 1829)
Verbreitung: Thailand bis Südchina.

G ○ *Calotes versicolor* (DAUDIN, 1802) – Blutsaugeragame
Verbreitung: Hinterindien bis Afghanistan.

● *Gonocephalus bellii* (DUMÉRIL & BIBRON, 1837)
Verbreitung: S-Thailand, Malaya, Borneo.

G – ○ *Leiolepis belliana* (GRAY, 1827) – Schmetterlingsagame
Verbreitung: Von Sumatra bis Südchina.

G ○ *Physignathus cocincinus* CUVIER, 1829
Verbreitung: Thailand bis Südchina.

Scincidae (Skinke)

Mabuya multifasciata (KUHL, 1887)
Verbreitung: Südostasien.

Tropidophorus brookei (GRAY, 1845) – Wasserskink
Verbreitung: Südostasien. Siehe S. 99.

Anguidae (Schleichen)

– ● *Ophisaurus gracilis* (GRAY, 1845)
Verbreitung: Burma.

Acrochordidae (Warzenschlangen)

Chersydrus (Acrochordus) granulatus (SCHNEIDER, 1799)
Verbreitung: Cape York Peninsula, Salomonen, Philippinen, Südostasien bis Ceylon. Siehe S. 86.

Colubridae (Nattern)

Erpeton tentaculatum LACÉPÈDE, 1800 – Fühlerschlange

Bild 60. *Physignathus cocincinus* im Aquaterrarium des Verfassers. Aufnahme A. van den Nieuwenhuizen.

Bild 61. Fühlerschlange (*Erpeton tentaculatum*). Aufnahme A. van den Nieuwenhuizen.

Verbreitung: Thailand bis Indochina. Aquatil.

✱ *Natrix stolata* (BOIE. 1827)

○ Verbreitung: Ceylon, Vorderindien, Hinterindien, Südchina, Andamanen. Siehe S. 112.

K ≀ *Pareas carinatus* BOULENGER, 1888 –
● Schneckennatter

Verbreitung: Malaya bis Thailand.

⚘◐ **Crotalidae** (Grubenottern)

≀ *Trimeresurus albolabris* GRAY, 1842 – Bambusotter

Verbreitung: Vorderindien, Nepal, Südchina, Formosa, Hainan, Hinterindien, Indoaustralischer Archipel. Siehe S. 99.

Trimeresurus popeorum SMITH, 1937

Verbreitung: Thailand, Malaya, Borneo bis Sumatra.

Trimeresurus purpureomaculatus (GRAY & Hardwicke, 1832)

Verbreitung: Bengalen, Assam, Andamanen, Nikobaren, Sumatra und Malaya. Siehe S. 100.

Trimeresurus s. stejnegeri (SCHMIDT, 1925)

Verbreitung: Südchina, Hainan. Siehe S. 100 bei *T. stejnegeri formosensis* MAKI, 1931.

Vorderindien, Ceylon

Pflanzen

≋ **Ricciaceae** (Sternlebermoose)

Riccia fluitans L.

◐ **Selaginellaceae** (Moosfarngewächse)

Selaginella biformis A. BRAUN EX KUHN

Psilotaceae (Psilotumgewächse)

Psilotum triquetrum SWARTZ

Adiantaceae (Frauenhaarfarne)

⇝ ≀ *Adiantum caudatum* L.

Parkeriaceae (Parkeriengewächse)
Ceratopteris thalictroides (L.) Brong.

Hydrocharitaceae (Froschbißgewächse)
Vallisneria spiralis L.

Liliaceae (Liliengewächse)
Dracaena reflexa Lam. forma *gracilis* Hort.

Gramineae (Süßgräser)
Bambusa multiplex Raeusch.

Cyperaceae (Riedgräser)
Cyperus haspan L.

Orchidaceae (Orchideengewächse)
Aerides odoratum Lour.
Anoectochilus regalis Blume
Ascocentrum ampullaceum Schlechter
Dendrobium devonianum Lindl.
Gastrochilus dasypogon (Lindl.) O. Kuntze
Phalaenopsis mannii Reichb. f.
Phalaenopsis parishii Reichb. f.
Renanthera imschootiana Rolfe
Rhynchostylis retusa Blume
Vanda cristata Lindl.
Vanda tesselata Hook.
Vandopsis parishii Schlechter

Araceae (Aronstabgewächse)
Cryptocoryne beckettii Thwaites ex Trimen
Cryptocoryne lucens de Wit
Cryptocoryne nevillii Trimen
Cryptocoryne spiralis (Retzius) Fischer ex Wydler
Pothos scandens L.

Piperaceae (Pfeffergewächse)
Piper geniculatum Swartz

Moraceae (Maulbeergewächse)
Ficus pumila L. (cv.*minima* und cv. *serpyllifolia*)

Amaranthaceae (Fuchsschwanzgewächse)
Alternanthera sessilis (L.) Decandolle

Bild 62. *Trimeresurus popeorum* im Terrarium des Verfassers. Aufnahme A. van den Nieuwenhuizen.

◐ **Primulaceae** (Schlüsselblumengewächse)
Androsace sarmentosa WALL.

Euphorbiaceae (Wolfsmilchgewächse)
Euphorbia tirucalli L.

Rosaceae (Rosengewächse)
Cotoneaster microphylla LINDL.

Leguminosae (Hülsenfrüchtler)
Biophytum sensitivum (L.) DC
Neptunia oleracea LOUR.

Vitaceae (Rebengewächse)
Cissus quadrangularis L.

Oleaceae (Ölbaumgewächse)
Jasminum officinale L.

Asclepiadaceae (Seidenpflanzen)
△ *Ceropegia bulbosa* ROXB.
Ceropegia elegans WALLICH
Dischidia rafflesiana WALLICH
Hoya longifolia WALLICH

Scrophulariaceae (Braunwurzgewächse)
Bacopa monniera (L.) WETTSTEIN

Bild 63. Der Ceylon-Prachtfrosch (*Kaloula pulchra taprobanica*) im Terrarium des Verfassers. Oertter bezeichnet die asiatischen Ochsenfrösche zu Recht als die Spaßmacher unter den Lurchen und er hat nicht unrecht, wenn er schreibt, daß sie besonders den Liebhabern als Pfleglinge zu empfehlen sind, die unter „schlechter Laune" zu leiden haben!
In ihrer Heimat werden sie deshalb Ochsenfrösche genannt, weil ihr nächtliches „Gebrüll" in Ton und Lautstärke an das Muhen von Ochsen erinnert. – Die Schmuckfärbung und Körperzeichnung wirken gestaltauflösend. Der Frosch bewohnt einen zu seiner Farbe und Zeichnung passenden Untergrund, so daß man das Tier nur schwer erkennen kann. Die reizvolle Aufgabe des aufmerksamen Terrarianers ist es nun, seinen Pfleglingen möglichst naturnahe Umweltbedingungen zu bieten; dazu gehört auch die Gestaltung des Untergrundes. Aufnahme A. van den Nieuwenhuizen.

Lentibulariaceae (Wasserschlauchgewächse)
Utricularia gibba L.

Acanthaceae (Bärenklaugewächse)
Hygrophila polysperma (ROXB.) T. ANDERSON
Synnema triflorum (ROXB. EX NEES) O. KUNTZE

Labiatae (Lippenblütler)
– *Coleus acuminatus* BENTH.

Amphibien

Ranidae (Echte Frösche)
● *Rhacophorus microtympanum* BOULENGER, 1898
Verbreitung: Ceylon.

Microhylidae (Engmaulfrösche)
✱ ● *Kaloula pulchra taprobanica* PARKER, 1934
– Verbreitung: Ceylon, Südindien.

Reptilien

Emydidae (Sumpfschildkröten)
○ *Kachuga t. tecta* (GRAY, 1831)
Verbreitung: West-Pakistan, nördliches Vorder- und Hinterindien.
Kachuga tecta tentoria (GRAY, 1834)
Verbreitung: Mittleres Vorderindien.
Morenia petersi (ANDERSON, 1879)
Verbreitung: Östliches Vorderindien.

Testudinidae (Landschildkröten)
! G – ○ *Testudo (Geochelone) elegans* SCHOEPFF, 1795 – Sternschildkröte
Verbreitung: Vorderindien, Ceylon.

● **Gekkonidae** (Geckos)
✱ – *Eublepharis macularius* (BLYTH, 1854 – Leopardgecko
Verbreitung: Mesopotamien bis Vorderindien. Nachtaktiv, tags in Felsspalten oder unter Steinen.
Gymnodactylus pulchellus (GRAY, 1828)
Verbreitung: Hinterindien, Sundainseln und Vorderindien.
✱ *Hemidactylus flaviviridis* RÜPPEL, 1835
Verbreitung: Abessinien bis Bengalen.
Hemidactylus turcicus (LINNAEUS, 1758)
Verbreitung: Mittelmeer, Rotes Meer, Vorderindien in Küstengebieten.

Agamidae (Agamen)

Calotes calotes (LINNAEUS, 1758)
Verbreitung / Biotop: Ceylon. Besonders häufig von 500 bis 1000 m; in dichten Gebüschen, an Waldrändern, gelegentlich in Wassernähe. Zweigkletterer. Schwimmt und taucht vorzüglich. Heliophil.

G *Calotes versicolor* (DAUDIN, 1802) – Blutsaugeragame
Verbreitung: Hinterindien bis Afghanistan.

Ceratophora aspera GÜNTHER, 1864
Verbreitung: Ceylon. *Meist beträchtlicher Temperaturunterschied zwischen Tag (bis 28 °C) und sehr feuchter Nacht (bis 2 °C) im Verbreitungsgebiet.

Ceratophora stoddarti GRAY, 1835
Verbreitung: Ceylon. S.* *C. aspera*

Ceratophora tennentii GÜNTHER, 1861 – Nashornagame
Verbreitung/Biotop: Ceylon, auf niedrigen Büschen in Wassernähe im Hochland, ebenso gerne auf Stämmen und dicken Ästen. Schattenliebend, Zimmertemperatur. Bleibt stundenlang auf ihrem Hochsitz ruhig, verläßt ihre Aussichtswarte nur bei Futteraufnahme (Stubenfliegen, Wachsmaden und -motten, Heuschrecken, Heimchen, Spinnen, Käfer, Nacktschnecken und kleine Stücke Herzfleisch), Baden, Eiablage und Sonnenbestrahlung. Tagaktiv, schläft nachts in den Zweigen. Badet und taucht, liebt Sprühregen.
Farbwechsel. 10/12 cm. S.* *C. aspera*

Cophotis ceylanica PETERS, 1861 – Taubagame
Verbreitung: Ceylon, Berglagen. Schattenliebend, Zimmertemperatur. Langsam. Ovovivopar.

Japalura tricarinata (BLYTH, 1853) – Nebelwaldagame
Verbreitung/Biotop: Sikkim und Nepal, auch in Bhutan und Kumaon zu erwarten, zwischen 1800 und 2900 m, im feuchten Monsun-Nebelwald (Eichen und Rhododendron) auf lichtem Buschwerk, moosüberzogenen Baumstümpfen und Felsbrokken, die braunen Weibchen auch auf dem Laubboden, wo sie ihre Eier ablegen. Bewohnt die ökologischen Nischen, die auch während der Trockenzeit ständig feucht bleiben. Größe: 155–165 mm GL, davon 45–55

Bild 64. *Kachuga tecta tentoria*. Aufnahme A. van den Nieuwenhuizen.

mm KRL, 105–110 mm SL. Färbung: Männchen grasgrün, Weibchen erdbraun mit hellerer Rückenzeichnung, typisch V-förmige Rücken-Querbänder vor allem im Jugendkleid; das Männchen ist zu ausgeprägtem Farbwechsel befähigt, ein schwarzer Augen- und Achselstreifen sowie ein schwarzer, gelb umrandeter Analfleck sind immer sichtbar. GRUBER, der die Nebelwaldagame in ihrem Lebensgebiet beobachtete und auch im Terrarium pflegte, bezeichnet sie als guten Kletterer und Einzelgänger; zu beachten ist das große Feuchtigkeitsbedürfnis (extrem hohe Luftfeuchtigkeit). Haltbar!

Bild 65. *Calotes calotes*, drohendes Männchen im Aquaterrarium des Verfassers. Aufnahme A. van den Nieuwenhuizen.

◐ bis ● *Lyriocephalus scutatus* (Linnaeus, 1758 – Lyrakopf
Verbreitung: Ceylon, Bergwälder, auf Stämmen und dicken Ästen. Schattenliebend, Zimmertemperatur. „Allesfresser“ Farbwechsel.

ꝏ ○ – *Sitana ponticeriana* Cuvier, 1829 – Sita-Agame
Verbreitung: Ceylon, Nepal, Vorderindien, im heißen Tiefland.

ꝏ – ○ *Uromastyx hardwickii* Gray, 1827 – Indischer Dornschwanz
Verbreitung: Pakistan bis Vorderindien, in Halbwüsten und Steppen, in Erdlöchern und Felsspalten unter der Erdoberfläche. Futter: Sämereien (Reiskörner, Getreide), Haferflocken, Blüten, Heu, Insekten, Grünzeug, Obst.

ꝏ – ! ≀ **Chamaeleonidae** (Chamäleons)
Chamaeleo chamaeleon zeylanicus Laurenti, 1768
Verbreitung: Ceylon, Indien.

Varanidae (Warane)
G ○ ≀ *Varanus flavescens* (Hardwicke & Gray, 1827) – Gelbwaran
Verbreitung: Südindien bis West-Bengalen. Futter: Mäuse. Bewegungen ruhig.

Boidae (Riesenschlangen)
– *Eryx conicus* (Schneider, 1801)
Verbreitung: Westpakistan, Indien, Ceylon.
Eryx johnii (Russel, 1801)
Verbreitung: Iran, Westpakistan, Afghanistan, Vorderindien.

Acrochordidae (Warzenschlangen)
≋ *Chersydrus* (*Acrochordus*) *granulatus* (Schneider, 1799)
Verbreitung: Cape York Peninsula, Salomonen, Philippinen, Südostasien bis Ceylon. Siehe S. 86.

Colubridae (Nattern)
✱ ○ *Natrix stolata* (Boie, 1827)
Verbreitung: Ceylon, Vorderindien, Hin-

Bild 66. Nashornagame (*Ceratophora tennentii*). Aufnahme A. van den Nieuwenhuizen.

Bild 67. *Chamaeleo chamaeleon zeylanicus*. Aufnahme A. van den Nieuwenhuizen.

terindien, Südchina, Andamanen, an Flußufern, Randzonen von Sümpfen. Lebt mehr terrestrisch als semiaquatil. Länge 50-70 cm. Tagaktiv, lebhaft, anpassungsfähig. Futter: Fisch, Jungmäuse, Regenwürmer, vitaminisiertes Rinderherz, Eidechsen und Frösche, Schnecken. Fortpflanzung: 5-14 Eier, etwa 2 Monate nach der letzten Paarung. Inbukationszeit 50-62 Tage. Aufzucht der 20-24 cm langen Jungschlangen sehr leicht mit Fischfiletstreifen, Rinderherz, kleinen Fischen und Babymäusen.

Crotalidae (Grubenottern)
Trimeresurus trigonocephalus (SONNINI & LATREILLE, 1801) – Ceylon-Baumotter
Verbreitung/Biotop: Sri Lanka, in der dampfgesättigten Regenwald-Randzone auf den moosbewachsenen Zweigen und Ästen großer Büsche. GL über 100 cm. Eine der schönsten *Trimeresurus*-Arten, grüngelb bis grünblau mit schwarzer und gelber Ornamentzeichnung. Aktivität: Nachtaktiv. Futter: Mäuse. Die Aufzucht der bei der Geburt etwa 200 mm messenden Jungen (etwa 15–30 Stück) ist nicht schwierig; nach einem Monat haben sie bereits eine KRS-Länge von 14/166/31 = 211 mm erreicht, nach einem Jahr messen sie über 50 cm.

Paläarktische Region

Japan

Pflanzen

Ricciaceae (Sternlebermoose)
Riccia fluitans L.

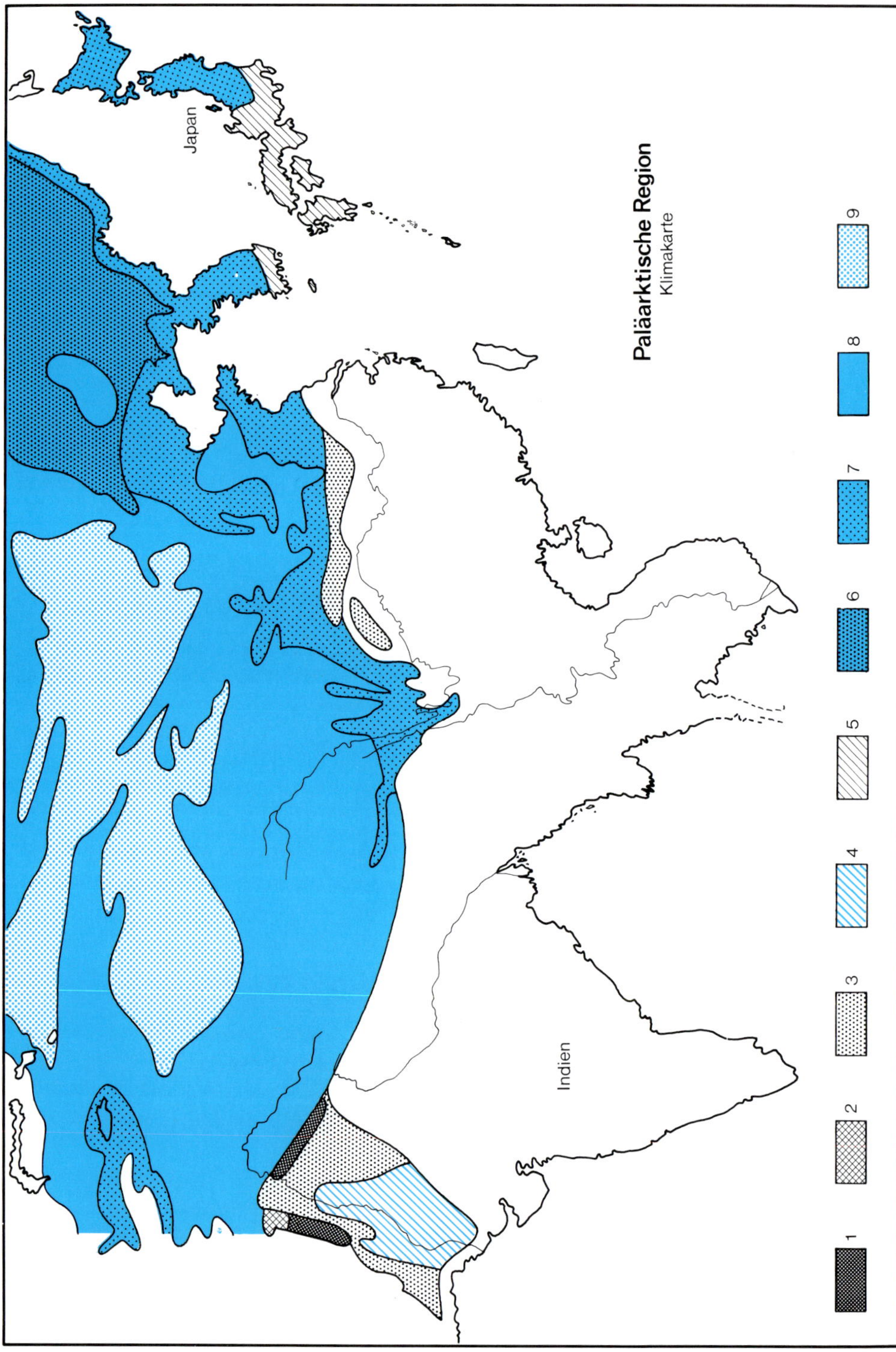
Paläarktische Region
Klimakarte
Japan
Indien
1
2
3
4
5
6
7
8
9

Bild 68. Paläarktische Region I, Klimakarte.
Japan
Kühlgemäßigte Zonen
7 Sommerwarme, ständig feuchte Klimate
Die Jahresschwankung der Temperatur ist groß (25–35 °C). Die Niederschläge sind auf das ganze Jahr verteilt (200 cm).
Warmgemäßigte Subtropenzonen
5 Ständig feuchte, sommerheiße Klimate

Mittelasien
Kühlgemäßigte Zonen
6 Hochkontinentale Klimate
Jahresschwankung 40 °C. Wintertrocken, kältester Monat −10 bis −30 °C. Im Sommer wärmer und feuchter, Temperatur 20 °C.
7 Sommerwarme, ständig feuchte Klimate
8 Winterkalte, sommerfeuchte Steppenklimate
9 Winterkalte Halbwüsten- und Wüstenklimate

Warmgemäßigte Subtropenzonen
3 Kurz sommerfeuchte Steppenklimate

Kaschmir
Warmgemäßigte Subtropenzonen
1 Winterfeucht-sommertrockene Mediterranklimate
Sommerpassat; winterliche Zyklonalregen.
2 Winterfeucht-sommerdürre Steppenklimate
3 Kurz sommerfeuchte Steppenklimate
Semiaride Klimate mit Dorn- und Sukkulentensteppen mit mehr als 6 ariden Monaten.
4 Halbwüsten- und Wüstenklimate
Niederschläge sehr selten.

Selaginellaceae (Moosfarngewächse)
Selaginella biformis A. BRAUN EX KUHN

⌇ ● **Schizaeaceae** (Schizaeagewächse)
Lygodium japonicum (THUNB.) SWARTZ

⌇ **Polypodiaceae** (Tüpfelfarngewächse)
≋ *Pyrrosia lingua* (THUNB.) FARWELL

⌇ **Davalliaceae** (Davalliengewächse)
Davallia bullata WALL.

Hydrocharitaceae (Froschbißgewächse)
≋ *Blyxa japonica* (MIQUEL) MAXIMOWICZ EX ASCHERSON ET GÜRKE
≋ *Vallisneria spiralis* L.

◐ **Liliaceae** (Liliengewächse)
≋ *Ophiopogon japonicus* KER-GAWL.

Gramineae (Süßgräser)
Oplismenus hirtellus (L.) P. BEAUV.

Araceae (Aronstabgewächse)
Acorus gramineus SOLANDER

Cruciferae (Kreuzblütler)
≋ *Cardamine lyrata* BUNGE

Moraceae (Maulbeergewächse)
≋ *Ficus pumila* L. (cv. *minima* und cv. *serpyllifolia*)

≋ **Celastraceae** (Spindelbaumgewächse)
Euonymus fortunei (TURCZ.) HAND.-MAZZ. var. *radicans* (MIQ.) REHD.
Euonymus fortunei (TURCZ.) HAND.-MAZZ. var. *vegetus* REHD.

≋ ◐ **Araliaceae** (Efeugewächse)
Hedera rhombea (MIQ.) BEAN

≋ **Acanthaceae** (Bärenklaugewächse)
Hygrophila salicifolia (VAHL) NEES

Amphibien

● **Hynobiidae** (Winkelzahnsalamander)
K *Hynobius nebulosus* (SCHLEGEL, 1838)
– ≋ Verbreitung: Japan (Tokushima), an und in vegetationsreichen Wassergräben (Wasserstand maximal 6 cm); dämmerungsaktiv, tagsüber gern versteckt. Länge: 8,5 - 10 cm. Futter: Regenwürmer, Spinnen, Heuschrecken, Wachsmottenlarven.

Salamandridae (Echte Salamander)
✱ ≋ *Cynops pyrrhogaster* (BOIE, 1826) – Feuerbauchmolch
Verbreitung: Japan, Aquatil, Zimmertemperatur. Länge 10-12 cm.

Ranidae (Echte Frösche)
Rhacophorus schlegelii (GÜNTHER, 1858)
Verbreitung/Biotop: Japan, felsige Gebirgsbäche.

Reptilien

Emydidae (Sumpfschildkröten)
Chinemys reevesii (GRAY, 1831)
Verbreitung: China und Japan, in Südchina eingeschleppt?
Mauremys japonica (TEMMINCK & SCHLEGEL, 1833)
Verbreitung: Süd-Japan. Panzerlänge 18 cm

Gekkonidae (Geckos)
Gekko japonicus (DUMÉRIL & BIBRON, 1836)
Verbreitung: China, Korea und Japan.
Hemidactylus frenatus DUMÉRIL & BIBRON, 1836 – Tschitschak

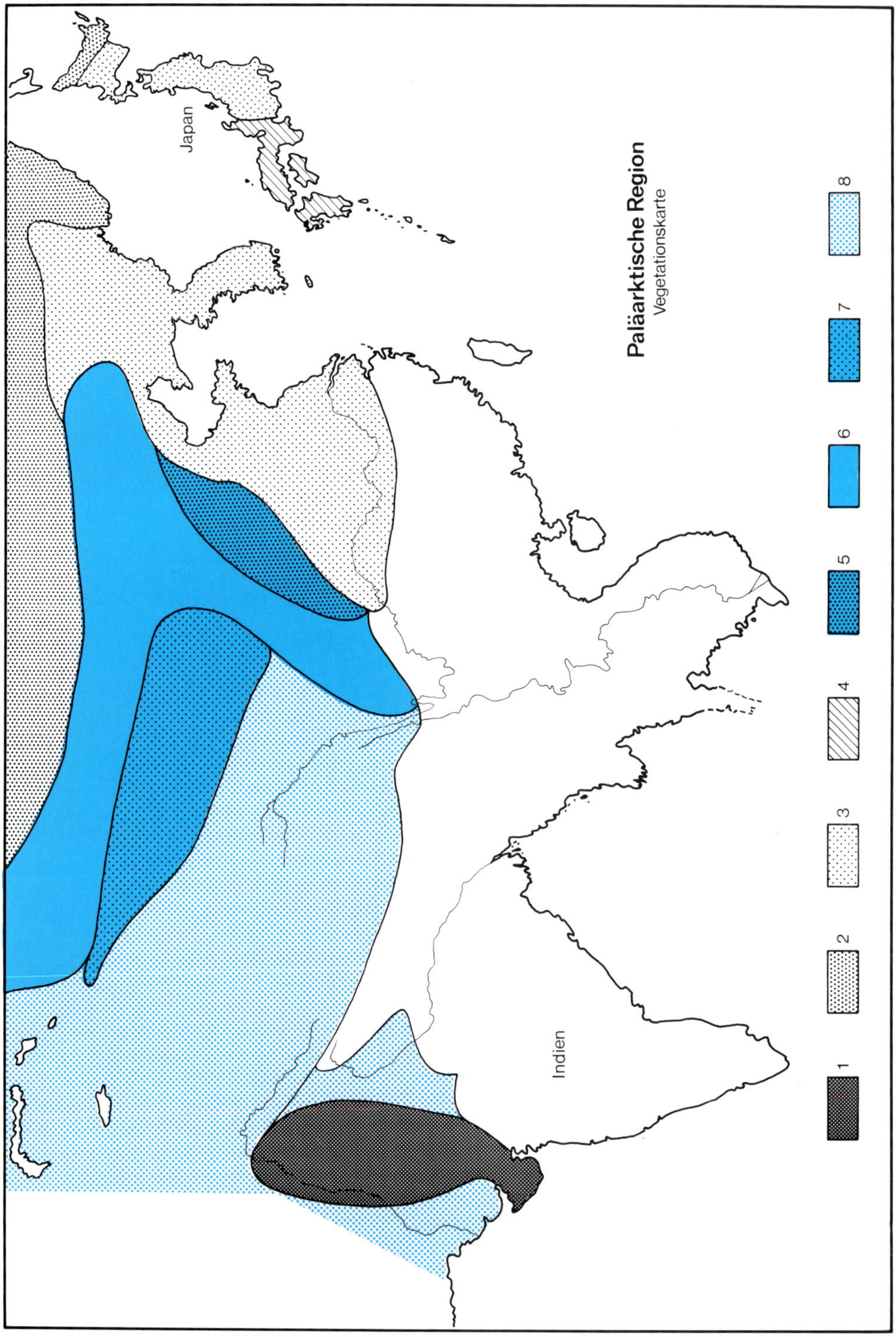
Paläarktische Region
Vegetationskarte
Japan
Indien
1
2
3
4
5
6
7
8

Bild 69. Paläarktische Region I, Vegetationskarte. **1** Tropische regengrüne Trockenwälder, **2** Sommergrüne Wälder, **3** Sommergrüne Laubwälder, **4** Lorbeerwälder mit Nadelhölzern, **5** Lichte Koniferentrockengehölze, **6** Steppen, **7** Zentralasiatische Büschelgras-Trockensteppe, **8** Wüsten.

Verbreitung: Südostasien (Pazifischer Raum) und Madagaskar.

Mittelasien

Pflanzen

Liliaceae (Liliengewächse)
Danae racemosa (L.) MOENCH

Plumbaginaceae (Bleiwurzgewächse)
⟿ *Acantholimon glumaceum* (JAUB. ET. SPACH) BOISS.

Primulaceae (Schlüsselblumengewächse)
⟿◐ *Androsace sarmentosa* WALL.

Ericaceae (Heidekrautgewächse)
⟿ *Arctostaphylus uva-ursi* (L.) SPRENG.

Rosaceae (Rosengewächse)
⟿ *Cotoneaster dammeri* SCHN.
⟿ *Cotoneaster microphylla* LINDL.

Amphibien

Hynobiidae (Winkelzahnsalamander)
K ● *Hynobius keyserlingii* (DYBOWSKI, 1870)
– ⟿ Verbreitung: Sibirien bis Syktywkar.

Discoglossidae (Scheibenzüngler)
∞ *Bombina orientalis* (BOULENGER, 1890)
Verbreitung: Amur, Nordchina, Korea.

Bufonidae (Kröten)
Bufo latastii oblongus NIKOLSKY, 1896
Verbreitung/Biotop: Iran, Pakistan bis Mittelasien, entlang der Wasserläufe bis in die Erosionstäler der Berge, an Wasseransammlungen (Kolke) der Bachbette in höheren Lagen, aber auch in den bewässerten Feldern der Niederungen. Größe (meiner Tiere) 68–70 mm. Nach OBST wurden bislang alle tadshikischen Grünkröten für Wechselkröten (*Bufo viridis* ssp. LAURENTI, 1768) gehalten. Eine kleine,

Bild 70. Tadshikistan, Erosionstal in den Boba-tag-Bergen, das das Wasser von den Bergen – in Gestalt regelrechter Kiesstraßen – in weiten verschlungenen Bögen in die Niederung des Kafirnigan-Flusses führt. Das Bachbett ist an mehreren Stellen mehrere Meter tief in den lehmigen Grund eingeschnitten, Zeichen der Gewalt des Wassers im Tauwetter des Frühlings. Im späten Frühling oder im Sommer versickert das Wasser, und nur die Tamariskenbüsche zeugen dann noch von vorhandenem Grundwasser; gelegentlich – vor allem in höheren Lagen – sickert noch etwas Wasser, das sich dann in kleinen, lehmigen Kolken ansammelt. In dieser reichgegliederten Landschaft hausen Amphibien und Reptilien in verschiedenen Biotopen: Am Bachlauf *Bufo latastii oblongus* und *Naja naja oxiana,* an den Hängen *Agama lehmanni* und *Coluber ravergieri,* mehr auf Felsen *Gymnodactylus fedtschenkoi,* im Kies und Steingeröll *Ablepharus pannonicus* sowie Eremias regeli, an Büschen *Vipera lebetina.* Aufnahme F. J. Obst.

von *Bufo viridis* abweichende Form wurde als *Bufo oblongus* erkannt, die nach den Untersuchungen von HEMMER, SCHMIDTLER und BÖHME als geografische Unterart der *Bufo latastii* zuzuordnen ist, also *Bufo latastii oblongus* NIKOLSKY, 1896 heißen muß. Die wesentlich größere echte Wechselkröte Mittelasiens, die dort in den Bergen fehlt, aber in Dushanbe gemeinsam mit *Bufo latastii oblongus* vorkommt, wurde von dem genannten Autorenkollektiv als neue geografische Unterart, *Bufo viridis turanensis* HEMMER, SCHMIDTLER + BÖHME, 1978 beschrieben.

✶ ∞ – *Bufo viridis* LAURENTI, 1768 – Wechselkröte
Verbreitung: Mittel- und Südeuropa, Nordafrika bis Tibet.

Reptilien

● **Gekkonidae** (Geckos)
Gekko japonicus (DUMÉRIL & BIBRON, 1836)
Verbreitung: China, Korea, Japan.
Teratoscincus scincus (SCHLEGEL, 1858) – Wundergecko
Heimat/Biotop: Mittelasien, Afghanistan, N-Iran, Pakistan, W-China, auf Sandhügeln und Wüstendünen mit lockerer Vegetation, in bis 80 Zentimeter Tiefe d. h. bis zum feuchten Grund gegrabenen Wohnröhren. Länge: 18–20 cm, kurzer Schwanz, großschuppig, erzeugt durch Aneinanderreiben der großen Oberschwanzschuppen ein zirpendes Geräusch. Färbung: Gelbgrau bis rosa, Flanken sowie Seiten und Oberseite des Schwanzes manchmal bläulich, mit braunen oder schwarzen Streifen; Bauch weiß. Haltung in hoher, grober Sandschicht (20–30 Zentimeter!) mit festgefügten Steinaufbauten; die unterste Sandschicht ist leicht feucht zu halten. Tagsüber starke Bestrahlung (Temperatur 25–35 °C), nachts Abkühlung auf 15–20 °C und Erhöhung der Luftfeuchtigkeit. Eine flache Wasserschale wird nachts gerne aufgesucht. Futter: Insekten, auch hartschalige Käfer und Spinnentiere. Besonderes: Der Wundergecko verfügt über ein zusätzliches Hautatmungssystem (ausgedehntes Blutgefäßsystem unter der Haut) und ist genötigt, auch Feuchtigkeit bzw. Wasser durch die dünne, leicht zerreißende Haut aufzunehmen. Der feuchte Bodengrund am Ende der Wohnröhre tagsüber und die hohe Luftfeuchtigkeit während der Nacht sind

Bild 71. Wechselkröte (*Bufo viridis*). Aufnahme A. van den Nieuwenhuizen.

Bild 72. Wundergecko (*Teratoscincus scincus*). Aufnahme A. van den Nieuwenhuizen.

(Nordküste) bis Innere Mongolei, im Fein- und Grobsand der Steppen und Halbwüsten. Länge: 65 cm. Futter: Mäuse, auch Vögel und Eidechsen. Fortpflanzung: Ovovivipar.
Eryx tataricus (LICHTENSTEIN, 1823) – Große Sandschlange
Verbreitung: Mittelasien bis Westchina, Iran, Afghanistan und Nordwest-Pakistan.

Colubridae (Nattern)
○ *Elaphe dione* (PALLAS, 1773)
Verbreitung: Südrußland bis China und Korea.

⚘○ – **Viperidae** (Vipern)
Vipera ursinii (BONAPARTE, 1835) – Wiesenotter:
Verbreitung: Mittel- und Ost-Europa bis Mittelasien. Gefährdet!

deshalb für das Wohlbefinden des Wundergeckos unerläßlich.

Agamidae (Agamen)
○ – *Agama agilis sanguinolenta* (PALLAS, 1814) – Steppenagame
Verbreitung/Biotop: Mittelasien, in Sand-, Lehm- und Steinsteppen mit Pflanzenwuchs, in der Nähe von Wassergräben. Länge 12+18 cm. Sehr anpassungsfähig, verträglich und ausdauernd.
! ○ – *Phrynocephalus mystaceus* (PALLAS, 1776) – Krötenkopf
Verbreitung/Biotop: Mittelasien, in Wüsten und Halbwüsten. Schlupfwinkel in der feuchten Bodentiefe. Tagsüber im Feinsand und Grobsand, zwischen Felsen und Grobschotter. Futter: Kleine Spinnen, Kleininsekten, zarte Pflanzenteile.

Lacertidae (Eidechsen)
○ *Eremias velox* (PALLAS, 1771)
Verbreitung: Kaspisches Meer (Nord- und Ostküste) bis Zentralasien.

– **Boidae** (Riesenschlangen)
Eryx miliaris (PALLAS, 1773) – Wüsten-Sandschlange
Verbreitung/Biotop: Kaspisches Meer

Kaschmir

Pflanzen

Adiantaceae (Frauenhaarfarne)
Adiantum caudatum L.

Bild 73. *Bombina orientalis.* Aufnahme A. van den Nieuwenhuizen.

Liliaceae (Liliengewächse)
Danae racemosa (L.) MOENCH

Cyperaceae (Riedgräser)
Cyperus haspan L.

Moraceae (Maulbeergewächse)
Ficus pumila L. (cv. *minima* und cv. *serpyllifolia*)

Plumbaginaceae (Bleiwurzgewächse)
Acantholimon glumaceum (JAUB. ET SPACH) BOISS.

Primulaceae (Schlüsselblumengewächse)
Androsace sarmentosa WALL.

Hypericaceae (Guttiferae) (Johanniskrautgewächse)
Hypericum polyphyllum BOISS. ET BAL.

Ericaceae (Heidekrautgewächse)
Arctostaphylus uva-ursi (L.) SPRENG.

Araliaceae (Efeugewächse)
Hedera colchica K. KOCH
Hedera helix L.

Oleaceae (Ölbaumgewächse)
Jasminum humile L. var. *revolutum* (SIMS) KOBUSKI
Jasminum officinale L.

Asclepiadaceae (Seidenpflanzen)
Ceropegia bulbosa ROXB.

Amphibien

Discoglossidae (Scheibenzüngler)
Bombina orientalis (BOULENGER, 1890)
Verbreitung: Amur, Nordchina, Korea.

Bufonidae (Kröten)

Bufo latastii oblongus NIKOLSKY, 1896
Heimat: Afghanistan, westlich des Hindukusch und Ost-Iran (Seistan). S. Seite 117.
Bufo viridis LAURENTI, 1768 – Wechselkröte
Verbreitung: Mittel- und Südeuropa, Nordafrika bis Tibet.

Reptilien

Gekkonidae (Geckos)

Teratoscincus scincus (SCHLEGEL, 1858) – Wundergecko
Heimat: Mittelasien, Afghanistan, N-Iran, Pakistan, W-China. S. Seite 118.

Agamidae (Agamen)
Agama agilis sanguinolenta (PALLAS, 1814) – Steppenagame
Verbreitung: Mittelasien. Siehe S. 119.
Phrynocephalus mystaceus (PALLAS, 1776) – Krötenkopf
Verbreitung: Mittelasien. Siehe S. 119.

Lacertidae (Eidechsen)
Eremias velox (PALLAS, 1771)
Verbreitung: Kaspisches Meer (Nord- und Ostküste) bis Zentralasien.

Boidae (Riesenschlangen)
Eryx miliaris (PALLAS, 1773) – Wüsten-Sandschlange
Verbreitung: Kaspisches Meer (Nordküste) bis Innere Mongolei. Siehe S. 119.
Eryx tataricus (LICHTENSTEIN, 1823) – Große Sandschlange
Verbreitung: Mittelasien bis Westchina, Iran, Afghanistan und Nordwest-Pakistan.

Colubridae (Nattern)
Elaphe dione (PALLAS, 1773)
Verbreitung: Südrußland bis China und Korea.

Viperidae (Vipern)
Vipera ursinii (BONAPARTE, 1835) – Wiesenotter:
Verbreitung: Mittel- und Osteuropa bis Mittelasien. Gefährdet!

Naher Osten

Pflanzen

Liliaceae (Liliengewächse)
Danae racemosa (L.) MOENCH
Ruscus aculeatus L.
Ruscus hypophyllum L.

Moraceae (Maulbeergewächse)
Ficus pumila L. (cv. *minima* und cv. *serpyllifolia*)

Plumbaginaceae (Bleiwurzgewächse)
Acantholimon glumaceum (JAUB. ET SPACH) BOISS.

Hypericaceae (Guttiferae) (Johanniskrautgewächse)
Hypericum polyphyllum BOISS. ET BAL.

Araliaceae (Efeugewächse)
Hedera colchica K. KOCH
Hedera helix L.

Oleaceae (Ölbaumgewächse)
Jasminum officinale L.
Phillyrea angustifolia L. var. *rosmarinifolia* AIT.

Apocynaceae (Hundsgiftgewächse)
Vinca minor L.

Amphibien

Bufonidae (Kröten)
Bufo viridis LAURENTI, 1768 – Wechselkröte
Verbreitung: Mittel- und Südeuropa, Nordafrika bis Tibet.

Hylidae (Laubfrösche)
Hyla arborea savignyi AUDOUIN, 1827
Verbreitung: Naher Osten.

Reptilien

Emydidae (Sumpfschildkröten)
Emys orbicularis (LINNAEUS, 1758) – Europäische Sumpfschildkröte

Bild 74. Nordostanatolien, zwischen Hopa und Kemalpasa, Westhang eines Bachtobels, 200 m: Stechwinde (*Smilax*) und die Ranken von Waldrebe (*Clematis*) und Brombeere (*Rubus*) verweben die *Rhododendron ponticum*, Hasel (*Corylus*) und Erlen (*Alnus*) zu undurchdringlich dichten Wänden. Die hohe Luftfeuchtigkeit begünstigt das üppige Wachstum, in Lichtungen findet der Adlerfarn (*Pteridium aquilinum*) günstige Wachstumsbedingungen. Auf der lockeren Unterlage aus Zweigen und verdorrten Farnwedeln sonnen sich *Coronella austriaca*, die Äskulapnatter (*Elaphe longissima*), die Ringelnatter (*Natrix natrix*) und eine der schönsten Viperiden überhaupt, *Vipera kaznakovi*. Weiter finden sich Smaragdeidechsen und – erwartungsgemäß – die Blindschleiche (*Anguis fragilis*). Aufnahme P. C. Hallauer.

Verbreitung: Mittel- und Südeuropa, Nordwest-Afrika und westliches Asien.

○✱ G *Mauremys caspica caspica* (GMELIN, 1774) – Kaspische Bachschildkröte
Verbreitung: Kaukasus, Vorderasien, Irak, Iran.

● **Gekkonidae** (Geckos)

✱ – *Eublepharis macularius* (BLYTH, 1854) – Leopardgecko
Verbreitung: Mesopotamien bis Vorderindien.

✱ *Hemidactylus flaviviridis* RÜPPEL, 1835
Verbreitung: Abessinien bis Bengalen.

Hemidactylus turcicus (LINNAEUS, 1758)
Verbreitung: Mittelmeer, Rotes Meer, Vorderindien.

Bild 76. Paläarktische Region II, Klimakarte
Naher Osten
Kühlgemäßigte Zonen
4 Sommerwarme, winterfeuchte Klimate
5 Sommerwarme, sommerfeuchte Klimate
6 Kontinentale Klimate
8 Winterkalte Feuchtsteppenklimate
Warmgemäßigte Subtropenzonen
1 Winterfeucht-sommertrockene Mediterranklimate
2 Winterfeucht-sommerdürre Steppenklimate
3 Halbwüsten- und Wüstenklimate
7 Ständigfeuchte, sommerheiße Klimate
Tropenzonen
9 Tropische Halbwüsten- und Wüstenklimate

Mittelmeer einschließlich N-Afrika, Kanarische Inseln
Kühlgemäßigte Zonen
5 Ozeanische Klimate
8 Winterkalte Feuchtsteppenklimate
Warmgemäßigte Subtropenzonen
1 Winterfeucht-sommertrockene Mediterranklimate
2 Winterfeucht-sommerdürre Steppenklimate
3 Halbwüsten- und Wüstenklimate

Bild 75. Männchen der Europäischen Sumpfschildkröte (*Emys orbicularis*) im Freilandterrarium des Verfassers. Aufnahme A. van den Nieuwenhuizen.

Ptyodactylus hasselquistii (DONNDORFF, 1798) – Fächerfinger
Verbreitung: Palästina bis Westafrika.

∞ ○ **Lacertidae** (Eidechsen)

Acanthodactylus boskianus LICHTENSTEIN, 1856
Verbreitung: Nordafrika, Palästina.

Lacerta viridis (LAURENTI, 1768) – Smaragdeidechse
Verbreitung/Biotop: Nordspanien bis Kleinasien, in sonnigen, vegetationsreichen Hängen. Vertreter der Smaragdeidechsen für den Nahen Osten ist die Riesen-Smaragdeidechse, *Lacerta trilineata* BEDRIAGA, 1886.

Scincidae (Skinke)

Eumeces schneiderii (DAUDIN, 1803) – Tupfenechse
Verbreitung/Biotop: Östliches Algerien bis Belutschistan, in Grobsand und Geröll zwischen Steinen. Länge 19+22 cm. Futter: Insekten, auch Eidechsen sowie Beeren und Obst. Fortpflanzung: Ovovivipar.

✱ ∞ – **Anguidae** (Schleichen)

Ophisaurus apodus (PALLAS, 1775) – Scheltopusik
Verbreitung: SO-Europa bis Vorderasien.

Colubridae (Nattern)

✱ ∞ ○ ⌇ *Elaphe quatuorlineata* (LACÉPÈDE, 1789) – Vierstreifennatter
Verbreitung/Biotop: Südosteuropa bis Westasien, in steinigen Hängen und Steppen mit Strauchwerk, aber auch auf Feldern und in Strandnähe, sofern Versteckplätze vorhanden. Futter: Mäuse, Hühnereier, auch Sperlinge. Fortpflanzung: 9 und mehr Eier, etwa 30/60 mm, 30 Gramm, Jungschlangen 35 cm, schlüpfen nach etwa 56 Tagen, Aufzucht mit Babymäusen leicht. Erwachsen über 200 cm. Verträglich, anpassungsfähig, wird sehr zutraulich; Kletternatter.

○ ⌇ *Elaphe situla* (LINNAEUS, 1758) – Leopardnatter

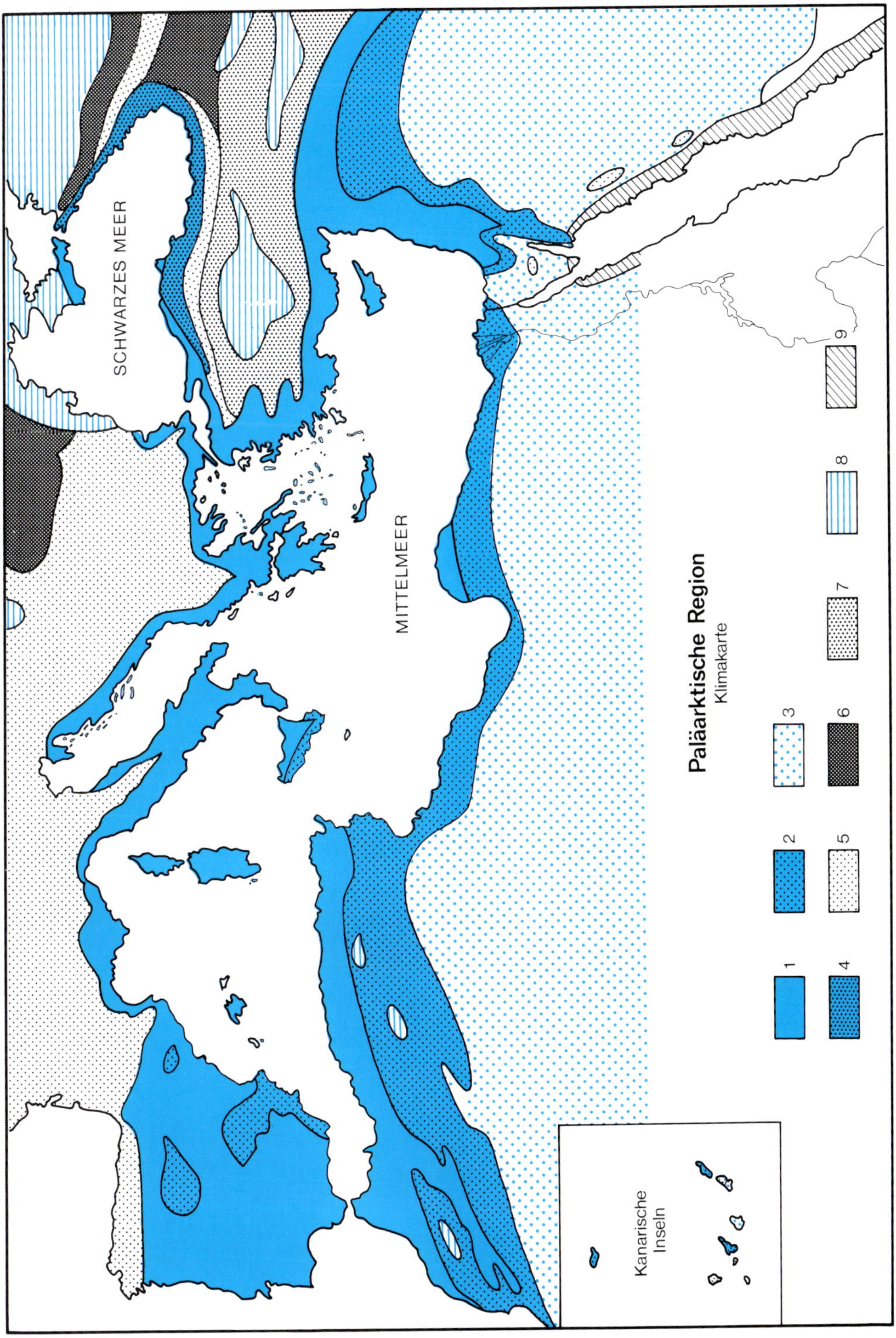
SCHWARZES MEER
MITTELMEER
Paläarktische Region
Klimakarte
Kanarische Inseln
1
2
3
4
5
6
7
8
9

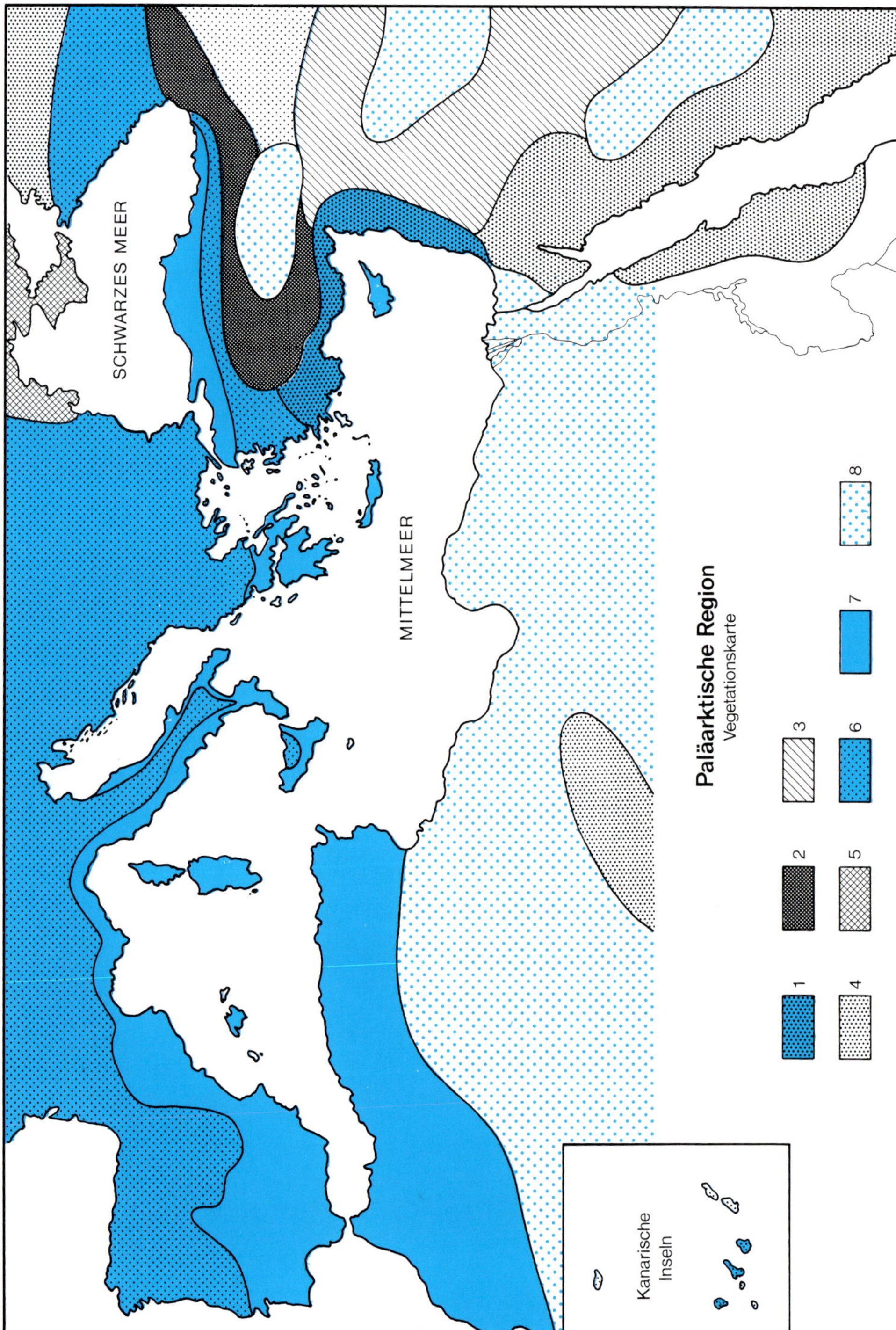
SCHWARZES MEER
MITTELMEER
Paläarktische Region
Vegetationskarte
1
2
3
4
5
6
7
8
Kanarische Inseln

Bild 77. Paläarktische Region II, Vegetationskarte. **1** Offene Hartlaubgehölze, **2** Koniferentrockengehölze, **3** Halbwüsten, **4** Savannen, **5** Steppen, **6** Laubwälder, **7** Dornstrauch- und Sukkulentenwälder, **8** Wüsten.

Verbreitung/Biotop: Kleinasien, Kaukasus, Krim, Süditalien, Sizilien, Malta, Balkan, Sporaden, Cycladen, Kreta in felsigen, steinigen und vegetationsreichen Gegenden, auch auf Hausdächern. Futter: Babymäuse. Braucht Geborgenheit und absolute Ruhe, eignet sich dann auch für Kleinstbehälter.

Viperidae (Vipern)

Vipera ammodytes (LINNAEUS, 1758) – Sandviper

Verbreitung: SO-Europa bis Westasien.

Vipera kaznakovi NIKOLSKY, 1909 – Kaukasusotter, die „Kantra" der Einheimischen

Bild 78. Ausgewachsenes Weibchen der Kaukasusotter (*Vipera kaznakovi*). Aufnahme P. C. Hallauer.

Verbreitung/Biotop: Abchasien, Anatolien, in den unteren Ausläufern der Gebirgszüge an der Schwarzmeerküste, etwa 200 m, in relativ hoher Luftfeuchtigkeit. Im und am Rande dichten Gestrüpps, auf der lockeren Unterlage aus abgedorrten Zweigen und Farnwedeln; bei Störung flüchtet die Kaukasusotter blitzartig, taucht in die lockere Unterlage und verschwindet darunter in einem Mauseloch. Länge: Bis 80 cm. Färbung: Braun bis schwarz, meist metallisch schimmernd, mit lebhaft gelben oder orangegelben, schwach gewellten Dorsalateral-Bändern; Kopfoberseite schwarz, Bauchseite ganz schwarz. Manchmal sind die zitronengelben Bänder nur noch andeutungsweise zu erkennen. Die Jungtiere sind anders gefärbt. Auf blaß honiggelbem Grund haben sie ein, vor allem an den Ausbuchtungen dunkel eingefaßtes, kastanien- bis sepiabraunes Dorsalband. Verhalten: Bei Gefahr droht die Kaukasusotter durch Abplatten des ganzen Körpers und beißt – unter kurzem, heftigem Zischen – sehr heftig zu. Der Gesichtssinn ist sehr gut entwickelt. Leicht reizbar; wird die Otter in ihrem Versteck überrascht, so greift sie unvermittelt an und verfolgt ihren Gegner über eine kurze Strecke. Nahrung: Mäuse; die Jungen ernähren sich zunächst von Grillen und Heuschrecken, dann nehmen sie neugeborene Mäuse. Fortpflanzung: KRETZ züchtet *Vipera kaznakovi* alljährlich regelmäßig nach einer Winterruhe bei etwa 10 °C seit 1971! Die Paarung erfolgt im allgemeinen Mitte April, die Jungen werden nach 98–100 Tagen geboren und messen etwa 16 cm.

Vipera ursinii (BONAPARTE, 1835) – Wiesenotter
Verbreitung: Mittel- und Osteuropa bis Mittelasien. Gefährdet!

Mittelmeer einschließlich Nordafrika, Kanarische Inseln

Pflanzen

Liliaceae (Liliengewächse)
Ruscus aculeatus L.
Ruscus hypophyllum L.

Moraceae (Maulbeergewächse)
Ficus pumila L. (cv. *minima* und cv. *serpyllifolia*)

Urticaceae (Brennesselgewächse)
Helxine soleirolii REG.

Araliaceae (Efeugewächse)
Hedera colchica K. KOCH
Hedera helix L.

Oleaceae (Ölbaumgewächse)
Jasminum officinale L.
Phillyrea angustifolia L. var. *rosmarinifolia* AIT.

Apocynaceae (Hundsgiftgewächse)
Vinca major L.
Vinca minor L.

Amphibien

Salamandridae (Echte Salamander)
Pleurodeles waltl MICHAHELLES, 1830 – Rippenmolch
Verbreitung: Südwestliche Pyrenäen bis Marokko. Aquatil. Länge: Bis 30 cm. Futter: Regenwürmer.

Triturus marmoratus (LATREILLE, 1800) – Marmormolch
Verbreitung: Südwest-Europa. Länge: 16–17 cm. Kann an dauernd aquatile Haltung gewöhnt werden. Futter: Regenwürmer, Mückenlarven, Wasserinsekten.

Bufonidae (Kröten)
Bufo viridis LAURENTI, 1768 – Wechselkröte
Verbreitung: Mittel- und Südeuropa, Nordafrika bis Tibet.

Bild 79. *Pleurodeles waltl*, der Rippenmolch. Aufnahme A. van den Nieuwenhuizen.

ↀ **Hylidae** (Laubfrösche)

✱ ◐ *Hyla meridionalis* BOETTGER, 1874 – Mittelmeer-Laubfrosch
Verbreitung/Biotop: SW-Europa, Kanarische Inseln, Madeira, NW-Afrika, auf Büschen und Bäumen.

Reptilien

ↀ ○ **Emydidae** (Sumpfschildkröten)

✱ ≋ *Emys orbicularis* (LINNAEUS, 1758) – Europäische Sumpfschildkröte
Verbreitung: Mittel- und Südeuropa, NW-Afrika und W-Asien.

Testudinidae (Landschildkröten)

○ – *Testudo (Pseudotestudo) kleinmanni* LORTET, 1883 Verbreitung: NO-Afrika

● **Gekkonidae** (Geckos)

Geckonia chazaliae MOCQUARD, 1895 – Helmgecko
Verbreitung: W-Afrika bis Marokko. In Trockenarealen unter Steinen.

Hemidactylus turcicus (LINNAEUS, 1758)
Verbreitung: Mittelmeer, Rotes Meer, Vorderindien.

✱ K *Phyllodactylus europaeus* GENÉ, 1838 – Blattfinger
Verbreitung/Biotop: Mittelmeer, in Felsspalten, unter Steinen oder Rinde. Tagaktiv.

Ptyodactylus hasselquistii (DONNDORFF, 1798) – Fächerfinger
Verbreitung: Palästina bis W-Afrika.

✱ ↀ *Tarentola mauritanica* (LINNAEUS, 1758) – Mauergecko
Verbreitung/Biotop: Mittelmeer, Kanarische Inseln, an Mauern und Felsen in Ritzen, Spalten oder der Rinde von Bäumen. Tag- und Nachtaktiv. Sonnt sich.

Agamidae (Agamen)

ↀ ○ – *Uromastyx acanthinurus* BELL, 1825 – Nordafrikanischer Dornschwanz
Verbreitung/ Biotop: N-Afrika, auf Hochflächen mit kantigem Blockgeröll, Kies, Steinblöcken, Felsklippen; spärliche Vegetation (Labiaten, Compositen, niedrige Büsche). Nachts in Höhlen bis in die feuchte Bodenschicht. Tagaktiv, sehr wärmeliebend. Futter: Jungtiere Insekten Spinnen; Adulttiere Blüten (Löwenzahn), Klee, Getreidekörner, Heu, Obst, Grünzeug.

ↀ ○ **Lacertidae** (Eidechsen)

Acanthodactylus boskianus LICHTENSTEIN, 1856
Verbreitung: N-Afrika, Palästina.

✱ *Lacerta galloti* (DUMÉRIL + BIBRON, 1839)
Verbreitung/Biotop: Kanarische Inseln, in Steinhaufen und unter Gestrüpp, auch im Geröll. Länge 12 + 33 cm. Futter: Früchte (Beeren), Samen, luftgetrocknete Kräuter, Pudding, Quark, Katzenmenü, ferner Schnecken und gelegentlich Grünzeug. Männchen bei Terrarienhaltung sehr unverträglich (Quietschen wie die Schweine!), daher 1 Männchen und einige Weibchen. Zimmerhaltung wie *Lacerta lepida*, siehe S. 61, empfehlenswert.

Bild 80. Nordafrikanischer Dornschwanz (*Uromastyx acanthinurus*) im Freilandterrarium des Verfassers. Aufnahme A. van den Nieuwenhuizen.

G *Lacerta lepida* Daudin, 1802 – Perleidechse
Verbreitung: SW-Europa, NW-Afrika. Zimmerhaltung siehe S. 61.
Lacerta melisellensis Braun, 1877
Verbreitung: W-Balkan, Adriatische Inseln. Futter: Kleininsekten, abwechslungsreich.
Lacerta muralis (Laurenti, 1768) – Mauereidechse
Verbreitung: M- und S-Europa.
Lacerta pityusensis Bosca, 1883 – Baleareneidechse
Verbreitung: Pityusen. Futter: Neben der Insektenkost auch Obst, Brei, Pudding, Quark.
Lacerta sicula Rafinesque, 1810 – Ruineneidechse
Verbreitung: Istrien, Dalmatien, Mittelitalien, Westasien.
Lacerta viridis (Laurenti, 1768) – Smaragdeidechse
Verbreitung: Nordspanien bis Kleinasien.
Psammodromus algirus (Linnaeus, 1758) – Algerischer Sandläufer
Verbreitung: SW-Europa, NW-Afrika.

Scincidae (Skinke)

* *Chalcides chalcides* (Linnaeus, 1758) – Erzschleiche
Verbreitung/Biotop: SW-Europa, NW-Afrika, im Grasdickicht an Böschungen und feuchten Wiesen.
Chalcides ocellatus (Forskal, 1775) – Walzenskink
Verbreitung/Biotop: Sardinien, Sizilien, Griechenland, N-Afrika bis Kleinasien, auf und in trockenen Böden, in Geröll, Steinhaufen, Büschen und Trockenmauern.

Bild 81. *Gallotia (Lacerta) galloti*, freilebend in der Wohnung des Verfassers. Aufnahme A. van den Nieuwenhuizen.

Eumeces algeriensis PETER, 1864 – Berberskink
Verbreitung: N-Afrika. Siehe *Eumeces schneiderii* S. 122.

Eumeces schneiderii (DAUDIN, 1803) – Tupfenechse
Verbreitung: Östliches Algerien bis Belutschistan. Siehe S. 122.

! – *Scincus scincus* LAURENTI, 1768 – Apothekerskink
Verbreitung: Nordafrika bis Arabien.

✶ ♾ **Anguidae** (Schleichen)

◐ – *Ophisaurus apodus* (PALLAS, 1775) – Scheltopusik
Verbreitung: SO-Europa bis Vorderasien.

Bild 82. Baleareneidechse (*Podarcis [Lacerta] pityusensis*). Aufnahme A. van den Nieuwenhuizen.

Colubridae (Nattern)

✱ ꝏ ○ *Elaphe quatuorlineata* (Lacépède, 1789) – Vierstreifennatter
Verbreitung: SO-Europa bis W-Asien. Siehe S. 122.

○ *Elaphe situla* (Linnaeus, 1758) – Leopardnatter
Verbreitung: Kleinasien, Kaukasus, Krim, Süditalien, Sizilien, Malta, Balkan, Sporaden, Cycladen, Kreta. Siehe S. 122.

○ – **Viperidae** (Vipern)

Cerastes cerastes (Linnaeus, 1758) – Hornviper
Verbreitung: Marokko bis Arabien.

Bild 83. Iberische Kreuzotter (*Vipera berus seonaei*). Aufnahme P. C. Hallauer.

Vipera ammodytes (Linnaeus, 1758) – Sandviper
Verbreitung: SO-Europa bis W-Asien.

Vipera berus seoanei Lataste, 1879 – Iberische Kreuzotter
Geographische Rasse der in ganz Nord- und Mitteleuropa, im gemäßigten Asien bis zum Amur und bis zur Insel Sachalin, im Süden von Bulgarien über den Balkan, die Apenninen bis zum Norden der Iberischen Halbinsel verbreiteten Kreuzotter; Verbreitung/Biotop von *V. berus seoanei:* NW-Spanien und N-Portugal, im Gebirge (rauhes Klima mit starken Temperaturschwankungen) auf feuchten, mit Büschen und Farnen bestandenen Hängen, in den Löchern von Mäusen, unter Baumstubben und Steinen. Futter: Kleine Frösche, Eidechsen (vor allem Jungtiere), später Wühlmäuse, aber auch Erd-, Wald- und Spitzmäuse. Winterruhe notwendig!

Vipera ursinii (Bonaparte, 1835) – Wiesenotter
Verbreitung: M- und O-Europa bis M-Asien. Gefährdet!

Äthiopische Region

Zentralafrika

Bild 84. Äthiopische Region, Klimakarte.
Zentralafrika.
Tropenzonen
6 Tropische Regenklimate
Temperaturen im Juli bis August 21-24°C, im Februar bis März 26-28°C; in Höhenlagen entsprechend niedriger. Trockenzeit Dezember bis März mit Niederschlägen zwischen 2-6 cm. Regenzeit Juni bis Juli 49-100 cm. In der Nähe des Kamerungebirges fallen im Januar 7-20 cm Regen, im Juli bis August 137-198 cm.
7 Tropisch-sommerhumide Feuchtklimate, wechselfeuchte Tropenklimate und tropische Trockenklimate

Ostafrika, Madagaskar
Tropenzonen
6 Tropische Regenklimate
In der warmen Zeit von November bis März schwanken die Temperaturen zwischen 26 und 28°C, in der kühleren Zeit ist ein Rückgang auf 21-25°C zu beobachten (Juni bis August). Zwei Regenzeiten, eine im Mai bringt Niederschläge von 27-40 cm, die andere im November 9-24 cm; in der Trockenzeit schwanken die Niederschläge zwischen 1-6 cm. In Höhenlagen fällt mehr Regen, z. B. 930 m üM: 207 cm im Jahr.
7 Tropisch-sommerhumide Feuchtklimate, tropische Trockenklimate
8 Tropische Halbwüsten- und Wüstenklimate

Südafrika
Warmgemäßigte Subtropenzonen
1 Winterfeucht-sommertrockene Mediterranklimate
2 Winterfeucht-sommerdürre Steppenklimate
In den warmgemäßigten Subtropenzonen ist die Trockenzeit – während der kälteren Zeit von April bis September – ziemlich ausgeprägt; in Küstennähe tritt nie eine wirkliche Dürre ein. Die Temperaturen erreichen in der warmen Zeit im Januar ein Maximum von 21–25°C; in der kühleren (trockenen) Zeit im Juni bis Juli beträgt das Maximum 11–18°C. – Im SW herrschen von April bis September Winterregen. Die trockensten Monate sind Januar und Februar, wo nur wenig Regen fällt.
3 Sommerfeuchte Steppenklimate
4 Halbwüsten- und Wüstenklimate (Namib)
5 Ständig feuchte, sommerheiße Klimate
Tropenzonen
7 Wechselfeuchte Tropenklimate, tropische Trockenklimate (Kalahari) und tropisch-sommerhumide Feuchtklimate
8 Tropische Halbwüsten- und Wüstenklimate

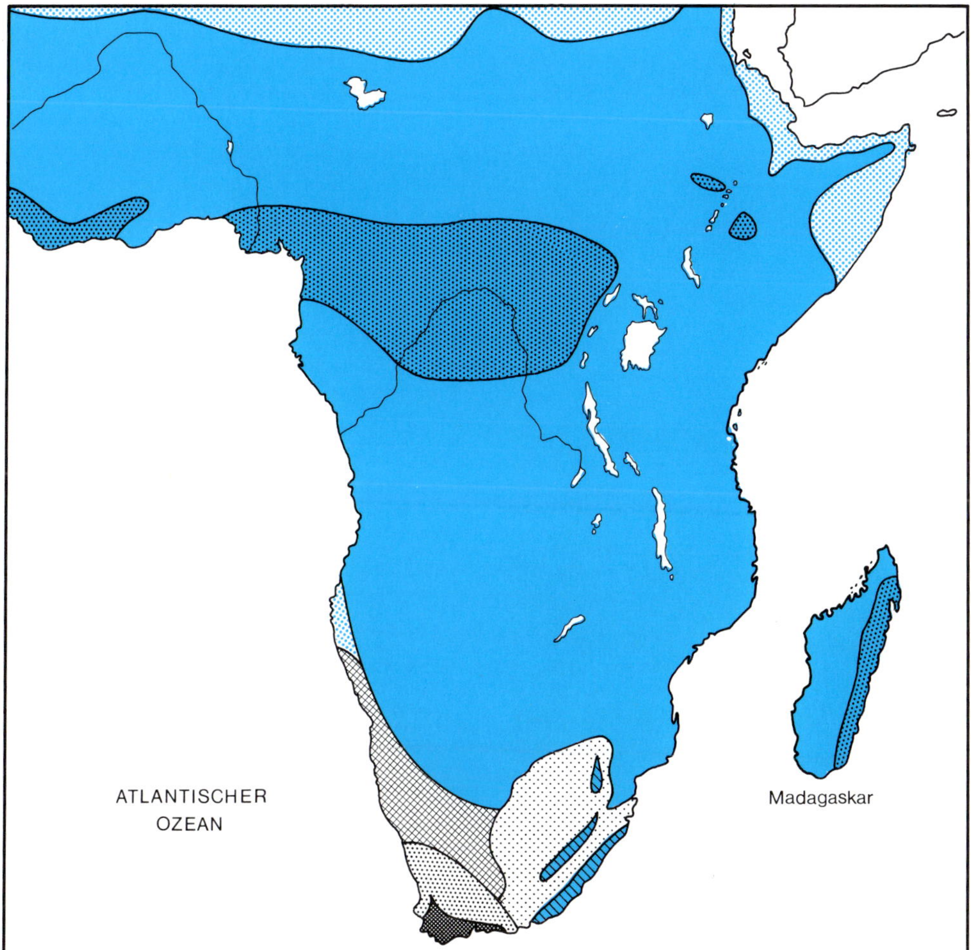

Äthiopische Region
Klimakarte

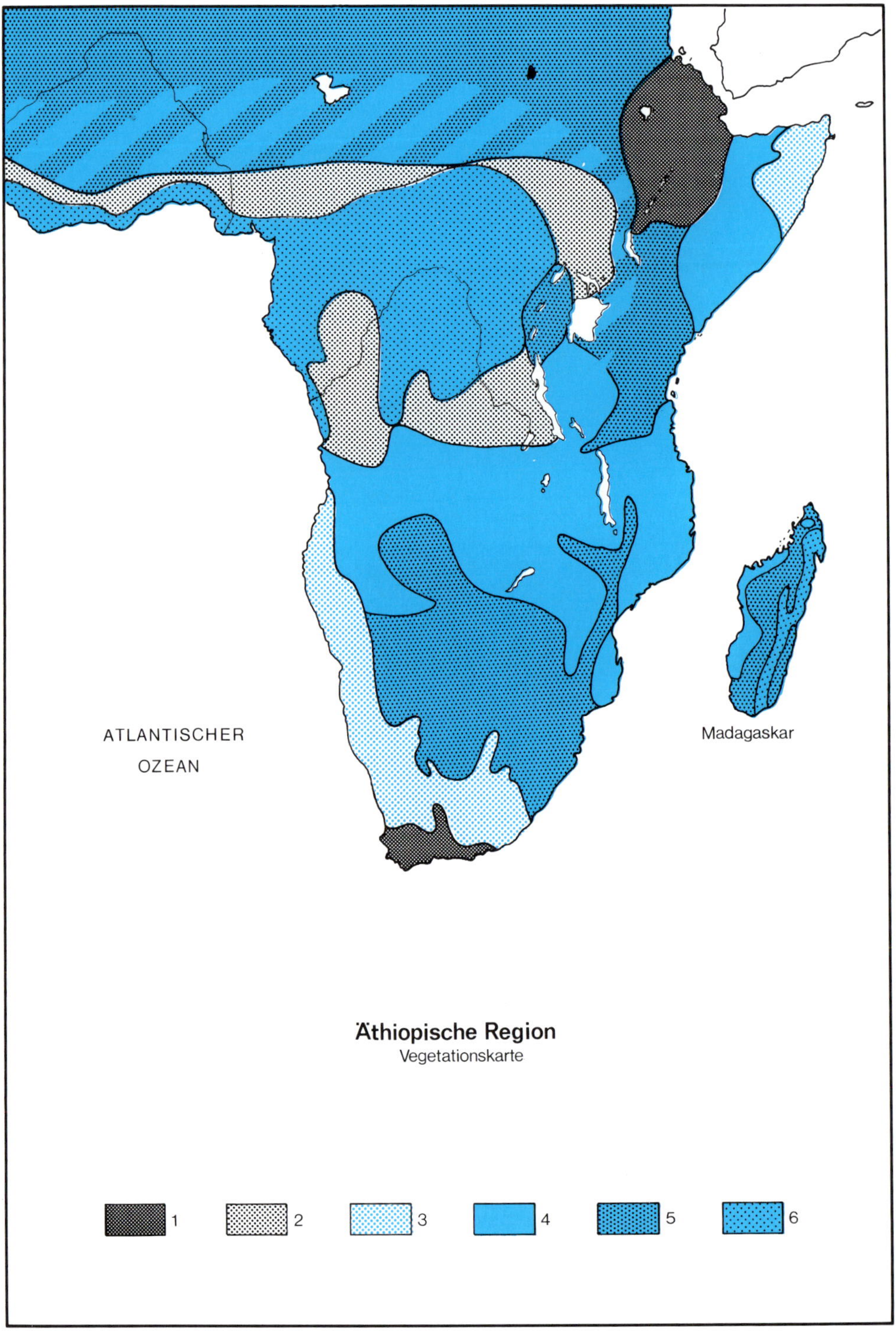

Äthiopische Region
Vegetationskarte

Bild 85. Äthiopische Region, Vegetationskarte. **1** Hartlaub-Strauchformationen, **2** Sommergrüne Wälder, **3** Wüsten, **4** Trockenwälder, **5** Savannen, **6** Tropische Wälder.

Pflanzen

Psilotaceae (Psilotumgewächse)
Psilotum triquetrum SWARTZ

Hydrocharitaceae (Froschbißgewächse)
Vallisneria spiralis L.

Liliaceae (Liliengewächse)
Dracaena godseffiana Hort. SANDER
△ *Sansevieria dooneri* N. E. BR.

Cyperaceae (Riedgräser)
Cyperus fertilis BOECK.
Cyperus haspan L.

Bild 86. Liberia, in der Waldregion. Bachufervegetation, Biotop von *Hyperolius*. Aufnahme A. van den Nieuwenhuizen

Parkeriaceae (Parkeriengewächse)
Ceratopteris thalictroides (L.) BRONG.

Polypodiaceae (Tüpfelfarngewächse)
Microgramma lycopodioides (L.) COPEL.

Lomariopsidaceae
Bolbitis heudelotii (FÉE) ALSTON

Orchidaceae (Orchideengewächse)
Aerangis biloba SCHLECHTER
Angraecum distichum LINDL.
Angraecum infundibulare LINDL.
Bulbophyllum barbigerum LINDL.
Diaphananthe pellucida SCHLECHTER

Araceae (Aronstabgewächse)
Anubias nana ENGLER

Moraceae (Maulbeergewächse)
Ficus buxifolia DE WILD.

Amaranthaceae (Fuchsschwanzgewächse)
Alternanthera sessilis (L.) DECANDOLLE

Euphorbiaceae (Wolfsmilchgewächse)
Euphorbia tirucalli L.

Leguminosae (Hülsenfrüchtler)
Biophytum sensitivum (L.) DC
Neptunia oleracea LOUR.

Onagraceae (Nachtkerzengewächse)
Ludwigia pulvinaris GILG.

Vitaceae (Rebengewächse)
Cissus quadrangularis L.

Scrophulariaceae (Braunwurzgewächse)
Bacopa monniera (L.) WETTSTEIN

Lentibulariaceae (Wasserschlauchgewächse)
Utricularia gibba L.

Amphibien

Pipidae (Zungenlose Frösche)
Hymenochirus boettgeri (TORNIER, 1896) – Zwergkrallenfrosch
Verbreitung: Gabun, Kongo. Aquatil.

Bufonidae (Kröten)
Bufo regularis REUSS, 1834 – Pantherkröte
Verbreitung: Afrika mit Ausnahme von NW-Afrika.

Ranidae (Echte Frösche)
Chiromantis rufescens PETERS, 1854 – Fuchsroter Greiffrosch
Verbreitung/Biotop: Kamerun, W-Afrika, am Rande von lichten Wäldern auf Bäumen. Weibchen und Männchen bauen ein Schleimnest an Zweigen über dem Wasser, Weibchen hält Nestwache.
Chiromantis xerampelina PETERS, 1854 – Grauer Greiffrosch
Verbreitung: M- bis S-Afrika.
Hyperolius fusciventris PETERS, 1876
Verbreitung: Zentralafrika
Hyperolius guttulatus GÜNTHER, 1858
Verbreitung: Zentralafrika.
Hyperolius marmoratus melanoleucus LAURENT, 1941
Verbreitung: Kongo, W-Afrika.
Hyperolius picturatus PETERS, 1875
Verbreitung: Zentralafrika

Reptilien

Gekkonidae (Geckos)
Hemidactylus mabouia (MOREAU DE JONNÈS, 1818)
Verbreitung: Z-, S- und O-Afrika, Madagaskar, in Südamerika, auf den Antillen und in Mittelamerika eingeschleppt.

Chamaeleonidae (Chamäleons)
Chamaeleo johnstoni ituriensis SCHMIDT, 1919
Verbreitung/Biotop: Kongo, Z-Afrika, auf Büschen in lichten Wäldern und Waldrändern, auch im Hochland. Ovovivipar.
Chamaeleo montium BUCHHOLZ, 1874 – Bergchamaeleon
Verbreitung: Kamerun, Fernando Poo, in feuchten Wäldern.

Lacertidae (Eidechsen)
Holaspis guentheri (BOULENGER, 1887) – Sägeschwanz-Eidechse
Verbreitung/Biotop: Tropisches Afrika, an Baumstämmen unter Rinden in feuchtwarmen Wäldern.
Lacerta echinata BOULENGER, 1887 – Stachelschwanz-Echse
Verbreitung/Biotop: Äquatoriales W-Afrika, auf Bäumen der feuchtwarmen Galeriewälder.

Cordylidae (Gürtelechsen)
Gerrhosaurus major DUMÉRIL, 1851 – Sudan-Schildechse
Verbreitung/Biotop: Sudan bis S-Afrika, in der Savanne, in Steinhügeln und im Gestrüpp meist in der Nähe felsiger Ufer. Zwischen Felsspalten. Länge: 19+21 cm. Futter: Insekten, Schnecken, Regenwürmer, Blüten, Früchte, Herzmuskelfleisch. Schwimmt und taucht vorzüglich (geheiztes Badebecken).

Scincidae (Skinke)
Mabuya quinquetaeniata (LICHTENSTEIN, 1823)

Bild 87. *Hyperolius guttulatus*. Aufnanme A. van den Nieuwenhuizen

Heimat: Tropisches Afrika. Länge: 25 cm. Besonderes: Die Weibchen behalten ihre Streifenzeichnung und den blauen Schwanz auch im Alter, die Männchen dagegen verlieren nach und nach ihre Streifenzeichnung, und auch die Blaufärbung des Schwanzes verschwindet und macht einem einheitlichen Dunkelbraun Platz.

● *Riopa fernandi* (BURTON, 1882)

Verbreitung/Biotop: W-Afrika, im feuchten Boden des Regenwaldes. Länge: 16+18 cm. Futter: Babymäuse, Regen-

Bild 88. *Mabuya quinquetaeniata*. Aufnahme A. van den Nieuwenhuizen

würmer, Schnecken, Insekten. Ovovivipar.

Boidae (Riesenschlangen)

G ● *Python regius* (SHAW, 1802) – Königspython
Verbreitung/Biotop: W- bis Z-Afrika, in Savannen- und Trockenwäldern meist in Wassernähe. Nachtaktiv.

Colubridae (Nattern)

Boaedon fuliginosus BOIE, 1827 – Hausschlange
Verbreitung: Z- bis S-Afrika.

☠ ⚕ **Viperidae** (Vipern)

◐ bis ● *Atheris ceratophorus* WERNER, 1895
Verbreitung: Usambara-Berge

◐ bis ● *Atheris chlorechis* PEL, 1851
Verbreitung/Biotop: Westliches Z-Afrika, im Zweiggewirr von Büschen, im feuchtwarmen Regenwald. Länge 50–70 cm. Dämmerungs- und nachtaktiv, Zweigkletterer (einrollbarer Greifschwanz). Futter: Mäuse, kleine Fische (!), Jungvögel, in der Natur wohl auch Baumfrösche, Echsen und vor allem Nestlinge von Vögeln. Fortpflanzung: Ovovivipar. Sehr bissig; wenn sich das Tier geborgen fühlt, läßt die Beißlust nach. Das Gift ist für den Menschen anscheinend nicht sehr wirksam.

! ◐ bis ● *Atheris hispidus* LAURENT, 1955
Verbreitung: Kongo und Mont Kenia.

◐ bis ● *Atheris squamiger* (HALLOWELL, 1854) – Buschviper
Verbreitung: Z-Afrika, Fernando Poo.

Bild 89. *Atheris chlorechis*. Aufnahme P. C. Hallauer

Bild 90. Buschviper (*Atheris squamiger*), rote Farbvariante, im Terrarium des Verfassers. Aufnahme A. van den Nieuwenhuizen

Ostafrika, Madagaskar

Pflanzen

Polypodiaceae (Tüpfelfarngewächse)
△ *Microgramma lycopodioides* (L.) COPEL.
⌇ *Platycerium madagascariense* BAKER
∿ ⌇ *Pteropsis niphoboloides* (LUERSS.) COPEL.

Liliaceae (Liliengewächse)
Asparagus madagascariensis BAKER
△ *Sansevieria dooneri* N. E. BR.

Cyperaceae (Riedgräser)
∿ *Cyperus haspan* L.

⌇ **Orchidaceae** (Orchideengewächse)
Aerangis ellisii SCHLECHTER
Aerangis kotschyi REICHB. F.
Aerangis modesta SCHLECHTER
Aerangis rhodosticta SCHLECHTER
Ansellia gigantea REICHB. F. var. *nilotica* (BAKER) SUMMERHAYES

Pandanaceae (Schraubenbaumgewächse)
Pandanus pygmaeus THOUARS.

Euphorbiaceae (Wolfsmilchgewächse)
Euphorbia leuconeura BOISS.
Euphorbia tirucalli L.

Leguminosae (Hülsenfrüchtler)
⌇ *Biophytum sensitivum* (L.) DC
∿ *Neptunia oleracea* LOUR.

◐ **Melastomataceae** (Schwarzmundgewächse)
⌇ *Medinilla sedifolia* JUMELLE ET PERRIER

Vitaceae (Rebengewächse)
⌇ *Cissus cactiformis* GILG.
⌇ *Cissus quadrangularis* L.

◐ **Loganiaceae** (Loganiengewächse)
Nicodemia diversifolia TENORE

Asclepiadaceae (Seidenpflanzen)
∿ △ *Ceropegia distincta* N. E. BROWN ssp. *haygarthii* (SCHLECHTER) H. HUBER

Scrophulariaceae (Braunwurzgewächse)
Bacopa monniera (L.) WETTSTEIN

Lentibulariaceae (Wasserschlauchgewächse)
Utricularia gibba L.

Gesneriaceae (Gesneriengewächse)
Saintpaulia ionantha WENDL.

Acanthaceae (Bärenklaugewächse)
Hypoestes sanguinolenta (VAN HOUTTE) HOOK. F.

Amphibien

Bufonidae (Kröten)
✱ – *Bufo regularis* REUSS, 1834 – Pantherkröte
Verbreitung: Afrika mit Ausnahme von NW-Afrika.

Ranidae (Echte Frösche)
Hyperolius marmoratus argentovittis (AHL, 1921) – Silberstreifen-Riedfrosch
Verbreitung/Biotop: O-Afrika (Tanganijka), auf Sumpfpflanzen und Uferbüschen an Teichen und Rinnsalen.

Microhylidae (Engmaulfrösche)
– *Dyscophus antongilii* GRANDIDIER, 1877 – Tomatenfrosch
Verbreitung/Biotop: NW-Madagaskar, in schlammigen Wassergräben in der sehr luftfeuchten, warmen Küstennähe. Größe: Weibchen bis 11 cm, Männchen bis 7 cm. Futter: Babymäuse, Heimchen, Grillen, Heuschrecken, Regenwürmer, Schnecken, Fliegen.

Phrynomeridae (Wendehalsfrösche)
Phrynomerus bifasciatus (SMITH, 1847) – Rotstreifen-Frosch
Verbreitung/Biotop: SW-Afrika, Betschuana, Zulu (nur Küstengürtel), Transvaal, Mozambique und Kenya, im Busch, auf Grashügeln, zur Regenzeit zum Laichen in stehenden Gewässern. Größe: 45 mm. Futter: Stubenfliegen, Spinnen, Heimchen, Wachsmotten, Käfer, mit Vorliebe dunkle, sich am Boden bewegende Futtertiere. Fortpflanzung: bis 800 Eier an Wasserpflanzen, fast durchsichtige Kaulquappen.

Bild 91. Spaltenschildkröte (*Malacochersus tornieri*). Aufnahme A. van den Nieuwenhuizen

Bild 92. Augenfleck-Taggecko (*Phelsuma quadriocellata*). Aufnahme A. van den Nieuwenhuizen

Reptilien

– ○ G **Testudinidae** (Landschildkröten)
Malacochersus tornieri (SIEBENROCK, 1903) – Spaltenschildkröte

Verbreitung: O-Afrika. Panzerlänge 20 cm.
Pyxis arachnoides BELL, 1827 – Spinnenschildkröte
Verbreitung: W-Madagaskar. Panzerlänge 10 cm.
Testudo (Acinixys) planicauda GRANDIDIER, 1867
Verbreitung: W-Madagaskar. Panzerlänge 12 cm.

≋ **Pelomedusidae** (Pelomedusen-Schildkröten)
✶ *Pelusios adansonii* (SCHWEIGGER, 1812) – Weißbrustschildkröte
Verbreitung: Senegal bis Sudan. Panzerlänge 15 cm.

Gekkonidae (Geckos)
✶ ● *Hemidactylus flaviviridis* RÜPPEL, 1835
Verbreitung: Abessinien bis Bengalen.
✶ ● *Hemidactylus frenatus* DUMÉRIL & BIBRON, 1836 – Tschitschak
Verbreitung: Südostasien (Pazifischer Raum) und Madagaskar.
● *Hemidactylus mabouia* (MOREAU DE JONNÈS, 1818)
Verbreitung: Z-, S- und O-Afrika, Madagaskar, in Südamerika, auf den Antillen und in Mittelamerika eingeschleppt.
● *Hemidactylus turcicus* (LINNAEUS, 1758)
Verbreitung: Mittelmeer, Rotes Meer bis Kenya, Vorderindien in Küstengebieten.
K ⌇ ○ *Lygodactylus picturatus* (PETERS, 1870)
Verbreitung: Kenya bis O-Kongo.
✶ ○ *Phelsuma abbotti* STEJNEGER, 1893 – Aldabra-Taggecko
Verbreitung/Biotop: N-Madagaskar, Aldabra, Nossi Bé, Assumption, auf dikken Baum- oder Palmstämmen, auf und unter den Blattscheiden, in den Palmfasern, auch auf großen *Pandanus*-Arten.
✶ ○ *Phelsuma cepediana* (MERREM, 1820) – Blauschwanz-Phelsume
Verbreitung: Mauritius, Réunion.
✶ ○ *Phelsuma laticauda* (BOETTGER, 1880) – Goldstaub-Phelsume
Verbreitung: O-Madagaskar, Komoren, Nossi Bé.
✶ ○ *Phelsuma lineata* GRAY, 1842
Verbreitung: Madagaskar.
✶ ○ *Phelsuma madagascariensis madagasca-*

riensis (Gray, 1831) – Großer Taggecko
Verbreitung: Madagaskar, Nossi Bé, Sainte Marie, Seychellen. Zimmerhaltung siehe Seite 60.

✶○ *Phelsuma m. venusta* Mertens, 1964
Verbreitung: N-Madagaskar.

✶○ *Phelsuma quadriocellata* (Peters, 1883) – Augenfleck-Taggecko
Verbreitung: M- und S-Madagaskar.

✶○ *Phelsuma serraticauda* Mertens, 1963
Verbreitung: O-Madagaskar. (Ivoloina), nur an Bananenstämmen.

Chamaeleo hoehnelii Steindachner, 1891 – Helm-Chamaeleon
Verbreitung: O-Afrika (Hochgebirge).

Chamaeleo lateralis Gray, 1831
Verbreitung: Z-Madagaskar (Hochland).

G *Chamaeleo melleri* (Gray, 1865)
Verbreitung/Biotop: O-Afrika, auf Büschen in der Savanne. Futter: Mäuse, Insekten.

Cordylidae (Gürtelechsen)

✶G ꝏ○ *Gerrhosaurus major* Duméril, 1851 – Sudan-Schildechse

Bild 93. *Phelsuma vinsoni vinsoni.* Aufnahme A. van den Nieuwenhuizen

Verbreitung: Sudan bis S-Afrika. Siehe S. 134.

✶○ *Phelsuma vinsoni* Mertens, 1963
Verbreitung: Round, Aigrettes, Coin de Mire, Mauritius.

◐ *Phyllodactylus bastardi* Mocquard, 1900
Verbreitung: W- und S-Madagaskar.

! ꝏ ○ **Chamaeleonidae** (Chamäleons)

Chamaeleo bitaeniatus Fischer, 1884
Verbreitung/Biotop: O-Afrika, Sudan, O-Kongo, auf Büschen an Waldrändern und der Hochlandsavanne. Verträglich.

Scincidae (Skinke)

Mabuya quinquetaeniata (Lichtenstein, 1823)
Heimat: Tropisches Afrika. S. Seite 135.

Bild 94 (rechts oben). Helmchamaeleon (*Chamaeleo hoehnelii*). Aufnahme A. van den Nieuwenhuizen

Bild 95 (rechts unten). *Atheris hispidus* im Terrarium des Verfassers. Aufnahme A. van den Nieuwenhuizen

Colubridae (Nattern)

Boaedon fuliginosus BOIE, 1827 – Hausschlange
Verbreitung: Z- bis S-Afrika.

○ ≷ *Dasypeltis scabra* (LINNAEUS, 1758) – Afrikanische Eierschlange
Verbreitung/Biotop: Südliches O-Afrika bis S-Afrika, auf Büschen und im Trokkenwald, in der Nähe von Vogelnestern.
Futter: Taubeneier und kleine Hühnereier (Junge mit Pipette).

⚘ **Viperidae** (Vipern)

! ◐ *Atheris hispidus* LAURENT, 1955
bis ● Verbreitung: Kongo und Mont Kenia.

! ○ *Vipera hindii* (BOULENGER, 1910)
— Verbreitung: Kenya. S. 194.

Südafrika

Pflanzen

⇝ **Selaginellaceae** (Moosfarngewächse)
Selaginella kraussiana A. BRAUN

Liliaceae (Liliengewächse)
— △ *Gasteria* DUVAL
— △ *Haworthia* DUVAL
— △ *Scilla violacea* HUTCH.

♀ **Orchidaceae** (Orchideengewächse)
Cyrtorchis arcuata SCHLECHTER

Aizoaceae (Ficoidaceae) (Mittagsblumengewächse)
— *Lithops* N. E. BROWN

Euphorbiaceae (Wolfsmilchgewächse)
Euphorbia tirucalli L.

Crassulaceae (Dickblattgewächse)
— △ *Crassula* L.

Onagraceae (Oenotheraceae) (Nachtkerzengewächse)
∿ *Ludwigia pulvinaris* GILG.

Bild 96. Gefleckter Waldsteiger (*Hylambates maculatus*). Aufnahme A. van den Nieuwenhuizen

Vitaceae (Rebengewächse)

≋ *Cissus cactiformis* GILG.

Asclepiadaceae (Seidenpflanzen)

〰 △ *Ceropegia distincta* N. E. BROWN ssp. *haygarthii* (SCHLECHTER) H. HUBER

〰 △ *Ceropegia woodii* SCHLECHTER

Amphibien

Pipidae (Zungenlose Frösche)

✱ ≋ *Xenopus laevis* (DAUDIN, 1803) – Krallenfrosch
Verbreitung: SO- bis SW-Afrika. Aquatil.

Bufonidae (Kröten)

✱ — *Bufo regularis* REUSS, 1834 – Pantherkröte
Verbreitung: Afrika mit Ausnahme von NW-Afrika.

Ranidae (Echte Frösche)

— 〰 *Cacosternum capense* HEWITT, 1925
Verbreitung/Biotop: S-Afrika, in schlammigen Wassergräben.

Chiromantis xerampelina PETERS, 1854 – Grauer Greiffrosch
Verbreitung: M- bis S-Afrika.

— 〰 *Hemisus marmoratum* (PETERS, 1854) – Ferkelfrosch
Verbreitung/Biotop: S-Afrika, in lehmigen Wassergräben. Länge 4 cm. Fortpflanzung: Eier in Erdlöchern am Ufer über dem Wasserspiegel. Weibchen bewacht das Nest bis zum Schlüpfen der Kaulquappen, bohrt dann einen Tunnel vom Nest bis ins Wasser, durch den die Kaulquappen ins Wasser rutschen.

≋ *Hylambates maculatus* DUMÉRIL, 1853 – Gefleckter Waldsteiger
Verbreitung: SO-Afrika, Sansibar, auf Uferbüschen in lichten Wäldern, vor allem auf waagrechten Ästen.

Hyperolius cinciventris BOULENGER, 1910
Verbreitung/Biotop: S-Afrika, auf Uferbüschen an Teichen. Größe: Weibchen 36 mm, Männchen 30 mm. Fortpflan-

Bild 97. Goldfröschchen (*Mantella aurantiaca*). Aufnahme A. van den Nieuwenhuizen

zung: 30–50 Eier in hühnereigroßen Schleimballen an starke „Gras“halme 10 cm über dem Wasserspiegel, jedes Weibchen legt bis zu 5 Schleimnester an.

Hyperolius horstockii LOVERIDGE, 1941 – Aronstab-Frosch
Verbreitung/Biotop: S-Afrika, in den Blüten von Aronstab-Gewächsen (*Zantedeschia aethiopica* (L.) SPR. u.a.) auf den Zweigen des Uferdickichtes.

Hyperolius marmoratus marmoratus RAPP, 1842 – Marmor-Riedfrosch
Verbreitung: S-Afrika. Siehe *Hyperolius marmoratus argentovittis* S. 138.

K – *Mantella aurantiaca* MOCQUARD, 1900 –
● Goldfröschchen
Verbreitung/Biotop: Madagaskar, im Regenwald unter Fallaub und Genist.

Phrynobatrachus natalensis (SMITH, 1849) – Natalfrosch
Verbreitung: Natal, Transvaal.

Pyxicephalus tuberculosus (BOULENGER, 1882)
Verbreitung: Angola.

✱ K *Rana (Pyxicephalus) delalandii* (TSCHUDI,
∞ ○ 1838) – Grabfrosch
– Verbreitung/Biotop: S-Afrika, in und um sandig-lehmigen Wassergräben, oft auch im staubtrockenen Sand. S. 194.

Phrynomeridae (Wendehalsfrösche)
Phrynomerus bifasciatus (SMITH, 1847) – Rotstreifen-Frosch
Verbreitung: SW-Afrika, Betschuana, Zulu (nur Küstengürtel), Transvaal, Mozambique und Kenya. Siehe S. 138.

Reptilien

– ○ **Testudinidae** (Landschildkröten)
Homopus areolatus (THUNBERG, 1787)
Verbreitung: SO-Kap-Provinz. Panzerlänge 11 cm.

Homopus boulengeri DUERDEN, 1906
Verbreitung: S-Afrika. Panzerlänge 11 cm.

Homopus femoralis BOULENGER, 1888
Verbreitung: S-Afrika. Panzerlänge 15 cm.

Homopus signatus (SCHOEPFF, 1782)
Verbreitung: S-Afrika. Panzerlänge 10 cm.

Testudo (Psammobates) oculifera KUHL, 1820
Verbreitung: SW- und S-Afrika. Panzerlänge 12 cm.

Testudo (Psammobates) tentoria BELL, 1828
Verbreitung: SW- und S-Afrika. Panzerlänge 14 cm.

Gekkonidae (Geckos)
● *Hemidactylus mabouia* (MOREAU DE JONNÈS, 1818)
Verbreitung: Z-, S- und O-Afrika, Madagaskar, in Südamerika, auf den Antillen und in Mittelamerika eingeschleppt.

! ∞ **Chamaeleonidae** (Chamäleons)
○ *Chamaeleo pumilus* (GMELIN, 1789) – Zwergchamaeleon
Verbreitung: S-Afrika.

○ **Cordylidae** (Gürtelechsen)
✱ △ *Cordylus cordylus* (LINNAEUS, 1758)
Verbreitung: S-Afrika.

✱ △ *Cordylus giganteus* A. SMITH, 1844 – Riesen-Gürtelschweif
Verbreitung/Biotop: S-Afrika, an Felshängen und in Felsspalten.

✱ △ *Cordylus jonesii* (BOULENGER, 1891)
Verbreitung: S-Afrika.

✱ △ *Gerrhosaurus auritus* BOETTGER, 1887 – Kalahari-Schildechse
Verbreitung/Biotop: S-Afrika, in Halbwüsten und Steppen in Steinhaufen und Geröllbrocken.

✱ △ *Gerrhosaurus flavigularis* WIEGMANN, 1828 – Gelbkehl-Schildechse
Verbreitung/Biotop: S-Afrika, unter Büschen und Felsen von Abhängen bis zur Küste.

✱ – *Gerrhosaurus major* DUMÉRIL, 1851 –
G ∞ Sudan-Schildechse
≋ Verbreitung: Sudan bis S-Afrika. Siehe S. 134.

✱ △ *Gerrhosaurus validus* A. SMITH, 1849 – Felsen-Schildechse
Verbreitung: S-Afrika.

△ *Platysaurus guttatus* A. SMITH, 1849
Verbreitung/Biotop: S-Afrika, an senkrechten Felsen in Ritzen, meidet den Boden.

Bild 98. Ein Vertreter der *Chamaeleo bitaeniatus*-Gruppe. Aufnahme A. van den Nieuwenhuizen

Platysaurus minor FITZSIMONS, 1930
Verbreitung: S-Afrika (Zwaziland).

Scincidae (Skinke)

Mabuya capensis (GRAY, 1830)
Verbreitung: S-Afrika.

Colubridae (Nattern)

Boaedon fuliginosus BOIE, 1827 – Hausschlange
Verbreitung: Z- bis S-Afrika.

§○ *Chlorophis irregularis* (LEACH, 1819) – Grünnatter
Verbreitung/Biotop: SW-Afrika, auf Büschen in Wassernähe. Futter: Frösche, kann aber auf Fische und kleine Mäuse umgewöhnt werden. S. 194.

§○ *Dasypeltis scabra* (LINNAEUS, 1758) – Afrikanische Eierschlange
Verbreitung: Südliches O-Afrika bis S-Afrika. Siehe S. 142.

Bild 99. Riesen-Gürtelschweif (*Cordylus giganteus*). Aufnahme A. van den Nieuwenhuizen

Viperidae (Vipern)

– ○ *Bitis caudalis* (SMITH, 1839) – Büschelbrauenotter
Verbreitung/Biotop: S- bis SW-Afrika, in dürren, sandigen Savannen, Wüste, bis ins Küstengebiet. Größe: 40 cm. Futter: Mäuse, Nachtaktiv Fortpflanzung: Ovovivipar, 8-10 Junge von 8 cm. Aufzucht heikel.

– ○ *Bitis cornuta* (DAUDIN, 1803) – Hornotter
Verbreitung: SW-Afrika und Kap-Provinz.

Bromeliaceae (Ananasgewächse)
Tillandsia baileyi ROSE

Gramineae (Süßgräser)
Stenotaphrum secundatum (WALT.) O. KUNTZE

Orchidaceae (Orchideengewächse)
Encyclia tampensis SCHLECHTER

Berberidaceae (Sauerdorngewächse)
Vancouveria hexandra (HOOK.) MORR. ET DCNE

Bild 100. *Platysaurus minor*. Aufnahme A. van den Nieuwenhuizen

Nearktische Region

Nordamerika

Pflanzen

Ricciaceae (Sternlebermoose)
Riccia fluitans L.

Alismataceae (Froschlöffelgewächse)
Sagittaria subulata (L.) BUCHENAU

Hydrocharitaceae (Froschbißgewächse)
Elodea canadensis MICHAUX
Vallisneria spiralis L.

Bild 101. Nearktische Region, Klimakarte.
Kaltgemäßigte boreale Zonen
1 Ozeanische und kontinentale Borealklimate
Kühlgemäßigte Zonen
2 Ozenische Klimate
3 Subkontinentale- und kontinentale Klimate
4 Sommerwarme, sommerfeuchte und ständig feuchte Klimate
5 Winterkalte Trockensteppenklimate
6 Winterkalte Halbwüsten- und Wüstenklimate
Warmgemäßigte Subtropenzonen
7 Winterfeucht-sommertrockene Mediterranklimate
8 Winterfeucht-sommerdürre Steppenklimate
9 Kurz sommerfeuchte Steppenklimate
10 Halbwüsten- und Wüstenklimate (Sonora)
11 Ständig feuchte, sommerheiße Klimate
Tropenzonen
12 Tropische Regenklimate
z. B. 40 m üM: 2-31 °C, 28 cm Regen (Kalifornien) 3 m üM: 0-35 °C, 142 cm Regen (Florida)

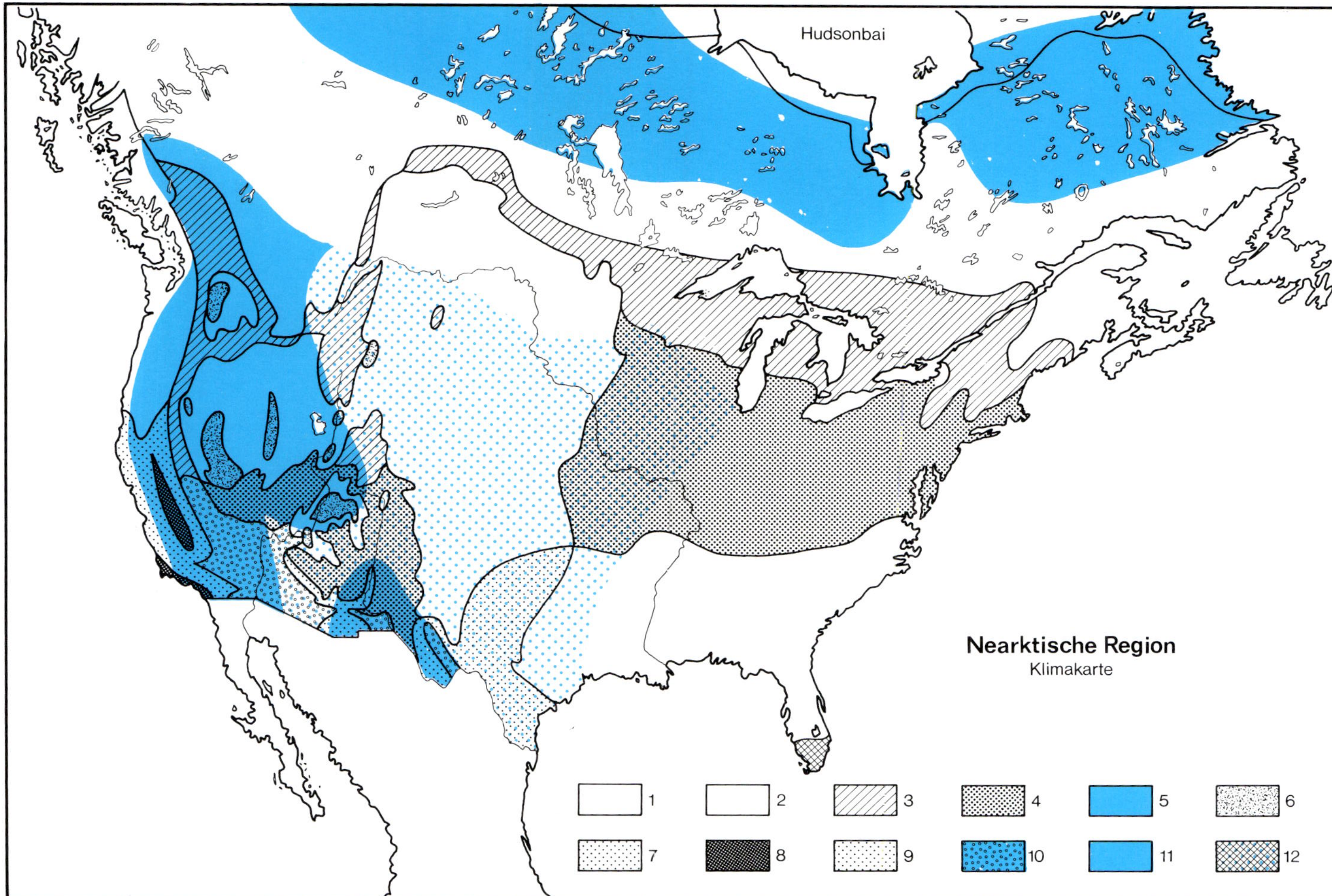
Hudsonbai
Nearktische Region
Klimakarte
1
2
3
4
5
6
7
8
9
10
11
12

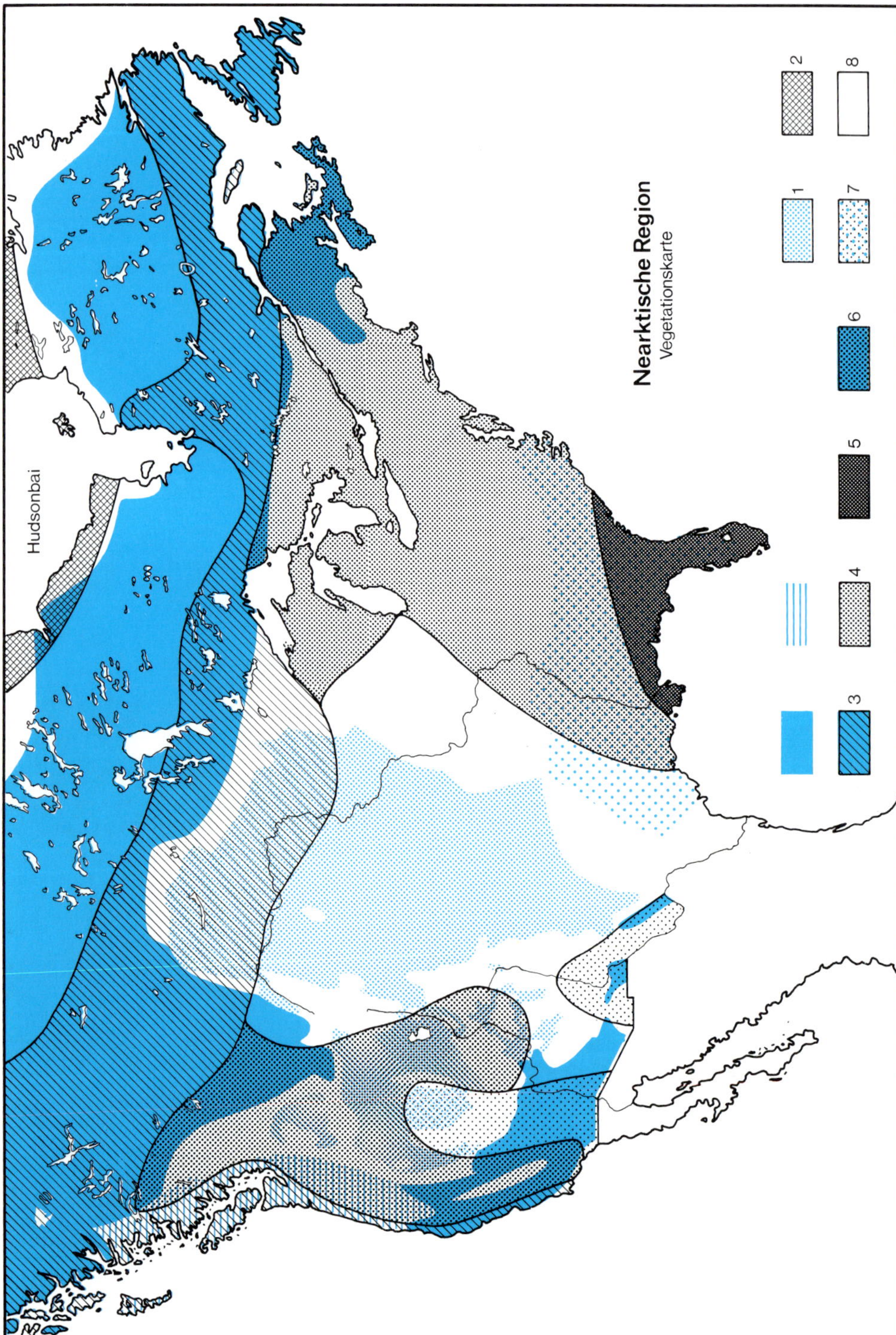
Nearktische Region
Vegetationskarte
Hudsonbai
1
2
3
4
5
6
7
8

Bild 102. Nearktische Region, Vegetationskarte. **1** Boreale und subpolare offene Koniferen-Baumgehölze, **2** Zwergstrauchtundren, **3** Boreale Nadelwälder, **4** Nemorale sommergrüne Laubwälder, **5** Lorbeerwälder mit Nadelhölzern, **6** Strauchwüsten, **7** Salzwüsten und Küstendünen, **8** Steppen.

Cactaceae (Kaktusgewächse)
△ *Opuntia rufida* Engelm.

〰→ **Ericaceae** (Heidekrautgewächse)
△ *Arctostaphylus nevadensis* Gray
△ *Arctostaphylus uva-ursi* (L.) Spreng.
● *Gaultheria procumbens* L.

— △ **Crassulaceae** (Dickblattgewächse)
Echeveria densiflora Berger
Echeveria purpusii K. Schum.

Onagraceae (**Oenotheraceae**) (Nachtkerzengewächse)
〰 *Ludwigia natans* Elliott

Umbelliferae (Doldenblütler)
〰 *Hydrocotyle verticillata* Thunberg

〰→ **Polemoniaceae** (Sperrkrautgewächse)
Phlox stolonifera Sims
Phlox subulata L.
Polemonium reptans L.

Scrophulariaceae (Braunwurzgewächse)
〰 *Bacopa caroliniana* (Walter) Robinson

Bild 103. Sonora-Wüste, typische Vegetation. Die Sonora-Wüste ist keine extreme Wüste, weshalb die Pflanzendecke relativ dicht ist, indem sich die weit horizontal streichenden Wurzelsysteme der Pflanzen im trockenen, sandig-kiesigen Bodengrund oder in den tiefgehenden Spalten des Felsbodens berühren. *Fouquieria splendens* (Mitte) ist ein endemischer Charakterstrauch, dessen Zweige durch Korkbildung vor Wasserabgabe geschützt sind. An den dünnen Langtrieben entwickeln sich die zarten Blätter, deren Spreiten nach der Sommerregenzeit abfallen, während die Blattstiele zu Dornen werden. Die Blütenstände erscheinen als endständige, leuchtend rote Trauben Ende der Winterregenzeit. *Opuntia arborescens* (links) und Flach-Opuntien im Vordergrund rechts. Lebensraum von *Dipsosaurus dorsalis, Sauromalus obesus, Heloderma*, der Dreistreifen-Rosenboa (*Lichanura trivirgata*) sowie vieler anderer Reptilien. Aufnahme A. Calmonte

ᴧᴧᴧ **Campanulaceae** (Glockenblumengewächse)
Lobelia cardinalis L.

Amphibien

✱● **Ambystomatidae** (Querzahnsalamander)
Ambystoma laterale (SHAW, 1802)
Ambystoma maculatum (SHAW, 1802)
Ambystoma opacum (GRAVENHORST, 1807)
Verbreitung: Florida bis Texas. Größe: 10-12 cm. In Mooslöchern, unter Steinen, Rinden und im feuchten Laub. Futter: Regenwürmer, Nacktschnecken, Wachsmottenlarven. Fortpflanzung: Eier, in einem Moosloch, das nach etwa 12 Tagen unter Wasser gesetzt werden muß, worauf die Larven schlüpfen.
Ambystoma tigrinum (GRAY, 1825) – Tigersalamander

● **Plethodontidae** (Lungenlose Salamander)
Aneides aeneus (COPE, 1881) – Erzmolch
Verbreitung/Biotop: Ohio, Pennsylvania, Alabama, in Gesteinsspalten und auf flechtenüberzogenen Felsen und Baumstubben. Futter: Regenwürmer, Fliegen, Spinnen, Käfer, Wachsmotten- und *Cetonia*-Larven.
Aneides flavipunctatus (STRAUCH, 1870)
Aneides lugubris (HALLOWELL, 1849) – Baumsalamander
Verbreitung/Biotop: SW, in Höhlen von Bäumen, Baumstümpfen, morschen Stämmen, Nagerbauten, sowohl in 10 m Höhe als auch auf dem Erdboden zwischen Steinen und Genist, meist gesellig lebend. Fortpflanzung: 12-19 Eier werden vom Weibchen in der Wohnhöhle angeheftet

Bild 105 (rechts oben). Roter Wiesensalamander (*Pseudotriton ruber*). Aufnahme A. van den Niewenhuizen

Bild 106 (rechts unten). Agakröte (*Bufo marinus*). Aufnahme A. van den Niewenhuizen

Bild 104. *Ambystoma maculatum*. Aufnahme A. van den Nieuwenhuizen

und bewacht. Die Embryonen bleiben bis zum Schlüpfen – 3-4 Monate nach der Eiablage – in den Eihüllen.

K *Eurycea longicauda* (GREEN, 1818)
Auf schlammigem Boden unter Steinen. Futter: Bachflohkrebse, Enchyträen, Rote Mückenlarven, kleine Würmer.

K *Eurycea lucifuga* (RAFINESQUE, 1822)
Verbreitung/Biotop: Virginia bis Oklahoma, an Kalksteinwänden, in Steinhöhlen.

✶ *Bufo punctatus* BAIRD & GIRARD, 1852 – Fleckenkröte
Verbreitung: S- und Z-Texas, Nevada, Sonora, S-Kalifornien.

K *Bufo quercicus* HOLBROOK, 1840 – Eichenkröte
Verbreitung/Biotop: SO, in Kiefernwäldern. Größe: 2,5 bis 3,5 cm. Tagaktiv.

✶ ◐ **Hylidae** (Laubfrösche)

Bild 107. *Hyla cinerea*. Aufnahme A. van den Nieuwenhuizen

Pseudotriton ruber (SONNINI, 1802) – Roter Wiesensalamander
Auf überschwemmten oder quellenreichen Wiesen, unter Steinen und Moos.

Pelobatidae (Krötenfrösche)
Scaphiopus holbrookii (HARLAN, 1835)

– **Bufonidae** (Kröten)

✶ *Bufo marinus* (LINNAEUS, 1758) – Aga
Verbreitung: Südamerika, Mittelamerika bis Texas.

Hyla cinerea LINNAEUS, 1758
Hyla regilla BAIRD & GIRARD, 1852 – Königslaubfrosch

⚲ *Hyla versicolor* (LE CONTE, 1825)

Microhylidae (Engmaulfrösche)
Hypopachus cuneus COPE, 1889 – Schafsfrosch
Verbreitung: Texas südwärts bis Mexiko (Veracruz).

✱ ꝏ **Kinosternidae** (Schlammschildkröten)

◐ bis ● *Kinosternon baurii* GARMAN, 1891 – Dreistreifen-Klappschildkröte
Verbreitung: SO. Panzerlänge 12 cm.

≋ *Kinosternon s. subrubrum* (LACÉPÈDE, 1788)
Verbreitung: O und SO. Panzerlänge 12 cm.

Verbreitung: SO. Panzerlänge 13 cm.

≋ *Chrysemys picta picta* (SCHNEIDER, 1789)
Verbreitung: SO-Kanada, O. Panzerlänge 18 cm.

≋ *Clemmys guttata* (SCHNEIDER, 1792) – Tropfenschildkröte
Verbreitung: NO und O. Panzerlänge 13 cm.

✱ ≋ *Clemmys marmorata* (BAIRD & GIRARD, 1852) – Pazifik-Wasserschildkröte

Bild 108. Karolina-Dosenschildkröte (*Terrapene carolina carolina*). Aufnahme A. van den Nieuwenhuizen

Sternotherus carinatus (GRAY, 1856) – Dach-Moschusschildkröte
Verbreitung: S. Panzerlänge 15 cm.

Sternotherus minor (AGASSIZ, 1857)
Verbreitung: SO. Panzerlänge 13 cm.

Sternotherus odoratus (LATREILLE, 1802) – Moschusschildkröte
Verbreitung: S-Kanada, O und SO. Panzerlänge 14 cm.

ꝏ ○ **Emydidae** (Sumpfschildkröten)

≋ *Chrysemys picta dorsalis* AGASSIZ, 1857
Verbreitung: W und NW-Mexiko. Panzerlänge 18 cm.

≋ *Graptemys oculifera* (BAUR, 1890) – Pracht-Höckerschildkröte
Verbreitung: SO. Panzerlänge 15 cm.

≋ *Graptemys pulchra* BAUR, 1893 – Schmuck-Höckerschildkröte
Verbreitung: SO. Panzerlänge 18 cm.

✱ G ≋ *Pseudemys scripta elegans* (WIED, 1839) – Rotwangenschildkröte
Verbreitung: MOS, NO-Mexiko. Panzerlänge 29 cm.

– *Terrapene carolina bauri* TAYLOR, 1895
Verbreitung: Florida, Untere Florida Keys. Panzerlänge 15 cm.

– *Terrapene carolina carolina* (LINNAEUS, 1758) – Karolina-Dosenschildkröte
Verbreitung: NO und O. Panzerlänge 16 cm. Lichte Laubwälder in Wassernähe. Aktivität: Frühmorgens, abends und an Regentagen. Futter: Babymäuse, Regenwürmer, Schnecken, Heuschrecken, Grillen, Heimchen, Katzenmenü, kalkvitaminbepudertes Herzmuskelfleisch; Tomaten, Bananen, Beeren, Grünzeug.

– *Terrapene carolina major* (AGASSIZ, 1857)
Verbreitung: SO. Panzerlänge 18 cm.

– ʌʌʌ *Terrapene carolina triunguis* (AGASSIZ, 1857) – Dreizehen-Dosenschildkröte
Verbreitung: M und S. Panzerlänge 16 cm. Mehr ans Wasser gebunden als die Stammform.

– *Terrapene ornata* (AGASSIZ, 1857) – Schmuck-Dosenschildkröte
Verbreitung: M und S, NO-Mexiko. Kurzgras-, Langgras- und gemischte Prärie, unter den Wurzel„ballen" der Gräser, auch im Sand-, Lehm- und Kalkboden. Futter: Siehe *Terrapene carolina carolina.*

● **Gekkonidae** (Geckos)
✱ ♾ *Coleonyx variegatus* (BAIRD, 1859) – Gebänderter Wüstengecko
Verbreitung/Biotop: SW, unter Steinen, auf Felsen.

♾ ○ **Iguanidae** (Leguane)
✱ *Anolis carolinensis* VOIGT, 1832 – Rotkehlanoli
Verbreitung/Biotop: SO, Bahamas, auf Zäunen, Hecken und an Stämmen.

✱ *Anolis distichus* COPE, 1864 – Zaunanoli
Verbreitung: Haiti, Bahama, Florida. Siehe S. 173.

✱ *Anolis sagrei sagrei* DUMÉRIL & BIBRON, 1837
Verbreitung/Biotop: Kuba, Bahama, Florida, Yucatan, Cayman, Swan-Insel, Siehe S. 176.

– *Dipsosaurus dorsalis* (BAIRD & GIRARD, 1852) – Wüstenleguan
Verbreitung/Biotop: SW, Prärie, in Steinhaufen und Erdlöchern. Futter: *Sedum, Echeveria,* Kräuter, Blüten- und Blütenknospen, junge Triebe von Leguminosen (*Wisteria, Lathyrus,* Klee), auch Obst.

– *Sauromalus obesus* (BAIRD, 1858) – Chuckawalla
Verbreitung/Biotop: SW, Prärie, in Felsklüften. Futter: Blüten und Früchte von *Opuntia, Sedum, Echeveria,* Grünzeug und Obst.

Sceloporus torquatus WIEGMANN, 1828
Verbreitung: S, Mexiko bis Panama.

○ **Teiidae** (Teju-Echsen)
– *Cnemidophorus sackii* WIEGMANN, 1834
Verbreitung/Biotop: S, auf Sand- und Lehmböden in flachen Trockengebieten.

– *Cnemidophorus sexlineatus* (LINNAEUS, 1758) – Sechsstreifen-Rennechse
Verbreitung: S und SW.

Scincidae (Skinke)
– *Eumeces obsoletus* BAIRD & GIRARD, 1852
Verbreitung/Biotop: M und S; in Felsspalten der Prärien und in Dickichten. Futter: Insekten, Spinnen, Würmer, Babymäuse.

✱ ♾ **Anguidae** (Schleichen)
● *Gerrhonotus coeruleus* WIEGMANN, 1828
Verbreitung/Biotop: W und NW, unter Polsterpflanzen, Rinde, auf feuchten Steinen und Baumstümpfen, aber auch auf Büschen. Futter: Spinnen, Insekten, Babymäuse, kleine Echsen. Männchen untereinander zänkisch.

Gerrhonotus multicarinatus (BLAINVILLE, 1835)
Verbreitung: W und SW.

Ophisaurus attenuatus BAIRD, 1880 – Glasschleiche
Verbreitung: SW.

Helodermatidae (Krustenechsen)
☠ G *Heloderma suspectum* COPE, 1869 – Gila-
△ Krustenechse
Verbreitung: S-Nevada, Utah bis Sonora und N-Mexiko. Biotop: Unter Felsen und in Felsklüften. Futter: Eier, Mäuse, Giftzahntragend. In ihrem Bestand gefährdet.

– **Boidae** (Riesenschlangen)
Charina bottae (BLAINVILLE, 1835) – Gummiboa
Verbreitung/Biotop: W und NW, auf feuchten Steinen, unter Rinde und Baum-

stümpfen, auch in Felsspalten. Futter: Mäuse, nestjunge Vögel. Fortpflanzung: Ovovivipar.
Lichanura roseofusca COPE, 1868 – Rosenboa
Verbreitung/Biotop: S-Kalifornien, Arizona, Baja-California, in Eichenauen.
Lichanura trivirgata COPE, 1861 – Dreistreifen-Rosenboa
Verbreitung: Baja-California, NW-Sonora, Arizona, Mexiko.

Colubridae (Nattern)

○ *Opheodrys aestivus* (LINNAEUS, 1766) – Rauhe Grasnatter
Verbreitung/Biotop: SW, N-Mexiko, in Büschen und Pflanzendickichten. Futter: Insekten, vor allem Raupen.

○ *Opheodrys vernalis* (HARLAN, 1827) Glatte Grasnatter
Verbreitung: M und NW.
Storeria occipitomaculata (STORER, 1839)
Verbreitung: S-Kanada, Maine, Minnesota bis Florida und Louisiana. Futter:

Bild 110. Südöstliche Zwergklapperschlange (*Sistrurus miliaris barbouri*). Aufnahme P. C. Hallauer

Nacktschnecken, kleine Gehäuseschnecken und Insekten.

✱ ♾ ○ *Thamnophis sirtalis* (LINNAEUS, 1758) – Strumpfbandnatter

Bild 109. *Storeria occipitomaculata*. Aufnahme A. van den Nieuwenhuizen

Verbreitung/Biotop. O-Kanada bis S, unter Stämmen, Brettern, Baumstubben, auf Büschen in Ufernähe. Futter: Molche, Frösche, Regenwürmer, Nacktschnecken, Fische.

☠ – **Crotalidae** (Grubenottern)

Sistrurus catenatus (RAFINESQUE, 1818) – Massasauga, Kettenklapperschlange
Verbreitung/Biotop: Indiana, Illinois, Michigan, Wisconsin, in Torfmooren der Prärie, an Waldrändern.

Sistrurus miliaris (LINNAEUS, 1766) – Prärieklapperschlange
Verbreitung/Biotop: SO, unter Holzstükken, Rinden, lockeren Steinen der Prärie.

Neotropische Region

Bild 111. Neotropische Region, Klimakarte.
Mexiko, Mittelamerika
Warmgemäßigte Subtropenzonen
4 Winterfeucht-sommertrockene Mediterran-Klimate
6 Kurz sommerfeuchte Steppenklimate
7 Halbwüsten- und Wüstenklimate
Tropenzonen
9 Tropische Regenklimate
In den Niederungen finden wir geringe Temperaturschwankungen, in der warmen Jahreszeit im Mai bis Juli 27-29 °C, in der kältesten Jahreszeit (Januar) 20-25 °C. Bei 1150 m üM fallen die Temperaturmittel im Januar auf 19 °C und steigen im Mai nur auf 21 °C.
Die Niederschlagsmengen sind sehr unterschiedlich, an der atlantischen Küste sind sie bedeutend stärker (309-659 cm Jahresmittel). Auch in den Bergen fällt mehr Regen.
10 Wechselfeuchte Tropenklimate, tropische Trockenklimate
11 Tropische Halbwüsten- und Wüstenklimate

Karibische (Westindische-) Inseln (Antillen).
Tropenzonen
9 Tropische Regenklimate
Die Wärme erreicht im Juli/August durchschnittlich 27-28 °C, während der kälteste Monat (Januar) 21-24 °C aufweist. In einer Höhe von 1160 m üM ist 18 °C im Januar und 21 °C im Juli das Mittel, bei 1500 üM betragen diese Durchschnittswerte 15 bzw. 18 °C.
Die Trockenzeit ist entsprechend der insularen Lage nicht scharf begrenzt; die trockensten Monate weisen 5-10 cm, die regenreichsten zwischen 19 und 30 cm Regen auf.
Auf Guadeloupe wurden zum Beispiel bei 533 m üM gemessen: Januar bis Dezember 26, 20, 20, 19, 31, 36, 44, 40, 38, 39, 36 und 26 cm, also ein Jahresmittel von 375 cm
10 Tropisch-sommerhumide Feuchtklimate
Nördliches Südamerika
Tropenzonen
9 Tropische Regenklimate
10 Tropisch-sommerhumide Feuchtklimate, wechselfeuchte Tropenklimate, tropische Trockenklimate und tropische Halbwüsten- und Wüstenklimate
Die Temperatur zeigt in den Niederungen Schwankungen von 25 und 28 °C im Monatsdurchschnitt. Bei 750 m üM schwanken diese Werte zwischen 18 und 24 °C, bei 1150 m üM zwischen 14 und 20 °C.
Die Regen fallen vor allem in der warmen Jahreszeit und ergeben im Jahresmittel 110-230 cm. Die eigentliche Trockenzeit dauert gewöhnlich etwa zwei Monate.
Beispiele:

38 m üM:	18-36 °C,	89 cm Regen (Bolivar)
21 m üM:	20-33 °C,	229 cm Regen (Georgetown)
12 m üM:	23-33 °C,	190 cm Regen (Buenaventura)
90 m üM:	18-31 °C,	262 cm Regen (Iquitos)

In den Höhenlagen der *östlichen Anden-Ausläufer* sind die Temperaturen auffallend gleichmäßig. Auf 1500 m üM wird im kältesten Monat (November) ein Temperaturmittel von 20 °C beobachtet und der wärmste Monat (Februar) weist ein Temperaturmittel von 22 °C auf. Bei 2600 m üM werden im kältesten Monat, August, 14 °C angegebn, während in den beiden wärmsten Monaten, April und November, 15 bzw. 14 °C das Mittel darstellen.
Die Niederschläge sind in diesen Höhen gering. Der jährliche Regenfall in 1500 m üM beträgt 160 cm, in 2600 m üM 161 cm. Im April bis Mai erreicht die Regenzeit mit 18-24 cm ihren Höhepunkt. Nach einer kurzen Trockenzeit folgt im Oktober bis November die zweite Regenzeit mit 19-24 cm, worauf im Januar die neue Trockenzeit mit einer durchschnittlichen Regenmenge von 5-9 cm beginnt.
Im *westlichen andinen Südamerika* herrscht eine enorm abwechslungsreiche Klima- und Vegetationszonierung: die Küstenwüste (eine sogenannte Nebelwüste), die Andenquertäler, die andinen Trockentäler im Innern, die Bergwälder, die trokken-warmen Felssteppen, die regengrünen Trockenwälder, die periodisch-trockenen Hochsteppen und die kühlfeuchten Nebelwälder. In der Küstenwüste schließlich ist die nachts und am frühen Morgen aus dem Nebel sich niederschlagende Feuchtigkeit so beträchtlich, daß sich ein reiches Pflanzen- und Tierleben entfalten kann.
11 Tropische Halbwüsten- und Wüstenklimate

Südliches Südamerika
Kühlgemäßigte Zonen
1 Hochozeanische Klimate
2 Wintermilde Trockensteppenklimate
3 Wintermilde Halbwüsten- und Wüstenklimate
Warmgemäßigte Subtropenzonen
4 Winterfeucht-sommertrockene Mediterranklimate
5 Winterfeucht-sommerdürre Steppenklimate
6 Kurz sommerfeuchte Steppenklimate
7 Halbwüsten- und Wüstenklimate
8 Ständig feuchte Graslandklimate
Im außertropischen südlichen Südamerika erreichen die Temperaturen im Januar bis Februar mit 17 bis 20 °C ihren durchschnittlichen Höhepunkt; das Mittel im kältesten Monat, Juli, beträgt 8-12 °C. --- Die Niederschläge schwanken in den vegetationsreichen Zonen zwischen 130 und 267 cm im Jahresmittel; die Monate Juni bis Juli sind mit 27-45 cm Regen die feuchtesten, der Januar ist mit 1-7 cm Regen der trockenste.
Tropenzonen
9 Tropische Regenklimate
10 Wechselfeuchte Tropenklimate, Tropisch sommerhumide Feuchtklimate, Tropische Trockenklimate
11 Tropische Halbwüsten- und Wüstenklimate
Die Temperaturen schwanken in den wärmeren Monaten Dezember bis Januar in Paraguay und Süd-Brasilien im Monatsmittel von 24 bis 29 °C; in der kühleren Zeit (Juni bis Juli) beträgt das Monatsmittel 16-19 °C. In 600 m üM betragen diese Werte 22 bzw. 15 °C.
Die Regenzeit währt von Oktober bis April (Jahresmittel 142-170 cm). Dezember und Januar sind mit 18-27 cm am regenreichsten; in den trockenen Monaten Juli bis August schwanken die Niederschläge – je nach Zone – zwischen 0 und 5 cm. In den vegetationsreichen Zonen sind die Niederschläge bedeutend höher, zum Beispiel im Januar 32 bis 39 cm und in den trockensten Monaten 12-14 cm.

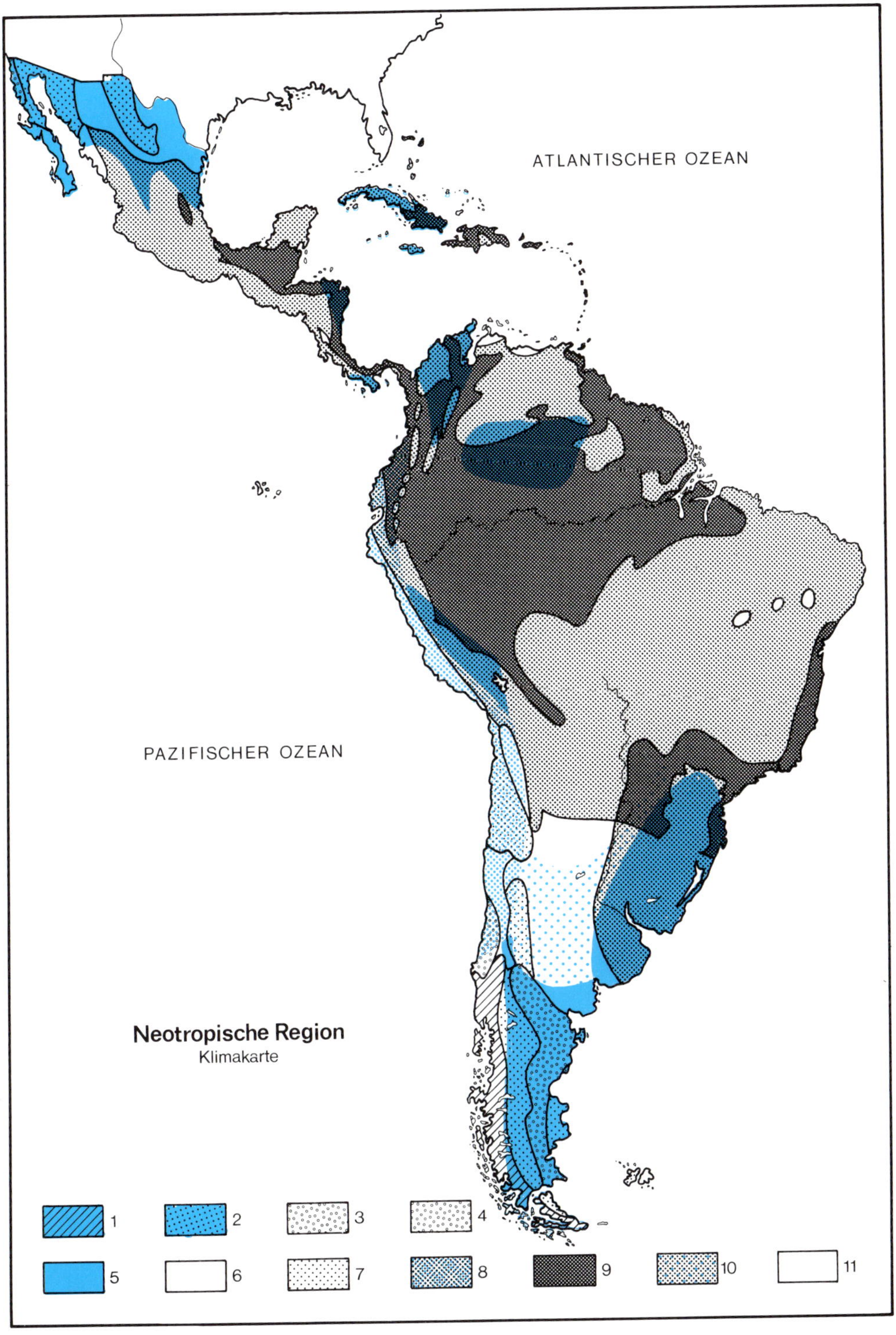
ATLANTISCHER OZEAN
PAZIFISCHER OZEAN
Neotropische Region
Klimakarte
1
2
3
4
5
6
7
8
9
10
11

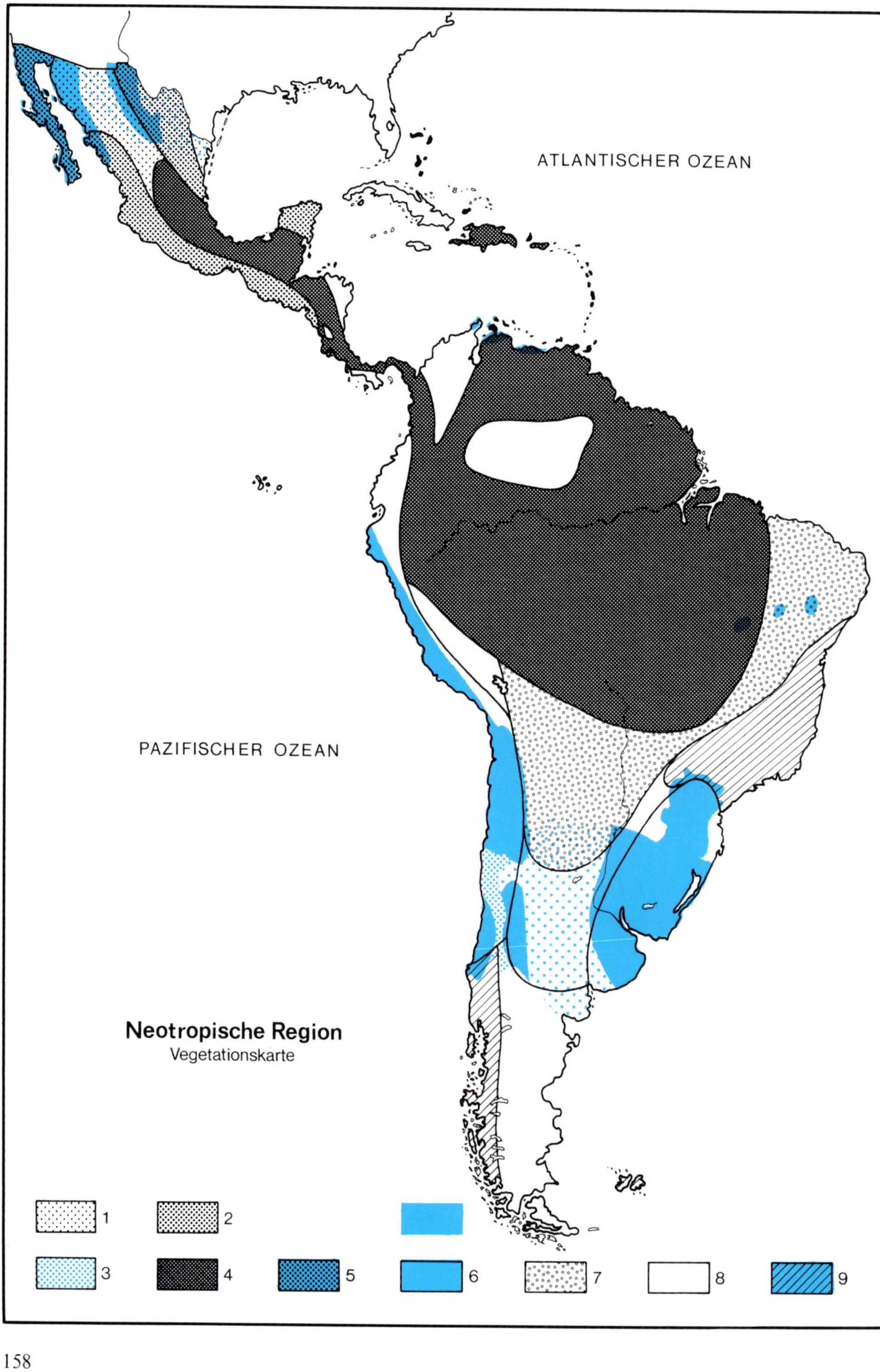
ATLANTISCHER OZEAN
PAZIFISCHER OZEAN
Neotropische Region
Vegetationskarte
1
2
3
4
5
6
7
8
9

Bild 112. Neotropische Region, Vegetationskarte. **1** Strauchwüsten, **2** Steppen, **3** Savanne, **4** Tropischer Regenwald, **5** Hartlaubwälder, **6** Wüsten, **7** Tropische regengrüne Trockenwälder, **8** Regengrüne Dornstrauchformationen, **9** Feuchte, warmtemperierte Wälder

Mexiko, Mittelamerika

Pflanzen

Selaginellaceae (Moosfarngewächse)
◐ *Selaginella pallescens* (C.PRESL) SPRING

Psilotaceae
Psilotum triquetrum SWARTZ

♀ **Pteridaceae** (Flügelfarngewächse)
Doryopteris palmata (WILLD.) J. SM.

♀ **Bromeliaceae** (Ananasgewächse)
Catopsis sessiliflora (RUIZ ET PAV.) MEZ
Catopsis wangerinii MEZ ET WERCKLÉ
Guzmania angustifolia (BAKER) MEZ
Guzmania minor MEZ
Guzmania musaica (LINDEN ET ANDRÉ) MEZ
Guzmania sanguinea ANDRÉ EX MEZ
Tillandsia achyrostachys MORREN
Tillandsia anceps LODD.
Tillandsia baileyi ROSE
Tillandsia biflora RUIZ ET PAV.
Tillandsia brachycaulos SCHLECHTEND.
Tillandsia bulbosa HOOK.
Tillandsia butzii MEZ
Tillandsia concolor L.B. SMITH
Tillandsia ionantha PLANCH.
Tillandsia multicaulis STEUD.
Tillandsia pueblensis L.B. SMITH
● *Tillandsia punctulata* SCHLECHT. ET CHAM.
Vriesea hainesiorum L.B. SMITH

Commelinaceae (Commelinengewächse)
⟿ *Zebrina pendula* SCHNIZL.

Gramineae (Süßgräser)
⟿ ≹ *Stenotaphrum* secundatum (WALT.) O. KUNTZE

♀ **Orchidaceae** (Orchideengewächse)
Barkeria elegans KNOWL. ET WESTC.
Barkeria skinneri (BATEM. ET LINDL.) RICH. & GAL.
Brassavola nodosa LINDL.
Comparettia falcata POEPP. ET ENDL.
Dichaea pendula COGN.
Dinema polybulbon LINDL.
Epidendrum cochleatum L.
Epidendrum umbellatum SWARTZ
Hartwegia purpurea LINDL.
Isochilus linearis R.BR.
Oncidium cebolleta SWARTZ
Oncidium kramerianum REICHB. F.
Oncidium pusillum REICHB. F.
Ornithidium sophronitis REICHB.F.
Rodriguezia secunda H.B. KTH
– *Spiranthes speciosa* (J.F. GMELIN) A. RICHARD

♀ **Piperaceae** (Pfeffergewächse)
△ *Peperomia rubella* HOOK.

Cactaceae (Kaktusgewächse)
△ *Opuntia rufida* ENGELM.

Begoniaceae (Schiefblattgewächse)
△ *Begonia boweri* ZIESENH.

△ **Crassulaceae** (Dickblattgewächse)
Sedum morganianum E. WALTH.
Sedum nussbaumeri BITTER
Sedum pachyphyllum ROSE

Leguminosae (Hülsenfrüchtler)
〰 *Neptunia oleracea* LOUR.

Umbelliferae (Doldenblütler)
〰 *Hydrocotyle verticillata* THUNBERG

Scrophulariaceae (Braunwurzgewächse)
〰 *Bacopa monniera* (L.) WETTSTEIN

≹ **Gesneriaceae** (Gesneriengewächse)
Columnea arguta MORTON
Columnea microphylla KLOTZSCH ET HANS. EX OERST.
◐ *Episcia dianthiflora* H.E. MOORE ET R.G. Wilson
◐ *Episcia lilacina* HANST.
Rechsteineria cardinalis (LEHM.) O. KUNTZE

Amphibien

ꝏ – **Bufonidae** (Kröten)
✱ G *Bufo marinus* (LINNAEUS, 1758) – Aga
Verbreitung: Südamerika, Mittelamerika bis Texas.
✱ *Bufo punctatus* BAIRD & GIRARD, 1852 – Fleckenkröte

Verbreitung: S- und Z-Texas, Nevada, Sonora, S-Kalifornien.

☠ ◐ **Dendrobatidae** (Färberfrösche)

Dendrobates auratus (GIRARD, 1855) – Gold-Baumsteiger

Verbreitung/Biotop: Nicaragua bis NW-Kolumbien, in schattigem Urwald; nicht sehr an Bäche gebunden; Baumstrünke, tote Blätter; im Wurzelgewirr großer Bäume. Kakaoplantagen. Größe: 40 mm.

☠ K ○ *Dendrobates pumilio* SCHMIDT, 1857 – Zwerg-Baumsteiger

Verbreitung/Biotop: Atlantische Küste von Nicaragua bis Panama von der Küste bis 900 m, oft in der Nähe von Waldbächen, aber auch in Wäldern mit reichhaltigem Bromelienbewuchs in Bodennähe. Größe 18–22 mm. Feuchte, aber auch ganz trokkene Stellen (Steine, Rindenstücke, Strün-

Bild 113 (unten). Zwerg-Baumsteiger (*Dendrobates pumilio*). Aufnahme A. van den Nieuwenhuizen

Bild 114 (rechts). *Dendrobates pumilio* aus Comadre. Aufnahme A. van den Nieuwenhuizen

Bild 115. Veränderlicher Stummelfuß (*Atelopus varius*). Männchen aus der Kordillere Tilaran. Aufnahme A. van den Nieuwenhuizen

Bild 116. Panama-Stummelfuß (*Atelopus varius zeteki*). Aufnahme A. van den Nieuwenhuizen

ke) und ein Wassergefäß. Futter: *Drosophila,* Stubenfliegen und deren Larven, Mücken, Mückenlarven (in einem Schälchen mit 1 mm Wasserstand), Enchyträen. Fortpflanzung: Brutpflege. Wasser sollte leicht strömen (Filter), Karbonathärte unter 1 dH, Nichtkarbonathärte nicht mehr als 8 dH. (Synonym: *Dendrobates hypographicus* KEFERSTEIN, 1867.)

Dendrobates speciosus O. SCHMIDT, 1857
Verbreitung: Panama, Bocas del Toro, Chiriqui, 1000–1600 m. Temperatur 22–23 °C, nachts bis 15 °C, Färbung: Oberseite und Gliedmaßen rot, manchmal auch braun, Unterseite heller, Auge schwarz. Größe: Männchen 25–27 mm, Weibchen 27–29 mm. Futter: Larven von *Drosophila,* Stubenfliegen, Wachsmotten, sowie schwarze, weiße und rote Mückenlarven; kleine Insekten wie Stubenfliegen, kleine Grillen (im Kühlschrank unterkühlen, damit sie langsamer werden).

Atelopodidae (Stummelfuß-Frösche)
Atelopus varius (LICHTENSTEIN & MARTENS, 1856) – Veränderlicher Stummelfuß
Verbreitung: Mittelamerika, Kolumbien.

○ *Atelopus varius zeteki* GAIGE, 1874 – Panama-Stummelfuß
Verbreitung/Biotop: Panama, auf großen, über die Wasseroberfläche ragenden Steinen an der Sonne (tagaktiv) und in den Uferbüschen, auch auf deren Blätter. Größe 50 mm.

◐ ⦚ **Hylidae** (Laubfrösche)
Agalychnis calcarifer BOULENGER, 1902
Verbreitung: Costa Rica, Panama, Kolumbien (Pena Lisa, Condoto, Choco) und Ecuador (Rio Durango, Esmeraldas) in

luftfeuchten Niederungen bis 820 m. Größe: Männchen bis 64 mm, Weibchen bis 78 mm. Färbung: Kopf und Rücken sowie Vorderarm, Unterschenkel, vierter Finger und fünfte Zehe leuchtend grün. Die Flanken, Oberarmoberseiten und Zehen sind gelb, Bauch, Unterseite der Gliedmaßen, innere Schenkel und Tarsen sind orange, die Querbinden an den Flanken sind schwarz. Augen goldgelb.

während der Trockenzeiten zwischen Epiphyten, in den Blattachseln von Bromelien, manchmal auch unter den Trieben von Schlingern und Klimmpflanzen und sogar an Palmwedeln. Während den Regenzeiten – bei Dunkelheit – verlassen die Tiere ihre Ruheplätze und steigen, entlang der Zweige und Lianen, auf Äste über dem Wasserspiegel. Die Männchen beginnen, mit ihrem Ruf eiträchtige Weibchen anzu-

Bild 117. Rotaugenfrosch (*Agalychnis callidryas*). Aufnahme A. van den Nieuwenhuizen

Agalychnis callidryas (COPE, 1862) – Rotaugenfrosch
Verbreitung/Biotop: Costa Rica, Mexiko, Panama, möglicherweise auch in N-Kolumbien in den Niederungen bis 960 m. Auf lianen- und epiphytenüberwachsenen Bäumen am Rande bleibender, manchmal auch austrocknender Gewässer, oft 8 bis 10 m über dem Wasserspiegel. Nach STUART schlafen die Frösche tagsüber und

locken. Größe: Männchen 56 mm, Weibchen 71 mm. Färbung und Zeichnung: Die große Variabilität in der Färbung und Zeichnung hat COPE veranlaßt, eine Form

Bild 118 (rechts oben). *Hyla rufioculis* TAYLOR, 1952. Aufnahme A. van den Nieuwenhuizen

Bild 119 (rechts unten). *Hyla ebraccata*. Aufnahme A. van den Nieuwenhuizen

mit einem elfenbeinfarbenen Längsband an den Flanken und blauen Zehen *Agalychnis helenae* zu benennen; diese Art wurde 1967 von SAVAGE und HEYER eingezogen. Kopf und Rücken, Vorderarm, Unterschenkel, vierter Finger und fünfte Zehe leuchtend grün. Kehle und Bauch mattgelb, Hände und Füße orange. Die Färbung und Zeichnung der Flanken und Zehen ist variabel, an den Flanken mattgelbe Querbinden auf blauem Grund, die Zehen sind blau oder orange. Fortpflanzung: RAMSEIER, der die Art alljährlich züchtet, läßt Regenwasser vom Behälterdach ins Terrarium tropfen, vorerst während einer Stunde täglich, dann während mehrerer Stunden nachts und morgens; dadurch kommen die Frösche in Paarungsstimmung. Temperatur 20 °C am Tage, Nachtabsenkung und erhöhte Luftfeuchtigkeit (bis 95 Prozent). Im Amplexus werden etwa vier Laichklümpchen mit je etwa 50 Eiern auf die Unterseite von *Diffenbachia*-Blättern abgesetzt. Nach etwa 10 Tagen schlüpfen die etwa 10 mm langen Kaulquappen und fallen ins Wasser. Fütterung der Quappen mit zarten Algen und Zierfischfutter. Nach 30 Tagen sind sie 47 mm lang, es beginnt die Metamorphose. Die Jungfrösche verlassen nach der Umwandlung unverzüglich das Wasser und machen nachts auf Zweigen und Ästen Jagd auf Stubenfliegen, womit sie leicht aufzuziehen sind. – Eine um 4 °C kühlere Haltung im Winter erhöht die Fortpflanzungsfreudigkeit. Futter: Stubenfliegen und andere Insekten (Nachtfalter, Wachsmotten), Grillen, Heuschrekken.

Agalychnis moreletii (DUMÉRIL, A., 1853)
Verbreitung: Mittelamerika (Südl. Mexiko bis Panama).

Agalychnis saltator TAYLOR, 1955
Verbreitung/Biotop: Nicaragua, Costa Rica in den Niederungen bis 780 m, bewohnt ähnliche und gleiche Biotope wie *A. callidryas*. Größe: Männchen bis 47 mm, Weibchen bis 62 mm. Färbung: Am Tag oberseits grün mit blauen Flanken und Zehen, nachts oberseits rotbraun, Flanken und Zehen blau, es sind jedoch alle Farbübergänge möglich. Kehle weiß. Augen intensiv rot.

Agalychnis spurelli BOULENGER, 1913
Verbreitung/Biotop: Costa Rica, Panama und im pazifischen Küstengebiet von Kolumbien, in den Niederungen bis 885 m. Biotop: Warmfeuchte Regenwälder. Größe: 47–87 mm (Männchen kleiner). Färbung: Kopf und Rücken grün mit einzelnen, schwarzgerandeten weißen Tupfen. Flanken, Zehen und Bauch gelb, gelegentlich auch laubgrün oder orange. Iris rubinrot, grüngold genetzt.

Anotheca spinosa (STEJNEGER, 1911)
Verbreitung/Biotop: Mexiko (Veracruz, Oaxaca, Sierra de los Tuxtlas), Costa Rica (San Vito, Pavones, Moravia) und Panama (El Valle) im Regenwald zwischen 300 und 1200 m, auf großen, lianen- und epiphytenüberwachsenen Bäumen. Größe: Männchen 68 mm, Weibchen 73 mm. Färbung: Graubraun, rotbraun, braun bis fast schwarz mit scharf abgesetzter Zeichnung in helleren Brauntönen. Auge rotbronzen bis kupfrig, manchmal schwarz genetzt. Aktivität: Ganzjährig nachtaktiv, die Eier werden in die regenwassergefüllten Trichter vom Bromelien, aber auch in die wassergefüllten Astlöcher der Wohnbäume abgelegt. Die ausschlüpfenden Kaulquappen sind Nahrungsspezialisten, sie ernähren sich von dem, vermutlich von anderen Froscharten ebenfalls in Bromelien oder Astlöchern abgelegten Laich (*Hyla zeteki, Hyla bromeliacia* usw.). Futter: Kaulquappen, möglich auch kleine Frösche, Grillen, Nachtfalter.

Hyla boans (LINNAEUS, 1758) – Riesenbaumfrosch. (*Hyla maxima* (LAURENTI, 1768) der Terrarianer.)
Verbreitung: Panama bis N-Südamerika östlich der Anden einschließlich NW-Kolumbien. Siehe S. 184.

Hyla ebraccata COPE, 1874
Verbreitung/Biotop: Mittelamerika, in den Niederungen bis etwa 800 m. In Bromelien, auf den Blättern der überhängenden Zweige von Büschen am Rande der Gewässer. Die Gelege werden auf die Oberseite solcher Blätter gelegt, die

schlüpfenden Kaulquappen fallen ins Wasser.

Hyla rosenbergi BOULENGER, 1898
Verbreitung/Biotop: NW-Ecuador, Kolumbien, Panama und Costa Rica. Im Regenwald am Ufer von Flüssen und in Creeks, gelegentlich in Trockenwäldern, dann aber in feuchten ökologischen Nischen. Größe: Weibchen 93 mm, Männchen bis 90 mm. Aktivität: Nachtaktiv, vorsichtig eingewöhnen, die Tiere in Ruhe lassen, durch dichte Vordergrundbepflanzung Geborgenheit bieten. Fortpflanzung: Das Männchen baut aus feuchtem Sand und Schlamm ein rundes oder ovales Krater- bzw. Wallnest. Bei LÜTHI hat – trotz der kleinen Grundfläche des Behälters – das Männchen über Nacht aus Quarzkies, der tags zuvor bis 2 Zentimeter unter die Wasseroberfläche eingefüllt wurde, ein Kraternest gebaut. Einige Tage später erfolgte im Amplexus die Abgabe des Laichballens ins Nest, fünf Tage später schlüpften die Kaulquappen. Die Aufzucht der Quappen mit tierischer Kost war leicht. Bei der Umwandlung blieben jedoch die voll entwickelten Vorderbeine funktionsunfähig in der röhrenartigen Tasche stekken; die Jungfrösche konnten ihre Vorderbeine nicht herausbringen (Jodmangel?!). Futter: Frischgeborene Mäuse, Grillen, Wachsmottenlarven, Heuschrecken u. a.

Hyla rubra LAURENTI, 1768
Verbreitung/Biotop: Mittelamerika (Panama), N-Südamerika (Surinam, Amazonas, Ecuador (Napo), im immerfeuchten Regenwald. Größe: 35–42 mm.

✲ G *Phrynohyas venulosa* (LAURENTI, 1768) – (*Hyla venulosa* (LAURENTI, 1768) der Terrarianer)
Verbreitung/Biotop: Mittelamerika, ganz S-Amerika östlich der Anden in den Niederungen unter 1000 m. In Bromelien, Astlöchern, unter Baumrinde, in den Blattscheiden von Bananenstauden. Größe: Männchen 70 bis 100 mm, Weibchen 75 bis 114 mm. Färbung: Sehr veränderlich, gewöhnlich rotbraun oder grau, mit dunkelbrauner oder olivfarbener Zeichnung.

Smilisca phaeota (COPE, 1862)
Verbreitung Biotop: Mittelamerika, Kolumbien, in den Niederungen. Am Rande bleibender oder austrocknender Gewässer, aber auch im Regenwald an Gewässern aller Art; ebenfalls in der Nähe menschlicher Siedlungen. Größe: Männchen bis 65 mm, Weibchen bis 78 mm, Färbung: Außerordentlich veränderlich, grün, oliv mit brauner Zeichnung.

Microhylidae (Engmaulfrösche)
ꝏ *Hypopachus cuneus* COPE, 1889 – Schafsfrosch
Verbreitung: Texas südwärts bis Mexiko (Veracruz).

Reptilien

≋ **Kinosternidae** (Schlammschildkröten)
Claudius angustatus COPE, 1865 – Großkopf-Schlammschildkröte
Verbreitung: O-Mexiko, Britisch-Honduras. Panzerlänge 10 cm. Unverträglich.

ꝏ ◐ bis ● *Kinosternon scorpioides* (LINNAEUS, 1766)
Verbreitung: Mittelamerika, N-Südamerika bis Bolivien und N-Argentinien. Panzerlänge 12–18 cm. Unverträglich.

ꝏ ○ **Emydidae** (Sumpfschildkröten)
✱ ≋ *Clemmys marmorata* (BAIRD & GIRARD, 1852) – Pazifik-Wasserschildkröte
Verbreitung: W-Nordamerika bis NW-Mexiko. Panzerlänge 18 cm.

✱ G ≋ *Pseudemys scripta elegans* (WIED, 1839) – Rotwangenschildkröte
Verbreitung: MOS-Nordamerika bis NO-Mexiko. Panzerlänge 29 cm.

– *Terrapene ornata* (AGASSIZ, 1857) – Schmuck-Dosenschildkröte
Verbreitung: MS-Nordamerika bis NO-Mexiko. Siehe S. 154.

● **Gekkonidae** (Geckos)
Thecadactylus rapicauda (HOUTTUYN, 1782) – Kwakwasneki
Verbreitung/Biotop: N-Südamerika, Mit-

Bild 120. Großkopf-Schlammschildkröte (*Claudius angustatus*). Aufnahme A. van den Nieuwenhuizen

telamerika, Bonaire, Curacao, auf heruntergefallenen Ästen, gefallenen Bäumen. Größe 22 cm.

K *Gonatodes albogularis fuscus* (HALLOWELL, 1855)
Verbreitung: Kuba und übrige Antillen, Mittelamerika bis N- und M- Südamerika. Siehe S. 171.

Iquanidae (Leguane)

✱ ◐ *Anolis aquaticus* TAYLOR, 1956
〰 Verbreitung/Biotop: Costa Rica (Pazifische Küste, Puntarenas). An Gewässern in der dichten Ufervegetation (Selaginellen, Farne, Commelinaceen, Heliconias). VT 28 °C. Semiaquatil. 65+100 mm Männchen, 55+90 mm Weibchen.

ꝏ ○ *Anolis auratus* (DAUDIN, 1802) – Grasanoli
✱ Verbreitung/Biotop: Guayana, Surinam, Venezuela, Kolumbien, Panama, in Büschen und Pflanzendickichten.

✱ ○ *Anolis biporcatus* WIEGMANN, 1834
⸾ Verbreitung/Biotop: Von Mexiko (Chiapas) bis Panama, Kolumbien, Venezuela und Ecuador. Im Tiefland auf hohen Bäumen, gelegentlich auf Bananenstauden. 50+135 mm Männchen. Aktivität: Vormittag. Arboricol.

✱ *Anolis capito* PETERS, 1862
Verbreitung/Biotop: Von Mexiko (Tabasco) bis Panama, im Regenwald entlang der Flüsse, dort bis ins niedrige Gebirge. 95+175 mm, Weibchen kleiner. Tagaktiv.

✱ ● *Anolis humilis humilis* PETERS, 1862
Verbreitung/Biotop: Honduras bis Panama, unter Baumbestand im Schatten zwischen Steinen, Wurzeln und niedrigen Büschen in feuchten Zonen. Futter: Kriechende Insekten. Tagaktiv. 40+60 mm, Weibchen kleiner.

✱ ● *Anolis humilis uniformis* COPE, 1885
Verbreitung: S-Mexiko bis Honduras.

✱ *Anolis latifrons* BERTHOLD, 1846
Verbreitung: Mittelamerika bis Kolumbien.

✱ *Anolis lemurinus* COPE, 1861
Verbreitung/Biotop: Mittelamerika bis Kolumbien, im lichten Busch des Tieflandes (O- und W-Küste) in Trockenzonen. 74+160 mm, Tagaktiv, langsam.

✱ ○ *Anolis limifrons limifrons* COPE, 1862
Verbreitung/Biotop: Honduras bis Panama, in Bodennähe in und auf niedriger Vegetation, im feuchten Tiefland der Atlantikküste, in Costa Rica und Panama auch an der trockenen Pazifikküste im Wald oder am Waldrand. 40+60 mm Männchen, 38+55 mm Weibchen. Tagaktiv, VT 22–30 °C. Atlantik, 29–35 °C. Pazifik. Futter: Kriechende Insekten.

✱ ○ *Anolis limifrons rodriguezii* BOCOURT, 1873
Verbreitung: Mexiko bis Honduras.

✱ ○ bis ● ≋ *Anolis lionotus* COPE, 1861
Verbreitung/Biotop: Nicaragua, Costa Rica und Panama, immer am Wasser an fast senkrecht die Wasseroberfläche berührenden Zweigen der Ufervegetation und an aus dem Wasser ragenden Halmen; flüchtet ins Wasser, taucht unter, schwimmt unter Wasser und taucht in einiger Entfernung wieder auf, kriecht auf besonnte Steine; nach genügender Erwärmung durch die Sonne wird der Standort an vertikalen Zweigen wieder eingenommen. Wassertemperatur 18–20 °C, VT 20–22 °C. (morgens aktiv). Langsam. 70 + 155 mm, schlank. Wärmeempfindlicher Wasseranoli.

✱ ○ *Anolis sagrei sagrei* DUMÉRIL & BIBRON, 1837
Verbreitung/Biotop: Kuba, Bahamas, Florida, Yucatan, Little Cayman, Swan und eingeschleppt in Jamaika. Straßenseiten und offenes Gelände, meist auf Pfählen oder Stein- und Holzhaufen, Weibchen meist am Boden. 60+100 Männchen, 45+80 mm Weibchen. Tagaktiv, besonders mittags (heliotherm). Futter: Spinnen und nichtfliegende Insekten.

Bild 121. Streifenbasilisk (*Basiliscus vittatus*). Aufnahme A. van den Nieuwenhuizen

✱ *Anolis sericeus* HALLOWELL, 1856
Verbreitung/Biotop: S-Mexiko bis Nicaragua, im Pazifischen Küstengebiet nur bis Honduras. In Pflanzendickichten der halboffenen, dünnbewachsenen Küstenzonen, viel am Boden. 50+105 mm Männchen, 40+80 mm Weibchen. Tagaktiv, Männchen ziemlich streitsüchtig.

✱ G ○ *Basiliscus basiliscus* (LINNAEUS, 1758) – Helmbasilisk
Verbreitung: Costa Rica bis Panama, NO-Kolumbien.

✱ G ○ *Basiliscus plumifrons* COPE, 1876 – Stirnlappenbasilisk
Verbreitung: Costa Rica. 20+50 cm. Futter: Insekten, Beeren, Bananen, Frösche und Echsen.

✱ G ○ *Basiliscus vittatus* WIEGMANN, 1828 – Streifenbasilisk
Verbreitung/Biotop: Guatemala, San Salvador. Im Regenwald auf umgestürzten Baumstämmen, Ufervegetation. 17+55 cm

○ *Sceloporus malachiticus* COPE, 1864
Verbreitung/Biotop: Mexiko bis Panama, zwischen 900–3800 m. Auf Bäumen mit reichem Epiphytenwuchs (Bromelien, Orchideen). 20 cm. Tagaktiv (heliotherm). Männchen untereinander unverträglich. Futter: Insekten, Spinnen, Schnecken. Fortpflanzung: Ovovivipar.

○ *Sceloporus torquatus* WIEGMANN, 1828
Verbreitung: S-Nordamerika, Mexiko bis Panama.

○ *Sceloporus variabilis* WIEGMANN, 1834
Verbreitung: Mexiko bis Costa-Rica. 0 bis 400 m

Teiidae (Teju-Echsen)

! ○ – *Cnemidophorus lemniscatus* (LINNAEUS, 1758) – Küsten-Rennechse, Blaue Rennechse
Verbreitung/Biotop: Mittelamerika bis N-Südamerika. Waldlichtungen, im Trockenbusch, in Genist, auch in Wassernähe. Braucht völlig trockene, warme Plätze.

Scincidae (Skinke)

Mabuya mabouya (LACÉPÈDE, 1804)
Verbreitung: Mittelamerika bis SO-Südamerika

Anguidae (Schleichen)

Abronia aurita (COPE, 1868) – Baumschleiche
Verbreitung/Biotop: Guatemala, in feuchten Gebirgs-Regenwäldern hoch im Gebüsch und vor allem auf Bäumen im Astwerk zwischen Bromeliendickichten und anderen Epiphyten, 1000–2700 m. Größe 20–25 cm, alle Arten können sich mit ih-

Bild 122. *Sceloporus malachiticus*. Aufnahme A. van den Nieuwenhuizen

rem einrollbaren Greifschwanz an Zweigen und an den Epiphyten festhalten. Fortpflanzung: Zu Beginn der Regenzeit, im Mai bis Juni, werden wenige 7–8 cm lange Junge geboren. Haltungserfahrungen im Terrarium fehlen.

Abronia bogerti TIHEN, 1954
Verbreitung: Mexiko.

Abronia deppii (WIEGMANN, 1828)
Verbreitung: S-Mexiko.

Abronia fuscolabialis (TIHEN, 1944)

Verbreitung: S-Mexiko.
Abronia lythrochilus SMITH & ALVAREZ DEL TORO, 1963
Verbreitung: S-Mexiko.
Abronia matudai (HARTWEG & TIHEN, 1946)
Verbreitung: S-Mexiko.
Abronia mixteca BOGERT & PORTER, 1967

Verbreitung: S-Mexiko (Oaxaca).
Abronia oaxacae (GÜNTHER, 1885)
Verbreitung: S-Mexiko (Oaxaca, 2000–3000 m bei El Punto).
Abronia ochoterenai (MARTIN DEL CAMPO, 1939)
Verbreitung: S-Mexiko.
Abronia reidi WERLER & SHANNON, 1961
Verbreitung: S-Mexiko.
Abronia taeniata taeniata (WIEGMANN, 1828) – Gestreifte Baumschleiche
Verbreitung: S-Mexiko. Färbung: Rükken hellgrau mit schwarzen Binden, Bauch rot und schwarz gefleckt, Innenseite der Beine gelb.
Abronia taeniata graminea (COPE, 1864) – Grüne Bromelienschleiche
Verbreitung: S-Mexiko. Biotop: Bromelientrichter. Färbung: Leuchtend grün mit gelber Kehle.
Abronia vasconcelosii (BOCOURT, 1872)
Verbreitung: Guatemala.
ꝏ ● *Diploglossus montanus* (SCHMIDT, 1933)
Verbreitung: Honduras.

G **Helodermatidae** (Krustenechsen)
– *Heloderma horridum* (WIEGMANN, 1829) – Krustenechse
Verbreitung: Pazifisches Mexico. Biotop: Busch, zeitweise feucht.
Heloderma suspectum COPE, 1869 – Gila-Krustenechse
Verbreitung: S-Nevada, Utah bis Sonora und N-Mexiko. Siehe S. 154.

– **Boidae** (Riesenschlangen)
Lichanura roseofusca COPE, 1868 – Rosenboa
Verbreitung S-Kalifornien, Arizona, Baja-California. Siehe S. 155.
Lichanura trivirgata COPE, 1861 – Dreistreifen-Rosenboa
Verbreitung: Baja-California, NW-Sonora, Arizona, Mexiko.

Colubridae (Nattern)
! *Conophis lineatus* (DUMÉRIL & BIBRON, 1854)
Verbreitung: Mittelamerika bis N-Südamerika.
✱ ◐ *Imantodes cenchoa* (LINNAEUS, 1758) – Riemenschlange
Verbreitung: Mittelamerika bis N-Südamerika. Zweigkletterer. Futter: Fische (!), Frösche, Schnecken.
○ *Opheodrys aestivus* (LINNAEUS, 1766) – Rauhe Grasnatter
Verbreitung: SW-Nordamerika, N-Mexiko. Siehe S. 155.
Sibon nebulata (LINNAEUS, 1758)
Heimat: SO-Mexiko, Mittelamerika, N-Südamerika bis Ecuador, Trinidad und Tobago Islands. Aktivität: Nachtaktiv. Futter: Gehäuseschnecken. Arboricol.

Karibische (Westindische-) Inseln (Antillen)

Pflanzen

Psilotaceae (Psilotumgewächse)
Psilotum triquetrum Swartz

Pteridaceae (Flügelfarngewächse)
Doryopteris palmata (Willd.) J. Sm.
Hemionitis palmata L.

Polypodiaceae (Tüpfelfarngewächse)
Microgramma lycopodioides (L.) Copel.

Bromeliaceae (Ananasgewächse)
Catopsis sessiliflora (Ruiz et Pav.) Mez
Guzmania sanguinea André ex Mez
Tillandsia anceps Lodd.
Tillandsia bulbosa Hook.

Bild 123. Jamaika, Blue Mountains bei John Crow's Peak, etwa 1500 m: Auf den epiphytenbewachsenen Stämmen und in den Kronen der hohen Bäume lebt der stattliche *Anolis garmani*. Aufnahme K. Ammann

Tillandsia stricta Soland.
Tillandsia tenuifolia L.
Tillandsia triticea Burchell ex Baker

Commelinaceae (Commelinengewächse)
Zebrina pendula Schnizl.

Gramineae (Süßgräser)
Stenotaphrum secundatum (Walt.) O. Kuntze

Orchidaceae (Orchideengewächse)
Brassavola subulifolia Lindl.
Broughtonia sanguinea R. Br.
Comparettia falcata Poepp. et Endl.
Dichaea pendula Cogn.
Dinema polybulbon Lindl.
Epidendrum cochleatum L.
Epidendrum elongatum Jacq.
Epidendrum fragrans Lindl.
Epidendrum umbellatum Swartz
Isochilus linearis R. Br.
Lindleyella aurantiaca Schlechter
Oncidium cebolleta Swartz
Rodriguezia secunda H. B. Kth
Spiranthes speciosa (J. F. Gmelin) A. Richard
Stenia pallida Lindl.

Araceae (Aronstabgewächse)
Anthurium scandens (Aublet) Engl.
Philodendron scandens C. Koch et H. Sello subsp. *scandens* forma *micans* (Klotzsch ex C. Koch) Bunting

Piperaceae (Pfeffergewächse)
Peperomia nummularifolia H. B. et K.

Cactaceae (Kaktusgewächse)
Pereskia aculeata (Plum.) Mill. var. *godseffiana* (Sand.) Knuth

Marcgraviaceae (Schlauchlianen)
Marcgravia umbellata L.

Leguminosae (Hülsenfrüchtler)
Neptunia oleracea Lour.

Umbelliferae (Doldenblütler)
Hydrocotyle verticillata Thunberg

Apocynaceae (Hundsgiftgewächse)
Prestonia venosa (Lindl.) Nichols

Scrophulariaceae (Braunwurzgewächse)
Bacopa monniera (L.) Wettstein

Amphibien

✱ **Leptodactylidae** (Pfeiffrösche)
Eleutherodactylus ricordii planirostris (Cope, 1862) – „Gewächshausfrosch"
Verbreitung: Bahamas, von dort zugewandert auf benachbarte Inseln und SO-Nordamerika. Länge 30 mm. Fortpflanzung: Wenige Eier in feuchten Ritzen.

Reptilien

● K **Gekkonidae** (Geckos)
Gonatodes albogularis fuscus (Hallowell, 1855)
Verbreitung/Biotop: Kuba und übrige Antillen, Mittelamerika bis N- und M-Südamerika. Auf Bäumen, Zäunen, an Häusern, auch in Holzhaufen. Dämmerungs- und tagaktiv. 30+45 mm. Männchen untereinander unverträglich.
Thecadactylus rapicauda (Houttuyn, 1782) – Kwakwasneki
Verbreitung: N-Südamerika, Mittelamerika, Bonaire, Curaçao. Siehe S. 165.

ꝏ **Iguanidae** (Leguane)
✱ ○ ⌇ *Anolis allisoni* Barbour, 1928
Verbreitung/Biotop: Kuba.
✱ *Anolis angusticeps* Hallowell, 1896
Verbreitung: Kuba.
✱ ◐ △ *Anolis bartschi* (Cochran, 1928)
Verbreitung/Biotop: Kuba (nur in Pinar del Rio – Banos San Vicente –). Calciphil, in Grotten, sowohl trockenen als auch feuchten Ritzen. Aktivität: Tagesbeginn und Sonnenuntergang. 65+120 mm Männchen, 58+102 mm Weibchen. Halbschatten. Futter: Spinnen, Wachsmottenlarven und Mehlkäferlarven, süße Früchte und Fisch! (Guppys).
✱ ○ ⌇ *Anolis bimaculatus bimaculatus* (Sparrman, 1784)
Verbreitung/Biotop: Sint Eustatius, Sint Kitts, Nevis. Arboricol, auch auf hohen Palmen. 100+205 mm Männchen, 70+130 mm Weibchen. VT 25–35 °C. Futter: Insekten, Schnecken, aber auch kleinere Echsen.
✱ ○ ⌇ *Anolis bimaculatus gingivinus* Cope, 1864
Verbreitung/Biotop: Sint Maarten, Sint Barts, Anquilla. Auf Bäumen, an der Küste aber auch auf vom Meerwasser umspülten Steinen. Kulturfolger. VT 25–35 °C. 57+118 mm Männchen, 38+100 mm Weibchen.

Bild 124. *Anolis b. bimaculatus* im Terrarium des Verfassers. Beginnende Erregung als Folge der Annäherung des Fotografen: Aufstellen des Nacken- und Rückenkammes, Verfärbung der Flanken und des Schwanzes in Blaugrün mit deutlich abgesetzten Flecken am Oberarmansatz, Rotfärbung des Kopfes und Gelbfärbung der Gliedmaßen. Aufnahme A. van den Nieuwenhuizen

✱ ○ ⌇ *Anolis bimaculatus leachii* Duméril & Bibron, 1837
Verbreitung: Antigua, Barbuda. 105+223 mm Männchen, 72+132 mm Weibchen.
◐ ⌇ *Anolis bimaculatus lividus* Garman, 1887
Verbreitung: Montserrat. Aktivität: Spätnachmittag bis Dämmerung. Klettert vorsichtig, hält sich mit dem Schwanzende fest. VT etwa 27 °C. 70+150 mm.
✱ △ *Anolis bimaculatus sabanus* Garman, 1887 – Pantheranoli
Verbreitung/Biotop: Saba. Im Tiefland

Bild 125. Die verbergende Funktion der passiven Farb- und Zeichnungsphase von *Anolis bimaculatus gingivinus* kommt auf dieser Biotopaufnahme bestens zur Geltung. Der Farbwechsel jedoch hat nichts mehr mit dieser kryptischen Wirkung zu tun; Färbung und Zeichnung wechseln also nicht gleichzeitig mit dem Aufsuchen einer anderen Umgebung, sondern der Farbwechsel ist Ausdruck von Erregung, oder er wird durch die Änderung der Klimaeinwirkungen (Tag, Nacht, Temperatur, Windbewegung, Luftfeuchtigkeit, Regen, Sonne) beeinflußt. Aufnahme A. van den Nieuwenhuizen

Bild 126. Pantheranoli (*Anolis bimaculatus sabanus*). Aufnahme A. van den Nieuwenhuizen

felsbewohnend, im nebligen Hochland am Fuß der Baumstämme, dicht über dem Boden. 65+98 mm Männchen, 40+84 mm Weibchen. VT 23–30 °C. Streitsüchtig, schon als Jungtiere.

✱ ○ ⌇ *Anolis bonairensis* RUTHVEN, 1923 – Tigeranoli
Verbreitung/Biotop: Bonaire. Auf Bäumen der Trockenzone (heißen Korallenbergschichten). 80+180 mm Männchen, 62+123 mm Weibchen. VT 25–35 °C.
Auf der Insel Blanquilla gibt es eine melanistische Unterart: *Anolis bonairensis blanquillanus* WAGENAAR-HUMMELINCK, 1940. 81+181 mm Männchen, Weibchen kleiner.

✱ ○ bis ◐ ⌇ *Anolis chlorocyanus* DUMÉRIL & BIBRON, 1837
Verbreitung/Biotop: Hispaniola. Hoch an Stämmen und dicken Ästen, zwischen den Blättern von Bromelien im lichten Wald, auch in Bananenplantagen auf den schattenspendenden, hohen bromelienbewachsenen Bäumen, gelegentlich bei Häusern und Hütten. Arboricol, semi-heliophil. VT 25–32 °C. 71+151 mm Männchen, Weibchen kleiner. Futter: Fliegende Insekten, nimmt im Terrarium gerne auch Wachsmottenlarven und sogar Mehlkäferlarven.

✱ ○ – *Anolis chrysolepis* DUMÉRIL & BIBRON, 1837 – Goldstreifenanoli
Verbreitung: Trinidad, Guayana, Venezuela, N-Brasilien. Terrestrisch. 65 + 157 mm Männchen.

✱ ○ ⌇ *Anolis coelestinus* COPE, 1862
Verbreitung: Hispaniola. Arboricol, heliotrop. VT 25–35 °C. Gerne auf und in harten Bromelien. 65+140 mm Männchen, 45+105 mm Weibchen.

✱ ◐ *Anolis conspersus* GARMAN, 1887
Verbreitung: Cayman Islands. Bevorzugt die offene Landschaft mit spärlicher Vegetation, Halbschatten und Feuchtigkeit!, VT 25–35 °C. 63+115 mm Männchen, 44+87 mm Weibchen.

✱ ○ ⌇ *Anolis cristatellus* DUMÉRIL & BIBRON, 1837
Verbreitung/Biotop: Puerto Rico, W-Virgin Islands, Mona Island. An Baumstämmen, Pfählen, großen Sträuchern der Waldränder, im Hochland stets im offenen Gelände. VT 22–35 °C. 70+130 mm. Dieser sogenannte „Kammanoli" hat meist keinen Kamm; nur die von der Ostspitze Puerto Ricos stammenden Tiere besitzen hohe Kämme.

✱ ⌇ *Anolis cuvieri* MERREM, 1820 – Riesenanoli
Verbreitung/Biotop: Puerto Rico. Auf hohen Laubbäumen. 135+285 mm Männchen, 100+205 mm Weibchen. Futter: Große Insekten, Schnecken, kleine Echsen.

! ◐ *Anolis cybotes* COPE, 1862
Verbreitung/Biotop: Hispaniola. Im Hochland am Fuße von Baumstämmen, im Halbschatten. VT 20–27 °C. 67+112 mm Männchen. Futter: Kriechende Insekten.

✱ ○ *Anolis distichus* COPE, 1864 – Zaunanoli
Verbreitung: Haiti, Bahamas, Florida. An Waldrändern auf Bäumen, in Bodennähe. 45+70 mm.

✱ ○ ⌇ *Anolis equestris* MERREM, 1820 – Ritteranoli
Verbreitung/Biotop: Kuba. Im camposähnlichen Busch hoch auf vereinzelt stehenden Bäumen, nie im Wald, auch auf Bäumen nahe von Straßen und in Palmengärten. 164+326 mm Männchen, Weibchen wenig kleiner. VT 22–30 °C. Futter: Babymäuse, Jungvögel (in freier Natur aus Vogelnestern), Insekten, Echsen!!

✱ ◐ *Anolis evermanni* STEJNEGER, 1904
Verbreitung/Biotop: Puerto Rico. Im Halbschatten der Waldlichtungen, häufig auf Bambus. VT 22–30 °C. 60+115 mm Männchen, Weibchen wesentlich kleiner. Futter: Fliegende und kriechende Insekten. Kann gut mit andern *Anolis*-Arten vergesellschaftet werden.

✱ ◐ bis ○ ⌇ *Anolis garmani* STEJNEGER, 1899
Verbreitung/Biotop: Jamaica. Im Tiefland nur auf hohen Bäumen und auf Bambus, im Hochland in den Wäldern. VT 20–32 °C. 120+250 mm Männchen, 80+160 mm Weibchen. Futter: Kleine Wirbeltiere und Insekten. Kann mit größeren Anolisarten zusammen gehalten werden.

✱ ○ ⌇ *Anolis grahami* GRAY, 1845:
Verbreitung/Biotop: Jamaika, eingeschleppt auf den Bermudas. Im Tiefland

auf Bäumen und Bambus. 47 + 80 mm Männchen, 40 + 60 mm Weibchen. Arboricol und heliophil.

! ● *Anolis gundlachi* PETERS, 1876
Verbreitung/Biotop: Puerto Rico. Hochland, im Wald an Stämmen und Ästen im Schatten und in Verstecken, hygrophil. 55 + 110 mm Männchen, 45 + 76 mm Weibchen. VT 20–25 °C. Etwas empfindlich, allein zu halten (getrauen sich sonst nicht ans Futter).

✱ *Anolis homolechis* (COPE, 1864)
Verbreitung/Biotop: Kuba, an Waldrändern am Fuße von Baumstämmen. 60 + 88 mm Männchen, 45 + 58 mm Weibchen. Futter: Kleininsekten, Spinnen, Wachsmotten und deren Larven.

✱ ○ *Anolis lineatopus* GRAY, 1840
Verbreitung/Biotop: Jamaika. In eher trockenen Küstenzonen, aber auch in Wäldern, an Baumstämmen dicht über dem Boden. 60 + 100 mm Männchen, Weibchen kleiner. Arboricol, macht Sprünge auf allen Vieren bei der Beutejagd und im Sozialverhalten. Sehr haltbar.

✱ ○ *Anolis lineatus* (DAUDIN, 1802)
Verbreitung/Biotop: Curacao, Aruba. Auf Bäumen der Trockenzone bis zur Küste in den Mangroven und auf den Küstenbäumen. VT 25–32 °C. 75 + 201 mm Männchen, 60 + 160 mm Weibchen. Heliophil, beansprucht großes Revier.

✱ ● *Anolis lucius* DUMÉRIL & BIBRON, 1837
△ Verbreitung/Biotop: Kuba (Pinar del Rio bis W-Oriente). In Grotten und Grotteneingängen im dichten *Ficus*-Wurzelgewirr und feuchten Kalkfelsen, umbraphil, feuchte Ritzen als Versteckplätze, dichte Vegetation als Deckung (untereinander sehr unverträglich). Aktivität: Mittags und nachmittags. 68 + 118 mm Männchen. Geckoähnliche Rufe.

✱ ◐ *Anolis marmoratus alliaceus* COPE, 1864
Verbreitung: La Guadeloupe. Im Regenwald des zentralen Hochlandes, auf Bäumen.

✱ *Anolis marmoratus caryae* LAZELL, 1964
Verbreitung: Terre de Bas. Im feuchten Hochland.

✱ *Anolis marmoratus chrysops* LAZELL, 1964:
Verbreitung: Terre de Bas.

✱ *Anolis marmoratus desiradei* LAZELL, 1964:
Verbreitung: La Desirade.

✱ ○ *Anolis marmoratus ferreus* (COPE, 1864) – Großer Kammanoli
Verbreitung: Marie Galante. Auf hohen Bäumen. VT 26–33 °C. 100 + 211 mm Männchen, Weibchen kleiner.

✱ ○ *Anolis marmoratus girafus* LAZELL, 1964
Verbreitung: La Guadeloupe. Im trockenen, windigen Küstengebiet (Westküste). Heliotrop.

✱ *Anolis marmoratus inornatus* LAZELL, 1964
Verbreitung: Grande Terre. Im feuchten Tiefland.

✱ *Anolis marmoratus kahouannensis* LAZELL, 1964
Verbreitung: Ilet-à-Kahouanne.

✱ *Anolis marmoratus marmoratus* DUMÉRIL & BIBRON, 1837
Verbreitung: W-La Guadeloupe. Arboricol.

✱ *Anolis marmoratus setosus* LAZELL, 1964
Verbreitung: NW-La Guadeloupe.

✱ *Anolis marmoratus speciosus* GARMAN, 1887
Verbreitung: Grande Terre. Im feuchten Tiefland.

✱ *Anolis marmoratus terraealtae* BARBOUR, 1915
Verbreitung: Terre de Haut (Grande Ilet, Ilet-à-Cabrit, La Coche). In der flachen Trockenzone.

✱ ○ *Anolis oculatus cabritensis* LAZELL, 1962
Verbreitung: NW-Dominica. In der trokkenen Xerophyten-Zone.

✱ *Anolis oculatus montanus* LAZELL, 1962
Verbreitung: Z-Dominica. Im Regenwald bis 1000 m.

✱ ○ *Anolis oculatus oculatus* (COPE, 1879)
Verbreitung: SW-Dominica. In der Semi-Xerophytenzone.

✱ *Anolis oculatus winstoni* LAZELL, 1962
Verbreitung: O-Dominica. Im lichten Feuchtwald auf Meereshöhe.

✱ – *Anolis olssoni* SCHMIDT, 1919
Verbreitung/Biotop: Hispaniola. Im trokkenen Grasland von der Mangroven-Zone bis zum Trockenwald. Terrestrisch und herbicol.

✱ – *Anolis ophiolepis* COPE, 1861

Verbreitung/Biotop: Kuba. Im Grasland und der Savanne. Terrestrisch.

✶ ○ ⦚ *Anolis porcatus* GRAY, 1840

Verbreitung/Biotop: Kuba, Bahamas, eingeschleppt in Honolulu. Im campos-ähnlichen Busch, in halber Höhe von Bäumen, Pfählen. VT 22–30 °C. 73 + 147 mm Männchen, 52 + 95 mm Weibchen. Aktivität: Vormittags und mittags. Arboricol und semi-heliophil.

✶ ◐ *Anolis pulchellus* DUMÉRIL & BIBRON, 1837

Verbreitung/Biotop: Puerto Rico, W-Virgin Islands. Im feuchten Grasland und niedriger Vegetation, auch in Gärten und entlang der Straßen. VT 25–32 °C. 47 + 139 mm Männchen, 35 + 102 mm Weibchen. Futter: Spinnen, Motten, Raupen. Geht – von der Oberflächenspannung getragen – über das Wasser. Hygrophil. Im Spezialterrarium gut haltbar.

✶ ○ ⦚ *Anolis ricordi* DUMÉRIL & BIBRON, 1837:

Verbreitung/Biotop: Hispaniola. Im campos-ähnlichen Busch hoch in den Baumkronen und hoch auf den Schattenbäumen der Kaffeeplantagen, immer auf vereinzelt stehenden Bäumen, nie im Wald. KRL 137 mm Männchen, 122 mm Weibchen.

Bild 127. *Anolis garmani* im Terrarium des Verfassers. Aufnahme S. Eigstler

✶ ◐ bis ● ⦚ *Anolis roquet aeneus* GRAY, 1840

Verbreitung: Grenadines, Trinidad, eingeschleppt in Guayana. Arboricol und semi-umbraphil. KRL 75 mm Männchen.

✶ ◐ bis ● ⦚ *Anolis roquet extremus* GARMAN, 1887

Verbreitung: Barbados, Grenada. Arboricol und semi-umbraphil. Sehr haltbar, leichte Zucht.

✱ ◐ bis ● *Anolis roquet roquet* (LACÉPÈDE, 1788)
Verbreitung/Biotop: Martinique. Alle möglichen Biotope, arboricol und semiumbraphil, hält sich gerne unter großen Blättern, oder zwischen den Blättern von Bromelien auf. KRL 75 mm Männchen.

○ *Anolis sagrei sagrei* DUMÉRIL & BIBRON, 1837
Verbreitung/Biotop: Kuba, eingeschleppt in Jamaika, Unterarten auf Bahama (*ordinotus*), Yucatan (*mayensis*), Little Cayman (*luteosignifer*), Swan Island (*nelsoni*). In der offenen Landschaft, auch an den Straßenseiten, auf Pfählen, Stein- und Holzhaufen; Weibchen meist auf dem Erdboden. Heliophil. Futter: Spinnen und kriechende Insekten. 60+100 mm Männchen, 45+80 mm Weibchen.

Bild 128. *Anolis roquet roquet* im Terrarium des Verfassers. Aufnahme A. van den Nieuwenhuizen

✱ – *Anolis semilineatus* COPE, 1864
Verbreitung/Biotop: Hispaniola. Im trokkenen und feuchten Grasland von der Mangroven-Zone bis zum Trockenwald. Terrestrisch und herbicol. 40+65 mm Männchen. Grasanoli, am besten nicht mit anderen Arten vergesellschaften.

✱ *Anolis spectrum* PETERS, 1863
Verbreitung/Biotop: Kuba. Im Busch und lichten Laubwald. 40+108 mm Männchen.

✱ ≋ ● *Anolis vermiculatus* DUMÉRIL & BIBRON, 1837
Verbreitung/Biotop: Kuba (Pinar del Rio). Auf Stämmen, Ästen und dem Wurzelgewirr der Ufervegetation kleiner Flüsse, flüchtet ins Wasser und taucht weg, verkriecht sich unter Wasser zwischen Wurzelwerk oder unter Steinen. Aquatil. 120+270 mm Männchen. Futter: Insekten.

✱ ● *Anolis wattsi* BOULENGER, 1894
Verbreitung/Biotop: Inseln über dem Winde. Unter Bäumen im Wurzelwerk niedriger Vegetation und im Gewirr dünner Ästchen, auch zwischen Steinen. Hygrophil und umbraphil. VT 22-28°C. 49+117 mm Männchen, 40+89 mm Weibchen.

✱ ○ – *Leiocephalus carinatus* GRAY, 1827 – Maskenleguan, Ringelschwanzleguan
Verbreitung/Biotop: Kuba. Auf Sandboden am Meeresstrand. Psammophil, gräbt sich bei Störungen und zum Schlafen kopfüber in den Sand ein. 105+165 mm Männchen, Weibchen kleiner. VT 26-35°C. Futter: Größere Insekten, kleine Wirbeltiere (Echsen, auch nur die Schwänze!), Spinnen. Männchen im Terrarium scheuer als Weibchen.

Nördliches Südamerika

Pflanzen

Psilotaceae (Psilotumgewächse)
Psilotum triquetrum SWARTZ

♀ **Pteridaceae** (Flügelfarngewächse)
Doryopteris palmata (WILLD.) J. SM.
Hemionitis palmata L.

⇝ ♀ **Polypodiaceae** (Tüpfelfarngewächse)
Microgramma lycopodioides (L.) COPEL.

Bild 129. An der unteren Grenze des Nebelwaldes von Rancho Grande: Mit Epiphyten bewachsener Baum, Lebensraum vieler Baumfrösche und Baumschlangen. Aufnahme K. Weidmann

Microgramma vacciniifolia (Langsd. et Fisch.) Copel.

Hydrocharitaceae (Froschbißgewächse)
Vallisneria spiralis L.

◐ **Dioscoreaceae** (Yamsgewächse)
Dioscorea discolor Hort. Berol. ex Kunth

Bromeliaceae (Ananasgewächse)
Aechmea racinae L.B. Smith
Aechmea victoriana L.B. Smith
Billbergia reichardtii Wawra
Catopsis sessiliflora (Ruiz et Pav.) Mez
— *Cryptanthus* Otto et Dietr.
Guzmania angustifolia (Baker) Mez
Guzmania melinonis (Morren) Regel
Guzmania minor Mez
Guzmania musaica (Linden et André) Mez
Guzmania sanguinea André ex Mez
Neoregelia ampullacea (Morren) L.B. Smith
Neoregelia cyanea (Beer) L.B. Smith
Neoregelia hoehneana L.B. Smith
Neoregelia tristis (Beer) L.B. Smith
Tillandsia aeranthos (Loisel) L.B. Smith
Tillandsia anceps Lodd.
Tillandsia biflora Ruiz et Pav.
Tillandsia bulbosa Hook.
Tillandsia cacticola, L.B. Smith
Tillandsia cyanea Linden ex K. Koch
Tillandsia linearis Vell.
Tillandsia mallemontii Glaziou
Tillandsia stricta Soland.
Tillandsia tenuifolia L.
Tillandsia triticea Burchel ex Baker
Tillandsia wagneriana L.B. Smith
Vriesea carinata Wawra
Vriesea guttata Linden et André
Vriesea racinae L.B. Smith
Vriesea scalaris Morren

Gramineae (Süßgräser)
Stenotaphrum secundatum (Walt.) O. Kuntze

◐ **Marantaceae** (Pfeilwurzgewächse)
Calathea roseo-picta (Linden) Regel
Calathea undulata Linden et André

Orchidaceae (Orchideengewächse)
Batemania colleyi Lindl.
Brassavola nodosa Lindl.
Capanemia uliginosa Barb. Rodr.
Cattleya luteola Lindl.
Cattleya schilleriana Reichb. f.
Cattleya walkeriana Gard.
Comparettia falcata Poepp. et Endl.
Epidendrum elongatum Jacq.
Epidendrum fragrans Lindl.
Epidendrum umbellatum Swartz
Gomesa crispa Kl. et Reichb. f.
Isochilus linearis R. Br.
Laelia pumila Reichb. f.
Leptotes bicolor Lindl.
Lindleyella aurantiaca Schlechter
Menadenium labiosum Cogn.
Miltonia spectabilis Lindl. var. *moreliana* Henfr.
Oncidium cebolleta Swartz
Oncidium kramerianum Reichb. f.
Oncidium onustum Lindl.
Oncidium pusillum Reichb. f.
Ornithidium sophronitis Reichb. f.
Pleurothallis grobyi Lindl.
Promenaea stapelioides Lindl.
Rodriguezia secunda H.B. Kth
Rodriguezia venusta Reichb. f.
Spiranthes speciosa (J.F. Gmelin) A. Richard
Stenia pallida Lindl.
Zygostates lunata Lindl.

Araceae (Aronstabgewächse)
Anthurium radicans C. Koch et A. Haage
Anthurium scandens (Aublet) Engl.
Philodendron cannaefolium Mart.

Aristolochiaceae (Osterluzeigewächse)
Aristolochia elegans Mast.

Piperaceae (Pfeffergewächse)
Peperomia angulata H.B. et K.
Peperomia prostrata hort. Williams

Cactaceae (Kaktusgewächse)
Erythrorhipsalis pilocarpa (Loefgr.) Berger
Hatiora salicornioides (Haw.) Br. et R.

Bild 130. Regenwald von Canaima, im Lebensraum von *Anolis punctatus* und *Anolis chrysolepis*, letztere mehr auf Büschen und Lianen. Im Vordergrund die prächtige *Cattleya lawrenceana*, im Hintergrund ein *Anthurium*, weitere Epiphyten und Lianen. Aufnahme K. Weidmann

Lepismium cruciforme (VELL.) MIQU.
Lepismium pulvinigerum (LINDB.) BCKBG.
Pereskia aculeata (PLUM.) MILL. var. *godseffiana* (Sand.) KNUTH
Rhipsalidopsis cereuscula HAW.
Rhipsalidopsis mesembryanthemoides HAW.
Rhipsalis rhombea (SALM-DYCK) PFEIFF.

Marcgraviaceae (Schlauchlianen)
Marcgravia picta WILLD.
Marcgravia umbellata L.
Norantea guianensis AUBLET

Begoniaceae (Schiefblattgewächse)
Begonia herbacea VELL.

Passifloraceae (Passionsblumengewächse)
Passiflora racemosa BROT.

Leguminosae (Hülsenfrüchtler)
Biophytum sensitivum (L.) DC
— *Mimosa pudica* L.
Neptunia oleracea LOUR.

◐ **Melastomataceae** (Schwarzmundgewächse)
Bertolonia maculata (MART.) D.C.
Bertolonia marmorata NAUD.

Sapindaceae (Seifenbaumgewächse)
Paullinia thalictrifolia JUSS.

Apocynaceae (Hundsgiftgewächse)
Dipladenia boliviensis HOOK.
Dipladenia eximia HEMSL.

Scrophulariaceae (Braunwurzgewächse)
Bacopa monniera (L.) WETTSTEIN

Lentibulariaceae (Wasserschlauchgewächse)
Utricularia longifolia GARDN.

◐ **Gesneriaceae** (Gesneriengewächse)
Episcia cupreata (HOOK.) HANS

◐ — **Acanthaceae** (Bärenklaugewächse)
Chamaeranthemum igneum (LINDEN) REGEL
Fittonia verschaffeltii (LEM.) COEM.
Ruellia portellae HOOK. F.

Amphibien

Pipidae (Zungenlose Frösche)
Pipa parva (RUTHVEN & GAÎGE, 1923) – Zwergwabenkröte

Bild 131. Wabenkröte (*Pipa pipa*). Aufnahme A. van den Nieuwenhuizen

Verbreitung: Trockengebiete um den Maracaibo-Golf. Rein aquatil. Fortpflanzung: Brutpflege.

Pipa pipa (LINNAEUS, 1758) – Wabenkröte
Verbreitung: Venezuela bis Brasilien und Peru.

— **Leptodactylidae** (Pfeiffrösche)

✱ *Ceratophrys calcarata* BOULENGER, 1890 – Gespornter Hornfrosch
Verbreitung: Kolumbien, Venezuela. Im Bodengrund vergraben auf Beute lauernd. Futter: Mäuse, Würmer, Insekten, aber auch kleinere Reptilien und Amphibien.

✱ *Ceratophrys cornuta* (LINNAEUS, 1758) – Brasilianischer Hornfrosch
Verbreitung: Guayana, Venezuela, Brasilien. 20 cm.

✱ *Ceratophrys ornata* (BELL, 1843) – Schmuckhornfrosch
Verbreitung: Argentinien, Urugay, Rio de Janeiro. 95 mm.

✱ *Ceratophrys varia* WIED, 1824 – Bunthornfrosch
Verbreitung: Rio de Janeiro, Santa Catarina. (Synonym: *Ceratophrys dorsata* WIED, 1824)

Eleutherodactylus binotatus (SPIX, 1824)
Verbreitung: Brasilien, südwärts bis Santa Catarina, Peru. 54 mm.

Leptodactylus mystaceus (SPIX, 1825)
Verbreitung: Brasilien, südwärts bis Rio Grande do Sul. 40 mm.
(*Leptodactylus mystacinus* (BURMEISTER, 1861) ist eine andere, größere Art.)

Physalaemus cuvieri FITZINGER, 1826
Verbreitung: Bolivien, Brasilien südwärts bis Sao Paulo, Paraguay. 29 mm.

Physalaemus fuscomaculatus (STEINDACHNER, 1863)
Verbreitung: Minas Gerais südwärts bis Rio Grande do Sul, Argentinien, Bolivien, Paraguay. 32 mm.

Bufonidae (Kröten)

✶ G – *Bufo blombergi* MYERS & Funkhouser, 1951
Verbreitung: Kolumbien. Über 20 cm. In ihrem Vorkommen gefährdet!

✶ ꝏ – *Bufo crucifer* WIED, 1821
Verbreitung: Brasilien, südwärts bis Santa Catarina. 92 mm.

✶ – *Bufo granulosus granulosus* SPIX, 1824
Verbreitung: Venezuela, Guayana, Kolumbien, Brasilien südwärts bis Minas Gerais. In Wassernähe und Überschwemmungsgebieten (Regenwassertümpeln), in Bächen, im Busch auf Sandboden. 51 mm Männchen, 62 mm Weibchen. Nachtaktiv, klettern gerne und geschickt auf pflanzenüberwachsenen Stämmen und Ästen. VT 20-33°C. Nachts viel frische, feuchte Luft. Futter: Würmer, Schnecken, Insekten, Wachsmotten und deren Larven, Heimchen.

✶ – *Bufo ictericus* SPIX, 1824
Verbreitung: O-Brasilien. 13 cm.

✶ G ꝏ – *Bufo marinus* (LINNAEUS, 1758) – Aga
Verbreitung: Südamerika, Mittelamerika bis Texas. 15-22 cm.

Bild 132. *Bufo blombergi*. Aufnahme A. van den Nieuwenhuizen

✶ G ꝏ – *Bufo paracnemis* A. LUTZ, 1925
Verbreitung: Z und NO-Brasilien, N-Argentinien. 17 cm.

– *Bufo typhonius* (LINNAEUS, 1758) – Ohrenkröte
Verbreitung: Venezuela, Kolumbien, Guayana, Ecuador, Peru, Bolivien, Brasilien südwärts bis Sao Paulo. 49-78 mm.

K *Dendrophryniscus brevipollicatus* ESPADA, 1871 – Baumkröte
Verbreitung/Biotop: Districto Federal, Rio de Janeiro, Sao Paulo; in Bromelien im Regenwald der Gebirgshänge (Aufwind, Steigungsregen). 25 mm. VT 20-25°C. Tagaktiv. Fortpflanzung: Bis 20 Eier an eine Blattunterseite der Wohnbromelie; Kaulquappen 5-10 mm, schwarz. Futter: Essigfliegen, kleine Spinnen, Zwergkerbtiere, Enchyträen.

Dendrobatidae (Färberfrösche)

K ● *Brachycephalus ephippium* (SPIX, 1824) – Sattelkröte
Verbreitung/Biotop: Bahia, Districto Federal, Rio de Janeiro, Sao Paulo; unter moderndem Laub, auf Flechten, Moosen, zwischen Farnen und in niedrig stehenden Bromelien. 19-20 mm. Schatten. Tagaktiv. nur bei bewölktem Himmel oder bei Regen und in der ersten Morgensonne.

☠ K *Dendrobates azureus* HOOGMOED, 1969
Verbreitung/Biotop: Surinam, Sipaliwini Savanne an der Grenze mit Brasilien, feuchte Buschinseln in der Savanne, 315–430 m. Leben auf Baumstümpfen, mit Moos bewachsenen Felsen und in Löchern der Stammbasis von Bäumen, 22–27°C, nachts etwa 20°C. Größe 38–45 mm. Färbung: Die azurblaue Färbung des Rükkens und der Flanken läßt die schwarze Grundfärbung nur als kleine Flecken oder feine Netzzeichnung auf der Oberseite hervortreten; Gliedmaßen und Bauchseiten dunkelblau, Bauchmitte hellblau. Aktivität: Tagaktiv, nach POLDER sind die

Bild 133. *Dendrobates azureus.* Aufnahme A. van den Nieuwenhuizen

Weibchen sehr aggressiv. Fortpflanzung: Nach POLDER findet kein Amplexus statt; während das Weibchen seine Eier legt, ejakuliert das Männchen. Es wurden 3–5 Eier abgelegt, die Entwicklung bis zum Schlüpfen der Quappen dauerte 14–27 Tage. Die Quappen werden sowohl vom Weibchen als auch vom Männchen auf dem Rücken ins Wasser transportiert; sie ernähren sich karnivor und verhalten sich aggressiv. Die Entwicklung bis zur Umwandlung dauert 89–109 Tage. Futter: *Drosophila.*

Dendrobates braccatus SCHNEIDER, 1848
Verbreitung: N-Südamerika bis Mato Grosso.

☠K *Dendrobates flavopictus* (A. LUTZ, 1925) – Gelbfleck-Baumsteiger
Verbreitung/Biotop: Minas Gerais, in Wassernähe unter Steinen. 30 mm.

☠K *Dendrobates histrionicus* BERTHOLD, 1845
Verbreitung/Biotop: Kolumbien, Ecuador, an ziemlich steilen Böschungen am Rande von Rinnsalen und Bächen, auf feuchten Böden zwischen Farnen, Sträuchern und niederen Bäumen auf Fallaub, immer im Schatten. 200–900 m. Größe 28–36 mm. Färbung und Zeichnung sehr variabel: Gepunktet (selten gebändert) in den Farben Rot, Orange, Gelborange, Blau oder Weiß, auf einer braunen, orangen bis weißen Grundfärbung. Futter: In seinem Biotop Ameisen, in Gefangenschaft Larven von *Drosophila* und Stubenfliegen, kleine Wachsmotten und -larven.

☠K *Dendrobates lehmanni* MYERS + DALY, 1976
Verbreitung/Biotop: Kolumbien, 850 bis 1200 m. An Berghängen, auf moosüberwachsenen Baumstrünken bis 2 m über dem Bodengrund (hohe Luftfeuchtigkeit), auch zwischen und auf Erdbromelien. Größe 31–35 mm. Färbung: Schwarz mit zwei orange- bis orangerotfarbenen Querbändern in der Nacken- und Lendengegend, orangerote Arm- und Beinbänder, milchweiße Finger- und Zehenspitzen. Häufig im Tierhandel.

☠ K *Dendrobates trivittatus* (Spix, 1824) – Dreistreifen-Baumsteiger
Verbreitung/Biotop: Venezuela, Guayana, Surinam, Peru; in Wassernähe an zerklüfteten Ufern auf Steinen, auf Unterholz und Stauden.

Atelopodidae (Stummelfuß-Frösche)
Atelopus boulengeri (Cope, 1862)
Verbreitung/Biotop: Ekuador; im Regenwald der Kordilleren.
Atelopus elegans (Boulenger, 1882)
Verbreitung: Ekuador, Kolumbien, 300 m. Größe: 30–35 mm. Färbung: Auf gelbem Grund rote bis rotbraune, unregelmäßige Streifen mit hellen, braunumrandeten Punkten.
Atelopus ignescens (Cornalia, 1849)
Verbreitung/Biotop: Ekuador, Kolumbien, 3600 m, in den hohen Zwischentälern der Anden (Paramos) bei Kälte, Wind und Trokkenheit. Aktivität: Tagaktiv, in bezug auf höhere Temperaturen (Zimmerwärme) anpassungsfähig. Färbung: Oberseite braun bis schwarz, scharf abgesetzt von der orange- oder mattgelbgefärbten Unterseite, Auge schwarz.
K ◐ *Atelopus moreirae* Miranda-Ribeiro, 1920
Verbreitung/Biotop: Itatiaia, Para auf 1800 bis 2200 m Höhe in gras- und moosbestandenen Sümpfen auf Baumstümpfen, Blattpflanzen und niedrig wachsenden Bromelien. 22–29 mm. Tagaktiv auf ganz trockenen Stellen.
Atelopus varius (Lichtenstein & Hartens, 1856) – Veränderlicher Stummelfuß
Verbreitung: Mittelamerika, Kolumbien.

Hylidae (Laubfrösche)
Agalychnis spurelli Boulenger, 1913
Verbreitung/Biotop: Costa Rica, Panama und im pazifischen Küstengebiet von Kolumbien, in den Niederungen bis 885 m. Siehe S. 164.

Bild 134. *Dendrobates histrionicus.* Aufnahme A. van den Nieuwenhuizen

○ *Aparasphenodon brunoi* MIRANDA-RIBEIRO, 1920 – Keilkopffrosch
Verbreitung/Biotop: O-Brasilien; im Trichter hartblättriger Bromelien, dessen Öffnung sie am Tage mit ihrem „Knochenkopf" verschließen. 65-85 mm. Nachtaktiv außerhalb seiner Wohnbromelie. Futter: Insekten.

✱ ◐ *Gastrotheca marsupiata* (DUMÉRIL & Bibron, 1841) – Beutelfrosch
Verbreitung/Biotop: NW-Südamerika; im submontanen Regenwald, auf Lianen und Epiphyten, im Dickicht von Waldlichtungen. VT 18 °C nachts, 20–26 °C tags, viel Frischluft. 60 mm. Fortpflanzung: Amplexus scapularis, Männchen „schaufelt" mit beiden Hinterfüßen die dottergelben Eier (2 mm), unter gleichzeitiger Befruchtung, in die Hautduplikatur (Beutel) des Weibchens, das bei der Besamung und dem „Schaufeln" jeweils seinen Rücken durchdrückt. Nach 45-50 Tagen Ausstoß der Kaulquappen bzw. Herausmassieren mit den Hinterextremitäten ins Wasser (etwa 60-75 Kaulquappen). Wassertemperatur 26 °C, nächtliche Abkühlung auf etwa 20 °C. Aufzucht der Kaulquappen mit Katzenmenü, Kunstfutter für Zierfische, geschabter Leber. Nach 3 Wochen ist die Metamorphose beendet. Futter: Spinnen, Grillen, Heimchen, Fliegen, *Drosophila*, Mehlkäferlarven, Wachsmotten.

Gastrotheca ovifera (LICHTENSTEIN & WEINLAND, 1845) – Riesen-Beutelfrosch
Verbreitung: N-Südamerika. 100 mm.

✱ ◐ *Hyla albomarginata* SPIX, 1824
Verbreitung/Biotop: Kolumbien, Ekuador, Brasilien; in der Nähe grasumstandener Tümpel im offenen Busch bis 400 m Höhe. 56-70 mm. Tags schlafend an der Unterseite von Blättern, nachts aktiv, steigt dann bis in die höchsten Wipfel einzelstehender Bäume.

○ *Hyla bipunctata* SPIX, 1824
Verbreitung/Biotop: Districto Federal, Espirito Santo, Rio de Janeiro; im offenen Busch auf Palmen und auf exponierten Baumästen schlafend am Tag, nachts am Ufer stehender Gewässer. 25 mm.

✱ ◐ *Hyla boans* (LINNAEUS, 1758) – Riesenbaumfrosch (*Hyla maxima* (LAURÈNTI, 1768) der Terrarianer).
Verbreitung/Biotop: Panama bis N-Südamerika östlich der Anden einschließlich NW-Kolumbien, auf exponierten Ästen im Busch, auch in der Küstenzone. 132 mm, Weibchen im allgemeinen kleiner, 117 mm. Eine der am längsten bekannten Arten: 1758! In seiner Heimat wird er von den Indianern ganz gegessen und als Fischköder gebraucht. Fortpflanzung: Brutpflege, Eiablage meist im Februar in kraterförmig vertiefte Schlammnester, wie bei der verwandten Art *Hyla faber*. Nestdurchmesser 25-51 cm, Ringwall-Höhe 8 bis 10 cm.

◐ *Hyla crepitans* WIED, 1824
Verbreitung: Venezuela, Guayana, Surinam, Brasilien. 90 mm.

✱ ◐ *Hyla faber*, WIED, 1821 – Schmied, Großer Kolbenfuß
Verbreitung: O-Brasilien, Argentinien. 87 mm.

★ ○ *Hyla geographica* SPIX, 1824
≀ Verbreitung: Ekuador, Peru, Bolivien, Brasilien. 40-70 mm.

○ ≀ *Hyla goeldii* BOULENGER, 1895 – Schüsselrücken-Laubfrosch
Verbreitung/Biotop: Brasilien; in und auf epiphytisch wachsenden Bromelien.

★ ◐ *Hyla leucophyllata* (BEIREIS, 1783) – Laubkleber
≀ Verbreitung: N-Südamerika, Brasilien südwärts bis Rio de Janeiro. 35 bis 40 mm. Aktivität: Abenddämmerung (Sonnenuntergang) und nachts.

○ ≀ *Hyla mesophaea* HENSEL, 1867

Bild 135. Beutelfrosch (*Gastrotheca marsupiata*). Aufnahme A. van den Nieuwenhuizen

Bild 136. *Hyla crepitans*. Aufnahme A. van den Nieuwenhuizen

33 mm. Fortpflanzung: Brutpflege, das Weibchen trägt seine großen Eier (etwa 20 Stück) in einer Hautduplikatur (Schüssel) auf dem Rücken so lange, bis sich bei den Kaulquappen die Hinterbeine entwickelt haben; diese werden dann in den regenwassergefüllten Trichter der Wohnbromelie abgesetzt, wo sie sich in wenigen Tagen zum fertigen 10 mm langen Jungfrosch entwickeln. (Einige Autoren stellen den Frosch in die Gattung *Fritziana*: *Fritziana goeldii* (BOULENGER, 1895).

Verbreitung/Biotop: O-Brasilien; in Bromelien auf Bäumen der Lagunen und des Busches. 67 mm.

★ K *Hyla nana* BOULENGER, 1889 – Zwerglaubfrosch
○ Verbreitung/Biotop: Bolivien, Brasilien (Minas Gerais bis Santa Catarina), Paraguay; in der Savanne, auf Grasland, Überschwemmungsgelände, auf niedrigen Holzpflanzen und terrestrischen Bromelien in Wassernähe. 22 mm Männchen, bis 26 mm Weibchen.

✱ ○ *Hyla nasica* COPE, 1862
Verbreitung: Z- und S-Südamerika.

Hyla pulchella DUMÉRIL & BIBRON, 1841
✱ ◐ Verbreitung: Rio de Janeiro und Sao Paulo südwärts bis Argentinien, Uruguay, Paraguay. 48-56 mm. Fortpflanzung: Vorbedingung ist frisches Regenwasser, in das der Laich abgesetzt wird. Aufzucht der Kaulquappen mit Katzenmenü, Kunstfutter für Zierfische, Trockenhefe und Aufwuchs an Fallaub. Aufzucht der Jungfrösche mit *Drosophila* und Stubenfliegen. (Die *Hyla raddiana* FITZINGER, 1826 des Handels wurde 1963 von BOKERMANN als *Hyla pulchella* erkannt!)

Hyla punctata DAUDIN, 1803
Verbreitung/Biotop: Trinidad, Surinam, Guyana, Venezuela und SO-Kolumbien, in den Niederungen. In den Seitenarmen von Flüssen auf niedrigen Sträuchern, im Gras und in der stark luftfeuchten Savanne, immer im Schatten (starke Strahlungswärme oder plötzlichen Einfall von grellem Licht vertragen diese Frösche nicht). Größe: Männchen 30 mm, Weibchen 35 mm. Färbung: Kopf und Rücken gelb, mit feinen roten Punkten, die sich an einzelnen Stellen zu großen roten Punkten oder Linien verdichten, Arme und Beine auf gelbem Grunde fein rotgepunktet. Unterseite hellgrün, Kehle grünweiß, Augen silbergrau. Futter: Fliegen, kleine Nachtfalter, Wachsmotten, kleine Grillen.

Hyla rosenbergi BOULENGER, 1898
Verbreitung/Biotop: NW-Ecuador, Kolumbien, Panama und Costa Rica. Im Regenwald am Ufer von Flüssen und in Creeks, gelegentlich in Trockenwäldern, dann aber in feuchten ökologischen Nischen. S. Seite 165.

Hyla rubra LAURENTI, 1768
Verbreitung/Biotop: Mittelamerika (Panama), N-Südamerika (Surinam, Amazonas, Ekuador (Napo), im immerfeuchten Regenwald. Größe: 35–42 mm.

○ ⌇ *Hyla spegazzinii* (BOULENGER, 1889)
Verbreitung/Biotop: Rio de Janeiro, Mato Grosso südwärts bis Paraguay; Campos, Savanne, Lateritbusch, auf flechtenbesetzten, mit Tillandsien bewachsenen Ästen. 69–82 mm.

○ ⌇ *Phyllomedusa appendiculata* A. LUTZ, 1925 – Sporen-Greiffrosch
Verbreitung/Biotop: O-Brasilien; im Busch am Rande der Savanne auf Zweigen, in der Nähe von Tümpeln. 35-40 mm.

○ bis ◐ ⌇ *Phyllomedusa burmeisteri* BOULENGER, 1856
Verbreitung: Brasilien. 79-82 mm.

◐ ⌇ *Phyllomedusa guttata* A. LUTZ, 1924
Verbreitung/Biotop: O-Brasilien; an felsigen Hängen in höheren Regionen in der Nähe kleiner Wasserfälle. 35 mm.

○ ⌇ *Phyllomedusa rohdei* MERTENS, 1926 – Makifrosch
Verbreitung/Biotop: O-Brasilien; im Busch, Plantagen bis an die Stadtränder, auf Zweigen in der Nähe von Tümpeln. 36-40 mm. VT während der Ruhe 22-27 °C (trockene Wärme während des Tages), 19-22 °C während der Nacht bei erhöhter Luftfeuchtigkeit; viel Frischluft (Ventilator). Nachtaktiv, tagsüber gerne auf schmalrinnigen Bromelienblättern ruhend. Fortpflanzung: Brutpflege; Eiablage (80-150 Eier) an ein Blatt (*Citrus, Jussieua* u.a.), das über der Wasseroberfläche eines Tümpels hängt. Männchen und Weibchen biegen mit ihren Hinterbeinen die Blattränder – an der Spitze des Blattes beginnend – zu einem Trichter zusammen, in dem das Weibchen sofort eine Portion Eier absetzt, die vom Männchen befruchtet werden. Das Paar rückt dann eine Stufe höher, wiederholt die Prozedur so oft, bis der Eivorrat erschöpft und das ganze Blatt tütenförmig von der Gallerte der Eier zusammengehalten wird. Oben und unten bleibt die Blattüte offen, und sobald die Kaulquappen „schlüpfen" – nach etwa zwei Wochen –, rutschen sie durch die untere Öffnung in das darunter befindliche Wasser. Bei einer Wassertemperatur von 28 °C am Tag und 22 °C in der Nacht und Fütterung mit Katzenmenü, Kunstfutter für Zierfische und Trockenhefe ist die Metamorphose nach 6 Wochen beendet. Aufzucht der Jungfrösche mit *Drosophila* und Stubenfliegen, kleinen Heimchen und Grillen; Adulttiere nehmen zusätzlich noch andere Insekten, sogar Mehlkäferpuppen (am Futterdraht vorgehalten).

⚲G *Phrynohyas venulosa* (LAURENTI, 1768) – (*Hyla venulosa* (LAURENTI, 1768) der Terrarianer)
Verbreitung/Biotop: Mittelamerika, ganz S-Amerika östlich der Anden in den Niederungen unter 1000 m. S. Seite 165.

Smilisca phaeota (COPE, 1862)
Verbreitung: Mittelamerika, Kolumbien, in den Niederungen S. Seite 165.

✶⚲ ○⚲ *Trachycephalus nigromaculatus* TSCHUDI, 1838
Verbreitung/Biotop: O-Brasilien; im Busch auf epiphytenbewachsenen Ästen, tags in Blattscheiden von Bromelien schlafend. Nachtaktiv. 86-102 mm. Futter: Jungvögel (in Vogelnestern), Babymäuse, Nachtfalter, Schnecken, kleinere Frösche, große Heuschrecken und andere Insekten.

✶ ≈ **Pseudididae** (Harlekinfrösche)
Pseudis paradoxa (LINNAEUS, 1758) – Harlekinfrosch
Verbreitung/Biotop: N- und Z-Brasilien, Surinam, Guayana; zwischen den Schwimmpflanzen (*Eichhornia, Salvinia*) von Seen, in Ausbuchtungen von Flüssen. Aquatil. 75 mm. Die Kaulquappe wird über 250 mm lang (Schrumpfverwandlung zum fertigen Frosch).

Microhylidae (Engmaulfrösche)
Elachistocleis ovalis (SCHNEIDER, 1799)
Verbreitung/Biotop: Kolumbien, NO-, Z-, SO- und S-Brasilien, Paraguay; in und um vegetationsreiche Lateritpfützen und in Sümpfen und kleinsten Wasseransammlungen. 36-40 mm.

Hypopachus muelleri (BOETTGER, 1885)
Verbreitung/Biotop: NO-, Z- und SO-Brasilien, Paraguay; in Erdhöhlen wechselfeuchter Böden; zur Laichzeit in Regenwasseransammlungen und Pfützen.

Reptilien

Bild 137. *Platemys platycephala.* Aufnahme A. van den Nieuwenhuizen

✱ ꝏ **Kinosternidae** (Schlammschildkröten)

≋ ◐ *Kinosternon scorpioides* (LINNAEUS, 1766)

bis ● Verbreitung: Mittelamerika, N-Südamerika bis Bolivien und N-Argentinien. Panzerlänge 12 cm und bis 18 cm. S. S. 165!

≋ ○ **Chelidae** (Schlangenhals-Schildkröten)

G *Hydromedusa maximiliani* (MIKAN, 1820) – Brasilianische Schlangenhals-Schildkröte

Verbreitung: SO-Brasilien. Panzerlänge 22 cm.

Platemys platycephala (SCHNEIDER, 1792) – Rotkopf-Plattschildkröte

Verbreitung: Guayana, Peru, N-Brasilien. Panzerlänge 18 cm.

Iguanidae (Leguane)

✱ ꝏ ○ *Anolis auratus* (DAUDIN, 1802) – Grasanoli

Verbreitung: Guayana, Surinam, Venezuela, Kolumbien, Panama. Siehe S. 166.

✱ ꝏ ○ ⸾ *Anolis biporcatus* WIEGMANN, 1834

Verbreitung: Von Mexiko (Chiapas) bis Panama, Kolumbien, Venezuela, Ekuador. Siehe S. 166.

✱ ꝏ ○ ⸾ *Anolis chrysolepis* DUMÉRIL & BIBRON, 1837 – Goldstreifenanoli

Verbreitung: Trinidad, Guayana, Venezuela, N-Brasilien. Siehe S. 173.

Anolis fraseri GÜNTHER, 1859

Verbreitung: W-Ekuador.

✱ ꝏ *Anolis latifrons* BERTHOLD, 1846

Verbreitung: Mittelamerika bis Kolumbien.

✱ ꝏ *Anolis lemurinus* COPE, 1861

Verbreitung: Mittelamerika bis Kolumbien. Siehe S. 167.

✱ *Anolis meridionalis* BOETTGER, 1885

Mato Matto Grosso.

✱ ◐ ⸾ *Anolis punctatus* DAUDIN, 1802

Verbreitung/Biotop: Guayana, Venezuela, Brasilien (Amazonas), Ekuador, Peru; im Regenwald, arboricol. 84 + 199 mm.

✱ G ꝏ ○ ⸾ *Basiliscus basiliscus* (LINNAEUS, 1758) – Helmbasilisk

Verbreitung: Costa Rica bis Panama, NO-Kolumbien.

◐ bis ● ⸾ *Enyalius catenatus* WIED, 1821

Verbreitung/Biotop: SO-Brasilien; im schattigen Busch und auf Bäumen in Wassernähe, meist auf dicken Ästen. 100 + 200 mm.

◐ ⸾ *Phenacosaurus heterodermus* A. DUMÉRIL, 1835

Verbreitung/Biotop: Kolumbien (Anden); Parama-Hochland (1800-2700 m Höhe) VT 12-20°C, viel kühlfeuchte Frischluft, trockener Boden, auf Sträuchern und Bergbambus. Nächtliche Abkühlung und milde Strahlungswärme von oben tagsüber sind lebensnotwendig. 85 + 125 mm, Greifschwanz, arboricol. Terrarientiere sollen reichlich Wasser benötigen.

● ⸾ *Phenacosaurus paramoensis* HELLMICH, 1949

Verbreitung: Kolumbien (Anden), 2400-2700 m Höhe, selten bis 3000 m.

◐ ⸾ *Phenacosaurus richteri* DUNN, 1944

Vermutlich identisch mit *Phenacosaurus heterodermus*.

✱ ꝏ ○ ⸾ *Polychrus acutirostris* SPIX, 1825 – Spitzkopfleguan

Verbreitung/Biotop: Brasilien bis Paraguay und O-Bolivien; im sonnigen, lichtdurchlässigen Busch, auf Zweigen und dünnen Ästen. 15 + 271 mm. Zweigkletterer (Gegenüberstellung der Finger und Zehen, Greifschwanz, spitze Krallen, Aufrichten des Vorderkörpers auf den Hinterbeinen). Farbwechsel auf Umweltreize (Erregung, Paarung, Lichtintensität, Temperatur), es gibt auch zinnoberrot gezeichnete Tiere. Schreckstellung: Schaukeln, seitliches Zusammendrücken des Rumpfes, Spreizen des Kehlsackes, Kopfnicken, Farbwechsel. Tagaktiv; schlafen angedrückt an dünnen Ast. Futter: Phyllomedusen (!), Insekten, Wachsmottenlarven, Mehlkäferpuppen, Schnecken, Engerlinge; Wasseraufnahme in Tropfenform.

✱ ◐ ⸾ *Polychrus marmoratus* (LINNAEUS, 1758) – Marmorierter Buntleguan

Verbreitung/Biotop: Venezuela bis Brasilien; im schattigen Busch und lichten Wald. 142 + 355 mm.

✱ ○ *Tropidurus semitaeniatus* (SPIX, 1825) – Gelbrückenkielschwanz

Verbreitung/Biotop: Venezuela bis O-Brasilien; an zerklüfteten Granithängen, auch zwischen Geschieben, Steinhaufen und auf Sand. 55 + 115 mm.

● ⸾ *Uraniscodon superciliosa* (LINNAEUS, 1758) – Mopskopfleguan

Bild 138. *Diploglossus lessonae* wird im Tierhandel meist als *D. tenuifasciatus* angeboten. Aufnahme A. van den Nieuwenhuizen

Verbreitung/Biotop: N-Südamerika bis Brasilien; in Wassernähe im schattigen Busch auf Stämmen. 150 + 300 mm. Langsam bzw. schneller Standortwechsel und dann stundenlanges Verharren an einer Stelle. Futter: Schnecken, Regenwürmer, Insekten, Spinnen.

Teiidae (Teju-Echsen)

! ○ – *Cnemidophorus lemniscatus* (LINNAEUS, 1758) – Küsten-Rennechse, Blaue Rennechse
Verbreitung: Mittelamerika bis N-Südamerika. Siehe S. 168.

Scincidae (Skinke)

Mabuya mabouya (LACÉPÈDE, 1804)
Verbreitung: Mittelamerika bis SO-Südamerika

Anguidae (Schleichen)

✶ *Diploglossus lessonae* PERACCA, 1890
Verbreitung: Brasilien. (Synonym: *Diploglossus tenuifasciatus* PARKER, 1924)
Diploglossus millepunctatus O'SHAUGNESSY, 1874
Verbreitung: Malpelo (Pazifik). (Synonym: *Diploglossus hancocki* SLEVIN, 1928)

Colubridae (Nattern)

! *Conophis lineatus* (DUMÉRIL & Bibron, 1854)
Verbreitung: Mittelamerika bis N-Südamerika.

✶ K *Dipsas albifrons* (SAUVAGE, 1884)
Verbreitung: Mato Grosso, Santa Catarina, Sao Paulo, südwärts bis Paraguay; in der Savanne, im offenen Busch, auf epiphytenbewachsenen Ästen, tagsüber im regenwassergefüllten Trichter von Bromelien. 650 mm. Nachtaktiv. Futter: Kleine Gehäuseschnecken.

✶ K *Dipsas gracilis* (BOULENGER, 1902)
Verbreitung: NW-Ekuador.

Bild 139. *Sibon nebulata*. Aufnahme A. van den Nieuwenhuizen

✱ *Imantodes cenchoa* (LINNAEUS, 1758) – Riemenschlange
Verbreitung: Mittelamerika bis N-Südamerika. Siehe S. 169.

✱ *Philodryas olfersii* (LICHTENSTEIN, 1823)
Verbreitung/Biotop: SO-Brasilien südwärts bis Paraguay; in lichten Wäldern und auf Büschen in Wassernähe, auf niedrigem Gehölz im Epiphytenaufwuchs. Futter: Baumfrösche, kann aber leicht auf Fische oder Babymäuse umgewöhnt werden.

Sibon nebulata (LINNAEUS, 1758)
Heimat: SO-Mexiko, Mittelamerika, N-Südamerika bis Ecuador, Trinidad und Tobago Islands. S. Seite 169.

✱ K *Sibynomorphus mikani* (SCHLEGEL, 1837)
Verbreitung: SO-Brasilien, Mato Grosso, SO-Bolivien, N-Paraguay. Siehe *Dipsas albifrons* (SAUVAGE, 1884).

✱ K *Sibynomorphus turgidus* (COPE, 1868)
Verbreitung: N-Paraguay, SO-Bolivien, Brasilien. Siehe *Dipsas albifrons*.

✱ K *Sibynomorphus ventrimaculatus* (BOULENGER, 1885)
Verbreitung: S-Paraguay, NO-Argentinien, Uruguay, Rio Grande do Sul, sowie Brasilien (?). Siehe *Dipsas albifrons*.

Crotalidae (Grubenottern)

O *Bothrops schlegelii* (BERTHOLD, 1846) – Greifschwanz-Lanzenotter
Verbreitung/Biotop: S-Kolumbien, W-Venezuela bis S-Ekuador; auf hohen Bäumen, aber auch auf Büschen, Bananen. Futter: Baumfrösche, kann auf Babymäuse umgewöhnt werden (anfänglich Mäuse mit Froscharoma bestreichen). Nachtaktiv. Giftzahntragend!

Südliches Südamerika

Pflanzen

Ricciaceae (Sternlebermoose)
Riccia fluitans L.

Polypodiaceae (Tüpfelfarngewächse)
Microgramma lycopodioides (L.) COPEL.
Microgramma vaccinifolia (LANGSD. ET FISCH.) COPEL.

Hydrocharitaceae (Froschbißgewächse)
Vallisneria spiralis L.

Bromeliaceae (Ananasgewächse)
Aechmea recurvata (KL.) L.B. SMITH
Catopsis sessiliflora (RUIZ ET PAV.) MEZ
Tillandsia aeranthos (LOISEL) L.B. SMITH
Tillandsia bergeri MEZ
Tillandsia linearis VELL.
Tillandsia mallemontii GLAZIOU
Tillandsia stricta SOLAND.
Tillandsia tenuifolia L.
Tillandsia triticea BURCHELL EX BAKER
Vriesea carinata WAWRA
Vriesea corcovadensis (BRITT.) MEZ
Vriesea guttata LINDEN ET ANDRÉ
Vriesea psittacina (HOOK.) LINDL.
Vriesea rodigasiana MORREN
Vriesea scalaris MORREN

Gramineae (Süßgräser)
Stenotaphrum secundatum (WALT.) O. KUNTZE

Orchidaceae (Orchideengewächse)
Capanenia uliginosa BARB. RODR.
Cattleya walkeriana GARD.
Gomesa crispa KL. ET REICHB. F.
Isochilus linearis R. BR.
Leptotes bicolor LINDL.
Oncidium cebolleta SWARTZ
Oncidium micropogon REICHB. F.
Pleurothallis grobyi LINDL.
Zygostates lunata LINDL.

Araceae (Aronstabgewächse)
Anthurium radicans C. KOCH ET A. HAAGE

Aristolochiaceae (Osterluzeigewächse)
Aristolochia elegans MAST.

Piperaceae (Pfeffergewächse)
Peperomia angulata H.B. ET K.

Cactaceae (Kaktusgewächse)
Lepismium cruciforme (VELL.) MIQU.
Lepismium pulvinigerum (LINDB.) BCKBG
Pereskia aculeata (PLUM.)MILL. var. *godseffiana* (SAND.) KNUTH
Rhipsalidopsis cereuscula HAW.
Rhipsalidopsis rosea (LAGERH.) BR. ET R.

Passifloraceae (Passionsblumengewächse)
Passiflora racemosa BROT.

Leguminosae (Hülsenfrüchtler)
♀ *Biophytum sensitivum* (L.) DC
– *Mimosa pudica* L.
ʌʌʌ *Neptunia oleracea* LOUR.

◐ **Melastomataceae** (Schwarzmundgewächse)
Bertolonia maculata (MART.) D.C.
Bertolonia marmorata NAUD.

Amphibien

– **Leptodactylidae** (Pfeiffrösche)
✱ *Ceratophrys ornata* (BELL, 1843) – Schmuckhornfrosch
Verbreitung: Argentinien, Uruquay, Rio de Janeiro.

Bild 140. Schmuckhornfrosch (*Ceratophrys ornata*) im Terrarium des Verfassers. Aufnahme A. van den Nieuwenhuizen

Sapindaceae (Seifenbaumgewächse)
Paullinia thalictrifolia JUSS.

Scrophulariaceae (Braunwurzgewächse)
ʌʌʌ *Bacopa monniera* (L.) WETTSTEIN

Gesneriaceae (Gesneriengewächse)
♀ *Rechsteineria cardinalis* (LEHM.) O. KUNTZE

◐ – **Acanthaceae** (Bärenklaugewächse)
Ruellia portellae HOOK. F.

✱ *Ceratophrys varia* WIED, 1824 – Bunthornfrosch
Verbreitung: Rio de Janeiro, Santa Catarina. Siehe S. 180.
Eleutherodactylus binotatus (SPIX, 1824)
Verbreitung: Brasilien, südwärts bis Santa Catarina, Peru.
Leptodactylus mystaceus (SPIX, 1824)
Verbreitung: Brasilien, südwärts bis Rio Grande do Sul. Siehe S. 180.

Bild 141. *Atelopus stelzneri* demonstriert auf raffinierte Art und Weise, nämlich durch auffällige Färbung und Zeichnung, durch seine Gestalt und sein Verhalten, eine der wirksamsten Abwehrmethoden im Tierreich: die Tarnung. Aufgenommen im Terrarium des Verfassers, Aufnahme W. Foersch

✶ *Odontophrynus americanus* (DUMÉRIL & BIBRON, 1841)
Verbreitung: Argentinien bis S-Brasilien, Bolivien und Uruguay, 48-55 mm.
Physalaemus cuvieri FITZINGER, 1826
Verbreitung: Bolivien, Brasilien südwärts bis Sao Paulo, Paraguay.
Physalaemus fuscomaculatus (STEINDACHNER, 1863)
Verbreitung: Minas Gerais südwärts bis Rio Grande do Sul, Argentinien, Bolivien, Paraguay.

Bild 142. *Philodryas olfersi*, im Terrarium des Verfassers. Aufnahme W. Foersch

✱ ꝏ **Bufonidae** (Kröten)

– *Bufo crucifer* Wied, 1821
Verbreitung: Brasilien, südwärts bis Santa Catarina.

G *Bufo marinus* (Linnaeus, 1758) – Aga
Verbreitung: Südamerika, Mittelamerika bis Texas.

G *Bufo paracnemis* A. Lutz, 1925
Verbreitung: Z- und NO-Brasilien, N-Argentinien.

Atelopodidae (Stummelfuß-Frösche)

K ꝏ ○ *Atelopus stelzneri* (Weyenbergh, 1875)
Verbreitung/Biotop: Paraguay, Uruguay, Argentinien; auf sandigem Lehmboden in der Savanne und an Sümpfen. Auf niedrigen Sträuchern, niedrig wachsenden Bromelien und Gräsern, auch im Bereich von Ziegeleien. Größe: 25–35 mm. Färbung: Grundfarbe schwarz, Oberseite gelb gefleckt, Unterseite, Hand- und Fußflächen rot, Finger- und Zehenspitzen rot. Aktivität: Tagaktiv auf ganz trockenen Stellen, zur Laichzeit am Rande von Regentümpeln, die Männchen kämpfen um die Gunst der Weibchen; dann sehr lebhaft und kletterfreudig. Die dunkel gefärbten Eier schwimmen auf der Wasseroberfläche und bereits nach einem Tag schlüpfen die Kaulquappen. Futter: *Drosophila*, Stubenfliegen, Wachsmottenlarven, kleine Spinnen und kleine Grillen.

Hylidae (Laubfrösche)

✱ ◐ ≀ *Hyla faber* Wied, 1821 – Schmied, Großer Kolbenfuß
Verbreitung: O-Brasilien, Argentinien. 87 mm.

✱ ○ *Hyla nana* Boulenger, 1889 – Zwerglaubfrosch
Verbreitung: Bolivien, Brasilien (Minas Gerais bis Santa Catarina), Paraguay. Siehe S. 185.

✱ ○ *Hyla nasica* Cope, 1862
Verbreitung: Z- und S-Südamerika (bis Argentinien).

✱ ◐ *Hyla pulchella* Duméril & Bibron, 1841
Verbreitung: Rio de Janeiro und Sao Paulo südwärts bis Argentinien, Uruguay, Paraguay. Siehe S. 186.

✱ G ◐ ≀ *Hyla siemersi* Mertens, 1937
Verbreitung: Argentinien. 105-130 mm.

○ ≀ *Hyla spegazzinii* Boulenger, 1889
Verbreitung: Rio de Janeiro und Sao Paulo, Mato Grosso südwärts bis Paraguay. Siehe S. 186.

⚘ G *Phrynohyas venulosa* (Laurenti, 1768)
Verbreitung: N-, Z-Südamerika bis Paraguay und Argentinien. Siehe S. 165.

Pseudidae (Harlekinfrösche)

✱ ≋ *Pseudis mantidactyla* (Cope, 1862) – Sterngucker
Verbreitung/Biotop: S-Brasilien bis Argentinien; zwischen den Schwimmpflanzen (*Riccia, Azolla, Eichhornia, Salvinia*) von Seen. Aquatil.

– **Microhylidae** (Engmaulfrösche)
Elachistocleis ovalis (Schneider, 1799)
Verbreitung: Kolumbien, NO-, Z-, SO- und S-Brasilien, Paraguay. Siehe S. 187.
Hypopachus muelleri (Boettger, 1885)
Verbreitung: NO-, Z- und SO-Brasilien, Paraguay. Siehe S. 187.

Reptilien

✱ ꝏ **Kinosternidae** (Schlammschildkröten)

≋ ◐ bis ● *Kinosternon scorpioides* (Linnaeus, 1766)
Verbreitung: Mittelamerika, N-Südamerika bis Bolivien und N-Argentinien. Panzerlänge 12 cm und bis 18 cm.

ꝏ ○ **Chelidae** (Schlangenhalsschildkröten)

≋ *Platemys spixii* Duméril & Bibron, 1835 – Stachelhals-Plattschildkröte
Verbreitung: N-Argentinien, S-Brasilien. Panzerlänge 16 cm.

Iguanidae (Leguane)

✱ ꝏ ○ ≀ *Polychrus acutirostris* Spix, 1825 – Spitzkopfleguan
Verbreitung: Brasilien bis Paraguay und O-Bolivien. Siehe S. 188.

Teiidae (Teju-Echsen)

◐ – *Teius teyou* (Daudin, 1803) – Teju
Verbreitung: S-Brasilien, Uruguay, Argentinien. 100 + 190 mm. Bodengrund Sand-Erde-Kiesgemisch. Viel Frischluft. Milde Wärme.

≀ **Colubridae** (Nattern)

✱ K *Dipsas albifrons* (Sauvage, 1884)
Verbreitung: Mato Grosso, Santa Catari-

na, Sao Paulo, südwärts bis Paraguay. Siehe S. 189.

✱ ⚘ ○ *Philodryas olfersii* (LICHTENSTEIN, 1823)
Verbreitung: SO-Brasilien südwärts bis Paraguay. Siehe S. 190.

✱ K *Sibynomorphus mikani* (SCHLEGEL, 1837)
Verbreitung: SO-Brasilien, Mato Grosso, SO-Bolivien, N-Paraguay. Siehe S. 189, *Dipsas albifrons*.

✱ K *Sibynomorphus turgidus* (COPE, 1868)
Verbreitung: N-Paraguay, SO-Bolivien. Siehe S. 189, *Dipsas albifrons*.

✱ K *Sibynomorphus ventrimaculatus* (BOULENGER, 1885)
Verbreitung: S-Paraguay, NO-Argentinien, Uruguay, Rio Grande do Sul, sowie Brasilien (?). Siehe S. 189, *Dipsas albifrons*.

Nomenklatorischer Nachtrag

Seit der Niederschrift des Manuskriptes sind verschiedene wissenschaftliche Namen nicht mehr gültig. Soweit diese dem Verfasser bekannt sind, werden sie nachstehend wiedergegeben.

Alte Namen:	Gültige Bezeichnungen:
Pflanzen	
Aerides mitratum REICHB. F.	*Seidenfadenia mitrata* (REICHB. F.) SMITINAND
Dischidia rafflesiana WALLICH	*Dischidia major* (VAHL) MERR.
Epidendrum cochleatum.	*Hormidium cochleatum* (L.) BRIEG.
Epidendrum fragrans LINDL.	*Hormidium fragrans* (SW.) BRIEG.
Epidendrum umbellatum SWARTZ	*Epidendrum difforme* JACQ.
Ficus diversifolia BLUME	*Ficus deltoidea* JACK
Helxine soleirolii REG.	*Soleirolia soleirolii* (REG.) DANDY
Amphibien	
Atelopus stelzneri (WEYENBERGH, 1875)	*Dendrophryniscus stelzneri* (WEYENBERGH, 1875)
Hyla aurea (LESSON, 1830)	*Litoria aurea* (LESSON, 1830)
Hyla caerulea (WHITE, 1790)	*Litoria caerulea* (WHITE, 1790)
Hyla chloris BOULENGER, 1893	*Litoria chloris* (BOULENGER, 1893)
Hyla citropa (TSCHUDI, 1839)	*Litoria citropa* (TSCHUDI, 1839)
Hyla eucnemis LÖNNBERG, 1900	*Litoria eucnemis* (LÖNNBERG, 1900)
Hyla freycineti (TSCHUDI, 1839)	*Litoria freycineti* (TSCHUDI, 1839)
Hyla infrafrenata GÜNTHER, 1867	*Litoria infrafrenata* (GÜNTHER, 1867)
Hyla nasuta (GRAY, 1842)	*Litoria nasuta* (GRAY, 1842)
Hyla peroni (TSCHUDI, 1839)	*Litoria peroni* (TSCHUDI, 1839)
Hyla rubella GRAY, 1842	*Litoria rubella* (GRAY, 1842)
Rana delalandii (TSCHUDI, 1838)	*Tomopterna delalandii* (TSCHUDI, 1838)
Reptilien	
Chlorophis irregularis (LEACH, 1819)	*Philothamnus irregularis* (LEACH, 1819)
Gymnodactylus milii (BORY, 1825)	*Underwoodisaurus milii* (BORY, 1825)
Gymnodactylus pelagicus (GIRARD, 1858)	*Cyrtodactylus pelagicus* (GIRARD, 1858)
Lacerta echinata BOULENGER, 1887	*Centromastix echinata* (BOULENGER, 1887)
Lacerta galloti (DUMÉRIL + BIBRON, 1839)	*Gallotia galloti* (DUMÉRIL + BIBRON, 1839)
Lacerta melisellensis BRAUN, 1877	*Podarcis melisellensis* (BRAUN, 1877)
Lacerta muralis (LAURENTI, 1768)	*Podarcis muralis* (LAURENTI, 1768)
Lacerta pityusensis BOSCA, 1883	*Podarcis pityusensis* (BOSCA, 1883)
Lacerta sicula RAFINESQUE, 1810	*Podarcis sicula* (RAFINESQUE, 1810)
Lygosoma fuscum DUMÉRIL + BIBRON, 1839	*Carlia fusca* (DUMÉRIL + BIBRON, 1839)
Lygosoma quoyii DUMÉRIL + BIBRON, 1839	*Sphenomorphus quoyii* (DUMÉRIL + BIBRON, 1839)
Mauremys bealei (GRAY, 1831)	*Sacalia bealei* (GRAY, 1831)
Natrix stolata (LINNAEUS, 1758)	*Amphiesma stolata* (LINNAEUS, 1758)
Phyllodactylus bastardi MOCQUARD, 1900	*Paroedura bastardii* (MOCQUARD, 1900)
Physignathus gilberti (GRAY, 1842)	*Lophognathus gilberti* (GRAY, 1842)
Physignathus longirostris (BOULENGER, 1883)	*Lophognathus longirostris* (BOULENGER, 1883)
Riopa albofasciolata (GÜNTHER, 1872)	*Eugongylus albofasiolatus* (GÜNTHER, 1872)
Riopa fernandi (BURTON, 1882)	*Mochlus fernandi* (BURTON, 1882)
Riopa rufescens (SHAW, 1802)	*Eugongylus rufescens* (SHAW, 1802)
Testudo elegans SCHOEPFF, 1795	*Geochelone elegans* (SCHOEPFF, 1795)
Testudo kleinmanni LORTET, 1883	*Pseudotestudo kleinmanni* (LORTET, 1883)
Testudo oculifera KUHL, 1820	*Psammobates oculifera* (KUHL, 1820)
Testudo planicauda GRANDIDIER, 1867	*Pyxis planicauda* (GRANDIDIER, 1867)
Testudo tentoria BELL, 1828	*Psammobates tentoria* (BELL, 1828)
Vipera hindii (BOULENGER, 1910)	*Atheris hindii* (BOULENGER, 1910)

Bezugsquellen

Zur Verwirklichung einiger in diesem Buch gemachten Anregungen benötigt der Terrarianer gewisse Spezialitäten. Der erfahrene Bastler und Terrarienfreund wird sich in diesem Punkt selbst zu helfen wissen; für den Anfänger jedoch nenne ich die nachstehenden Bezugsquellen, wobei ich mir durchaus bewußt bin, daß auch andere, mir nicht bekannte Firmen es verdienten, an dieser Stelle genannt zu werden.

Baustoffe und Zubehör für Terrarien

Eheim, Gunther, Ingenieur, D 7301 Deizisau
über den Fachhandel:
Saugfilter

Erdmann + Grün A.G., Abt. P 1, Postfach 1480, D 6330 Wetzlar-Lahn 2:
Weinschenklupe (Vergrößerung 28 ×)
Kleinstmikroskop im Westentaschenformat

Eternit A.G., CH 8867 Niederurnen
BRD: Eternit A.G., Kanalstraße 117–155, D 1000 Berlin-Rudow
CH: über den Fachhandel:
Asbestzement Eternit
Eternit Pflanzengefäße
Modell W „automatic" 49/49/25 cm
Rechteckige Behälter
Nr. 2-6344 62/40/43 cm
Nr. 3-6345 77/50/53 cm
Nr. 4-6346 89/58/61 cm
Eternit-Kleber Super EP
Eternit-Kleber Lechnerkitt

Hofmann, Helmut, Nuova-Aquaristik, D 5063 Overath/Eulenthal
über den Fachhandel:
Doppelkammer-Saugfilter

Imhof-Bedco Limited, Uxbridge, England
Blum, Walter, Hönggerstraße 115, CH 8037 Zürich
Imhof-Bedco GmbH, Karl-von-Drais-Str. 18, D 6000 Frankfurt 50:
Für den Bau von Terrarien mit zusammenschraubbaren Alu-Profilen nach dem Baukastenprinzip: the imlok construction systems (Katalog: „series 901 imlok manual")

ITT Components Standard Group Europe
BRD: Standard Elektrik Lorenz A.G., Vertrieb Motoren, Theodor-Heuss-Straße 34, D 7000 Stuttgart 1
CH: ITT Standard, Brandschenkestraße 178, CH 8027 Zürich:
Kleinmotoren und Lüfter (Ventilatoren) für Zimmerterrarien zum Beispiel: Ventilator-Spaltpolmotor EM-300-10 mit Lüfterflügel A-95 ∅

Krieger, Kuno, Gahlenfeldstraße 5, D 5804 Herdecke/Ruhr
CH: Generalvertretung Feustle, Werner, Im Kläffler 9, CH 8370 Sirnach:
Zimmergewächshäuser, Kleingewächshäuser, Floratherm-Raumheizkabel, Floratherm-Bodenheizkabel, Floratherm-Rohrheizkörper, Temperaturregler, Luftbefeuchter, automatische Feuchteregler, Leuchten, Ventilatoren, automatische Klimasteuerungen, Schaltuhren.
Vertretung für den Zoohandel Zoobedarf A.G., CH 8152 Glattbrugg über den Fachhandel:
Floratherm-Heizkabel für Terrarien und Aquarien.

Luwasa-Hydrokultur
BRD: Luwasa-Hydrokultur, Postfach 1445, D 62 Wiesbaden 1
CH: Interhydro A.G., Eigerplatz 5, 3007 Bern
über den Fachhandel:
Luwasa-Pflanzengefäße
Leca Blähton

Epiphytenstämme (Kiefernäste)

Nipa A.G., Nietlispach, J., Metallwarenfabrik, CH 5512 Wohlenschwil:
NIPA-Florarien und Blumenvitrinen, Terrarien, Terrarienheizschlangen und -wärmeplatten, Wärmelampen, Leuchten und Unterwasserleuchten.

Notz & Co. A.G., Murtenstraße 65, CH 2500 Biel und andere Fachhändler:
PVC-Schweiß-Stäbe 3 mm ∅ in die Nuten des IM-Profils IM 835 gelegt, verbürgen leichtes und geräuschloses Gleiten der Terrarienscheiben

Rotron N.V., Lüfter, Terheijdenseweg 441, P.O. Box 405, Breda, NL
BRD: Ariema GmbH, Uhdestraße 33, D 71 Heilbronn-Sonth.
CH: Fabrimex A.G. Zürich, Kirchenweg 5, CH 8032 Zürich
A: Ingenicur Otfried Rieger, Marxergasse 10, A 1030 Wien:
Miniatur-Gebläse (25 mm ∅) „Nanos", Axial-Lüfter „Euro"-Muffin, „Pianissimo", „Piccolo" usw. mit einer Luftvolumen-Leistung von 5 bis 50 und mehr Liter/Sekunde

Steiner, Eduard X., Falkenweg 2, CH 3074 Muri/Bern:
minibloc 77-Klimageräte für Vitrinen, Terrarien, Balkonausbauten, Blumenfenster und Kleingewächshäuser (automatische Steuerung der Frischluftzufuhr, Temperatur mit Nachtabsenkung, Befeuchtung und Beleuchtung).

Tunze Aquarientechnik GmbH, Seeshaupter Straße 68, D 8122 Penzberg
auch Direktversand ins Ausland:
Turbelle-Filtersysteme

Pflanzen und Kulturbedarf

Pflanzen

Alberts und Merkel. Broth. Inc. 20210 S. Federal Highway, Boynton Beach, Florida 33435, USA: Orchideen, Grünpfl., Bromelien

The Bangkrabue Nursery, 15 Klahom's Lane Bangkrabue, Dusit P.O. Box 150, Bangkok 3, Thailand: Thailändische Orchideen

Bayanihan Orchids, Karet Belakang Rt. 001/02, Djakarta II/31, Indonesia: Indonesische Orchideen

Blass, A., Steinkirchnerstr. 34 D 8032 Gräfelfing-München: Wasserpflanzengärtnerei

Brockmüller, Feldstraße 9, D 3262 Auetal 2: Orchideen

Brunnerer, Hermann, D 525 Engelskirchen: Seltene exotische Pflanzen

Chow Cheng Orchids, 194 Litoh St., Taichung, Taiwan: Formosa-Orchideen und chinesische Orchideen

Dinges, Franz, Saalburgstraße 9, D 638 Bad Homburg: Seltene exotische Pflanzen

Fermin, Mary B., 965-a fermin st., Manila, Philippines: Philippinische Orchideen und Pflanzen

Ghose, G. & Co., Townend, Darjeeling, India: Indische Orchideen und Pflanzen

Gubler, H., CH 8330 Pfäffikon/Zürich: Exotische Pflanzen und Orchideen

Gülz, Hans, Samlandweg 1, D 6368 Bad Vilbel: Bromelien, exotische Pflanzen

Hartmann KG., D 655 Bad Kreuznach: Exotische Pflanzen

Hennis, Wilhelm, Grosse Venedig 4, D 3200 Hildesheim: Orchideen

Isler, Jakob und Nelly, CH 8332 Russikon: Orchideen, Orchideen-Jungpflanzen

Jones + Scully, Inc., 2200 N.W. 33 Avenue, Miami, Florida 33142: Seltene Orchideenarten

Kabukiran Orchids and Nursery, 81 Maginoo St. 3008, P.O. Box AC-311, Quezon City, Philippines: Philippinische Orchideen

Kamm, E.G., Orchids and Bromeliads, Valle de Angeles, F.M., Honduras, C.A.: Orchideen und Bromelien aus Honduras

Kern, Doris und Rudolf, G.b.R., Maria-Lind-Straße 23, D 5137 Waldfeucht-Braunsrath: Orchideen, exotische Pflanzen und Orchideenbegleitpflanzen

Köhres, Lydia, Bahnstraße 101, Erzhausen: Tillandsien

Kolapaking, A. and Liem Khe Wie, Simanis Orchids, Jl. Pungkurargo No 1, P.O. Box 8, Iawang, East Java, Indonesia: Orchideen aus Indonesien

Kuhlmann, H. (Thomale), D 4920 Lemgo: Exotische Pflanzen, Sukkulenten, Orchideen

Kurzweg, Lilly, Spezialkulturen, Gerechtigkeitsgasse 22, CH 3007 Bern: Tillandsien und andere Bromelien, Orchideen und Orchideenbegleitpflanzen vorkultiviert und Importpflanzen

Lecoufle, Marcel, 5 rue de Paris, F 94 Boissy-Saint-Léger (S. et O.): Seltene exotische Pflanzen und Orchideen

Lee, N.P., 125/9 Soi 3 Ruam Rudee, Bangkok, Thailand: Thailändische Orchideen

Mc Lellan, Rod Co., 1450 El Camino Real, South San Francisco, California 94080 U.S.A.: Orchideen

Müller-Galfetti, Christian und M., Orchideenpflanzen-Import, Grabenöle, CH 4571 Lüterswil: Orchideen-Naturformen vorkultiviert und Importpflanzen

Münz, Emil, Heinrich-Küderli-Straße 51–57, D 7050 Waiblingen: Orchideen

Nagano, Dr. and Mrs. Yoshio, 261 Eifukucho, Suginami, Tokyo, Japan: Japanische und chinesische Orchideen

Noack, Erich, D 1 Berlin: Exotische Pflanzen, Orchideen

Orchids-Malaysia, P.O. Box 71, Ipoh, Malaysia: Malaysische Orchideen

Orchids-Philippines, 32-11th Street, New Manila, Quezon City, Philippines: Philippinische Orchideen

Paul Orchideeën, Emmastraat 14, NL-1432 EX Aalsmeer

Plantage Liststadt, Abt. Gartenbau, Podbielsistraße 243, D 3000 Hannover: Seltene exotische Pflanzen

Rahayu Orchids, Karet Belakang Rt. 001/02, Djakarta II/31, Indonesia: Indonesische Orchideen

Rands, R.J., Orchids, 15322 Mulholland Drive, Los Angeles, California 90024, U.S.A.: Seltene Orchideenarten vor allem aus SO-Asien

Reuter, Erika, D 2844 Lemförde: Orchideen

Schleipfer, Max, D 8901 Neusäss/Augsburg: Kakteen, Sukkulenten

Schrijver-De Bock, Gent-Oostacker, Belgie: Exotische Pflanzen

Seidel L., Caixa Postal 1, Corupa, Santa Catarina, Brazil: Exotische Pflanzen, Bromelien, botanische Orchideen

Strobel, Jose, Orquideario, Casilla „B“, Cuenca, Ecuador: Orchideen aus Ekuador und angrenzenden Regionen

Stümpfle, Rodolfo H., Bartolomé Trujillo 636, San Antonĩo-Miraflores, Lima, Peru: Peruanische Orchideen

Töpperwein, Heinrich, D 8359 Ortenburg: Exotische Pflanzen

Trautmann, Günther, D 7129 Güglingen: Exotische Pflanzen, Orchideen

Uebelmann, W., Wilderzelgstraße 18, CH 5610 Wohlen: Kakteen, Sukkulenten

Vergés, Pons, Im Hirsacker, CH 4244 Röschenz: Tillandsien und andere Bromelien, exotische Pflanzen.

Wichmann, H., Tannholzweg 1–3, D 3100 Celle-Groß Hehlen: Orchideen

Kulturbedarf

Grigfarm, CH 4443 Wittinsburg: Langzeitdünger „BIO-IN“ aus Insektenkot

Meyer, Manfred, Kulturbedarf, D 6368 Bad Vilbel 2 und Eckenheimer Landstraße 334, D 6000 Frankfurt/M

CH: Meier, Max, Riedhaldenbuck 8, CH 8427 - Freienstein:
Kulturbedarf: Dünger, Pflanzstoffe, Pflanzenschutzmittel, Pflanzgefäße, Spritz- und Gießgeräte, Meßgeräte
Blütendünger „Orchid Quick Plus“; Poly-Ampeln viereckig aus schwarzem Kunststoff

Schleipfer, Max, D 8901 Neusäss/Augsburg: Blühkonzentrat „Hortal“, Naturdünger „Peru Guano“

Amphibien und Reptilien

Es gibt triftige Gründe, hier keine Lieferanten von Amphibien und Reptilien zu nennen. Zu viele durch den Fang verletzte, transportgeschwächte und durstige Tiere sterben mangels Pflege und geeigneter Unterbringung bereits bei gewissenlosen Zoohändlern; leider gibt es solche.

Der Terrarienfreund kaufe Tiere nur von seriösen Händlern, die eingewöhnte, sachgemäß gepflegte und gesunde Terrarientiere anbieten. Der Anfänger erfrage die Adressen von verantwortungsbewußten und seriösen Versandfirmen bei erfahrenen Fachleuten, die meist auch Mitglied einer terrarienkundlichen Vereinigung sind (siehe S. 199, Terrarienkundliche Vereinigungen).

Futter, Futtertierzuchten

Altromin GmbH, „altromin"-Allein-Diäten, Postfach 285, D 4910 Lage
CH: Klingentalmühle AG, CH 4303 Kaiseraugst
NL: Veevoederfabrieken G.O.G., Doesburg, NL
Alleinfutter für Ratte und Maus, 14 mm, Bestellnummer:
BRD: Altromin-R Diät B 0106
CH: Altromin-R Diät 1314
Alleinfutter für Meerschweinchen, 14 mm, Bestellnummer:
BRD: Altromin-MS Diät B 036
CH: Altromin-MS Diät 313/3024

PAG-Presswerk A.G., Lüscherhofstraße 80a, D 4300 Essen
CH: Léon Oppliger Söhne, Sensebrücke, CH 3176 Neuenegg
Vollbodenkäfige aus durchsichtigem, unzerbrechlichem Makrolon mit punktgeschweißtem Deckel aus rostfreiem Stahldraht mit Vertiefung zur Aufnahme der Altromin-Diäten und der Trinkflasche
Bestellnummer:
Behälter 42/26/15 cm M 3/100
Deckel 45/28 cm M 3/120
Trennwand Futterraufe M 3/130
Haltung:
Tierbesatz 20 Mäuse oder 3–6 Ratten
Zucht:
Tierbesatz 1,4 Mäuse mit Jungen
0,1 Ratte mit Jungen
Vertrieb durch Altromin GmbH (Adressen siehe oben):
Tränkflasche 300 ml aus Makrolon, Kappe aus Edelstahl
Bestellnummer: T/201

Essmann, Udo, Tulpenstraße 5, D 8031 Maisach: Enchyträen, Drosophila, Wachsmotten, Getreideschimmelkäfer, Grillen

Grigfarm, CH 4443 Wittinsburg:
Grillen, Heimchen
D: Angelköderversand Tischer, D 7844 Neuenburg/Rh.

Rösli, Walter, Roswal-Produkte, Bachmattweg 21, CH 8048 Zürich
D: Jürgen Heiler, Zoofachgroßhandel: Keßlerstr. 8, D 3200 Hildesheim; Prinzesinnenstr. 11a, D 1000 Berlin 49
A: Bio Quelle, A 4400 Steyr
F: Lutz, Roland, L.I.E., 9, rue Paille, F 68100 Mulhouse
S: Gibbon, S 44100 Alingsäs:
Alleindiät für Wasser- und Landschildkröten:
CH Roswal; BRD Dorswal
Stute, E., Theodor-Storm-Straße 14, D 4800 Bielefeld 17:
Enchyträen, Drosophila, Wachsmotten, Getreideschimmelkäfer, Heimchen, Wanderheuschrekken.

Vereinigungen

Pflanzenliebhaber-Gesellschaften

American Orchid Society, Inc.
Botanical Museum of Harvard University
Cambridge, Massachusetts 02138, U.S.A.
(Monatsschrift AOS Bulletin)

Arbeitskreis Wasserpflanzen im VDA
p.A. Herrn Armin Henkel
Kalkstraße 150
D 5090 Leverkusen
(Vierteljahresschrift AQUA PLANTA)

Deutsche Bromelien-Gesellschaft e.V.
Palmengarten
Siesmayerstraße 61
D 6000 Frankfurt am Main 1
(Vierteljahresschriften)

Deutsche Orchideen-Gesellschaft e.V. (DOG)
Lieselotte Thielmann
Arndtstraße 8
D 2724 Sottrum
(Zweimonatsschrift „Die Orchidee")

Österreichische Orchideen-Gesellschaft
p.A. Herrn Heinz Mik
Eipeldauerstraße 40/57/6
A 1220 Wien
(Zweimonatsschrift „Die Orchidee")

Schweizerische Orchideen-Gesellschaft
Herrn Paul Heinrich Stettler, Präsident
p.A. Sekretariat Im Steinacher 1
CH 8162 Steinmaur
(Zweimonatsschrift „Die Orchidee")

Zentraler Fachausschuß Orchideen im Kulturbund der DDR
Herrn Jürgen Röth, Vorsitzender
Martin-Luther-Universität
Am Kirchtor 3
DDR 402 Halle/Saale
(Vierteljahresschrift „Orchideen")

Nederlandse Orchideeën Vereniging
p.A. Secretaris Prof. Winternitzlaan 8
NL 6957 DM Laag Soeren, Niederlande
(Zweimonatszeitschrift Orchideeën)

Terrarienkundliche Vereinigungen

Deutsche Gesellschaft für Herpetologie und Terrarienkunde e.V. (DGHT)
Senckenberganlage 25
D 6000 Frankfurt am Main
(Vierteljahresschrift SALAMANDRA und Rundbriefe)

Kulturbund der DDR
ZFA Terraristik
Otto-Nuschke-Straße 1
DDR 108 Berlin
(Vierteljahresschrift „elaphe")

Societas Europaea Herpetologica
Dr. Franz Tiedemann
Naturhistorisches Museum
Postfach 417
A 1014 Wien, Österreich
(Zeitschrift Amphibia-Reptilia)

Nederlandse Vereniging voor Herpetologie en Terrariumkunde „Lacerta", A.B. van Woerkom, Volkerakstraat 19 bis, NL 3522 RB Utrecht, Niederlande
(Monatsschrift „lacerta" und Mitteilungen)

Literatur

Zeitschriften

Wissenschaftliche Zeitschriften

Abhandlungen der Senckenbergischen Naturforschenden Gesellschaft. Senckenbergische Schriftenreihen. Frankfurt a. Main.

Amphibia-Reptilia. Zeitschrift der Societas Europaea Herpetologica, Akademische Verlagsgesellschaft, Wiesbaden.

Behringwerk-Mitteilungen, Marburg. N. G. Elwert'sche Universitäts- und Verlagsbuchhandlung, Marburg.

Münchener Medizinische Wochenschrift.

Senckenbergiana biologica. Wissenschaftliche Mitteilungen der Senckenbergischen Naturforschenden Gesellschaft, Frankfurt a. Main. Verlag Kramer, Frankfurt a. Main.

„Zeitschrift für Tierpsychologie". Verlag Paul Parey, Berlin und Hamburg.

„Zoologica". Originalabhandlungen aus dem Gesamtgebiet der Zoologie. Schweizerbart'sche Verlagsbuchhandlung, Stuttgart.

„Zoologischer Anzeiger". Verlag Akademische Verlagsgesellschaft, Leipzig.

„Zoologischer Garten" (Neue Folge). Zeitschrift für die gesamte Tiergärtnerei. Verlag Akademische Verlagsgesellschaft, Leipzig.

Terraristische und sonstige Zeitschriften

„Aquarienmagazin". Neue Monatshefte für Aquarien- und Vivarienkunde. Franckh'sche Verlagshandlung, Stuttgart. Ab 1967.

„Aquarien und Terrarien". Monatsschrift für alle Gebiete der Aquarien- und Terrarienkunde. Urania Verlag, Leipzig, Jena. Ab 1954.

„Die Aquarien- und Terrarien-Zeitschrift" (DATZ). Alfred Kernen Verlag, Stuttgart, ab 1948.

„Das Aquarium mit AQUA TERRA". Zeitschrift für Aquarien- und Terrarienfreunde. Albrecht Philler Verlag, Minden. Ab 1967.

„herpetofauna". Die Zeitschrift für den Terrarianer. herpetofauna-Verlag GmbH, Ludwigsburg-Ossweil. Ab 1979.

„Lacerta". Zeitschrift der Niederländischen Vereinigung für Herpetologie und Terrarienkunde „Lacerta". Herr O. H. Blaauw, Biltstraat 146, Utrecht, Holland. Ab 1941.

„Salamandra". Zeitschrift für Herpetologie und Terrarienkunde. Deutsche Gesellschaft für Herpetologie und Terrarienkunde, Frankfurt a. Main. Ab 1965.

„the Orchid Digest". Zweimonatsschrift. Mrs Norman H. Atkinson, P./. Box 916, Carmichael, California 95608. Ab 1936.

„Die Orchidee". Zweimonatsschrift der Deutschen Orchideen-Gesellschaft e. V. (DOG), Lieselotte Thielmann, Arndtstraße 8, D 2724 Sottrum.

„Orchideen". Vierteljahresschrift des Zentralen Fachausschusses Orchideen im Kulturbund der DDR, Herr Hans Waack, Ernst-Hasse-Strasse 18, DDR 7026 Leipzig. Ab 1972.

„orchideeën". Zweimonatszeitschrift der Nederlandse Orchideeën Vereniging, Prof. Winternitzlaan 8, NL 6957 DM Laag Soeren, Niederlande.

„American Orchid Society Bulletin". Monatsschrift der American Orchid Society, Inc., Cambridge, Massachusetts, U.S.A. Ab 1931.

„Informationen ZAG Wasserpflanzen". Arbeitsmaterial des Zentralen Fachausschusses Aquarien- und Terrarienkunde im Kulturbund der DDR, Herr Ingo Hertel, Vor dem Schlosse 23, DDR 5820 Bad Langensalza. Ab 1970.

„elaphe". Vierteljahresschrift und Arbeitsmaterial, Herr Horst Wiesner, Zur Nachtheide 64, DDR 117 Berlin. Ab 1978.

„Aqua-Terra". Monatsschrift für Aquaristik und Terraristik sowie für Pflanzen- und Tierpflege im Heim. Biberist, Schweiz. Ab 1964. Seit April 1973 mit der Zeitschrift „Das Aquarium" vereinigt.

„Blätter für Aquarien- und Terrarienkunde". Seit 1890. Seit 1937 mit der Wochenschrift für Aquarien- und Terrarienkunde vereinigt.

„Wochenschrift für Aquarien- und Terrarienkunde". 1933–1944, 1948–1950. Ab 1951 mit DATZ vereinigt.

Botanische Werke, biogeographische Werke

AICHELE, D. u. SCHWEGLER, H. W.: „Unsere Moos- und Farnpflanzen." Stuttgart 1974, 6. Aufl.

ALISSOW, B. P.: Die Klimate der Erde. Berlin 1954.

BACKEBERG, C.: Das Kakteenlexikon. Jena 1970

BRÜNNER, G.: Aquarienpflanzen. Stuttgart 1976.

BÜNNING, E.: Der tropische Regenwald. Verständliche Wissenschaft, Bd. 56. Berlin, Göttingen, Heidelberg 1956.

BURSCHE, E. M.: Wasserpflanzen. Radebeul 1963, 3. Aufl.

CULLMANN, W., und BALZER, H.: Kakteen, unser Hobby. Stuttgart 1963.

ENCKE, F.: „Parey's Blumengärtnerei" Hamburg-Berlin, 1. Bd. 1958, 2. Bd. 1960.

ENCKE, F.: Pflanzen für Zimmer und Balkon. Stuttgart 1961.

ENCKE, F.: Pflanzen für Blumenfenster und Kleingewächshäuser. Stuttgart 1962.

ENCKE, F.: Die schönsten Kalt- und Warmhauspflanzen. Stuttgart 1968.

GEIGER, R.: Das Klima der bodennahen Luftschichten. 2. Aufl. Die Wissenschaft. Bd. 78, Verlag Fr. Vieweg und Sohn, Braunschweig, 1941.

GRAF, A.: Exotica, Series 3, Pictorial Cyclopedia of Exotic Plants (11300 Fotos auf 1834 Seiten!). Rutherford, 1977.

GRANDJOT, W.: Reiseführer durch das Pflanzenreich der Mittelmeerländer. 2. Aufl. Bonn 1962.

GRUNERT, CHR.: Zimmerblumen. Berlin 1966.

GUGENHAN, E.: Zimmerpflanzen gut versorgt. Stuttgart 1965.

HAY, R. und SYNGE, P. M.: Deutsche Bearbeitung von Herklotz, A., und Menzel, P.: Das Große Blumenbuch. Stuttgart 1971.

JACOBSEN, H.: Das Sukkulentenlexikon. Jena 1970.

KUMMERT, F.: Das große Buch der Zimmerpflanzen. München 1975.

LEDERER, G.: Zur Bodengrundfrage in Süßwasseraquarien. Braunschweig 1949.

NICKLISCH, H.: Schlag nach Natur – Mensch/Tier/Pflanze. Mannheim 1958.

NOWAK, F. A.: Das Große Bilderlexikon der Pflanzen. Hamburg 1965.

RAUH, W.: Bromelien. Bd. 1 und 2. Stuttgart 1969 und 1973.

RICHTER, W.: Zimmerpflanzen von heute und morgen: Bromeliaceen. Melsungen, Basel, Wien 1961.

RICHTER, W.: Schöne und seltene Pflanzen, Leipzig, Radebeul 1963.

RICHTER, W.: Orchideen pflegen, vermehren, züchten. Leipzig, Radebeul 1969.

RICHTER, W.: Blattpflanzen, vielgestaltig und bunt. Melsungen, Basel, Wien 1977.

SCHNEIDER, FR.: Die Pflanzen des Terrariums. Lehrmeister-Bücherei, Bd. 960. Minden Westf. 1956.

SEIBOLD, H.: Zimmerpflanzen, mein Hobby. Hannover 1960.

SIMMONS, J. B., BEYER, R. I. BRANDHAM, P. E. LUCAS, G. LI. and PARRY V. T. H.: Conservation of Threatened Plants. Vol. 1 Nato Conf. Ser., Series I: Ecology. Royal Botanic Gardens, Kew 1976.

– Urania Pflanzenreich in drei Bänden: Niedere Pflanzen, Höhere Pflanzen I und Höhere Pflanzen II. Leipzig, Jena, Berlin 1977.

WALTER, H.: Vegetationszonen und Klima. Stuttgart 1970.

WALTER, H.: Die Vegetation der Erde in ökophysiologischer Betrachtung. Band 1: Die tropischen und subtropischen Zonen. 3. Aufl. Jena 1973.

WECK, J.: Die Wälder der Erde. Verständliche Wissenschaft, Bd. 67. Berlin 1957.

DE WIT, H. C. D.: Knaurs Pflanzenreich in Farben. 3 Bände: 1. Höhere Pflanzen I, 2. Höhere Pflanzen II, 3. Niedere Pflanzen. Zürich 1964.

DE WIT, H. C. D.: Aquarienpflanzen. Stuttgart 1971.

ZANDER, R., Encke, Fr., und Buchheim, G.:

Handwörterbuch der Pflanzennamen. Stuttgart 1964.

Für weitere botanische Literatur verweise ich auf den Krypto-Gesamtkatalog Botanik Nr. 4 (1977) der Firma F. Flück-Wirth, Internationale Buchhandlung für Botanik und Naturwissenschaften, CH 9053 Teufen. Der Katalog enthält 5600 Titel und wird periodisch ergänzt.

Vivaristische Werke

ALEVEN, J. M.: Alles über das Terrarium. Stuttgart 1970.

BECHTLE, W.: Bunte Welt im Terrarium, Stuttgart 1971.

BEIER, M.: Laubheuschrecken. Die Neue Brehmbücherei, Bd. 159. Wittenberg/Lutherstadt 1955.

BEIER, M.: Feldheuschrecken. Die Neue Brehmbücherei, Bd. 179. Wittenberg/Lutherstadt 1956.

BELLAIRS, A.: „The Life of Reptiles", Band 1 und 2. London 1969.

BELLAIRS, A. und C. B. Cox: Morphology and Biology of Reptiles in Linnean Society Symposium Series Number 3: verschiedene Autoren. London, New York, San Francisco. 1976.

BELLAIRS, A. und PARKER, H. W.: Die Amphibien und die Reptilien (Bd. 10) und Die Reptilien (Bd.11), Lausanne, 1971.

BISHOP, S. C.: „Handbook of Salamanders". Ithaka, N.Y. 1943.

BLUM, J.: Die Reptilien und Amphibien Europas. Bern-Stuttgart 1971.

BÖHME, W. (Hrsg.): Handbuch der Reptilien und Amphibien Europas. Wiesbaden. Im Druck.

Brehm's Tierleben: Die Lurche und Kriechtiere. Neubearb. von Werner, Fr., Bd. 4 Amphibien. Leipzig und Wien 1913.

Brehm's Tierleben: Die Lurche und Kriechtiere. Neubearb. von Werner, Fr., Bd. 5 Reptilien. Leipzig und Wien 1913.

BROCK, J.: Krokodile. Stuttgart 1965.

BRODMANN, P.: Die Amphibien der Schweiz. Veröffentl. aus dem Naturhist. Museum Basel, Nr. 4, 1967 und 1971.

BROHMER, P.: Fauna von Deutschland. Heidelberg 1964, 9. Aufl.

CARR, A.: Handbook of Turtles of USA, Canada and Baya California. Ithaca, New York 1952.

CARR, A.: Die Reptilien. In: Life – Wunder der Natur. 1963/64.

CH'ENG-CHAO LIU: Amphibians of Western China. Chikago 1950.

COCHRAN, D. M.: Frogs of Southeastern Brazil. Smithsonian Institution (Bulletin 206 United States National Museum), Washington, D.C. 1954.

COCHRAN, D. M.: Amphibien. In: Knaur's Tierreich in Farben. Deutsche Bearbeitung: Wermuth, H. München, Zürich, 1961.

COGGER, H.: Australian Reptiles in Colour. Sydney 1971.

COGGER, H. G.: Reptiles and Amphibians of Australia. Sydney Wellington, London 1975.

CONANT, R.: „A Field le Guid to Reptiles and Amphibians of Eastern North America." Boston 1958.

DITMARS, R. L.: „The Reptiles of North America." New York 1951.

DUELLMAN, W. E.: The Hylid Frogs of Middle America, Vol. I + II, Monograph of the Museum of Natural History, The University of Kansas No 1/1970.

ENGELHARDT, W.: „Was lebt in Tümpel, Bach und Weiher?" Stuttgart 1977.

FILEK, W. VON: Frösche im Aquarium. Stuttgart 1967.

FRANK, W.: Schlangen im Terrarium. Stuttgart 1973.

FREYTAG, G.: Der Teichmolch. In: Die Neue Brehmbücherei, Bd. 117. Wittenberg/Lutherstadt 1954.

FREYTAG, G.: Feuersalamander und Alpensalamander. In: Die neue Brehmbücherei, Bd. 142. A. Wittenberg/Lutherstadt 1955.

FREYTAG, G. E., und PETERS, G.: Fische, Lurche und Kriechtiere, Bd. 8 und 9. Das Urania-Tierreich. Hamburg 1974.

FROMMHOLD, E.: Heimische Lurche und Kriechtiere. In: Die Neue Brehmbücherei, Bd. 49, 2. Aufl. Wittenberg/Lutherstadt 1954.

FROMMHOLD, E.: Wir bestimmen Lurche und Kriechtiere Mitteleuropas. Radebeul I 1959.

FROMMHOLD, E.: Die Kreuzotter. Die Neue Brehm-Bücherei Nr. 332. Wittenberg/Lutherstadt 1964.

GANS, C. und Mitherausgeber, verschiedene Autoren: Biology of The Reptilia (Morphology,

Physiology, Ecology, Behaviour usw.), Vol. 1–7 (bis 1978 sind 7 Bände erschienen). London, New York, San Francisco. 1969–1978, wird fortgesetzt.

GEUS, A.: Schlangen, ihre Haltung und Pflege. Lehrmeister-Bücherei, Bd. 167. Minden/Westf. 1960/61.

GEYER, H.: Praktische Futterkunde für den Aquarien- und Terrarienfreund. Stuttgart 1957, 2. Aufl.

GLÄSS, H. und MEUSEL, W.: Die Süsswasserschildkröten Europas. Die Neue Brehm-Bücherei Nr. 418, Wittenberg/Lutherstadt 1972.

GORHAN, ST. W.: Salientia: Ascaphidae, Leiopelmatidae, Pipidae, Discoglossidae, Pelobatidae, Leptodactylidae, Rhinophrynidae. Liste der rezenten Amphibien und Reptilien. Das Tierreich, Lieferung 85. Berlin 1966.

GROSSENBACHER, K.: Verzeichnis der herpetologischen Literatur aus der Schweiz. Kl. Mitt. Nat.-hist. Mus. Bern Nr. 5/1975.

„GRZIMEKs Tierleben". Zürich. 5. Band: „Fische 2 und Lurche", 1970; 6. Band: „Kriechtiere", 1971.

HEILBORN, A.: Frösche. Die Neue Brehmbücherei, Bd. 11. Wittenberg/Lutherstadt 1949.

HELLMICH, W.: Die Lurche und Kriechtiere Europas. Heidelberg 1956.

HERTER, K.: „Lurche". Berlin 1955.

HERTER, K.: „Kriechtiere". Berlin 1960.

JAEGER, J.: Der Zoo im Zimmer. Amphibien und Reptilien. Leipzig, Jena 1955.

JAHN, J.: Lebendfutter für ausgewachsene Aquarien- und Terrarientiere. Lehrmeister-Bücherei, Bd. 17. Minden/Westf. 1964.

JAHN, J.: Schildkröten. Lehrmeister-Bücherei, Bd. 166. Minden/Westf. 1959.

JAHN, J.: Kleine Terrarienkunde. Lehrmeister-Bücherei, Bd. 66. Minden/Westf. 1963.

JAHN, J.: Das Freilandterrarium. Lehrmeister-Bücherei. Bd. 959.

JOCHER, W.: Futter für Vivarientiere. Stuttgart 1954.

JOCHER, W.: Schildkröten. Stuttgart 1967.

JUNGFER, W.: Die einheimischen Kröten. Die Neue Brehmbücherei, Bd. 118. Wittenberg/Lutherstadt 1954.

KABISCH, K.: Die Ringelnatter. Die Neue Brehm-Bücherei Nr. 483, Wittenberg/Lutherstadt 1974.

KÄSTLE, W.: Echsen im Terrarium. Stuttgart 1972.

KLEMMER, K.: Liste der rezenten Giftschlangen in „Die Giftschlangen der Erde". Marburg/Lahn 1963.

KLINGELHÖFFER, W., und SCHERPNER, CHR.: Terrarienkunde, Bd. I Technik. Stuttgart 1955.

KLINGELHÖFFER, W., und SCHERPNER, CHR.: Terrarienkunde, Bd. II Lurche. Stuttgart 1956.

KLINGELHÖFFER, W., und SCHERPNER, CHR.: Terrarienkunde, Bd. III Echsen. Stuttgart 1957.

KLINGELHÖFFER, W., und SCHERPNER, CHR.: Terrarienkunde, Bd. IV Schlangen, Schildkröten, Panzerechsen. Stuttgart 1959.

KREBS, I.: Amphibien im Terrarium. Wien, München, Zürich 1957.

KREBS, I.: Schildkröten. 3. Aufl. Wien, München, Zürich.

KUHN, O.: Die Amphibien. System und Stammesgeschichte. München 1965.

KUHN, O.: Die Reptilien. System und Stammesgeschichte. München 1966.

KUNTZ, ROBERT E.: Snakes of Taiwan. U.S. Navel Medical Research Unit No 2, Taipei, Taiwan, from the Quarterly Journal Taiwan Mus. Vol. XVI, Nos 1+2, 1963.

LOVERIDGE, A.: Revision of the African Lizards of the Family Geckonidae. Bull. of the Mus. of compar. Zoology. Cambridge (Massachusets) USA 1947.

LYNN, W. GARDNER and CHAPMAN GRANT: The Herpetology of Jamaica. Bulletin of the Institute of Jamaica, Science Series, No. 1 1940.

MERTENS, ROBERT: Die Familie der Warane (Varanidae) 3 Teile. Abh. Senckenb. Naturf. Ges. 462, 465 und 466, Frankfurt a.M. 1942.

MERTENS, ROBERT: Die Warn- und Drohreaktionen der Reptilien. Abh. Senckenb. Naturf. Ges., Frankfurt a.M. 1946.

MERTENS, R.: The world of Amphibians and Reptiles. New York, London, Toronto 1960.

MERTENS, R.: Helodermatidae, Varanidae, Lanthanotidae. Liste der rezenten Amphibien und Reptilien. Das Tierreich, Lieferung 85. Berlin 1963.

MERTENS, R.: Kriechtiere und Lurche. Kosmos-Naturführer. Stuttgart 1964, 3. Aufl.

MERTENS, R.: Sauria: Chamaeleonidae. Liste der rezenten Amphibien und Reptilien. Das Tierreich, Lieferung 83. Berlin 1966.

MERTENS, R. und Wermuth, H.: Die Amphibien und Reptilien Europas (3. Liste nach dem Stand vom 1.1.1960). Frankfurt a. Main 1960.

NIETZKE, G.: Die Terrarientiere (Bd. 1 und Bd. 2), Stuttgart. 1969 und 1972.

NIKOLSKY, A. M.: Fauna of Russia and adjacent Countries. Amphibians. Jerusalem 1962.

NIKOLSKII, A. M.: Fauna of Russia and adjacent Countries. Reptiles. Jerusalem 1963.

NOBLE, K.: Biology of the Amphibia. New York 1931.

OBST, F. J. und MEISEL, W.: Die Landschildkröten Europas. Die Neue Brehmbücherei, Bd. 319.A. Wittenberg/Lutherstadt 1965.

OOSTVEEN, H.: Dendrobatidae. Herpetologisch Station „De Natuurvriend", Utrecht 1976.

PARKER, H. W. und BELLAIRS, A.: Die Amphibien und die Reptilien. Lausanne 1971.

PETERS, A.: Colubridae (Dipsadinae) Liste der rezenten Amphibien und Reptilien. Das Tierreich, Lieferung 81, Berlin 1965.

PETZOLD, H. G.: Blindschleiche und Scheltopusik. Die Neue Brehmbücherei, Bd. 448, Wittenberg/Lutherstadt 1971.

PITMAN, C.R.S.: A Guide to the Snakes of Uganda. Glasgow 1974.

POPE, C. H.: „The Reptile World". New York 1955.

POPE, C. H.: „The Giant Snakes". New York 1961.

REICHENBACH-KLINKE, H.: Krankheiten der Amphibien. Stuttgart 1961.

REICHENBACH-KLINKE, H.: Krankheiten der Reptilien. Stuttgart 1963.

REICHERT, E.: Giftschlangen im Terrarium. Wien-München 1952.

ROSE, W.: The Reptiles and Amphibians of Southern Africa, Cape Town 1962.

ROTTER, J.: Die Warane. Die Neue Brehmbücherei, Bd. 325. Wittenberg/Lutherstadt 1963.

RUGE, H., MÜLLER, P. und ZUR VERTH, M.: Krankheiten und Hygiene der warmen Länder. Stuttgart 1938, 4. Aufl.

SHARELL, R.: The Tuatara. Lizards and Frogs of New Zealand. London 1966.

SCHMIDT, G.: Kleinsäuger. Hamster, Meerschweinchen, Mäuse, Hörnchen in Heim und Garten. Stuttgart 1973.

SCHMIDT, K.P. und INGER, R.F.: Reptilien. Knaur's Tierreich in Farben. München, Zürich 1963.

SCHMIDT, K. P.: The Salamanders of the Chikago Area. Field Mus. of Natural History Chikago 1930.

SCHRÖDER, H.: Lurche und Kriechtiere. Stuttgart-Zürich 1972.

SMITH, H. M.: Handbook of Lizards. Lizards of the United States and of Canada. Ithaca, New York 1946.

SCHWERDFEGER, F.: Ökologie der Tiere, Bd. 1. Berlin und Hamburg 1963.

STANEK, V. J.: Das Große Bilder-Lexikon der Tiere. Hamburg 1964.

STEBBINS, R. C.: „Amphibians and Reptiles of Western North America". New York 1954.

STEBBINS, R. C.: „A Field Guide to Western Reptiles and Amphibians". Boston 1966.

STEMMLER, O.: Die Reptilien der Schweiz. Veröffentl. aus dem Naturhist. Museum Basel, Nr. 5, 1967 und 1971.

STEWART, M. M.: „Amphibians of Malawi". New York 1967.

TRUTNAU, L.: Europäische Amphibien und Reptilien. Stuttgart 1975.

TWEEDIE, M. W. F.: The Snakes of Malaya. Singapore, 1961.

Vitamin Vademecum Roche. Deutsche Hoffmann/La Roche A. G., Grenzach/Baden 1965, 3. Aufl.

VOGEL, Z.: Wunderwelt Terrarium. Leipzig 1963.

VOGEL, Z.: Riesenschlangen aus aller Welt. Die neue Brehm-Bücherei Nr. 402, Wittenberg/Lutherstadt, 1973.

VOGT, D. und WERMUTH, H.: Knaur's Aquarien- und Terrarienbuch. München, Zürich 1961.

WAHLERT, G. VON: Molche und Salamander. Stuttgart 1965.

WEHNER, W.: Kleine Terrarienkunde. Leipzig, Jena, Berlin 1966.

WERMUTH, H.: Die europäische Sumpfschildkröte. Die Neue Brehmbücherei, Bd. 81. Wittenberg/Lutherstadt 1952.

WERMUTH, H.: Geckonidae, Pygopodidae, Xantusiidae. Liste der rezenten Amphibien und Reptilien. Das Tierreich, Lieferung 80. Berlin 1964.

WERMUTH, H.: Agamidae. Liste der rezenten Amphibien und Reptilien. Das Tierreich, Lieferung 86. Berlin 1967.

WERMUTH, H. und MERTENS, R.: Schildkröten, Krokodile, Brückenechsen. Jena 1960.

WERNER, F.: „Die Lurche und Kriechtiere".

(Brehms Tierleben, Bd. 4). Leipzig 1922.
WERNER, F.: „Die Lurche und Kriechtiere". (Brehms Tierleben, Bd. 5). Leipzig 1922.
WORREL, E.: Reptiles of Australia. Crocodiles, Turtles, Tortoises, Lizards, Snakes. Sidney, London, Melbourne, Wellington 1963.
WRIGHT, A. H., and WRIGHT, A. A.: Handbook of Frogs and Toads. Ithaca, New York 1949, 3. Aufl.
WRIGHT, A. H., and WRIGHT, A. A.: Handbook of Snakes of the United States and Canada. Bd. I. Ithaca, New York 1957.
Bd. II. Ithaca, New York 1957.
WYNIGER, R.: Insektenzucht. Stuttgart 1974.
ZERNECKE, E.: Leitfaden für Aquarien- und Terrarienfreunde. Leipzig 1913, 4.–6. Aufl.
ZIM. H. and SMITH. H. M.: „Reptiles and Amphibians". New York 1956.
ZIMMERMANN, H.: Tropische Frösche. Pflege und Zucht. Stuttgart 1978.

Für weitere terrarienkundliche und herpetologische Literatur verweise ich auf den Katalog „Herpetologie" der Firma Buchhandlung Ziegan OHG, Potsdamer Straße 180/182, D 1 Berlin 30, der jeweils dem neuesten Stand entspricht.

Systematische Übersicht

Pflanzen

System nach de Wit (1963, 1965 und 1966)
Gekürzte und vereinfachte Darstellung

Abteilung Bryophyta (Moospflanzen)

Sphaerocarpaceae
Riellaceae
Ricciaceae, Sternlebermoose
Riccia fluitans L.
Marchantiaceae
Aneuraceae
Metzgeriaceae
Haplolaenaceae
Jungermanniaceae
Ptilidiaceae
Lepidoziaceae
Hapanthaceae
Plagiochilaceae
Cephaloziaceae
Radulaceae
Porellaceae
Frullaniaceae
Lejeuneaceae
Anthoceratoceae
Andreaeaceae
Sphagnaceae
Schistostegaceae
Buxbaumiaceae
Polytrichaceae
Dawsoniaceae
Fissidentaceae
Dicranaceae
Leucobryaceae
Grimmiaceae
Pottiaceae
Funariaceae
Splachnaceae
Orthotrichaceae
Bryaceae
Mniaceae
Aulacomniaceae
Fontinalaceae
Hookeriaceae
Thuidiaceae
Brachytheciaceae
Hypnaceae, Schlafmoosgewächse
Vesicularia dubyana (C. MÜLLER) BROTHERUS

Abteilung Pteridophyta (Farnpflanzen)

Lycopodiaceae, Bärlappgewächse
Huperzia squarrosa (G. FORST.) ROTHM.
Lycopodium phlegmaria L.
Selaginellaceae, Moosfarngewächse
Selaginella albonitens SPRING.
– *biformis* A. BRAUN EX KUHN
– *kraussiana* A. BRAUN
– *pallescens* (C. PRESL) SPRING
– *uliginosa* (LABILL.) SPRING
– *uncinata* (DESV.) SPRING
– *willdenovii* (DESV.) BAKER
Psilotaceae, Psilotumgewächse
Psilotum triquetrum SWARTZ
Isoetaceae
Equisetaceae
Ophioglossaceae
Marattiaceae
Osmundaceae
Schizaeaceae, Schizaeagewächse
Lygodium flexuosum (L.) SWARTZ
– *japonicum* (THUNB.) SWARTZ
Gleicheniaceae
Hymenophyllaceae
Adiantaceae, Frauenhaarfarne
Adiantum caudatum L.
Peteridaceae, Flügelfarngewächse
Doryopteris palmata
Hemionitis arifolia (BURM.) MOORE
– *palmata* L.

Pellaea falcata (R. BR.) FÉE
Parkeriaceae, Parkeriengewächse
Ceratopteris thalictroides (L.) BRONG.
Grammitidaceae
Grammitis billardieri WILLD.
Polypodiaceae, Tüpfelfarngewächse
Dictymia brownii COPEL
Microgramma lycopodioides (L.) COPEL.
– *vaccinifolia* (LANGSD. ET FISCH.) COPEL.
Microsorium pustulatum (G. FORST.) COPEL.
– *scandens* (G. FORST.) TINDALE
Platycerium madagascariense BAKER
– *willinckii* MOORE forma *pygmaeum* hort.
Pteropsis niphoboloides (LUERSS.) COPEL.
– *piloselloides* (L.) DESV.
Pyrrosia lingua (THUNB.) FARWELL
Davalliaceae, Davalliengewächse
Davallia bullata WALL.
– *pentaphylla* BLUME
– *pyxidata* CAV.
Humata heterophylla (E. SMITH) DESV.
– *repens* (L.F.) DIELS
Cyatheaceae
Aspidiaceae
Blechnaceae, Rippenfarngewächse
Blechnum patersonii (R. BR.) METT.
Aspleniaceae
Lomariopsidaceae
Bolbitis heudelotii (FÉE) ALSTON
Matoniaceae
Vittariaceae
Marsileaceae, Kleefarngewächse
Marsilea hirsuta R. BR.

Abteilung Gymnospermae (Nacktsamige Blütenpflanzen)

Cycadaceae, Palmfarngewächse
Macrozamia pauli-guilelmii HILL ET F. V. MUELL.
Ginkgoaceae
Pinaceae
Taxodiaceae
Araucariaceae
Cupressaceae
Podacarpaceae
Taxaceae
Cephalotaxaceae
Ephedraceae
Gnetaceae

Abteilung Angiospermae (Bedecktsamige Blütenpflanzen)

Monocotyledoneae (Einkeimblättrige Blütenpflanzen)

Alismataceae, Froschlöffelgewächse
Sagittaria subulata (L.) BUCHENAU
Butomaceae
Hydrocharitaceae, Froschbißgewächse
Blyxa japonica (MIQUEL) MAXIMOWICZ EX ASCHERSON ET GÜRKE
Elodea canadensis MICHAUX
Vallisneria spiralis L.
Juncaginaceae
Aponogetonaceae
Liliaceae, Liliengewächse
Asparagus madagascariensis BAKER
Danae racemosa (L.) MOENCH
Dracaena godseffiana Hort. SANDER
– *reflexa* LAM. forma *gracilis* Hort.
Gasteria DUVAL
Haworthia DUVAL
Ophiopogon japonicus KER-GAWL.
Ruscus aculeatus L.
– *hypophyllum* L.
Sansevieria dooneri N.E. BR.
Scilla violacea HUTCH.
Xanthorrhoeaceae
Agavaceae
Amaryllidaceae
Taccaceae
Dioscoreaceae, Yamsgewächse
Dioscorea discolor HORT. BEROL. EX KUNTH
Pontederiaceae
Iridaceae
Bromeliaceae, Ananasgewächse
Aechmea racinae L.B. SMITH
– *recurvata* (KL.) L.B. SMITH
– *victoriana* L.B. SMITH
Billbergia reichardtii WAWRA
Catopsis sessiliflora (RUIZ ET PAV.) MEZ
– *wangerinii* MEZ ET WERCKLÉ
Cryptanthus OTTO ET DIETR.
Guzmania angustifolia (BAKER) MEZ
– *melinonis* (MORREN) REGEL
– *minor* MEZ
– *musaica* (LINDEN ET ANDRÉ) MEZ
– *sanguinea* ANDRÉ EX MEZ
Neoregelia ampullacea (MORREN) L.B. SMITH
– *cyanea* (BEER) L.B. SMITH

- *hoehneana* L.B. SMITH
- *tristis* (BEER) L.B. SMITH

Nidularium microps MORREN EX MEZ

Tillandsia achyrostachys MORREN
- *aeranthos* (LOISEL) L.B. SMITH
- *anceps* LODD.
- *baileyi* ROSE
- *bergeri* MEZ
- *biflora* RUIZ ET PAV.
- *brachycaulos* SCHLECHTEND.
- *bulbosa* HOOK.
- *butzii* MEZ
- *cacticola* L.B. SMITH
- *concolor* L.B. SMITH
- *cyanea* LINDEN EX K. KOCH
- *ionantha* PLANCH.
- *linearis* VELL.
- *mallemontii* GLAZIOU
- *multicaulis* STEUD.
- *pueblensis* L.B. SMITH
- *punctulata* SCHLECHT. ET CHAM.
- *stricta* SOLAND.
- *tenuifolia* L.
- *triticea* BURCHELL EX BAKER
- *wagneriana* L. B. SMITH

Vriesea carinata WAWRA
- *corcovadensis* (BRITT.) MEZ
- *guttata* LINDEN ET ANDRÉ
- *hainesiorum* L.B. SMITH
- *psittacina* (HOOK.) LINDL.
- *racinae* L.B. SMITH
- *rodigasiana* MORREN
- *saundersii* (CARR.) MORREN
- *scalaris* MORREN

Commelinaceae, Commelinengewächse

Zebrina pendula SCHNIZL.

Juncaceae

Gramineae, Süßgräser

Bambusa multiplex RAEUSCH.

Oplismenus hirtellus (L.) P. BEAUV.

Stenotaphrum secundatum (WALT.) O. KUNTZE

Cyperaceae, Riedgräser

Cyperus fertilis BOECK.
- *gracilis* R. BR.
- *haspan* L.

Musaceae

Zingiberaceae

Cannaceae

Marantaceae, Pfeilwurzgewächse

Calathea rosea-picta (LINDEN) REGEL
- *undulata* LINDEN ET ANDRÉ

Orchidaceae, Orchideengewächse

Aerangis biloba SCHLECHTER
- *ellisii* SCHLECHTER
- *kotschyi* REICHB. F.
- *modesta* SCHLECHTER
- *rhodosticta* SCHLECHTER

Aerides jarckianum SCHLECHTER
- *mitratum* REICHB. F.
- *odoratum* LOUR.

Angraecum distichum LINDL.
- *infundibulare* LINDL.

Anoectochilus regalis BLUME
- *setaceus* BLUME

Ansellia gigantea REICHB. F. var. *nilotica* (BAKER) SUMMERHAYES

Ascocentrum ampullaceum SCHLECHTER
- *curvifolium* (LINDL.) SCHLECHTER

Barkeria elegans KNOWL. ET WESTC.
- *skinneri* (BATEM EX LINDL.) RICH. & GAL.

Batemania colleyi LINDL.

Brassavola nodosa LINDL.
- *subulifolia* LIND.

Broughtonia sanguinea R. BR.

Bulbophyllum barbigerum LINDL.
- *bracteatum* F.M. BAILEY
- *exiguum* F. MUELL.
- *lobbii* LINDL.
- *macphersonii* H.M.R. RUPP
- *minutissimum* F. MUELL.
- *virescens* J.J. SMITH
- *weinthalii* R.S. ROGERS

Capanemia uliginosa BARB. RODR.

Cattleya luteola LINDL.
- *schilleriana* REICHB. F.
- *walkeriana* GARD.

Cirrhopetalum ornatissimum REICHB. F.

Coelogyne cumingii LINDL.
- *fimbriata* LINDL.
- *sparsa* REICHB. F.
- *speciosa* LINDL.

Comparettia falcata POEPP. ET ENDL.

Cryptostylis leptochila F. MUELL EX BENTH.

Cyrtorchis arcuata SCHLECHTER

Dendrobium aemulum R. BR.
- *arachnites* REICHB. F.
- *atroviolaceum* ROLFE
- *bairdianum* F.M. BAILEY
- *bigibbum* LINDL.
- *canaliculatum* R. BR.
- *cucumerianum* MAC LEAY EX LINDL.
- *cunninghamii* LINDL.

– *devonianum* LINDL.
– *dicuphum* F. MUELL.
– *falconeri* HOOK.
– *hildebrandtii* ROLFE
– *infundibulum* LINDL.
– *kingianum* BIDW. EX LINDL.
– *linguiforme* SWARTZ
– *loddigesii* ROLFE
– *parishii* REICHB. F.
– *phalaenopsis* FITZG.
– *pugioniforme* A. CUNN.
– *secundum* LINDL.
– *striolatum* REICHB. F.
– *superbum* REICHB. F.
– *tetragonum* A. CUNN.
– *triflorum* LINDL.
Dendrochilum filiforme LINDL.
– *uncatum* REICHB. F.
Diaphananthe pellucida SCHLECHTER
Dichaea pendula COGN.
Dinema polybulbon LINDL.
Doritis pulcherrima LINDL.
Encyclia tampensis SCHLECHTER
Epidendrum cochleatum L.
– *conopseum* R. BR.
– *elongatum* JACQ.
– *fragrans* LINDL.
– *umbellatum* SWARTZ
Gastrochilus bellinus (REICHB. F.) O. KUNTZE
– *dasypogon* (LINDL.) O. KUNTZE
Gomesa crispa KL. ET REICHB. F.
Habenaria rhodocheila HANCE
Haemaria discolor (KER) LINDL.
Hartwegia purpurea LINDL.
Isochilus linearis R. BR.
Laelia pumila REICHB. F.
Leptotes bicolor LINDL.
Lindleyella aurantiaca SCHLECHTER
Menadenium labiosum COGN.
Miltonia spectabilis LINDL. var. *moreliana* HENFR.
Oberonia palmicola F. MUELL
– *siamensis* SCHLECHTER
Oncidium cebolleta SWARTZ
– *kramerianum* REICHB. F.
– *micropogon* REICHB. F.
– *onustum* LINDL.
– *pusillum* REICHB. F.
Ornithidium sophronitis REICHB. F.
Ornithochilus fuscus WALLICH
Paphiopedilum argus (REICHB. F.) PFITZ.
– *glaucophyllum* J.J. SMITH
– *sukhakulii* SCHOSER & SENGHAS
Parasarcochilus spathulatus (R.S. ROGERS) A.W. DOCKRILL
– *weinthalii* (F.M. BAILEY) A.W. DOCKRILL
Phalaenopsis amabilis BLUME
– – var. *moluccana* SCHLECHTER
– – var. *papuana* SCHLECHTER
– *amboinensis* J.J. SMITH
– *aphrodite* REICHB. F.
– *cornu-cervi* (BREDA) BLUME & REICHB. F.
– *equestris* (SCHAUER) REICHB. F.
– *fimbriata* J.J. SMITH
– × *intermedia* LINDL.
– × *leucorrhoda* REICHB. F.
– *lueddemanniana* REICHB. F.
– *mannii* REICHB. F.
– *mariae* BURBIDGE
– *parishii* REICHB. F.
– *pulchra* (REICHB. F.) SWEET
– *sanderiana* REICHB. F.
– *schilleriana* REICHB. F.
– *stuartiana* REICHB. F.
– *sumatrana* KORTH. & REICHB. F.
– × *valentini* REICHB. F.
– × *veitchiana* REICHB. F.
– *violacea* WITTE
Plectorrhiza tridentata (LINDL.) A.W. DOCKRILL
Pleurothallis grobyi LINDL.
Promenaea stapelioides LINDL.
– *xanthina* LINDL.
Renanthera imschootiana ROLFE
– *matutina* (BLUME) LINDL.
– *monachica* REICHB. F.
Rhinerrhiza divitiflora (F. MUELL. EX BENTH.) H.M.R. RUPP
Rhynchostylis retusa BLUME
Rodriguezia secunda H.B.+KTH
– *venusta* REICHB. F.
Sarcochilus australis (LINDL.) REICHENB. F.
– *ceciliae* F. MUELL.
– *falcatus* R. BR.
– *fitzgeraldii* F. MUELL.
– *hartmannii* F. MUELL.
– *hillii* (F. MUELL.) F. MUELL.
– *olivaceus* LINDL.
Schistotylus purpuratus (H.M. RUPP) A.W. DOCKRILL
Spiranthes speciosa (J.F. GMELIN) A. RICHARD
Stenia pallida LINDL.

Vanda concolor BLUME
– *cristata* LINDL.
– *kimballiana* REICHB. F.
– *lamellata* LINDL.
– *limbata* BLUME
– *roeblingiana* ROLFE
– *tesselata* HOOK.
Vandopsis parishii SCHLECHTER
Vanilla aphylla BLUME
Zygostates lunata LINDL.
Palmae
Cyclanthaceae
Araceae, Aronstabgewächse
Acorus gramineus SOLANDER
Aglaonema costatum N.E. BROWN
– *modestum* SCHOTT
– *simplex* BLUME
Anthurium radicans C. KOCH ET A. HAAGE
– *scandens* (AUBLET) ENGL.
Anubias nana ENGLER
Cryptocoryne beckettii THWAITES EX TRIMEN
– *lucens* DE WIT
– *nevillii* TRIMEN
– *spiralis* (RETZIUS) FISCHER EX WYDLER
– *wendtii* DE WIT
Lasia spinosa (L.) THWAITES
Philodendron cannaefolium MART.
– *scandens* C. KOCH ET H. SELLO subsp. *scandens*
– forma *micans* (KLOTZSCH EX C. KOCH) BUNTING
Pothos loureirii HOOK. ET ARN.
– *scandens* L.
Lemnaceae
Pandanaceae, Schraubenbaumgewächse
Pandanus amaryllifolius ROXB.
– *pedunculatus* R. BR.
– *pygmaeus* THOUARS.
– *stenophyllus* KURZ
Sparganiaceae
Typhaceae

Dicotyledoneae (Zweikeimblättrige Blütenpflanzen)
Magnoliaceae
Degeneriaceae
Winteraceae
Schisandraceae
Trochodendraceae
Annonaceae
Myristicaceae
Calycanthaceae
Monimiaceae
Lauraceae
Lardizabalaceae
Menispermaceae
Berberidaceae, Sauerdorngewächse
Vancouveria hexandra (HOOK.) MORR. ET DCNE
Ranunculaceae, Hahnenfußgewächse
Clematis microphylla DC.
Nymphaeaceae
Ceratophyllaceae
Aristolochiaceae, Osterluzeigewächse
Aristolochia elegans MAST.
Rafflesiaceae
Hydnoraceae
Sarraceniaceae
Nepenthaceae
Papaveraceae
Cruciferae (Brassicaceae), Kreuzblütler
Cardamine lyrata BUNGE
Capparidaceae
Resedaceae
Moringaceae
Piperaceae, Pfeffergewächse
Peperomia angulata H.B. ET K.
– *nummularifolia* H.B. ET K.
– *prostrata* hort. WILLIAMS
– *rubella* HOOK.
Piper betle L.
– *geniculatum* SWARTZ
– *ornatum* N.E. BROWN
– *tetraphyllum* VELL.
Saururaceae
Hamamelidaceae
Platanaceae
Cercidiphyllaceae
Eupteleaceae
Casuarinaceae
Ulmaceae
Moraceae, Maulbeergewächse
Ficus buxifolia DE WILD.
– *diversifolia* BLUME
– *pumila* L. (cv. *minima* und cv. *serpyllifolia*)
– *quercifolia* ROXB.
– *rubiginosa* VENT.
Cannabaceae
Urticaceae, Brennesselgewächse
Helxine soleirolii REG.
Pellionia daveauana N.E. BROWN
– *pulchra* N.E. BROWN
Fagaceae

Betulaceae (Corylaceae)
Myricaceae
Juglandaceae
Salicaceae
Phytolaccaceae
Nyctaginaceae
Aizoaceae (Ficoidaceae), Mittagsblumengewächse
Lithops N.E. BROWN
Cactaceae, Kaktusgewächse
Erythrorhipsalis pilocarpa (LOEFGR.) BERGER
Hatiora salicornioides (HAW.) BR. ET R.
Lepismium cruciforme (VELL.) MIQU.
– *pulvinigerum* (LINDB.) BCKBG.
Opuntia rufida ENGELM.
Pereskia aculeata (PLUM.) MILL. var. *godseffiana* (SAND.) KNUTH
Rhipsalidopsis cereuscula HAW.
– *mesembryanthemoides* HAW.
– *rosea* (LAGERH.) BR. ET R.
Rhipsalis rhombea (SALM-DYCK) PFEIFF.
Didiereaceae
Chenopodiaceae
Amaranthaceae, Fuchsschwanzgewächse
Alternanthera sessilis (L.) DECANDOLLE
Caryophyllaceae
Polygonaceae, Knöterichgewächse
Muehlenbeckia axillaris (HOOK. F.) WALP.
– *complexa* (A. CUNN.) MEISSN.
Plumbaginaceae, Bleiwurzgewächse
Acantholimon glumaceum (JAUB. ET SPACH) BOISS.
Primulaceae, Schlüsselblumengewächse
Androsace sarmentosa WALL.
Myrsinaceae
Theophrastaceae
Dilleniaceae
Ochnaceae
Dipterocarpaceae
Theaceae (Ternstroemiaceae)
Marcgraviaceae, Schlauchlianen
Marcgravia picta WILLD.
– *umbellata* L.
Norantea guianensis AUBLET
Hypericaceae (Guttiferae), Johanniskrautgewächse
Hypericum polyphyllum BOISS. ET BAL.
Elatinaceae
Ericaceae, Heidekrautgewächse
Arctostaphylus nevadensis GRAY
– *uva-ursi* (L.) SPRENG.
Gaultheria procumbens L.
Pyrolaceae
Empetraceae
Flacourtiaceae
Cistaceae
Bixaceae
Cochlospermaceae
Violaceae
Tamaricaceae
Fouquieriaceae
Droseraceae
Datiscaceae
Begoniaceae, Schiefblattgewächse
Begonia boweri ZIESENH.
– *herbacea* VELL.
Passifloraceae, Passionsblumengewächse
Passiflora racemosa BROT.
Caricaceae
Cucurbitaceae
Styracaceae
Symplocaceae
Ebenaceae
Sapotaceae
Tiliaceae
Malvaceae
Bombacaceae
Sterculiaceae
Euphorbiaceae, Wolfsmilchgewächse
Breynia nivosa (BULL) PAX ET K. HOFFM.
Euphorbia leuconeura BOISS.
– *tirucalli* L.
Buxaceae
Thymelaeaceae
Crassulaceae, Dickblattgewächse
Crassula L.
Echeveria densiflora BERGER
– *purpusii* K. SCHUM.
Sedum morganianum E. WALTH.
– *nussbaumeri* BITTER
– *pachyphyllum* ROSE
Podostemonaceae
Hydrostachyaceae
Saxifragaceae, Steinbrechgewächse
Corokia cotoneaster RAOUL.
Pittosporaceae
Rosaceae, Rosengewächse
Acaena buchananii HOOK. F.
– *microphylla* HOOK F.
– *novae-zealandiae* KIRK.
Cotoneaster dammeri SCHN.
– *microphylla* LINDL.

Leguminosae, Hülsenfrüchtler
Biophytum sensitivum (L.) DC
Mimosa pudica L.
Neptunia oleracea LOUR.
Lythraceae
Punicaceae
Rhizophoraceae
Sonneratiaceae
Combretaceae
Lecythidaceae
Myrtaceae, Myrtengewächse
Eucalyptus maculata HOOK. var. *citriodora* (HOOK.) BAILEY
Leptospermum ericoides A. RICH.
– *scoparium* G. FORST.
Melaleuca hypericifolia (Salisb.) E. Smith
Melastomataceae, Schwarzmundgewächse
Bertolonia maculata (MART.) D.C.
– *marmorata* NAUD.
Medinilla sedifolia JUMELLE ET PERRIER
Sonerila margaritacea LINDL.
Onagraceae (Oenotheraceae), Nachtkerzengewächse
Epilobium hectori HAUSSK.
– *nummularifolium* R. CUNN.
– *purpuratum* HOOK. F.
Ludwigia natans ELLIOTT
– *pulvinaris* GILG.
Trapaceae (Hydrocaryaceae)
Haloragaceae
Hippuridaceae
Elaeagnaceae
Linaceae
Erythroxylaceae
Oxalidaceae
Geraniaceae
Tropaeolaceae
Zygophyllaceae
Malpighiaceae
Connaraceae
Rutaceae, Rautengewächse
Citrus taitensis RISSO
Simaroubaceae
Burseraceae
Meliaceae
Polygalaceae
Anacardiaceae
Aceraceae
Sapindaceae, Seifenbaumgewächse
Paullinia thalictrifolia JUSS.
Hippocastanaceae
Balsaminaceae
Aquifoliaceae
Celastraceae, Spindelbaumgewächse
Euonymus fortunei (TURCZ.) HAND.-MAZZ. var. *radicans* (MIQ.) REHD. var. *vegetus* REHD.
Staphyleaceae
Hippocrateaceae
Icacinaceae
Rhamnaceae
Vitaceae, Rebengewächse
Cissus antarctica VENT.
– *cactiformis* GILG.
– *discolor* BLUME
– *quadrangularis* L.
Cornaceae
Araliaceae, Efeugewächse
Hedera colchica K. KOCH
– *helix* L.
– *rhombea* (MIQ.) BEAN
Umbelliferae, Doldenblütler
Hydrocotyle verticillata THUNBERG
Santalaceae
Loranthaceae
Balanophoroceae
Proteaceae
Oleaceae, Ölbaumgewächse
Jasminum gracillimum HOOK. F.
– *officinale* L.
– *rex* DUNN
Phillyrea angustifolia L. var. *rosmarinifolia* AIT.
Loganiaceae, Loganiengewächse
Nicodemia diversifolia TENORE
Buddlejaceae
Gentianaceae
Menyanthaceae
Apocynaceae, Hundsgiftgewächse
Dipladenia boliviensis HOOK.
– *eximia* HEMSL.
Prestonia venosa (LINDL.) NICHOLS
Vinca major L.
– *minor* L.
Asclepiadaceae, Seidenpflanzen
Ceropegia bulbosa ROXB.
– *distincta* N.E. BROWN spp. *haygarthii* (SCHLECHTER) H. HUBER
– *elegans* WALLICH
– *woodii* SCHLECHTER
Dischidia bengalensis COLEBR.
– *hirsuta* DECNE.
– *lanceolata* DECNE.

– *nummularia* R. BR.
– *pectenoides* H.H.W. PEARSON
– *purpurea* MERRILL
– *rafflesiana* WALLICH
– *rhombifolia* BLUME
– *sagittata* DECNE.
Hoya australis R. BR. EX TRAILL
– *bella* HOOK.
– *carnosa* (L.) R. BR.
– *longifolia* WALLICH
– *multiflora* BLUME
– *parasitica* WALL. EX. TRAILL
Rubiaceae, Krappgewächse
Hydnophytum formicarum JACK
Myrmecodia antoinii BECC.
– *echinata* MIG.
– *platytrea* BECC.
Caprifoliaceae, Geißblattgewächse
Abelia grandiflora (ANDRÉ) REHD.
– *uniflora* R. BR.
Adoxaceae
Valerianaceae
Dipsacaceae
Polemoniaceae, Sperrkrautgewächse
Phlox stolonifera SIMS
– *subulata* L.
Polemonium reptans L.
Convulvulaceae
Hydrophyllaceae
Boraginaceae
Nolanaceae
Solanaceae
Scrophulariaceae, Braunwurzgewächse
Bacopa caroliniana (WALTER) ROBINSON
– *monniera* (L.) WETTSTEIN
Orobanchaceae
Lentibulariaceae, Wasserschlauchgewächse
Utricularia gibba L.
– *longifolia* GARDN.
Bignoniaceae
Gesneriaceae, Gesneriengewächse
Aeschynanthus longiflora BLUME
– *marmorata* F. MOORE
– *pulchra* G. DON
– *tricolor* HOOK.
Columnea arguta MORTON
– *microphylla* KLOTZSCH ET HANS. EX OERST.
Episcia cupreata (HOOK.) HANS
– *dianthiflora* H.E. MOORE ET R.G. WILSON
– *lilacina* HANST.
Rechsteineria cardinalis (LEHM.) O. KUNTZE
Saintpaulia ionantha WENDL.
Pedaliaceae
Martyniaceae
Acanthaceae, Bärenklaugewächse
Chamaeranthemum igneum (LINDEN) REGEL
Fittonia verschaffeltii (LEM.) COEM.
Hemigraphis alternata (BURM. F.) T. ANDERSON
Hygrophila polysperma (ROXB.) T. ANDERSON
– *salicifolia* (VAHL) NEES
Hypoestes sanguinolenta (VAN HOUTTE) HOOK. F.
Nomaphila stricta (VAHL) NEES
Ruellia portellae HOOK. F.
Synnema triflorum (ROXB. EX NEES) O. KUNTZE
Globulariaceae
Plantaginaceae
Verbenaceae
Labiatae, Lippenblütler
Coleus acuminatus BENTH.
Plectranthus parviflorus WILLD.
Callitrichaceae
Campanulaceae, Glockenblumengewächse
Lobelia cardinalis L.
Compositae, Korbblütler
Olearia insignis HOOK F.
– *nummularifolia* HOOK. F.
Raoulia australis HOOK. F.
– *tenuicaulis* HOOK. F.

Tiere

Amphibien, Klasse Amphibia

System nach Kuhn (1967)
Ordnung Gymnophiona, Blindwühlen
Familia Caeciliidae, Wühlen

Ordnung Caudata, Schwanzlurche

Familie Hynobiidae, Winkelzahnsalamander
Hynobius keyserlingii (DYBOWSKI, 1870)
– *nebulosus* (SCHLEGEL, 1838)
Familie Cryptobranchidae, Riesensalamander
Familie Ambystomatidae, Querzahnsalamander
Ambystoma laterale (SHAW, 1802)
– *maculatum* (SHAW, 1802)
– *opacum* (GRAVENHORST, 1807)
– *tigrinum* (GREEN, 1825)

Familie Salamandridae, Echte Salamander
Cynops chinensis GRAY, 1827
– *pyrrhogaster* (BOIE, 1826)
Pleurodeles waltl MICHAHELLES, 1830
Triturus marmoratus (LATREILLE, 1800)
Familie Amphiumidae, Aalmolche
Familie Plethodontidae, Lungenlose Salamander
Aneides aeneus (COPE, 1881)
– *flavipunctatus* (STRAUCH, 1870)
– *lugubris* (HALLOWELL, 1849)
Eurycea longicauda (GREEN, 1818)
– *lucifuga* (RAFINESQUE, 1822)
Pseudotriton ruber (SONNINI, 1802)
Familie Proteidae, Olme
Familie Sirenidae, Armmolche

Ordnung Salientia, Froschlurche

Familie Ascaphidae, Glockenfrösche
Familie Leiopelmatidae, Urfrösche
Familie Pipidae, Zungenlose Frösche
Hymenochirus boettgeri (TORNIER, 1896)
Pipa parva (RUTHVEN & GAÎGE, 1923)
– *pipa* (LINNAEUS, 1758)
Xenopus laevis (DAUDIN, 1803)
Familie Discoglossidae, Scheibenzüngler
Bombina maxima (BOULENGER, 1905)
– *orientalis* (BOULENGER, 1890)
Familie Pelobatidae, Krötenfrösche
Megophrys nasuta (SCHLEGEL, 1837)
Scaphiopus holbrookii (HARLAN, 1835)
Familie Leptodactylidae, Pfeiffrösche
Adelotus brevis (GÜNTHER, 1863)
Ceratophrys calcarata BOULENGER, 1890
– *cornuta* (LINNAEUS, 1758)
– *ornata* (BELL, 1843)
– *varia* WIED, 1824 (dorsata)
Cyclorana alboguttata (GÜNTHER, 1867)
Eleutherodactylus binotatus (SPIX, 1824)
– *ricordii planirostris* (COPE, 1862)
Leptodactylus mystaceus (SPIX, 1824)
Limnodynastes peronii (DUMÉRIL & BIBRON, 1841)
– *tasmaniensis* GÜNTHER, 1858
Mixophyes fasciolatus GÜNTHER, 1864
Notaden bennetti GÜNTHER, 1873
Odontophrynus americanus (DUMÉRIL & BIBRON, 1841)
Physalaemus cuvieri FITZINGER, 1826
– *fuscomaculatus* (STEINDACHNER, 1863)
Pseudophryne australis (GRAY, 1835)
– *bibronii* GÜNTHER, 1858
– *coriacea* KEFERSTEIN, 1868
– *corroboree* MOORE, 1953
Familie Rhinophrynidae, Nasenkröten
Familie Bufonidae, Kröten
Bufo blombergi MYERS & FUNKHOUSER, 1951
– *crucifer* WIED, 1821
– *granulosus granulosus* SPIX, 1824
– *ictericus* SPIX, 1824
– *latastii oblongus* NIKOLSKY, 1896
– *marinus* (LINNAEUS, 1758)
– *paracnemis* A. LUTZ, 1925
– *punctatus* BAIRD & GIRARD, 1852
– *quercicus* HOLBROOK, 1840
– *regularis* REUSS, 1834
– *typhonius* (LINNAEUS, 1758)
– *viridis* LAURÉNTI, 1768
Dendrophryniscus brevipollicatus ESPADA, 1871
Nectophryne hosii (GÜNTHER, 1875)
Familie Rhinodermatidae, Nasenfrösche
Familie Dendrobatidae, Färberfrösche
Brachycephalus ephippium (SPIX, 1824)
Dendrobates auratus (GIRARD, 1855)
– *azureus* (HOOGMOED, 1969)
– *braccatus* SCHNEIDER, 1848
– *flavopictus* (A. LUTZ, 1925)
– *histrionicus* BERTHOLD, 1845
– *lehmanni* MYERS & DALY, 1976
– *pumilio* (SCHMIDT, 1857) (syn. *D. typographicus* KEFERSTEIN, 1867
– *speciosus* (O. SCHMIDT, 1857)
– *trivittatus* (SPIX, 1824)
Familie Atelopodidae, Stummelfuß-Frösche
Atelopus boulengeri (COPE, 1862)
– *elegans* (BOULENGER, 1882)
– *ignescens* (CORNALIA, 1849)
– *moreirae* (MIRANDA-RIBEIRO, 1920)
– *stelzneri* (WEYENBERGH, 1875)
– *varius* (LICHTENSTEIN & MARTENS, 1856)
– – *zeteki* (GAÎGE, 1874)
Familie Hylidae, Laubfrösche
Agalychnis calcarifer (BOULENGER, 1902)
– *callidryas* (COPE, 1862)
– *moreletii* (DUMÉRIL, A., 1853)
– *saltator* (TAYLOR, 1955)
– *spurelli* (BOULENGER, 1913)
Anotheca spinosa (STEINEGGER, 1911)
Aparasphenodon brunoi MIRANDA-RIBEIRO, 1920
Gastrotheca marsupiata (DUMÉRIL & BIBRON, 1841)

– *ovifera* (LICHTENSTEIN & WEINLAND, 1845)
Hyla albomarginata SPINX, 1824
– *arborea savignyi* AUDOUIN, 1827
– *(Litoria) aurea* (LESSON, 1830)
– *bipunctata* SPIX, 1824
– *boans* (LINNAEUS, 1758)
– *(Litoria) caerulea* (WHITE, 1790)
– *(Litoria) chloris* BOULENGER, 1893
– *cinerea* LINNAEUS, 1758
– *(Litoria) citropa* (TSCHUDI, 1839)
– *crepitans* WIED, 1824
– *ebraccata* (COPE, 1874)
– *(Litoria) eucnemis* LÖNNBERG, 1900
– *faber* WIED, 1821
– *(Litoria) freycineti* (TSCHUDI, 1839)
– *geographica* SPIX, 1824
– *goeldii* BOULENGER, 1895
– *(Litoria) infrafrenata* GÜNTHER, 1867
– *leucophyllata* (BEIREIS, 1783)
– *meridionalis* BOETTGER, 1874
– *mesophaea* HENSEL, 1867
– *nana* BOULENGER, 1889
– *nasica* COPE, 1862
– *(Litoria) nasuta* (GRAY, 1842)
– *(Litoria) peroni* (TSCHUDI, 1839)
– *pulchella* DUMÉRIL & BIBRON, 1841 (die *Hyla raddiana* des Handels, von BOKERMANN (1963) als *Hyla pulchella erkannt)*
– *punctata* (DAUDIN, 1803)
– *regilla* BAIRD & GIRARD, 1852
– *rosenbergi* (BOULENGER, 1898)
– *rubella* GRAY, 1842
– *rubra* (LAURENTI, 1768)
– *siemersi* MERTENS, 1937
– *spegazzinii* BOULENGER, 1889
– *versicolor* (LE CONTE, 1825)
Phyllomedusa appendiculata A. LUTZ, 1925
– *burmeisteri* BOULENGER, 1856
– *guttata* A. LUTZ, 1924
– *rohdei* MERTENS, 1926
Phrynohyas venulosa (LAURENTI, 1768)
Smilisca phaeota (COPE, 1862)
Trachycephalus nigromaculatus TSCHUDI, 1838
Familie Centrolenidae, Glasfrösche
Familie Heleophrynidae, Gespenstfrösche
Familie Pseudidae, Harlekinfrösche
Pseudis mantidactyla (COPE, 1862)
– *paradoxa* (LINNAEUS, 1758)
Familie Ranidae, Echte Frösche
Cacosternum capense HEWITT, 1925
Chiromantis rufescens PETERS, 1854
Chiromantis xerampelina PETERS, 1854
Hemisus marmoratum (PETERS, 1854)
Hylambates maculatus DUMÉRIL, 1853
Hyperolius
– *cinciventris* BOULENGER, 1910
– *horstockii* LOVERIDGE, 1941
– *marmoratus argentovittis* (AHL, 1921)
– – *marmoratus* RAPP, 1842
– – *melanoleucus* LAURENT, 1941
Mantella aurantiaca MOCQUARD, 1900
Phrynobatrachus natalensis (SMITH, 1849)
Pyxicephalus tuberculosus (BOULENGER, 1882)
Rana (Pyxicephalus) delalandii (TSCHUDI, 1838)
Rhacophorus dennysii BOULENGER, 1898
– *leucomystax* (GRAVENHORST, 1829)
– *microtympanum* BOULENGER, 1898
– *otilophus* (GRAVENHORST, 1829)
– *reinwardtii* BOULENGER, 1898
– *schlegelii* (GÜNTHER, 1858)
Familie Microhylidae, Engmaulfrösche
Dyscophus antongilii GRANDIDIER, 1877
Elachistocleis ovalis (SCHNEIDER, 1799)
Glyphoglossus molossus GÜNTHER, 1868
Hypopachus cuneus COPE, 1889
– *muelleri* (BOETTGER, 1885)
Kalophrynus pleurostigma TSCHUDI, 1838
Kaloula pulchra GRAY, 1831
– *pulchra taprobanica* PARKER, 1934
Microhyla ornata (DUMÉRIL & BIBRON, 1841)
– *pulchra* (HALLOWELL, 1858)
Familie Phrynomeridae, Wendehalsfrösche
Phrynomerus bifasciatus (SMITH, 1847)

Reptilien, Klasse Reptilia

Ordnung Testudines, Schildkröten

Unterordnung Cryptodira, Halsberger

Familie Chelydridae, Schnappschildkröten
Familie Kinosternidae, Schlammschildkröten
Claudius angustatus COPE, 1865
Kinosternon baurii GARMAN, 1891
– *scorpioides* (LINNAEUS, 1766)
– *subrubrum hippocrepis* GRAY, 1856
– *subrubrum subrubrum* (LACÉPÈDE, 1788)
Sternotherus carinatus (GRAY, 1856)
– *minor* (AGASSIZ, 1857)
– *odoratus* (LATREILLE, 1801)
Familie Dermatemydidae,

Familie Platysternidae, Großkopfschildkröten

Platysternon megacephalum megacephalum GRAY, 1831

– *megacephalum peguense*, GRAY, 1870

– *megacephalum vogeli* WERMUTH, 1969

Familie Emydidae, Sumpfschildkröten

Chinemys kwangtungensis (POPE, 1934)

– *reevesii* (GRAY, 1831)

Chrysemys picta dorsalis AGASSIZ, 1857

– *picta picta* (SCHNEIDER, 1783)

Clemmys guttata (SCHNEIDER, 1792)

– *marmorata* (BAIRD & GIRARD, 1852)

Cuora amboinensis (DAUDIN, 1798)

– *trifasciata* (BELL, 1825)

Cyclemys dentata (GRAY, 1831)

Emys orbicularis (LINNAEUS, 1758)

Geoemyda spengleri japonica FAN, 1931

– *spengleri spengleri* (GMELIN, 1789)

Graptemys oculifera (BAUR, 1890)

– *pulchra* BAUR, 1893

Kachuga tecta tecta (GRAY, 1831)

– *tecta tentoria* (GRAY, 1834)

Malayemys subtrijuga (SCHLEGEL & S. MÜLLER, 1844)

Mauremys bealei (GRAY, 1831)

– *caspica caspica* (GMELIN, 1774)

– *japonica* (TEMMINCK & SCHLEGEL, 1833)

– *nigricans* (GRAY, 1834)

Morenia ocellata (DUMÉRIL & BIBRON, 1835)

– *petersi* (ANDERSON, 1879)

Ocadia sinensis (GRAY, 1834)

Pseudemys scripta elegans (WIED, 1839)

Terrapene carolina bauri TAYLOR, 1895

– *carolina carolina* (LINNAEUS, 1758)

– *carolina major* (AGASSIZ, 1857)

– *carolina triunguis* (AGASSIZ, 1857)

– *ornata* (AGASSIZ, 1857)

Familie Testudinidae, Landschildkröten

Homopus areolatus (THUNBERG, 1787)

– *boulengeri* DUERDEN, 1906

– *femoralis* BOULENGER, 1888

– *signatus* (SCHOEPFF, 1782)

Malacochersus tornieri (SIEBENROCK, 1903)

Pyxis arachnoides BELL, 1827

Testudo (Geochelone) elegans SCHOEPFF, 1795

– *(Pseudotestudo) kleinmanni* LORTET, 1883

– *(Psammobates) oculifera* KUHL, 1820

– *(Acinixys) planicauda* GRANDIDIER, 1867

– *(Psammobates) tentoria* BELL, 1828

Familie Cheloniidae, Seeschildkröten

Familie Dermochelydidae, Lederschildkröten

Familie Carettochelydidae, Neuguinea-Weichschildkröten

Familie Trionychidae, Echte Weichschildkröten

Unterordnung Pleurodira, Halswender

Familie Pelomedusidae Pelomedusen-Schildkröten

Pelusios adansonii (SCHWEIGGER, 1812)

Familie Chelidae, Schlangenhals-Schildkröten

Chelodina longicollis (SHAW, 1802)

– *novaeguineae* BOULENGER, 1888

– *siebenrocki* WERNER, 1901

– *steindachneri* SIEBENROCK, 1914

Elseya novaeguineae (MEYER, 1874)

Syn. *Emydura schultzei* VOGT, 1911

Emydura albertisii BOULENGER, 1888

– *macquarrii* (GRAY, 1831)

Hydromedusa maximiliani (MIKAN, 1829)

Platemys platycephala (SCHNEIDER, 1792)

– *spixii* DUMÉRIL & BIBRON, 1835

Pseudemydura umbrina SIEBENROCK, 1901

Ordnung Crocodylia, Krokodile

Familie Alligatoridae, Alligatoren

Familie Crocodylidae, Eigentliche Krokodile

Familie Gavialidae, Echte Gaviale

Ordnung Rhynchocephalia, Schnabelköpfe

Familie Sphenodontidae, Brückenechsen

Ordnung Squamata, Schuppenkriechtiere

Unterordnung Sauria, Echsen

Familie Gekkonidae, Geckos

Coleonyx variegatus (BAIRD, 1859)

Eublepharis macularius (BLYTH, 1854)

Gehyra australis GRAY, 1845

– *variegata* (DUMÉRIL & BIBRON, 1836)

Geckonia chazaliae MOCQUARD, 1895

Gekko gecko (LINNAEUS, 1758)

– *japanicus* (DUMÉRIL & BIBRON, 1836)

– *monarchus* (DUMÉRIL & BIBRON, 1836)

Gonatodes albogularis fuscus (HALLOWELL, 1855)

– *concinnatus* (O'SHAUGNESSY, 1881)

– *vittatus* (LICHTENSTEIN, 1856)

Gymnodactylus marmoratus (GRAY, 1831)

– *milii* (Bory, 1825)
– *pelagicus* (Girard, 1858)
– *pulchellus* (Gray, 1928)
Hemidactylus flaviviridis Rüppel, 1835
– *frenatus* Duméril & Bibron, 1836
– *mabouia* (Moreau de Jonnès, 1818)
– *turcicus* (Linnaeus, 1758)
Heteropholis gemmeus Mc Cann, 1955
– *stellatus* (Hutton, 1872)
Hoplodactylus duvaucelii (Duméril & Bibron, 1836)
– *granulatus* (Gray, 1845)
– *pacificus* (Gray, 1842)
Lygodactylus picturatus (Peters, 1870)
Naultinus elegans Gray, 1842
Nephrurus asper Günther, 1876
Oedura lesueurii (Duméril & Bibron, 1836)
– *monilis* De Vis, 1888
– *robusta* Boulenger, 1885
Phelsuma abbotti Stejneger, 1893
– *cepediana* (Merrem, 1820)
– *laticauda* (Boettger, 1880)
– *lineata* Gray, 1842
– *madagascariensis madagascariensis* (Gray, 1831)
– *madagascariensis venusta* Mertens, 1964
– *quadriocellata* (Peters, 1883)
– *serraticauda* Mertens, 1963
– *vinsoni* Mertens, 1963
Phyllodactylus bastardi Mocquard, 1900
– *europaeus* Gené, 1838
– *marmoratus* (Gray, 1844)
Phyllurus cornutus (Ogilby, 1892)
– *platurus* (Shaw, 1790)
Ptychozoon kuhli Stejneger, 1902
Ptyodactylus hasselquistii (Donndorff, 1798)
Rhacodactylus leachianus (Cuvier, 1829)
Tarentola mauritanica (Linnaeus, 1758)
Teratoscincus scincus (Schlegel, 1858)
Thecadactylus rapicauda (Houttuyn, 1782)

Familie Pygopodidae, Flossenfüße
Aprasia pulchella Gray, 1839
Delma fraseri Gray, 1831
Pygopus lepidopus (Lacépède, 1804)
– *nigriceps* (Fischer, 1882)

Familie Agamidae, Agamen
Acanthosaura armata (Hardwicke & Gray, 1827)
– *crucigera* Boulenger, 1885
– *lepidogaster* (Cuvier, 1829)
Agama agilis sanguinolenta (Pallas, 1814)
Amphibolurus barbatus (Cuvier, 1829)
– *muricatus* (Shaw, 1790)
Calotes calotes (Linnaeus, 1758)
– *cristatellus* (Kuhl, 1820)
– *jubatus* (Duméril & Bibron, 1837)
– *versicolor* (Daudin, 1802)
Ceratophora aspera Günther, 1864
– *stoddarti* Gray, 1835
– *tennentii* Günther, 1861
Cophotis ceylanica Peters, 1861
Gonocephalus bellii (Duméril & Bibron, 1837) (*capra*)
– *modestus* Meyer, 1874
– *spinipes* (Duméril, 1851)
Japalura tricarinata (Blyth, 1853)
Leiolepis belliana (Gray, 1827)
Lyriocephalus scutatus (Linnaeus, 1758)
Phrynocephalus mystaceus (Pallas, 1776)
Physignathus cocincinus Cuvier, 1829
– *gilberti* (Gray, 1842)
– *lesueurii* (Gray, 1831)
– *longirostris* (Boulenger, 1883)
Sitana ponticeriana Cuvier, 1829
Uromastyx acanthinurus Bell, 1825
– *hardwickii* Gray, 1827

Familie Chamaeleonidae, Chamäleons
Chamaeleo bitaeniatus Fischer, 1884
– *chamaeleon zeylanicus* Laurenti, 1768
– *hoehnelii* Steindachner, 1891
– *johnstoni ituriensis* Schmidt, 1919
– *lateralis* Gray, 1831
– *melleri* (Gray, 1865)
– *montium* Buchholz, 1874
– *pumilus* (Gmelin, 1789)

Familie Iguanidae, Leguane
Anolis allisoni Barbour 1928
– *aquaticus* Taylor, 1956
– *angusticeps* Hallowell 1856
– *auratus* (Daudin, 1802) (*Norops*)
– *bartschi* (Cochran, 1920)
– *bimaculatus bimaculatus* (Sparrman, 1784)
– *bimaculatus gingivinus* Cope, 1864
– *bimaculatus leachii* Duméril & Bibron, 1837
– *bimaculatus lividus* Garman, 1887
– *bimaculatus sabanus* Garman, 1887
– *biporcatus* Wiegmann, 1834
– *bonariensis* Ruthven, 1923
– *capito* Peters, 1862
– *carolinensis* Voigt, 1832
– *chlorocyanus* Duméril & Bibron, 1837
– *chrysolepis* Duméril & Bibron, 1837

– *coelestinus* COPE, 1862
– *conspersus* GARMAN, 1887
– *cristatellus* DUMÉRIL & BIBRON, 1837
– *cuvieri* MERREM, 1820
– *cybotes* COPE,1862
– *distichus* COPE, 1864
– *equestris* MERREM, 1820
– *evermanni* STEJNEGER, 1904
– *fraseri* GÜNTHER, 1859
– *garmani* STEJNEGER, 1899
– *grahami* GRAY, 1845
– *gundlachi* PETERS, 1876
– *hendersoni* (COCHRAN, 1923)
– *homolechis* (COPE, 1864)
– *humilis humilis* PETERS, 1862
– *humilis uniformis* COPE, 1885
– *latifrons* BERTHOLD, 1846
– *lemurinus* COPE, 1861
– *limifrons limifrons* COPE, 1862
– *limifrons rodriguezii* BOCOURT, 1873
– *lineatopus* GRAY, 1840
– *lineatus* (DAUDIN, 1802)
– *lionotus* COPE, 1861
– *lucius* DUMÉRIL & BIBRON, 1837
– *marmoratus alliaceus* COPE, 1864
– *marmoratus caryae* LAZELL, 1964
– *marmoratus chrysops* LAZELL, 1964
– *marmoratus desiradei* LAZELL, 1964
– *marmoratus ferreus* (COPE, 1864)
– *marmoratus girafus* LAZELL, 1964
– *marmoratus inornatus* LAZELL, 1964
– *marmoratus kahouannensis* LAZELL, 1964
– *m. marmoratus* DUMÉRIL & BIBRON, 1837
– *marmoratus setosus* LAZELL, 1964
– *marmoratus speciosus* GARMAN, 1887
– *marmoratus terraealtae* BARBOUR, 1915
– *meridionalis* BOETTGER, 1885
– *oculatus cabritensis* LAZELL, 1962
– *oculatus montanus* LAZELL, 1962
– *oculatus oculatus* (COPE, 1879)
– *oculatus winstoni* LAZELL, 1962
– *olssoni* SCHMIDT, 1919
– *ophiolepis* COPE 1861
– *porcatus* GRAY, 1840
– *pulchellus* DUMÉRIL & BIBRON, 1837
– *punctatus* DAUDIN, 1802
– *ricordi* DUMÉRIL & BIBRON, 1837
– *roquet aeneus* GRAY, 1840
– *roquet extremus* GARMAN, 1887
– *roquet roquet* (LACÉPÈDE, 1788)
– *sagrei sagrei* DUMÉRIL & BIBRON, 1837
– *semilineatus* COPE, 1864
– *sericeus* HALLOWELL, 1856
– *spectrum* PETERS, 1863
– *vermiculatus* DUMÉRIL & BIBRON, 1837
– *wattsi* BOULENGER, 1894
Basiliscus basiliscus (LINNAEUS, 1758)
– *plumifrons* COPE, 1876
– *vittatus* WIEGMANN, 1828
Brachylophus fasciatus WAGLER, 1830
Dipsosaurus dorsalis (BAIRD & GIRARD, 1852)
Enyalius catenatus WIED, 1821
Leiocephalus carinatus GRAY, 1827
Phenacosaurus heterodermus A. DUMÉRIL, 1835
– *paramoensis* HELLMICH, 1949
– *richteri* DUNN, 1944
Polychrus acutirostris SPIX, 1825
– *marmoratus* (LINNAEUS, 1758)
Sauromalus obesus (BAIRD, 1858)
Sceloporus malachiticus COPE, 1864
– *torquatus* WIEGMANN, 1828
– *variabilis* WIEGMANN, 1834
Tropidurus semitaeniatus (SPIX, 1825)
Uranoscodon superciliosa (LINNAEUS, 1758)

Familie Lacertidae, Eidechsen
Acanthodactylus boskianus LICHTENSTEIN, 1856
Eremias velox (PALLAS, 1771)
Holaspis guentheri (BOULENGER, 1887)
Lacerta echinata BOULENGER, 1887
– *galloti* (DUMÉRIL + BIBRON, 1839)
– *lepida* DAUDIN, 1802
– *lilfordi* (GÜNTHER, 1874)
– *melisellensis* BRAUN, 1877)
– *muralis* (LAURENTI, 1768)
– *pityusensis* BOSCA, 1883
– *sicula* RAFINESQUE, 1810
– *viridis* (LAURENTI, 1768)
Psammodromus algirus (LINNAEUS, 1758)

Familie Cordylidae, Gürtelechsen
Cordylus cordylus (LINNAEUS, 1758)
– *giganteus* A. SMITH, 1844
– *jonesii* (BOULENGER, 1891
Gerrhosaurus auritus BOETTGER, 1887
– *flavigularis* WIEGMANN, 1828
– *major* DUMÉRIL, 1851
– *validus* A. SMITH, 1849
Platysaurus guttatus A. SMITH, 1849
– *minor* FITZSIMONS, 1930

Familie Teiidae, Teju-Echsen
Cnemidophorus lemniscatus (LINNAEUS, 1758)
– *sackii* WIEGMANN, 1834
– *sexlineatus* (LINNAEUS, 1766)

Teius teyou (DAUDIN, 1803)
Familie Scincidae, Skinke
Chalcides chalcides (LINNAEUS, 1758)
– *ocellatus* (FORSKAL, 1775)
Egernia cunninghami (GRAY, 1832)
– *depressa* (GÜNTHER, 1875)
– *striolata* (PETERS, 1870)
– *whitii* LACÉPÈDE, 1804
Emoia cyanogaster (LESSON, 1830)
Eumeces algeriensis PETER, 1864
– *obsoletus* BAIRD & GIRARD, 1852
– *schneiderii* (DAUDIN, 1803)
Lygosoma fuscum DUMÉRIL & BIBRON, 1839
– (*Sphenomorphus*) *quoyii* DUMÉRIL & BIBRON, 1839
– *vittatum* DUMÉRIL & BIBRON, 1839
Mabuya capensis (GRAY, 1830)
– *mabouya* (LACÉPÈDE, 1804)
– *multifasciata* (KUHL, 1887)
– *quinquetaeniata* (LICHTENSTEIN, 1823)
Riopa albofasciolata (GÜNTHER, 1872)
– *fernandi* (BURTON, 1882)
– *rufescens* (SHAW, 1802)
Scincus scincus LAURENTI, 1768
Tiliqua gerrardii (GRAY, 1845)
– *nigrolutea* (QUOY & GAIMARD, 1824)
– *scincoides* (SHAW, 1790)
Trachydosaurus rugosus (GRAY, 1827)
Tropidophorus brookei (GRAY, 1845)
Familie Dibamidae
Familie Feyliniidae
Familie Anelytropsidae
Familie Amphisbaenidae, Doppelschleichen
Familie Anguidae, Schleichen
Abronia aurita (COPE, 1868)
– *bogerti* TIHEN, 1954
– *deppii* (WIEGMANN, 1828)
– *fuscolabialis* (TIHEN, 1944)
– *lythrochilus* SMITH & ALVAREZ DEL TORO, 1963
– *matudai* (HARTWEG & TIHEN, 1946)
– *mixteca* BOGERT & PORTER, 1967
– *oaxacae* (GÜNTHER, 1885)
– *ochoterenai* (MARTIN DEL CAMPO, 1939)
– *reidi* WERLER & SHANNON, 1961
– *taeniata graminea* (COPE, 1864)
– *taeniata taeniata* (WIEGMANN, 1828)
– *vasconcelosii* (BOCOURT, 1872)
Diploglossus lessonae PERACCA, 1890 (Syn. *D. tenuifasciatus* PARKER, 1924)
– *millepunctatus* O'SHAUGNESSY, 1874 (Syn. *D. hancocki* SLEVIN, 1928)
– *montanus* (SCHMIDT, 1933)
Gerrhonotus coeruleus WIEGMANN, 1828
– *multicarinatus* (BLAINVILLE, 1835)
Ophisaurus apodus (PALLAS, 1775)
– *attenuatus* BAIRD, 1880
– *gracilis* (GRAY, 1845)
– *harti* BOULENGER, 1899
Familie Anniellidae, Ringelschleichen
Familie Xenosauridae, Höckerechsen
Familie Helodermatidae, Krustenechsen
Heloderma horridum (WIEGMANN, 1829)
– *suspectum* COPE, 1869
Familie Varanidae, Warane
Varanus acanthurus BOULENGER, 1885
– *brevicauda* BOULENGER, 1898
– *caudolineatus* BOULENGER, 1885
– *flavescens* (HARDWICKE & GRAY, 1827)
– *gilleni* (LUCAS & FROST, 1895)
– *glauerti* MERTENS, 1957
– *glebopalma* MITCHELL, 1955
– *mitchelli* MERTENS, 1958
– *prasinus* (SCHLEGEL, 1839)
– *semiremex* PETERS, 1869
– *spenceri* LUCAS & FROST, 1903
– *storri* MERTENS, 1966
– *timorensis similis* MERTENS, 1958
– *tristis* (SCHLEGEL, 1839)
Familie Lanthanotidae

Unterordnung Serpentes, Schlangen

Familie Typhlopidae
Familia Leptotyphlopidae
Familia Boidae, Riesenschlangen
Charina bottae (BLAINVILLE, 1835)
Corallus caninus (LINNAEUS, 1758)
Eryx conicus (SCHNEIDER, 1801)
– *johnii* (RUSSEL, 1801)
– *miliaris* (PALLAS, 1773)
– *tataricus* (LICHTENSTEIN, 1823)
Chondropython viridis (SCHLEGEL, 1872)
Liasis childreni GRAY, 1842
– *perthensis* STULL, 1932
Lichanura roseofusca COPE, 1868
– *trivirgata* COPE, 1861
Python regius (SHAW, 1802)
Familia Aniliidae, Rollschlangen
Familia Uropeltididae, Schildschwänze
Familie Acrochordidae, Warzenschlangen
Chersydrus (Acrochordus) granulatus (SCHNEIDER, 1799)

Familia Colubridae, Nattern

Boaedon fuliginosus BOIE, 1827
Chlorophis irregularis (LEACH, 1819)
Chrysopelea ornata (SHAW, 1802)
– *paradisi* BOIE, 1827
Conophis lineatus (DUMÉRIL & BIBRON, 1854)
Dasypeltis scabra (LINNAEUS, 1758)
Dendrelaphis punctulatus (GRAY, 1827)
Dipsas albifrons (SAUVAGE, 1884)
– *gracilis* (BOULENGER, 1902)
Elaphe dione (PALLAS, 1773)
– *quatuorlineata* (LACÉPÈDE, 1789)
– *situla* (LINNAEUS, 1758)
Enhydris punctata (GRAY, 1849)
Erpeton tentaculatum LACÉPÈDE, 1800 (Syn. *Herpeton tentaculatum* WAGLER, 1830)
Haplopeltura boa (BOIE, 1828)
Imantodes cenchoa (LINNAEUS, 1758)
Natrix stolata (LINNAEUS, 1758)
Opheodrys aestivus (LINNAEUS, 1766)
– *vernalis* (HARLAN, 1827)
Pareas carinatus BOULENGER, 1888
Philodryas olfersii (LICHTENSTEIN, 1823)
Sibon nebulata (LINNAEUS, 1758)
Sibynomorphus mikani (SCHLEGEL, 1837)
– *turgidus* (COPE, 1868)
– *ventrimaculatus* (BOULENGER, 1885)
Storeria occipitomaculata (STORER, 1839)
Thamnophis sirtalis (LINNAEUS, 1758)

Familia Elapidae, Giftnattern

Acanthophis antarcticus (SHAW, 1794)

Familia Hydrophiidae, Seeschlangen

Familia Viperidae, Vipern

Atheris ceratophorus WERNER, 1895
– *chlorechis* PEL, 1851
– *hispidus* LAURENT, 1955
– *squamiger* (HALLOWELL, 1854)
Bitis caudalis (SMITH, 1839)
– *cornuta* (DAUDIN, 1803)
Cerastes cerastes (LINNAEUS, 1758)
Vipera ammodytes (LINNAEUS, 1758)
– *berus seoanei* LATASTE, 1879
– *hindii* (BOULENGER, 1910)
– *kaznakovi* NIKOLSKY, 1909
– *ursinii* (BONAPARTE, 1835)

Familia Crotalidae, Grubenottern

Bothrops schlegel i (BERTHOLD, 1846)
Sistrurus catenatus (RAFINESQUE, 1818)
– *miliaris* (LINNAEUS, 1766)
Trimeresurus albolabris GRAY, 1842
– *popeorum* SMITH, 1937
– *purpureomaculatus* (GRAY & HARDWICKE, 1832)
– *stejnegeri formosensis* MAKI, 1931
– *stejnegeri kodairai* MAKI, 1931
– *stejnegeri stejnegeri* (SCHMIDT, 1925)
– *trigonocephalus* (SONNINI & LATREILLE, 1801)
– *wagleri* (BOIE, 1827)

Register

Halbfette Seitenzahl bedeutet: Auf der betreffenden Seite ist die Art abgebildet, oft auch, aber nicht unbedingt, erwähnt.